Oei, ik groei!

Portret van de eerste auteur, Hetty van de Rijt, getekend door haar kleinzoon Thomas op 12 september 1998, toen hij 23 maanden oud was. Kleinzoon en oma hadden een innige band en gedurende haar laatste zeven jaar was hij het zonnetje in Hetty's door ziekte ingeperkte leven.

Op 29 september 2003 is Hetty overleden. Tot op het laatst heeft zij aan het uitbreiden en 'up-to-date' brengen van dit boek gewerkt. Toen zij overleed was het laatste hoofdstuk in concept gereed. Hetty hoopte door haar levenswerk veel ouders gemoedsrust en vertrouwen in eigen kunnen als opvoeder te geven, zodat ze kunnen genieten van hun zonnetje in huis.

HETTY VAN DE RIJT
&
FRANS X. PLOOIJ

Oei, ik groei!

DE **10 SPRONGEN** IN DE MENTALE ONTWIKKELING VAN JE BABY

KOSMOS

KOSMOS UITGEVERS, UTRECHT/ANTWERPEN

KOSMOS

www.kosmosuitgevers.nl
www.oeiikgroei.nl

"Aan onze kinderen Xaviera en Marco en onze kleinkinderen Thomas, Victoria en Sarah, van wie we veel geleerd hebben."

Bij iedere sprong vind je een Layarsymbooltje. Download de gratis Layarapp, scan het symbool en duik even in de sprong van je baby...

71e druk, 2017

Omslagontwerp en lay-out binnenwerk: Oranje Vormgevers
Omslagillustratie en illustraties binnenwerk: Kiddy World Publishing

ISBN 978 90 215 5820 2
NUR 847/854

MIX
Papier van verantwoorde herkomst
FSC® C004472

INHOUD

INLEIDING **12**

Het goede nieuws: er is een reden 12

Hoe dit boek in elkaar zit en gebruikt kan worden 13

Wat dit boek te bieden heeft 16

De e-sprongenwekker 17

1. GROTER WORDEN: HOE DOET JE BABY DAT? **19**

Wat gebeurt er als de mentale ontwikkeling van je baby een sprongetje maakt? 20

Hoe zie je dat de ontwikkeling een sprongetje maakt? 21

Op welke leeftijden beginnen die hangerige perioden? 21

Het is niet leuk, dus voel met hem mee! 23

Je baby keert terug naar zijn veilige basis 23

Je ontdekt dat hij meer kan 24

Een nieuw vermogen: een nieuwe winkel 24

Help hem bij het leren 24

Conflicten met je baby 24

De makkelijke periode: even rust na de sprong 25

2. HOE BELEEFT JE PASGEBOREN BABY ZIJN WERELD? **27**

Wat doe je als je de baby voor het eerst ziet? 28

Baas in eigen kraamtijd 29

Leer je baby kennen en aanvoelen 31

Je baby leert jou ook kennen en aanvoelen 32

Dit kan je baby al 32

Je baby beleeft zijn wereld als een 'soepje' 35

De hulpstukken waarmee je baby de 'oersoep' overleeft 36

Lichaamscontact: een vertrouwd gevoel voor je baby 39

3. SPRONG 1. LIEF EN LEED ROND 5 WEKEN OFWEL RUIM 1 MAAND **41**

De sprong kondigt zich aan: terug naar papa of mama 42

Dat huilen maakt ouders onzeker 42

Bij papa of mama vermindert de spanning 44

Draag hem lekker bij je 44

Een sprong in de rijping 46
Heeft jouw baby een lievelingszintuig? 47
Hoe speel je op de sprong in? 49
Hoe merk je wat je baby fijn vindt? 50
Waar kijkt je baby naar, hoe kun je helpen? 50
Waar luistert je baby naar, wat kun je doen? 51
'Geluidentaal': laat merken dat je hem begrijpt 51
Wat voelt je baby: hoe reageer je daarop? 52
De sprong is genomen 53

4. SPRONG 2. LIEF EN LEED ROND 8 WEKEN OFWEL BIJNA 2 MAANDEN **54**
De sprong kondigt zich aan: terug naar papa of mama 56
Hoe merk je dat je baby 'bij papa of mama wil blijven'? 57
Zorgen en irritaties 59
Lichaamscontact vermindert de spanning 61
Door zijn hangerigheid ontdek je dat je baby méér kan 62
De sprong: de 'winkel van de patronen' 62
Wat kiest jouw baby uit de 'winkel van de patronen'? 64
De uitwerking van de sprong: help je baby bij het leren 67
Help je baby dingen scherp te zien 67
Laat je baby 'echte' dingen zien 68
Varieer de omgeving van je baby 68
Help je baby zijn handen en voeten te ontdekken 69
Leer je baby zijn handen om een speeltje te klemmen 69
Laat je baby merken dat zijn stem belangrijk is 70
Lok je baby uit om te kletsen 70
Een optrekspelletje kán leuk zijn voor de allersterksten 71
Een veeleisende baby kan hoogbegaafd zijn 71
Alléén spelen hoort er ook bij 72
De sprong is genomen 75

5. SPRONG 3. LIEF EN LEED ROND 12 WEKEN OFWEL BIJNA 3 MAANDEN **77**
De sprong kondigt zich aan: terug naar papa of mama 78
Hoe merk je dat je baby 'bij papa of mama wil blijven'? 78
Zorgen en irritaties 81
Vader en moeder staan ook onder spanning 82
Door zijn hangerigheid ontdek je dat je baby méér kan 83

De sprong: de 'winkel van de vloeiende overgangen' 84
Wat kiest jouw baby uit de 'winkel van de vloeiende overgangen'? 88
De uitwerking van de sprong: help je baby bij het leren 89
Moedig je baby aan zijn stem te gebruiken 89
Voer een gesprek met je baby 90
Reageer als hij je 'vertelt' hoe hij zich voelt 90
Leer je baby grijpen 91
Leer je baby voelen 92
Geef hem de gelegenheid om papa of mama te onderzoeken 92
Laat je baby ook eens bloot spartelen 92
Iets afleren is nu minder belangrijk 93
Leer je baby om te rollen 93
Laat je baby zichzelf optrekken tot staan of tot zit 93
De sprong is genomen 96

6. SPRONG 4. LIEF EN LEED ROND 19 WEKEN OFWEL BIJNA 4 ½ MAAND **97**
De sprong kondigt zich aan: terug naar papa en mama 98
Hoe merk je dat je baby 'bij papa of mama wil blijven'? 99
Zorgen en irritaties 102
De wachttijd is nu langer voor de nieuwe winkel opengaat 103
Het nieuwe vermogen breekt door 104
De sprong: de 'winkel van de gebeurtenissen' 104
Wat kiest jouw baby uit de 'winkel van de gebeurtenissen'? 107
De uitwerking van de sprong: help je baby bij het leren 111
Leer hem rollen: maak er een spelletje van 112
Leer hem 'kruipen': soms lukt het 113
Geef je baby gelegenheid zijn handen en vingers te oefenen 113
Laat je baby de wereld ontdekken 114
Heeft je baby oog voor detail? 115
Is je baby een echte 'muziekliefhebber'? 115
Is je baby een echte 'kijker'? 115
Vindt jouw baby ook alles lekker? 116
Laat je baby ook eens 'zittend' dingen onderzoeken 117
Je baby kan 'zoeken': maak er een spelletje van 117
Je baby gaat 'brabbelzinnetjes' maken 117
De eerste woordjes begrijpt hij nu 118
Baby's eerste boekje 118
Geduld is een schone zaak 119

De sprong is genomen 123

7. SPRONG 5. LIEF EN LEED ROND 26 WEKEN OFWEL 6 MAANDEN 125

De sprong kondigt zich aan: terug naar papa of mama 127
Hoe merk je dat je baby 'bij papa of mama wil blijven'? 127
Zorgen, irritaties en ruzies 132
Het nieuwe vermogen breekt door 135
De sprong: de 'winkel van de relaties' 135
Wat kiest jouw baby uit de 'winkel van de relaties'? 141
De uitwerking van de sprong: help je baby bij het leren 142
Merk je dat je baby speelgoed 'verplaatst'? 143
Vindt je baby het leuk om dingen om te gooien? 143
Is hij geboeid door dingen waar iets in zit? 144
Zie je dat je baby speelgoed uit elkaar wil halen? 144
Vindt hij het leuk als dingen ergens in verdwijnen? 145
Begrijpt je baby korte zinnen en gebaren? 145
Begint je baby 'woorden' of gebaren te gebruiken? 146
Kijkt je baby graag in boekjes? 147
Danst en zingt je baby al? 148
Gaat je baby zelf zitten: hoe is zijn evenwicht? 148
Gaat je baby zelf staan: hoe is zijn evenwicht? 149
Loopt je baby met steun: hoe is zijn evenwicht? 150
Speelt je baby met 'relaties' tussen lichaamsdelen? 150
Laat je baby kruipend bezig zijn met 'op', 'in' en 'onder' 151
Laat je baby merken dat je niet écht weggaat 152
Geef je baby de gelegenheid zélf achter je aan te gaan 153
Zijn jongens toch anders dan meisjes? 154
Vooruitgang bevorderen door eisen te stellen 155
De sprong is genomen 163

8. SPRONG 6. LIEF EN LEED ROND 37 WEKEN OFWEL 8 ½ MAAND 165

De sprong kondigt zich aan: terug naar papa of mama 166
Hoe merk je dat je baby 'bij papa of mama wil blijven'? 167
Zorgen, irritaties en ruzies 173
Het nieuwe vermogen breekt door 175
De sprong: de 'winkel van de categorieën' 176
Wat kiest jouw baby uit de 'winkel van de categorieën'? 181

De uitwerking van de sprong: help je baby bij het leren 181
Laat hem 'categorieën' ontdekken 182
Geef hem de ruimte om te ontdekken 185
Geef hem alle gelegenheid te doen alsof 186
Toon begrip voor 'rare' angsten 188
De sprong is genomen 192

9. SPRONG 7. LIEF EN LEED ROND 46 WEKEN OFWEL BIJNA 11 MAANDEN 194
De sprong kondigt zich aan: terug naar papa en mama 196
Hoe merk je dat je baby 'bij papa of mama wil blijven'? 197
Zorgen, irritaties en ruzies 204
Het nieuwe vermogen breekt door 207
De sprong: de 'winkel van de opeenvolgingen' 207
Wat kiest jouw baby uit de 'winkel van de opeenvolgingen'? 213
De uitwerking van de sprong: help je baby bij het leren 213
Experimenteert hij met 'zelf doen'? Let dan op! 214
Wil je baby alles 'zelf doen'? 215
Daagt hij je uit? 216
Vertel hem wat hij 'fout' doet 217
Vertel hem wat hij 'goed' doet 217
Leid hem af met dingen die hij leuk vindt 217
Speelt je baby met woorden? 218
Probeert je baby je iets te vertellen? 218
Dwing je baby niet 219
Toon begrip voor 'rare' angsten 219
De sprong is genomen 224

10. SPRONG 8. LIEF EN LEED ROND 55 WEKEN OFWEL 13 MAANDEN 225
De sprong kondigt zich aan: terug naar papa of mama 227
Hoe merk je dat je baby 'bij papa of mama wil blijven'? 227
Zorgen, irritaties en ruzies 233
Het nieuwe vermogen breekt door 235
De sprong: de 'winkel van de programma's' 235
Wat kiest jouw baby uit de 'winkel van de programma's'? 240
De uitwerking van de sprong: help je baby bij het leren 240
Spelen met aankleden en verzorgen 240
Spelen met zelf eten 241

Spelen met 'speelgoed' 242
Spelen met 'echte dingen' 243
'Doen alsof'-spelletjes 244
Spelen met 'verhaaltjes' 244
Spelen met 'conversaties' 245
Spelen met 'muziek' 245
Wees blij met baby's hulp 246
Hij kan zijn eigen programma starten 246
Leer je baby rekening met jou te houden 247
Laat je baby nieuwe oplossingen zoeken 247
Laat je baby 'onderzoekertje' spelen 248
Toon begrip voor 'rare' angsten 249
De sprong is genomen 253

11. SPRONG 9. LIEF EN LEED ROND 64 WEKEN OFWEL BIJNA 15 MAANDEN 254
De sprong kondigt zich aan: terug naar papa of mama 257
Hoe merk je dat je dreumes 'bij papa of mama wil blijven'? 258
Ergernissen en ruzies 268
Het nieuwe vermogen breekt door 270
De sprong: de 'winkel van de principes' 271
Wat kiest jouw dreumes uit de 'winkel van principes'? 279
De uitwerking van de sprong: help je dreumes bij het leren 279
Behendigheid 280
Drammen en zin doordrijven 289
Aardig zijn en paaien 294
Toon begrip voor 'rare' angsten 301
Regels leren 302
De sprong is genomen 306

12. SPRONG 10. LIEF EN LEED ROND 75 WEKEN OFWEL RUIM 17 MAANDEN 307
De sprong kondigt zich aan: terug naar papa of mama 310
Hoe merk je dat je dreumes 'bij papa of mama wil blijven'? 310
Ergernissen en ruzies 311
Het nieuwe vermogen breekt door 313
De sprong: de wereld van de systemen 312
Wat kiest jouw dreumes uit de 'winkel van systemen'? 322
De uitwerking van de sprong: help je dreumes bij het leren 322

Ik en mijn geweten 323
Ik en mijn zelfbegrip 325
Ik uit het oog maar niet uit het hart 335
Ik en jij 335
Andere levende wezens 338
Ik leef in een gezin 339
Ik en mijn familie of vrienden 341
Mijn huis, mijn buurt en hoe ik de weg kan vinden 342
Ik en mijn eigendom 343
Opgeruimd staat netjes 344
Puzzels leggen en frutseltjes 344
Zelf een spelletje bedenken 346
Ik en mijn kunst 346
Ik en mijn tijdbesef: verleden, heden en toekomst 349
Elementaire natuurkunde 349
Elementaire bouwkunde 350
Ik en mijn praatjes 351
Toon begrip voor 'rare' angsten 358
De sprong is genomen 362

NAWOORD **364**

NUTTIGE ADRESSEN **369**

REGISTER **371**

INLEIDING

Een huilende baby is vreselijk voor degene die zo'n hummel gezond en gelukkig wil zien. Het blijkt dat ouders zich regelmatig zorgen maken over hun baby. Vaak denken ze dat zij de enigen zijn die niet de hele dag blij rondlopen. De enigen die onzeker, angstig, wanhopig of boos zijn als de baby lastig en niet te troosten is. De enigen die eruitzien als een vaatdoek, uitgeput door slaapgebrek. Zorgen, vermoeidheid, ergernis, schuldgevoel en soms zelfs agressieve gevoelens wisselen elkaar af. Die laatste gevoelens kun je als ouder soms hebben, maar je mag er natuurlijk nooit naar handelen. Ook kan 'huilen' spanningen tussen de ouders oproepen. Vooral als deze het niet eens zijn over de aanpak van dat huilen. En gratis, goedbedoelde adviezen van vrienden, familie, buren en zelfs vreemden maken alles alleen maar erger. 'Laat maar huilen, dat is goed voor de longen' is niet bepaald een oplossing waar een ouder op zit te wachten. En het probleem bagatelliseren net zomin.

HET GOEDE NIEUWS: ER IS EEN REDEN

We hebben 35 jaar onderzoek gedaan naar de ontwikkeling van baby's en de reactie hierop van degene die voor de baby zorgt. Meestal was dat de moeder. Al ons onderzoek hebben we bij ouders thuis gedaan. We hebben hun alledaagse bezigheden geobserveerd. We hebben allerlei vragen gesteld en zijn daar in gesprekken dieper op ingegaan. We ontdekten dat iedereen van tijd tot tijd met dat huilen zit. Sterker nog: normale, gezonde baby's waren verrassend op dezelfde leeftijd huileriger, lastiger, veeleisender en hangeriger. Kortom, leeftijden waarop zij hun ouders wanhopig konden maken. We kunnen tot op bijna de week nauwkeurig voorspellen wanneer ouders weer zo'n moeilijke tijd te wachten staat. Ditzelfde vonden ook Engelse, Spaanse en Zweedse onderzoekers die respectievelijk 30, 18 en 17 moeders en hun kinderen hadden bestudeerd.

Baby's huilen niet voor niets. Ze zijn dan van slag. Hun ontwikkeling verandert plotseling drastisch. Dit heeft echter ook voordelen. Het opent namelijk de mogelijkheid om nieuwe dingen te leren. Dat is een goede reden voor een feestje. Want het lastig zijn is eigenlijk een teken dat er fantastische vooruitgang geboekt wordt. Baby's hebben daar echter geen boodschap aan. Ze schrikken van zo'n verandering. Het zet

hun vertrouwde wereld op zijn kop. Van de ene dag op de andere is alles anders. Het is alsof ze wakker worden op een andere planeet.
Iedere ouder die streepjes op de binnenkant van de kastdeur heeft gezet, weet dat kinderen met schokken groeien. Langere tijd gebeurt er weinig tot niets, en dan ineens groeien ze vele millimeters in één nacht. Ook de verstandelijke ontwikkeling van kinderen verloopt met sprongen. Neurologisch onderzoek heeft aangetoond dat zulke sprongen gepaard gaan met veranderingen in de hersenen.
Dit boek beschrijft de tien sprongen in de mentale ontwikkeling die iedere baby maakt in zijn eerste twintig maanden. Het boek vertelt hoe baby's kijk op de wereld met iedere sprong verandert en hoe hij[1] dit inzicht kan gebruiken om nieuwe vaardigheden te ontwikkelen, vaardigheden die hij nodig heeft in zijn verdere ontwikkeling. Na deze eerste tien sprongen sluit je baby een belangrijke, voorbereidende periode in zijn leven af: het zogenaamde sensomotorische stadium. In zekere zin is hij nu al een 'af' mensje. Zijn zintuigen en bewegingsapparaat zijn op elkaar afgestemd. Hij kan rondstappen in, zich aanpassen aan en overleven in een omgeving waarin hij toevallig geboren is. Met twintig maanden is hij al aardig op weg zijn cultuur te imiteren en te leren kennen: de rollen, maniertjes, symbolen, gereedschappen, mythen en instituties. Daarbij spelen mimiek en pantomime een belangrijke rol. Dat is de basis van de taalontwikkeling. Met twintig maanden kunnen kinderen hun eerste zinnetjes gaan spreken (sommige kinderen beginnen daar al met zeventien maanden mee, direct nadat zij de laatste sprong gemaakt hebben). Dan zijn ze klaar om de in vele generaties verworven kennis en inzichten in zich op te zuigen door middel van de taal.

HOE DIT BOEK IN ELKAAR ZIT EN GEBRUIKT KAN WORDEN

Dit boek groeit met je baby mee. Op elke leeftijd kun je je ervaring vergelijken met die van andere ouders. Een soort 'ouders voor ouders' dus. Wij hebben moeders van 52 gezonde baby's, de helft meisjes en de helft jongens, gevraagd niet alleen de vorderingen van hun baby bij te houden, maar ook te vertellen of alles wel of niet op rolletjes liep. De voorbeelden in dit boek zijn gebaseerd op de wekelijkse verhalen van deze moeders.

---

1. *Vanwege de leesbaarheid wordt de baby met 'hij' aangeduid, terwijl daar iedere keer 'zij/hij' zou moeten staan.*

In het hoofdstuk 'Hoe beleeft je pasgeboren baby zijn wereld?' zie je hoe wonderlijk je pasgeboren baby is aangepast aan zijn nieuwe leventje. En hoe belangrijk lichaamscontact in dat nieuwe bestaan is. Het is belangrijk dat je dat weet, omdat je dan beter begrijpt wat je baby meemaakt als het eerste sprongetje zich aankondigt.

In de daaropvolgende hoofdstukken worden de tien sprongen beschreven

die je baby mentaal maakt in de eerste twintig maanden rond de leeftijden van 5, 8, 12, 19, 26, 37, 46, 55, 64 en 75 weken. Elk hoofdstuk beschrijft de tekenen die erop wijzen dat je baby weer een sprong maakt. Daar wordt uitgelegd hoe zijn kijk op de wereld verandert en hoe je baby daar gebruik van kan maken in zijn verdere ontwikkeling.
Elke sprong wordt behandeld in een apart hoofdstuk. En elk hoofdstuk is steeds weer ingedeeld in vier delen:

De sprong kondigt zich aan: terug naar papa en mama. Aan het begin van elk hoofdstuk beschrijft dit deel de veranderingen die je kunt verwachten als je baby lastiger wordt.

De sprong. Hier wordt verteld welk nieuw vermogen je baby krijgt als hij dat sprongetje maakt. Bovendien vind je in de 'winkel' een zo uitgebreid mogelijke lijst van nieuwe gedragingen die het gevolg kunnen zijn van de sprong. Uit deze lijst moet je baby een keuze maken. Hij kan immers niet alles tegelijk kiezen. Jouw baby kiest dan ook andere dingen uit de nieuwe winkel dan een andere baby. Iedere baby is uniek. Je kunt in de 'winkel' aantekenen wat jouw baby aan nieuwe gedragingen kiest, waar zijn voorkeuren naar uitgaan, wat het unieke is van jouw baby.

De uitwerking van de sprong: help je baby bij het leren. In dit deel lees je hoe je je baby spelend en soms mopperend pienter maakt. Je doet dat terwijl je inspeelt op datgene wat je baby uit de 'winkel' kiest. Of als je iets wilt uitproberen omdat je denkt dat je baby dat ook wel leuk zal vinden.

De sprong is genomen. Hier zie je wanneer je baby weer makkelijker is, zelfstandiger en vrolijker.

Dit boek is zo ontworpen dat het niet van voren naar achteren gelezen hoeft te worden. Als je baby al wat ouder is, kun je hierna naar het hoofdstuk 'springen' dat op jouw baby slaat.

LET OP

Bedenk steeds dat je kind na een 'sprong' zich niet alles tegelijk eigen kan maken. Veel vaardigheden komen vaak pas maanden later!

WAT DIT BOEK **TE BIEDEN HEEFT**

• STEUN IN BANGE DAGEN

Het steunt je op het moment dat je kampt met een huilprobleem. Het is immers goed om te weten dat je niet de enige bent. En dat een hangerige periode nooit langer duurt dan een aantal weken, en soms maar een paar dagen. Dit boek onthult wat andere ouders voelen, zien en doen als ze een baby hebben die even oud is als jouw baby. Je zult zien dat alle ouders te kampen hebben met gevoelens van bezorgdheid, ergernis en blijheid en alles wat erbij hoort.

• ZELFVERTROUWEN

Je zult begrijpen dat gevoelens van bezorgdheid, ergernis en blijheid noodzakelijk zijn. Dat ze de motor achter de vooruitgang van je baby zijn. Je zult ervan overtuigd raken dat je als ouder beter dan wie ook aanvoelt wat je baby op een bepaald tijdstip nodig heeft. Een ander kan je dat niet vertellen. Jij bent deskundig. Je mag je met recht de expert van je eigen baby voelen. Jij kent jouw baby het best. Jij voelt beter aan dan wie ook wat jouw baby nodig heeft.

• BEGRIP VOOR JE BABY

Het vertelt je wat je baby in iedere hangerige periode doormaakt. Het legt uit dat hij lastig wordt als hij op het punt staat nieuwe dingen te leren. Hij is dan van slag. Als je dat begrijpt, maak je je minder zorgen. Je ergert je minder. En je hebt meer 'rust' om hem door zo'n huilperiode te loodsen.

• SUGGESTIES HOE JE BABY TE HELPEN BIJ HET LEREN

Na elke hangerige periode kan je baby nieuwe dingen leren. En hij doet dat prettiger, sneller en makkelijker met jouw hulp. Wij suggereren spelletjes, jij kiest datgene eruit wat het best inspeelt op de interesses van jouw baby.

• UNIEK INZICHT IN JE BABY

Beelden zeggen meer dan duizend woorden, en daarom hebben wij speciaal voor jou een aantal filmpjes en animaties gemaakt die je in beeld laten zien waar we het in *Oei, ik groei!* in tekst over hebben. Soms laat de animatie je het principe van die sprong zien, soms zie je een huis-tuin-en-keukenfilmpje, waardoor je bij je eigen baby bepaalde nieuwe vaardigheden eerder herkent doordat je ze op het filmpje hebt gezien. Soms geeft een filmpje je inspiratie om op een andere manier naar de wereld te kijken. Zo neemt een van de filmpjes je mee op reis in de woonkamer. En dan wel eentje waar heel wat te zien is voor een paar weken oude baby! Het filmpje bekijk je heel gemakkelijk op je telefoon met de speciale Layarapp. Deze download je gratis en als je de app opent, vraagt deze je de pagina te scannen. Vervolgens geeft je telefoon je toegang tot unieke beelden.

DE **SPRONGENWEKKER**

De sprongenwekker zorgt ervoor dat je klaar staat als het volgende sprongetje zich aankondigt. Het werkt heel simpel.
Meld je aan op www.oeiikgroei.nl.
Je krijgt een e-mailbericht van ons in de week dat je baby op z'n vroegst een sprongetje kan maken. Zo kun jij je rustiger voorbereiden.

We hopen dat de kennis in dit boek over de sprongen je helpt begrijpen wat je baby door moet maken. Dat begrip komt goed van pas als je je baby door die moeilijke perioden heen wilt helpen. Dat begrip is ook bruikbaar als je hem wilt steunen in de gigantische taak uit te groeien tot een peuter. Ook hopen we dat je niet alleen leed maar ook lief met je baby kunt delen bij dat groter groeien.
Maar bovenal hopen we dat dit boek je gemoedsrust geeft en vertrouwen in je eigen kunnen als opvoeder. We hopen dat dit boek een betrouwbare vriend en een onmisbare gids zal zijn in de belangrijke eerste twintig maanden van je baby's leven.

HOOFDSTUK 1

GROTER WORDEN
HOE DOET JE BABY DAT?

EEN **STAPJE ACHTERUIT** EN EEN **SPRONG VOORUIT**

'Kinderen groeien van de ene dag op de andere uit hun kleren.' Deze volkswijsheid is lange tijd afgedaan als onzin. Toch zit er een kern van waarheid in. Kinderen groeien met schokken. Langere tijd gebeurt er weinig tot niets. Dan ineens groeien ze vele millimeters in één nacht.
Ook de verstandelijke ontwikkeling van kinderen verloopt met sprongen. Onderzoek bij kinderen van anderhalf tot zestien jaar heeft aangetoond dat zulke sprongen gepaard gaan met veranderingen in de hersenen. Dit blijkt onder andere uit veranderingen in de hersengolven, die men kan vastleggen in een eeg. Ook bij baby's tot en met twintig maanden heeft men tot nu toe zeven leeftijden ontdekt waarop hersenveranderingen plaatsvinden. Op alle zeven leeftijden zie je dat de ontwikkeling van de baby ook een duidelijk sprongetje maakt. Maar er zijn meer sprongen in de verstandelijke ontwikkeling van baby's. Aan die sprongen is bij hersenonderzoek nog geen aandacht besteed.
Sprongen in de verstandelijke ontwikkeling gaan niet altijd samen met groeischokken. Die laatste zijn talrijker. Ook tanden komen door op andere tijden dan die waarop baby's een sprong in hun verstandelijke ontwikkeling maken.

WAT GEBEURT ER ALS DE **MENTALE ONTWIKKELING** VAN JE BABY EEN **SPRONGETJE MAAKT?**

Bij elke sprong ontwikkelt zich plotseling en heel snel iets nieuws in de baby. Bijna altijd gebeurt dat in zijn zenuwstelsel en levert het de baby een nieuw vermogen op. Zoals het vermogen 'patronen' waar te nemen. Rond 8 weken breekt dat door. Zo'n nieuw vermogen beïnvloedt zijn hele gedrag. Het doorstraalt en verbetert alles wat hij tot nu toe al deed en het opent de mogelijkheid om nieuwe dingen te leren. Dat komt bijvoorbeeld tot uiting in een plotselinge aandacht voor zichtbare patronen, zoals de blikjes op de planken in de supermarkt of de takken van kale bomen die tegen de hemel afsteken in de winter. Een heel ander voorbeeld is dat je baby vanaf die leeftijd zijn lichaamshouding onder controle krijgt. Dat is ook een soort patroon, maar dan waargenomen binnen in zijn eigen lichaam, in plaats van daarbuiten. En zo zijn er meer voorbeelden.

HOE ZIE JE DAT DE ONTWIKKELING EEN SPRONGETJE MAAKT?

Moeilijke perioden zijn het 'visitekaartje' van een sprong. Die gaan gewoonlijk gepaard met de drie H's:
Huilerigheid, Hangerigheid en Humeurigheid. Je baby is lastiger en moeilijker dan je gewend bent. Veel ouders maken zich zorgen. Ze vragen zich af of hun baby ziek kan zijn. Of ze ergeren zich, omdat ze niet begrijpen waarom hij zo vervelend is.

OP WELKE LEEFTIJDEN BEGINNEN DIE HANGERIGE PERIODEN?

Hangerige perioden worden door alle ouders rond dezelfde leeftijden gezien. Het zijn er tien in de eerste twintig maanden. In het begin duren ze korter en volgen ze elkaar sneller op.

Is je baby twee weken te laat geboren, dan komt het twee weken eerder. Is hij vier weken te vroeg, dan komt het vier weken later. Ook dit verschijnsel wijst erop dat ieder sprongetje sterk verbonden is met de groei van de hersens van de baby.

GEEN ENKELE BABY ONTSPRINGT DE DANS

Alle baby's gaan door deze hangerige perioden heen. Van de makkelijke, rustige baby, tot en met de moeilijke, temperamentvolle baby. Echter, de temperamentvolle baby heeft het er duidelijk moeilijker mee dan de rustige baby. En zijn ouders dus ook. Hij vraagt toch al meer aandacht, maar eist nog een extra portie als zo'n sprongetje zich aankondigt. Hij toont de grootste 'behoefte aan papa of mama', de meeste leergierigheid, en hij heeft tegelijkertijd de heftigste conflicten met zijn moeder.

JE BABY'S **TIEN LASTIGE PERIODEN**

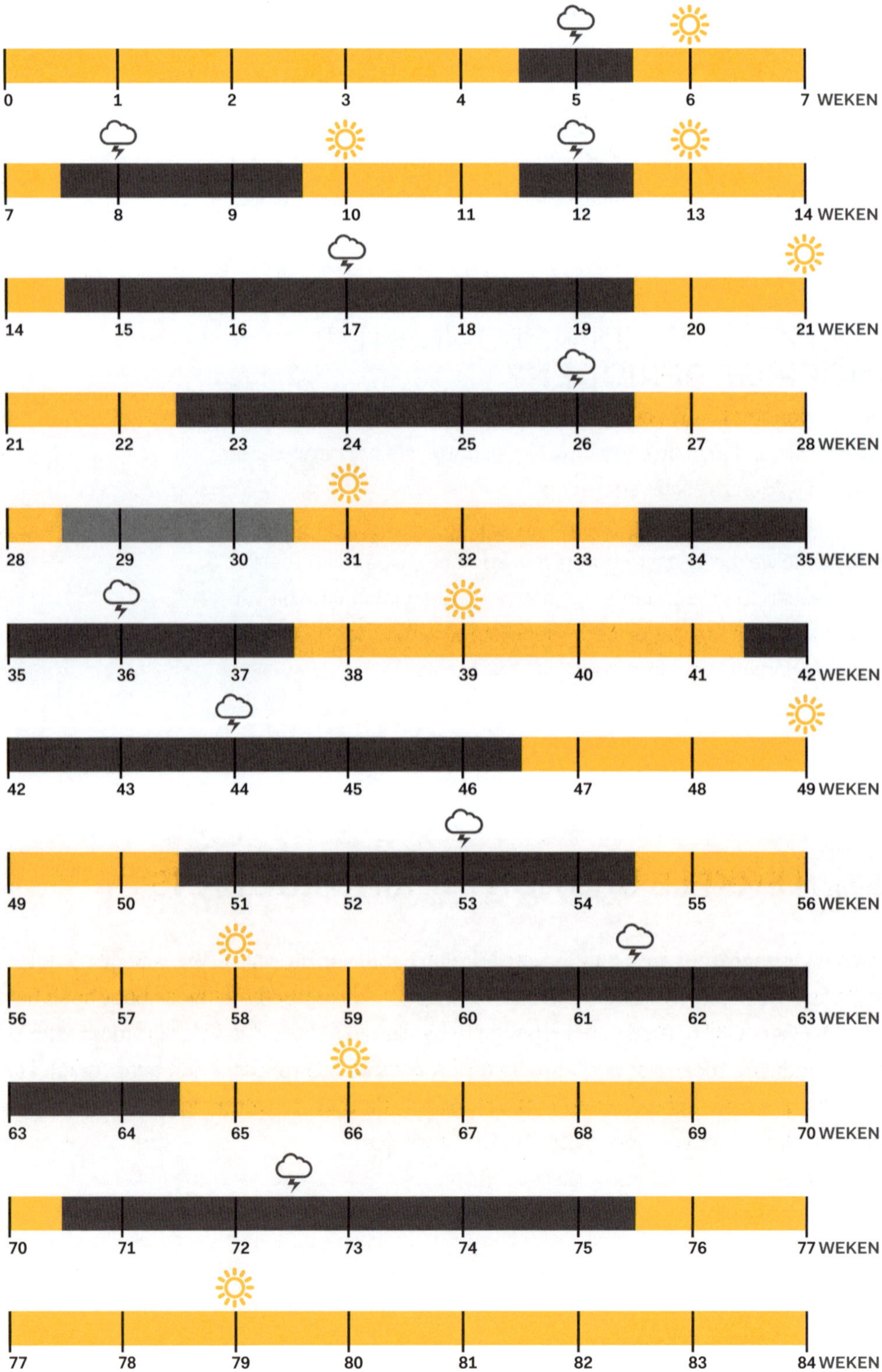

JE BABY MAAKT NU WAARSCHIJNLIJK EEN RELATIEF MAKKELIJKE PERIODE DOOR

JE BABY KAN NU HANGERIGER ZIJN DAN JE VAN HEM GEWEND BENT

ROND DEZE WEEK IS HET ZEER WAARSCHIJNLIJK DAT JE BABY HET ZONNETJE IN HUIS IS

ROND DEZE WEEK IS DE KANS GROOT DAT JE BABY HANGERIG IS

HUILERIGHEID, HANGERIGHEID EN HUMEURIGHEID (DE DRIE H'S) ROND WEEK 29 EN 30 ZIJN NIET HET VISITEKAARTJE VAN EEN OP HANDEN ZIJNDE SPRONG. JE BABY HEEFT SIMPELWEG ONTDEKT DAT ZIJN MOEDER WEG KAN LOPEN EN HEM ACHTER KAN LATEN. DIT IS VOORUITGANG, HOE GEK HET OOK KLINKT. HET IS EEN NIEUWE VAARDIGHEID: HIJ LEERT ALLES OVER AFSTANDEN.

HET IS NIET LEUK, DUS **VOEL MET HEM MEE!**

Je baby schrikt van zo'n sprongetje. Het zet zijn vertrouwde wereld op zijn kop. Dat is eigenlijk heel begrijpelijk. Stel je zelf maar eens voor dat je wakker wordt op een andere planeet. Ineens is alles anders. Wat zou jij doen...?
Zou jij rustig verder slapen? ... Nee. Zou jij zin hebben in eten? ... Nee. Zou jij je willen vastklampen aan een vertrouwd iemand? ... Ja. Dat is nou precies wat je baby ook doet.

JE BABY KEERT TERUG NAAR **ZIJN VEILIGE BASIS**

Jou kent hij het best. Met jou is hij het langst en intiemst vertrouwd. Zijn wereld staat op zijn kop en hij snapt niet wat er aan de hand is. Hij huilt en ligt het liefst de hele dag in je armen. Als hij ouder is, doet hij alles om bij jou in de buurt te kunnen blijven. Hij houdt je soms vast, om nooit meer los te laten. Hij wil weer als een kleinere baby worden behandeld. Kortom, hij zoekt naar het oude vertrouwde. Voor hem is deze plek veilig. Je zou kunnen zeggen: hij keert terug naar de basis, van waaruit hij zijn leven begon.

JE ONTDEKT DAT HIJ MEER KAN

Omdat je baby plotseling zo hangerig is, ben je bezorgd of geïrriteerd door dat gezeur. Je wilt weten wat er aan de hand is. Automatisch ga je beter op je baby letten. Je wilt dat hij weer normaal doet. En dan ontdek je dat hij eigenlijk veel meer weet dan je dacht. Dat hij dingen probeert te doen die je nog nooit bij hem hebt gezien. Je zou kunnen zeggen dat je nu ontdekt dat je baby een sprongetje heeft gemaakt in zijn ontwikkeling.

EEN NIEUW VERMOGEN: EEN NIEUWE WINKEL

Ieder nieuw vermogen stelt je baby in staat nieuwe dingen te leren. Vaardigheden die hij vóór deze leeftijd nooit had kúnnen leren, hoe vaak je het ook zou hebben geoefend. Je zou ieder nieuw vermogen kunnen vergelijken met een nieuwe winkel die wordt geopend. In die winkel ligt een uitgebreide schakering van koopwaar. Sommige dingen zijn nieuw, andere bekend maar verbeterd. Jouw baby met zijn aanleg, zijn voorkeur en zijn temperament maakt zijn eigen keuze. De ene probeert alles even uit. De andere is helemaal weg van één ding. Iedere baby is immers anders.

HELP HEM BIJ HET LEREN

Jij bent in staat om hem datgene aan te reiken wat hij aankan en wat bij zijn persoontje past. Jij kent hem het best. Daarom kun jij, beter dan wie ook, uit hem halen wat erin zit. Niet alleen je baby maakt keuzes. Jij winkelt mee. Sommige stalletjes zullen je minder interesseren. Andere juist heel sterk. Want ook iedere ouder is anders. Tegelijkertijd kun jij als volwassene dingen aanbieden die hij als baby over het hoofd ziet. En je kunt hem helpen om door te gaan als hij het even niet meer ziet zitten. Met jouw hulp leert hij prettiger, beter en uitgebreider.

CONFLICTEN MET JE BABY

Als je baby iets nieuws leert, betekent dat vaak dat hij een oude gewoonte moet afleren. Als hij kan lopen, moet hij niet verwachten dat papa of mama hem nog even vaak draagt. Als hij eenmaal kan kruipen, kan hij zijn eigen speeltjes gaan halen. Na iedere sprong kan hij méér en zal hij ook zelfstandiger zijn. Als baby en ouder zich dat realiseren, hebben zij het daar eventjes moeilijk mee. Daarom zie je in deze periode ook vaker ergernissen en 'ruzies'. De wensen van papa of mama en baby botsen dan.

DE MAKKELIJKE PERIODE: EVEN RUST NA DE SPRONG

De moeilijke periode verdwijnt even plotseling als die gekomen is. Voor de meeste ouders is dit een ontspannende tijd. De baby is zelfstandiger. Hij is druk bezig het nieuw geleerde in praktijk te brengen. En hij is vrolijker. Helaas is die rust van korte duur. Het volgende sprongetje kondigt zich weer snel aan. Je baby is een harde werker.

'KWALITEITSUURTJES' ZIJN ONNATUURLIJK

Als een baby zelf mag bepalen wanneer hij welke aandacht wil, merk je dat dit van week tot week anders kan zijn. Bij ieder sprongetje gaat de baby immers door de volgende fases:

- EEN BEHOEFTE OM TE HANGEN AAN MAMA EN PAPA;
- EEN BEHOEFTE OM NIEUWE DINGEN TE LEREN MET MAMA EN PAPA;
- EEN BEHOEFTE OM ZELFSTANDIG TE ZIJN.

Daarom zijn 'geplande speeluurtjes' onnatuurlijk. In het jachtige Amerika heeft men het zogenaamde 'kwaliteitsuurtje' uitgevonden. Dit zijn uurtjes die in de agenda's van drukbezette personen worden vrijgehouden om aandacht te geven aan hun kind(eren). Het is echter onmogelijk om plezier met een baby te plannen. Het kan zelfs zijn dat hij je aandacht niet wil op de tijd die wordt geprikt als het 'kwaliteitsuurtje'. De fijne, lieve, grappige en angstige momenten met baby's gebeuren als ze gebeuren. Een baby is géén video die je in kunt schakelen op geschikte tijden. Een baby is nog geen volwassene.

HOOFDSTUK 2

HOE BELEEFT JE PASGEBOREN BABY ZIJN WERELD?

WAT DOE JE ALS JE DE BABY VOOR HET EERST ZIET?

Iedere baby ziet er anders uit en voelt ook anders aan. Til straks maar eens een andere baby op. Je merkt dat het even heel vreemd aanvoelt. Je bent met je eigen baby zo vertrouwd geworden, dat je eigenlijk vergeet dat de ene baby de andere niet is. Je moet even wennen.

Als een moeder alle rust krijgt om in haar eigen tempo haar naakte, pasgeboren baby te leren kennen, doet ze dat meestal in een bepaalde volgorde. Eerst strijkt ze met haar vingertoppen door de haren. Ze vindt ze zacht. Dan volgt ze met een vinger de omtrek van zijn hoofd. Daarna zijn profiel. Vervolgens de nagels, de vingers, de tenen. Dan gaat ze langzaam naar het midden, langs de armen, de benen en de nek. Als laatste het lijfje.

Ook de manier waarop een moeder elk lichaamsonderdeel van de baby betast, heeft een volgorde. Eerst raakt ze die aan met haar vingertoppen, en aait en voelt heel voorzichtig. Geleidelijk aan wordt ze steeds enthousiaster. Ze gebruikt de hele vinger en kan ook wel eens op het vel duwen. Ten slotte omvat ze elk onderdeel met de volle palm van haar hand. Als ze als laatste het lijfje durft te omklemmen, wordt ze enthousiast. Ze roept uit dat ze niet kan geloven dat zoiets prachtigs van haar is. Haar eerste kennismaking is hiermee afgerond. Nu durft ze hem op te pakken, te draaien en neer te leggen. Ze weet hoe haar baby aanvoelt.

LEUK OM TE WETEN

- DE MEESTE MOEDERS ZIJN SUPERGEVOELIG VOOR HUN BABY ALS ZE HEM IN DE EERSTE UREN NA DE GEBOORTE BIJ ZICH HEBBEN.
- DE MEESTE BABY'S ZIJN OOK INTENS WAKKER IN DIEZELFDE TIJD, ZE ZIJN ZICH BEWUST VAN HUN OMGEVING, ZE KEREN ZICH NAAR ZACHTE GELUIDEN, EN ZE FIXEREN HUN OGEN OP HET GEZICHT DAT BOVEN HEN HANGT.
- DE MEESTE MOEDERS BEWONDEREN HET LIEFST SAMEN MET DE VADER DE BABY.

BAAS IN **EIGEN KRAAMTIJD**

Maak van je hart geen moordkuil. Als je je baby bij je wilt hebben, of als je even alleen wilt zijn met hem, laat dat dan weten. Jij bepaalt hoe vaak je hem oppakt om te knuffelen. Het is jouw kind.

Bijna alle moeders zeggen achteraf dat ze hun baby eigenlijk liever langer voor zich alleen gehad zouden willen hebben. Later kan dat velen van hen danig dwarszitten. De kraamtijd was niet wat ze zich ervan hadden voorgesteld. Terwijl ze behoorden te genieten van de rust die ze kregen, voelden ze zich opgejaagd. Ze wilden de baby bij zich hebben. Vooral als ze hem hoorden huilen. En als ze hem dan niet kregen, omdat het 'nog geen tijd' was, voelden ze zich triest en nijdig. Ze voelden zich behandeld als een onmondig, hulpbehoevend kind dat zelf niet weet wat het beste voor zichzelf en de eigen baby is. Ook vaders maken wel eens dezelfde opmerking. Ook zij voelen zich vaak overrompeld door regels en geregel van buitenstaanders.

“*Alles werd voor mij geregeld. Hoe ik moest zitten bij het voeden. Wanneer ik mocht voeden. Wanneer hij genoeg tijd had gehad om te drinken. Dat hij moest huilen als het "zijn tijd" nog niet was... Ik ergerde me voortdurend, maar je wilt niet onbeleefd zijn, dus pakte of voedde ik hem stiekem. Ik kon niet tegen dat huilen, ik wilde hem troosten. Toen ik ook nog eens beha-in en beha-uit moest en ijszak-om en ijszak-af kreeg, omdat mijn borsten overdag in vorm toe- en afnamen, hield ik het niet meer uit. Ik had een baby en ik wilde hém. Ik begon te janken van nijd. Maar hier was ook een naam voor: "kraamvrouwentranen". Het was net of alle poten onder mijn stoel vandaan gezaagd werden. Het enige wat ik wilde was mijn baby en rust.*” MOEDER VAN PAUL

“*Ik had een lange bevalling. Mijn baby werd onmiddellijk meegenomen en wij waren uren in de veronderstelling dat we een zoon hadden. Toen ik mijn baby later terugkreeg, bleek dat we een meisje hadden. Niet dat we geen meisje "wilden", maar we waren al stevig vertrouwd met een zoon. Als je dan ineens een meisje blijkt te hebben, geeft dat een heel vreemd gevoel.*” MOEDER VAN JETTEKE

“Als ik haar voed, kroel ik graag om haar heen. Zodat ik lekker dicht bij haar ben. Maar van de kraamverpleegster mocht dat niet. Ik moest achterover zitten met kussens, dus achteruitgeschoven in de bank. Ik vond dat tegennatuurlijk. Zo afstandelijk.”
MOEDER VAN NINA

“Ik voelde me bezitterig worden wanneer zij van hand tot hand ging, maar ik heb het niet laten merken.” MOEDER VAN LAURA

“De kraamverpleegster was poetserig, regelig, bleef bij het bezoek en had het hoogste woord over alles wat ergens wel eens fout was gegaan. Ook maakte ze zich erg druk over de mogelijkheid dat mijn baby wel eens geel zou kunnen worden. Ze keek ieder uur, soms ieder kwartier, en dacht hardop steeds dat ze al sporen ontdekte. Dit maakte me zenuwachtig. Ik probeerde borstvoeding te geven. Maar ze kwam onder de voedingen door steeds de baby weghalen om te wegen. Dit maakte me ook zenuwachtig. De baby beviel dat ook niet. Ze bewoog dan wild op de schaal, dus duurde het even voor ze kon besluiten of het 40 of 45 gram was. Het huilen van de baby maakte me nog nerveuzer en ik besloot maar om resoluut te stoppen met borstvoeding. Ik vind dat nu heel erg en ik denk dat het onnodig was. Ik had zo graag zelf gevoed.” MOEDER VAN XARA

“Ik voelde me heel bezitterig over hem, ergerde me als anderen hem te vaak, te lang wilden vasthouden. En ik genoot er als het ware van als hij bij anderen huilde en dan bij mij ophield.” MOEDER VAN RUDOLF

“Als hij dan huilde, ergerde ik me over het “advies” van het kraambezoek dat een strenge opvoeding van “laat maar huilen” aanprees. Terwijl dat het laatste was wat ik wilde. Dus als hij huilde, stond ik tussen twee vuren in.’” MOEDER VAN THIJS

“Deze keer hadden we ons voorgenomen om alles lekker helemaal op onze eigen manier te doen. Toen de baby huilde, gaf ik gewoon een extra flesje. De vorige keer heeft de oudste bijna twee weken voor niets gehuild en honger gehad. Dat bleek achteraf. Zo’n eerste keer luister je naar iedereen. Deze keer luisterde ik alleen naar mezelf.”
MOEDER VAN EEFJE

Als ouders moeilijkheden hebben met de baby vlak na de kraamtijd, zeggen ze dat ze nog niet helemaal vertrouwd zijn met de baby. Ze moeten nog aan hem wennen. Ze zijn bang dat ze hem per ongeluk laten vallen of te hard zouden vastpakken. Ze snappen niet wat hij wil als hij zich zus of zo gedraagt. Ze voelen zich een ouder van niks.

Sommigen denken dat het komt omdat ze de baby in de kraamtijd zo 'weinig' te zien kregen. Toen hadden ze hem zo graag gehad, nu zijn ze blij als ze klaar zijn met hem. Ze zijn bang geworden. En dat bange gevoel kenden ze in het begin niet.

WAAR JE AAN MOET DENKEN

Knuffel, wieg, aai en masseer de baby als hij in een goede stemming is. Als je dat doet, merk je wat hij het fijnst vindt. Waar hij het best bij ontspant. En datgene wat hij het fijnst vindt, kun je straks gebruiken om hem te troosten als hij van slag is. Je hebt dan de meeste kans op succes. Knuffel, wieg, aai of masseer je hem alleen als hij humeurig is, dan zal hij juist vaker en harder gaan huilen als je later probeert om hem hiermee te troosten.

LEER JE BABY KENNEN EN AANVOELEN

Als moeder ben je heel nieuwsgierig. Je bent in zekere zin al bekend met je baby. Je kent hem immers al negen maanden. Maar toch is het nu ook anders. Eigenlijk een wereld van verschil. Jij kunt je baby voor het eerst bekijken, en je baby is in een heel nieuwe omgeving. Je vraagt je af: 'Hoe gedraagt hij zich nu? Herken ik iets?'

Je baby zien, horen, ruiken en voelen in zijn eerste levensdagen: dat contact heeft een enorme invloed op de ouder-kindrelatie. De meeste vaders en moeders voelen dat zelf feilloos aan. Ze willen gewoon alles meemaken wat hun baby doet. Ze krijgen er geen genoeg van om hem te bekijken. Ze willen zien, horen, voelen en ruiken hoe hun baby reageert op zijn omgeving. Ze willen hem bekijken als hij slaapt en horen hoe hij ademt. Ze willen erbij zijn als hij wakker wordt. Ze willen hem kunnen strelen, knuffelen en besnuffelen, wanneer ze daar zin in hebben.

"Ik merk dat zijn ademhaling verandert als hij plotseling een geluid hoort, of een licht ziet. Ik was eigenlijk een beetje bang, omdat het zo onregelmatig was. Maar nu ik weet dat hij reageert op geluid en licht, voel ik me weer helemaal rustig. Nu vind ik het grappig." MOEDER VAN BOB

Bovendien zoeken de meeste moeders de vertrouwde herkenning van de eerste negen maanden. 'Is hij de rustige baby die ik verwachtte? Zijn zijn schopuurtjes op dezelfde tijden? Heeft hij iets speciaals met zijn vader, herkent hij zijn stem?' De meeste moeders willen 'spelen' met het gedrag van hun baby. Ze willen uitproberen of ze iets beter zus of zo kunnen doen. Ze willen de eigenschappen van hun baby zelf waarnemen, daarop reageren en dan weer merken hoe de baby op hen reageert. Ze willen er zelf achter komen wat zij het beste vinden voor hun baby. Moeders willen wél adviezen, géén voorschriften. En als ze een reactie van hun baby goed voorspellen, zijn ze uitbundig blij. Het is voor hen het teken dat ze hem goed leren kennen. Dit versterkt hun zelfvertrouwen. Ze voelen dat ze het aankunnen als ze na de kraamtijd alleen met hem zijn.

JE BABY LEERT JOU OOK KENNEN EN AANVOELEN

Tijdens de eerste vijf weken na de geboorte raakt je baby langzaamaan bekend met de buitenwereld om hem heen. Jij leert hem intiemer kennen dan wie ook. Dan gaat hij de eerste sprong maken in zijn mentale ontwikkeling.
Maar voordat je kunt begrijpen hoe je baby verandert als hij 5 weken is en zijn eerste sprongetje maakt, moet je weten hoe je pasgeboren baby zijn wereld beleeft en welke rol lichaamscontact speelt in deze belevingswereld.

DIT KAN JE BABY AL

Baby's zijn al meteen na de geboorte geïnteresseerd in de wereld om hen heen. De ene wat meer dan de andere. Ze luisteren en kijken. Ze laten de omgeving op zich inwerken. Ze doen echt hun best om iets zo goed mogelijk te zien. Je ziet dan ook geregeld dat hun ogen scheel staan van de inspanning. Of je ziet dat ze gaan bibberen of hikken van uitputting. Ouders zeggen: 'Hij "pakt" met zijn ogen.' En dat is nou precies wat ze doen.
Baby's hebben een goed geheugen. Al heel vlug herkennen ze stemmen, mensen en speeltjes. Ook hebben ze een duidelijke verwachting van een bepaalde situatie: 'Het is bad-, knuffel- of eettijd!' Of: 'Het is uitgaan geblazen!'

Baby's doen al gezichtsbewegingen na. Steek je tong maar eens tegen hem uit, als je ontspannen met hem zit te 'kletsen'. Of open wijd je mond zoals bij een uitroep. Geef hem wel de tijd om te reageren en doe het als hij je echt aankijkt. Baby's kunnen hun ouders 'vertellen' hoe ze zich voelen: blij, boos, verbaasd. Hoe ze dat doen? Ze leggen een wat andere nadruk op eenzelfde soort schreeuw- of huilgeluid. En ze gebruiken lichaamstaal. Hun ouders verstaan het. Trouwens, de baby laat duidelijk weten dat hij dat ook van hen verwacht. Na even wachten gaat hij 'boos' of 'verdrietig' huilen.
Baby's hebben ook al heel vroeg voorkeuren. De meeste kijken liever naar mensen dan naar speelgoed. Ook kunnen ze één speeltje kiezen door dat met hun ogen te 'pakken', als zij er twee voorgeschoteld krijgen.
Baby's zijn heel gevoelig voor aanmoediging. Ze genieten als ze geprezen worden om hun lekkere geur, hun schoonheid of hun daden. Ze zijn dan duidelijk langer in je geïnteresseerd.
Baby's zien, horen, ruiken, proeven en voelen al een heleboel. En wat zij daarmee waarnemen, kunnen zij ook onthouden. Maar toch kan een baby datgene wat zijn zintuigen hem vertellen, nog niet beleven zoals hij dat later als volwassene gaat doen.

WAT NEMEN BABY'S ZINTUIGEN WAAR?

WAT ZIET JE BABY?

Tot voor kort dachten wetenschappers en artsen dat een pasgeboren baby nog niet kon zien. En je hoort het nóg wel eens. Dat is absoluut een fabeltje. Ouders spraken dat in het verleden dan ook altijd tegen. Het blijkt dus dat zij gelijk hadden. Je baby kan perfect scherp zien. Maar hij kan dat alleen op een afstand van 20 cm. Buiten die afstand ziet hij vermoedelijk alles wazig. Hij heeft ook soms moeite zijn beide ogen te richten op datgene wat hij wil zien. Maar als hij zover is, kan hij intens staren naar datgene waarnaar hij kijkt.
En hij houdt dan even op met bewegen. Al zijn aandacht is op zijn voorwerp gericht. Als hij goed wakker is, kan hij soms ook het speeltje volgen met zijn ogen en/of zijn hoofd. En wel van links naar rechts en van boven naar beneden. Je moet het dan wél heel langzaam bewegen.
Het voorwerp dat hij het verst blijft volgen, is een schematisch namaakgezicht: twee grote stippen boven en één onder. Dat lukt al binnen een uur na de geboorte, als veel baby's hun ogen wijd open hebben en héél alert zijn. Als vader en moeder verdrink je bijna in die prachtige, grote ogen. Het zou wel eens kunnen dat baby's 'ingeprent' raken op alles wat ook >>

maar in de verste verte op een menselijk gezicht lijkt.
Je baby kijkt liever naar kleurige dingen dan naar een saai, egaal vlak. En hij vindt rood de mooiste kleur. Maar zijn aandacht wordt vooral gevangen door felle contrasten. Hoe feller de kleuren tegen elkaar afsteken, hoe interessanter. Duidelijke strepen en hoeken ziet hij liever dan ronde vormen.

WAT HOORT JE BABY?
Je pasgeboren baby kan al heel goed onderscheid maken tussen verschillende geluiden. Zijn moeders stem herkent hij al vlak na de geboorte. Hij houdt van muziek, het snorren van een motor en van zacht, ritmisch drummen. Begrijpelijk, want dergelijke geluiden zijn vertrouwd. In de baarmoeder lag hij te midden van bonzende, ruisende, rommelende, donderende en piepende geluiden van aders, hart, longen, maag en darmen. Ook houdt hij van de meeste menselijke stemmen. Zij maken hem rustig.
Je baby hoort ook het verschil tussen lage en hoge (vrouwen)stemmen. Hoge geluiden vangen sneller zijn aandacht. Iedereen voelt dat aan en praat met een hogere stem tegen een baby. Voor dat 'gekiebiediebiedoe', ofwel babygepraat, hoef je je dus helemaal niet te schamen.
Je baby kan ook al meteen onderscheid maken tussen harde en zachte geluiden. Plotselinge, harde geluiden vindt hij niet prettig. Sommige baby's kunnen snel schrikken. Pas je daarom aan je baby aan.

WAT RUIKT HIJ GRAAG?
Je baby kan geuren onderscheiden. Hij houdt niet van de geuren die wij branderig of scherp noemen. Deze geuren maken je baby heel actief. Hij probeert zichzelf weg te draaien van de stankbron, en zal ook gaan huilen.
Je baby ruikt het verschil tussen jouw lichaamsgeur en die van andere moeders. Als hij als proef op de som verschillende, gedragen kledingstukken voor zich krijgt, zal hij zich keren in de richting van het kledingstuk dat jij hebt aangehad.

WAT PROEFT HIJ GRAAG?
Je baby kan al verschillende smaken uit elkaar houden. Hij heeft een duidelijke voorkeur voor zoet, houdt niet van zuur en spuugt bitter zo snel mogelijk uit.

WAT VOELT HIJ?
Je baby kan een verandering in temperatuur waarnemen. Hij kan warmte voelen. En dat kan hij goed gebruiken bij het zoeken naar de tepel, als je die niet in zijn mond zou stoppen. De tepel is duidelijk warmer dan de borst. Door domweg in de richting van de warmste **>>**

plek te bewegen, vindt je baby de tepel. Hij moet dan natuurlijk al wel in de buurt zijn met zijn gezicht.
Je baby kan ook kou voelen. Maar als hij het te koud krijgt, kan hij zichzelf nog niet verwarmen. Hij kan immers nog niet bibberen om het warmer te krijgen. Hij kan dus zijn lichaamstemperatuur nog niet zo goed regelen. Daar moeten zijn ouders voor zorgen. Het is bijvoorbeeld niet verstandig lang in de sneeuw of op het ijs te gaan wandelen met een baby. Hoe goed hij ook ingepakt is, hij koelt te veel af. Voordat je het weet is hij onderkoeld. Als je baby gaat huilen in zo'n situatie, haast je dan naar binnen in de warmte.
Je baby is supergevoelig voor aanrakingen. Gewoonlijk vindt hij huidcontact heerlijk. Dat kan licht en stevig zijn. Net wat hij fijn vindt op dat moment. Ook zal hij meestal genieten van een uitgebreide lichaamsmassage in een lekker warme kamer. Alle vormen van lichaamscontact zijn voor hem gewoon het mooiste troost- en speelgoed. Probeer uit wat jouw baby het meest actief of slaperig maakt. Als je dat weet, kun je dat meteen gebruiken als je het nodig hebt.

JE BABY BELEEFT ZIJN WERELD ALS EEN 'SOEPJE'

De boodschappen van alle zintuigen vormen één geheel Je baby kan de indrukken die de zintuigen naar zijn hersenen sturen nog niet verwerken zoals wij volwassenen dat doen. Hij beleeft zijn wereld op zijn eigen babymanier. En dus anders dan wij. Wij ruiken een geur, zien de bloem die hem verspreidt, voelen aan zijn fluwelen blaadjes en horen dat er een bij aan komt zoemen. Wij kunnen alle onderdelen los van elkaar begrijpen. We weten waar ze vandaan komen.
Je baby beleeft die hele voorstelling als een 'soepje', dat een totaal andere smaak krijgt als er ook maar één ingrediënt verandert. Als een radar vangt hij alle indrukken op en beleeft ze als één indruk, als één geheel. Hij ervaart nog niet dat er allemaal losse onderdelen in ieder 'soepje' zitten. En dat die onderdelen hem geleverd worden door zijn zintuigen. Erger nog, hij voelt zich een onderdeel van dat 'soepje'. Hij voelt zich nog niet als een 'eigen ik'.

Zelfs de wereld en zijn lijfje zijn één geheel Hij kan nog geen onderscheid maken tussen datgene wat zijn zintuigen hem vertellen over zijn omgeving en wat ze hem vertellen over zijn lichaam. Voor hém zijn de buitenwereld en zijn lijfje één. Wat buiten gebeurt, gebeurt in zijn lijfje. En wat zijn lijfje voelt, voelt alles en iedereen. De wereld verveelt

zich. De wereld is hongerig, warm, nat, moe of lekker. Alles is één geur-kleur-geluid-en-streelindruk, één 'soepje', één geheel.
Omdat de baby zichzelf en de wereld als één en dezelfde ervaart, is het vaak zo moeilijk om uit te vinden wat een huilende baby heeft. Dat kan van alles zijn. Als je de baby niet goed begrijpt, kan dat huilen je wanhopig maken. Het kan je ook extra onzeker maken.

DE HULPSTUKKEN WAARMEE JE BABY DE 'OERSOEP' OVERLEEFT

Als je de wereld beleeft zoals de baby dat doet, kun je ook niet uit eigen vrije wil iets doen. Om dat te kunnen, moet je verder ontwikkeld zijn. Je moet weten dat je handen hebt om iets vast te pakken. Dat je moeder een tepel heeft en jij een mond die daaraan kan zuigen. Pas als je dat weet, kun je daar ook uit eigen beweging gebruik van maken.
Toch wil het niet zeggen dat de baby helemáál niet kan reageren op het 'soepje' dat hij waarneemt. Moeder Natuur heeft hem een paar speciale eigenschappen meegegeven om deze leeftijdsfase te overbruggen en haar 'tekortkomingen' aan te vullen.

Zijn reflexen bepalen veel bewegingen Hij draait in buikligging automatisch zijn hoofdje opzij, zodat hij goed kan ademen. Hij wordt dus bewogen door zijn reflex, zo ongeveer als een marionet door zijn touwtjes. Hij denkt niet: even mijn hoofd draaien. Het gebeurt gewoon. En als de baby dit straks wel kan denken en doen, verdwijnt de reflex. Prachtig toch?
Een pasgeboren baby draait zijn hoofd in de richting van een geluid. Dit draaien zorgt ervoor dat de aandacht van de baby wordt gericht op mogelijk interessante plekken in de omgeving. Deze reactie werd lange tijd over het hoofd gezien. Dat komt doordat die traag op gang komt. Het duurt wel vijf tot zeven seconden voordat de baby zijn hoofd begint te bewegen. En om de beweging te maken, heeft hij nog eens drie tot vier seconden nodig. Deze reactie verdwijnt als de baby één tot twee maanden oud is.
Hij heeft de zuigreflex. Zodra iets de mond van een hongerige baby aanraakt, klemt zijn mond zich eromheen en gaat zuigen. De zuigreflex zorgt ervoor dat de baby geweldig krachtig kan trekken. Ook de zuigreflex verdwijnt als de baby hem niet meer nodig heeft. Een volwassene heeft hem niet meer. Dit betekent dat wij zouden verhongeren als wij moesten

overleven van moedermelk. Gewoon omdat we bijna geen druppel uit de borst zouden krijgen.
Hij heeft de grijpreflex. Als je wilt dat de baby je vinger grijpt, aai je over de boven- of onderkant van zijn hand. Hij trekt dan de hele arm licht terug, opent zijn knuistje en pakt de vinger. Hetzelfde kun je doen met het voetje. Zijn teentjes zullen dan proberen je vinger vast te pakken. Men denkt dat deze reflex uit de prehistorie stamt, toen moeders nog een flinke lichaamsbeharing hadden. Het baby'tje kon zich door de grijpreflex al meteen na de geboorte aan zijn moeder vastklampen. In de eerste twee levensmaanden kun je zien dat je baby deze reflex nog gebruikt. En wel als hij aanvoelt dat je hem neer wilt leggen.
De baby gebruikt de zogenaamde Moro-reflex als hij schrikt. Hij maakt zijn rug hol, gooit zijn hoofd achterover en wappert armen en benen eerst naar buiten, dan naar binnen en sluit ze over zijn buik en borst. Het lijkt alsof hij zich vastgrijpt bij een val. Deze reflex wordt ook wel eens de 'omhelzingsreactie' genoemd.

OOK EEN BABY VERVEELT ZICH WEL EENS

Je baby kan zichzelf nog niet vermaken. Vooral een (temperamentvolle) drukke baby laat duidelijk weten dat hij actie wil als hij uitgeslapen is. Probeer uit wat je baby fijn vindt.

- BEZICHTIG MET HEM JE HUIS. LAAT HEM DATGENE ZIEN, HOREN EN VOELEN WAARVAN JE MERKT DAT HET ZIJN AANDACHT TREKT. VERTEL HEM WAT HIJ TEGENKOMT. HET DOET ER NIET TOE WAT. HIJ GENIET VAN JE STEM. LAAT HEM ALLES ZIEN, HOREN, RUIKEN EN VOELEN. HET ZAL NIET LANG DUREN OF JE MERKT DAT HIJ IETS HERKENT.
- JE BABY LUISTERT GRAAG NAAR JE STEM ALS JE PRAAT. MAAR ALS DE RADIO OP DE ACHTERGROND OOK AANSTAAT, KAN HIJ ZICH NIET GOED CONCENTREREN OP JE STEM. WANT DEZE GAAT OP IN DAT LAWAAI. JE BABY KAN NOG GEEN ONDERSCHEID MAKEN TUSSEN VERSCHILLENDE STEMMEN. EN DAN WORDT HIJ ONRUSTIG.
- ZORG DAT ER ALTIJD INTERESSANTE DINGEN IN HET GEZICHTSVELD VAN JE BABY ZIJN ALS HIJ WAKKER LIGT. OP DEZE LEEFTIJD KAN HIJ ER NOG NIET ZELF NAAR ZOEKEN. VOOR HEM GELDT: UIT HET OOG, UIT DE GEDACHTE.
- JE BABY LUISTERT GRAAG NAAR MUZIEK. ZET MUZIEK AAN DIE HIJ PRETTIG VINDT. PROBEER ZIJN KEUZE UIT. ZACHTE ACHTERGRONDMUZIEK KAN OOK KALMEREND WERKEN.

Laat je steeds door de reacties van je baby leiden! Je baby heeft nog veel meer typische babyreflexen. Deze verdwijnen. Ze worden straks overgenomen door bewegingen die de baby doelgericht maakt. Andere reflexen blijven, zoals ademhalen. Volwassenen hebben ook reflexen. Zoals niezen, hoesten, knipperen met je oogleden, je hand terugtrekken als je iets heets aanraakt en de 'kniepeesreflex', als een arts met een hamertje op je knie slaat.

Hij vraagt hulp door te huilen De hierboven genoemde reflexen zorgen ervoor dat je baby zélf de normale toestand herstelt. Soms is dat niet zo eenvoudig. Bijvoorbeeld als hij het te warm of te koud heeft, als hij zich niet lekker voelt of als hij zich verveelt. Nu moet de baby als reactie een andere strategie volgen en dat doet hij ook. Hij gaat automatisch huilen tot iemand anders ervoor zorgt dat alles weer in orde komt. Hij kan het nog niet zonder hulp van een volwassene stellen. Als deze die hulp weigert, zal hij eindeloos doorgaan met huilen, totdat hij volkomen uitgeput is.

"In de tweede week begonnen zijn huilbuien. Hij huilde dag en nacht, dronk goed en groeide goed. Toen ik bij de kinderarts was, heb ik gezegd dat ik dacht dat hij zich verveelde. Maar hij beweerde dat dat niet kon, omdat de oogjes nog dicht zijn in de eerste tien dagen. En hij daarna voorlopig ook niets zag. Sinds vorige week heb ik toch maar een rammelaar in de wieg gelegd. Dat helpt. Hij huilt echt minder!" **PAUL,** WEEK 4

Om te kunnen overleven moet de baby er dus van op aankunnen dat iemand dag en nacht bereid is om hem op zijn wenken te bedienen. En ook dáár heeft de natuur voor gezorgd. Zij heeft hem getooid met een geheim wapen dat hij voortdurend in de strijd gooit: zijn uiterlijk.

Hij beschikt over een schattig uiterlijk Hij heeft een puppyachtig uiterlijk. Hij is de trotse bezitter van een uitzonderlijk groot hoofd. Dit hoofd is bijna een derde van zijn totale lengte. Als extraatje zijn zijn ogen en voorhoofd ook 'te groot' en zijn wangen 'te mollig'. Verder zijn zijn benen en armen 'te kort en te dik' in verhouding tot de rest van zijn lijfje. Zo'n koddig uiterlijk vertedert. De ontwerpers van poppen, knuffels en tekenstrips maken van die kenmerken dan ook dankbaar gebruik. Het verkoopt! Precies zo verkoopt je baby zichzelf. Hij is lief, klein en hulpeloos. Zo'n schatje trekt je aandacht. Het lokt je uit om hem op te pakken, te knuffelen en te verzorgen.

Zijn allervroegste glimlach: om van te genieten Over de hele wereld wordt glimlachen al gezien vóór 6 weken en het is zelfs al vóór de geboorte gefilmd. Toch is het heel zeldzaam in deze periode. Maar dat neemt niet weg dat jij als ouder tot de gelukkigen kunt behoren. Pasgeboren baby's kunnen glimlachen als ze worden aangeraakt, als er een windvlaag langs het gezicht strijkt, als ze mensenstemmen horen of een ander geluid, als ze een gezicht boven hun wieg zien, een schilderij zien, of domweg als ze tevreden zijn met een volle maag. Ze glimlachen ook wel eens in hun slaap.
Ouders zijn heel enthousiast als ze het zien. Ze noemen het echt glimlachen. En zo ziet het er ook uit. Later, als de baby zijn glimlach alleen maar gebruikt in sociaal contact, zeggen ze toch wel verschil te zien. Dit eerste glimlachen zou iets mechanisch hebben, iets robotachtigs. Maar dat neemt niet weg dat het is om van te smullen.

LICHAAMSCONTACT: EEN VERTROUWD GEVOEL VOOR JE BABY

Ook voor zijn geboorte beleefde je baby zijn wereld als één geheel, als één 'soepje'. Bij de geboorte heeft je baby zijn vertrouwde plek verlaten en beleeft allerlei onbekende, totaal andere 'soepjes'. Er zitten immers allerlei nieuwe ingrediënten in. Dingen die hij in de buik niet kon beleven. Hij kan zich ineens vrij bewegen. Hij voelt warmte en kou. Hij hoort andere en hardere geluiden. Hij ziet feller licht en voelt allerlei kleren om zijn lichaam. Bovendien moet hij nu zelf ademhalen, zelf zuigen. Ook moeten zijn spijsverteringsorganen nog helemaal op gang komen. Allemaal dingen die nieuw voor hem zijn. Je kunt je voorstellen dat hij bij al deze veranderingen behoefte heeft aan het bekende en vertrouwde. Aan lichaamscontact.

Zeg het met knuffels Lichaamscontact zal hem het best herinneren aan zijn oude omgeving. Het zal hem een gevoel van geborgenheid geven. Je buik 'omarmde' zijn lichaam en je bewegingen kneedden het immers, zolang hij zich kan herinneren. Het was zijn 'thuis'. Hij was een met alles wat zich daarbinnen afspeelde: het ritmisch bonzen van je hart, het ruisen van je bloed en het gerommel van je maag. Het lijkt niet meer dan logisch dat hij dat oude, vertrouwde lichaamscontact graag voelt en die bekende geluiden nog eens hoort. En vanuit dat vertrouwde gevoel profiteert van de nieuwe omgeving.

LICHAAMSCONTACT: GEWOON HET MOOISTE TROOST- EN SPEELGOED

Naast eten en warmte is lekker dicht bij papa of mama zijn het allerbelangrijkste voor je kleintje in de eerste vier maanden. Als hij dat maar genoeg krijgt, kan er met de baby niet veel meer fout gaan. Ook als er om welke reden dan ook minder met hem wordt gespeeld.

- EEN BABY VINDT HET MEESTAL HEERLIJK OM LEKKER DICHT TEGEN JE AAN TE LIGGEN EN RONDGEDRAGEN TE WORDEN. EN HIJ LEERT METEEN OP EEN PRETTIGE MANIER ZIJN VELE LICHAAMSHOUDINGEN BEHEERSEN. WIL JE ECHTER JE HANDEN VRIJ HEBBEN, NEEM HEM DAN MEE IN EEN DRAAGDOEK. ZO'N DOEK KAN AL VLAK NA DE GEBOORTE GEBRUIKT WORDEN. IN EEN DRAAGDOEK KAN EEN BABY NAMELIJK LIGGEN.
- GEEF HEM EEN ONTSPANNENDE MASSAGE. ZORG VOOR EEN WARME KAMER. DOE WAT BABYOLIE OP JE HANDEN EN MASSEER ZACHTJES ALLE DELEN VAN ZIJN BLOTE LIJFJE. HIJ LEERT OP EEN PRETTIGE MANIER ZIJN LIJFJE KENNEN EN WORDT ER HEERLIJK ROZIG VAN.
- BABY'S VAN DEZE LEEFTIJD ZIJN GEMAAKT OM GEPAKT, GEKNUFFELD, GEAAID EN GEWIEGD TE WORDEN. HIJ KAN DAAR NIET GENOEG VAN KRIJGEN. HIJ VINDT OOK KLEINE KLOPJES VOORTREFFELIJK. HIJ LAAT VANZELF WEL MERKEN WAT HIJ HET HEERLIJKST VINDT EN HOE HIJ HET BEST TOT RUST KOMT. HIJ LEERT DAT HIJ EEN PRETTIGE, VEILIGE THUISBASIS HEEFT. EN DIE ZAL HIJ NOG VAAK NODIG HEBBEN ALS ZIJN ONTWIKKELING EEN SPRONGETJE MAAKT.

HOOFDSTUK

3

SPRONG 1

LIEF EN LEED
ROND 5 WEKEN
OFWEL RUIM 1 MAAND

Rond 5 weken en soms al rond 4 maakt de ontwikkeling van je baby het eerste sprongetje. Zijn zintuigen maken een snelle groei door. Je baby merkt dat er iets nieuws en vreemds gebeurt in zijn wereld. Hij raakt van slag, huilt en verlangt terug naar zijn meest vertrouwde plek, terug naar papa en mama.
Rond deze leeftijd zoeken alle baby's meer lichaamscontact en aandacht dan ze gewoonlijk doen. Het is dus normaal als je merkt dat je baby dat ook 'vraagt'. Soms duurt die grotere behoefte aan papa of mama maar één dag, soms een hele week.

DE SPRONG KONDIGT ZICH AAN: **TERUG NAAR PAPA EN MAMA**

De baby voelt dat er iets aan de hand is. Hij kan het je nog niet vertellen, zich nog niet naar je toe wenden of nog niet zijn armen naar je uitstrekken. Wel kan hij een keel opzetten en lastiger en onrustiger zijn dan normaal. Voor zo'n kleine baby is dit nog de enige manier om duidelijk te maken dat hij van streek is. Hij jengelt, huilt of krijst gewoon het hele huis tot wanhoop. Huilen geeft hem de kans dat papa of mama naar hém toe komt en dat hij bij hen kan blijven.
De baby slaapt slechter. Tenminste als hij alleen in zijn bedje ligt. Soms wil een baby per se op zijn buik liggen. Iets wat hij daarvoor nooit wilde. Maar misschien geeft dat 'op de buik' liggen hem het gevoel van het 'buikje-tegen-buikcontact' en de veiligheid waar hij nu zo'n behoefte aan heeft.

DAT HUILEN MAAKT OUDERS ONZEKER

Alle ouders zoeken naarstig naar een reden voor deze huilbuien. Ze proberen of de baby honger heeft. Ze kijken of de luier loszit en verschonen de baby, want hij zou wel eens last kunnen hebben van een natte broek. Ze proberen hem te troosten en merken al snel dat dit in zo'n huilperiode ook geen 'makkie' is.
Vervolgens merken ze dat hij, eenmaal getroost, toch snel weer opnieuw kan beginnen met dat 'zenuwachtig makende' gehuil. Voor de meeste ouders zijn die plotselinge veranderingen bij de baby nieuw en akelig. Het maakt dat ze zich onzeker voelen en velen kunnen soms echt angstig zijn.

“Hij was enorm aanhankelijk. Ik heb veel en vaak met hem op schoot gezeten. Ook als er mensen op bezoek kwamen. Ik was ontzettend bezorgd. Ik heb één nacht nauwelijks geslapen en hem constant geaaid en vastgehouden. Toen kwam mijn zus en ze wilde een nacht bij de baby blijven. Ik kon toen op een andere kamer gaan slapen. En ik heb vreselijk vast geslapen. Ik was helemaal herboren de volgende dag.” **BOB,** WEEK 5

“Ze is eigenlijk heel makkelijk en ineens huilde ze twee dagen bijna dag en nacht. Eerst dacht ik dat het de bekende krampjes waren. Maar ik merkte dat ze stopte als ze op schoot of tussen ons in lag. Ze viel dan ook meteen in slaap. En toen vroeg ik me weer af of ik haar daarmee misschien te veel verwende. Ineens was het huilen ook weer over en nu is ze weer even makkelijk als daarvoor.” **EEFJE,** WEEK 5

Vaak zijn ouders ook bang dat de baby iets mankeert. Dat hij pijn heeft en dat iets niet goed werkt in dat kleine lijfje, wat er nu pas uitkomt. Anderen zijn bang dat de borstvoeding niet voldoende is. De baby lijkt immers steeds de borst te willen en eindeloos honger te hebben. Sommige ouders lieten hun kindje onderzoeken door een arts[2]. Toch waren ook deze baby's gezond.

“Ze huilde zo. Ik was bang dat er echt iets fout was. Ze wilde steeds aan de borst. Dus ik naar de kinderarts. Maar er was niets aan de hand. De dokter zei dat ze nog aan de borstvoeding moest wennen en dat veel kinderen zo'n huilperiode hebben als ze vijf weken oud zijn. Ik vond dat wel raar. Mijn borst heeft haar de eerste vier weken niet dwarsgezeten. En haar neefje, dat even oud is, huilde ook zo. En hij heeft flesvoeding. Toen ik dat zei, negeerde de dokter die opmerking. Ik ben er niet meer op doorgegaan, was allang blij dat er niets aan de hand was.” **JULIETTE,** WEEK 5

2. Vraag bij twijfel altijd advies aan je huisarts of het consultatiebureau.

BIJ PAPA OF MAMA VERMINDERT DE SPANNING

Omdat de baby voelt dat er iets aan de hand is, heeft hij een grotere behoefte aan veiligheid. Geef aan die behoefte van je baby net zoveel toe als je zelf aankunt. Alles heeft gewoon zijn tijd nodig. Je geur, warmte, stem en manier van vasthouden zijn vertrouwd voor hem. Hij kan bij jou een beetje tot zichzelf komen. En je geeft de baby een gevoel van veiligheid, warmte en geborgenheid in een voor hem moeilijke tijd.

“*Soms drinkt ze wel een halfuur en wil niet van de borst af. “Gewoon na 20 minuten eraf halen en laten brullen, dan leert ze het zo af,” is het advies. Maar ik denk: laat maar kletsen.*” **NINA,** WEEK 5

FIJN OM TE WETEN

Het is heel normaal dat je baby vaker aan de borst wil als zijn ontwikkeling een sprongetje maakt. Er is dan niets met je voeding aan de hand. Je baby is gewoon van slag en zoekt lichaamscontact en troost. De meeste moeders weten dit niet. Velen bellen de vereniging Borstvoeding Natuurlijk als de hangerige periode wat langer duurt. Die moeders hebben het gevoel dat ze aan het voeden kunnen blijven en vragen zich daarom af of ze wel genoeg hebben. De vereniging noemt die dagen ‘regeldagen’ en adviseert om toch vooral door te gaan met borstvoeding. Behalve rond 6 weken bellen moeders de vereniging opvallend vaak rond 3 en 6 maanden. Het is frappant dat de baby ook rond die leeftijden door een ‘hangerige periode’ gaat.

DRAAG HEM LEKKER BIJ JE

De meeste ouders merken dat het huilen minder is zolang de baby lichaamscontact heeft. Hij is ook beter en sneller te troosten als hij bij een van de ouders is.

“*Toen ze één grote huilbui was, leek ze ongrijpbaar. Ik heb haar lange tijd moeten masseren voor ze rustiger werd. Ik voelde me toen doodmoe, maar ontzettend voldaan. Daarna is er iets veranderd. Het lijkt nu of ze veel vlugger tevreden is. En als ze huilt, voel ik me meer geroepen om het haar weer aangenaam te maken.*” **NINA,** WEEK 4

TROOSTTIPS

Als je de baby rustig wilt krijgen, zijn ritme en warmte belangrijk. Houd de baby rechtop tegen je aan, zijn billetjes op je ene arm, terwijl je met je andere arm zijn hoofdje steunt, dat tegen je schouder rust. Hij kan zo het rustgevende geklop van je hart voelen. Dan:

- AAI EN STREEL HEM;
- WIEG HEM HEEN EN WEER;
- LOOP RUSTIG MET HEM ROND;
- NEURIE EEN LIEDJE;
- KLOP HEM ZACHT OP DE BILLETJES.

Bedenk steeds dat je baby meestal het best te troosten is met iets wat je ook met hem doet als hij in een blije stemming is!

Ouders die hun baby bij zich dragen wanneer hij niet 'zichzelf' is, noemen hun baby 'enorm aanhankelijk'. Hij ligt het liefst stilletjes tegen papa of mama aan om geaaid, gewiegd en geknuffeld te worden. Deze ouders merken ook dat de baby op schoot wel in slaap valt, maar huilt als hij daarna stiekem in bed wordt gelegd.
Ouders die zich aan een voedings- en slaapschema houden, merken regelmatig dat de baby onder het drinken in slaap valt. Sommigen vragen zich af of de baby door al dat huilen en slecht slapen misschien te moe is om te drinken op de tijd die daarvoor bestemd is. En dat lijkt heel logisch. Immers, is de baby eenmaal waar hij wezen wil, dan komt hij tot rust en valt in slaap.

"De eerste twee dagen dat hij zo huilde, probeerde ik me nog aan het slaapschema te houden, maar dat werd een totaal fiasco. We werden er allebei gek van. Ik houd hem nu zonder gewetensbezwaren zolang op schoot als hij wil. Ik voel me hier goed bij. Het is lekker warm en knus. En hij geniet er zichtbaar van. Het voedingsritme is ook weg. Heb ik losgelaten. Hij komt nu vanzelf. Soms drinkt hij langer, soms korter. Hij is nu veel rustiger en ik ben veel gelukkiger." **STEVEN,** WEEK 5

SLAAPTIPS

Een slecht slapende baby doet vaak eerder een dutje als hij bij je is. Warmte, bewegingen en zachte geluiden werken rustgevend. Hij valt makkelijker in slaap:

- ALS HIJ AAN DE BORST OF FLES LIGT;
- ALS HIJ WORDT RONDGEDRAGEN IN EEN DRAAGZAK;
- ALS HIJ WORDT RONDGEREDEN IN DE KINDERWAGEN. EN OOK EEN AUTORITJE DOET VAAK WONDEREN.

EEN SPRONG IN DE RIJPING

Veel wijst erop dat rond 4 à 5 weken baby's een snelle rijping doormaken, van stofwisseling en ingewanden tot zintuigen. Zo groeien ze rond deze leeftijd vaak over stoornissen in hun spijsvertering heen, als ze die al hadden. Ook kan een 'foutje' dat altijd al aanwezig was, nu duidelijker worden. Bij *pylorus stenosis* bijvoorbeeld, raakt de doorgang tussen maag en darm, die van meet af aan al vernauwd was, volledig afgeklemd. Hierdoor kan de baby geen eten meer binnenhouden; hij spuugt het telkens weer met een krachtige straal uit. Een kleine operatie kan dit euvel gelukkig verhelpen.

Ook de stofwisseling van de baby verandert rond deze leeftijd. Hij traant nu duidelijk vaker en soms voor het eerst. Verder merken moeders dat hun baby nu langer wakker is.

Ten slotte wijst alles erop dat ook de zintuigen een snelle groei doormaken. De baby is duidelijk meer geïnteresseerd in de wereld om hem heen. Geen wonder, want hij kan nu zijn ogen scherp stellen op een grotere afstand. Vlak na de geboorte kon hij alleen nog maar dingen echt scherp zien op een afstand van 20 cm. Hij staat open voor ervaringen. Hij wil iets meemaken. De baby is ineens veel gevoeliger voor stimulatie van buitenaf.

Vijf tot zes weken oude baby's zijn zelfs bereid te 'werken' voor enige afleiding. In een laboratoriumexperiment kregen baby's de gelegenheid een kleurenfilm van een moeder die met haar baby speelt scherp te stellen, door harder op een fopspeen te zuigen. Zodra ze ophielden met zuigen, werd het beeld weer vaag. Omdat baby's op die leeftijd nog moeilijk tegelijkertijd kunnen zuigen en kijken, konden ze de film maar heel even scherp zien. Als de zaak werd omgedraaid en de baby's juist moesten ophouden met zuigen om het beeld scherp te krijgen, konden ze dat ook.

“Tegen het einde van de borstvoeding doet hij soms zo raar. Hij zuigt heel snel en ligt dan verheerlijkt ergens naar te staren. En begint dan weer te zuigen. Hij lijkt dan zo vraatzuchtig, alsof hij zich aan de borst ligt te verlekkeren.” MOEDER VAN THIJS, WEEK 5

HERSENWERK

Rond 3-4 weken neemt de hoofdomvang van je baby drastisch toe. Ook de suikerstofwisseling in de hersenen verandert.

Een snelle groei van de zintuigen betekent niet dat de baby er een nieuw 'vermogen' bij heeft gekregen. Hij kan nog steeds de indrukken die zijn, weliswaar verbeterde, zintuigen naar zijn hersenen sturen niet verwerken, zoals wij volwassenen dat doen. Sterker nog: hij raakt zelfs vaardigheden kwijt. De aangeboren voorkeur om een schematisch namaakgezicht te volgen met zijn ogen en/of zijn hoofd verdwijnt plotseling. Het draaien van zijn hoofd in de richting van een geluid en het nadoen van gezichtsbewegingen verdwijnen ook. Er zijn aanwijzingen dat deze primitieve vaardigheden geregeld werden door lagere delen van de hersenen en nu onderdrukt beginnen te worden door nieuwe groei in delen van de hogere, grote hersenen.

HEEFT JOUW BABY EEN LIEVELINGSZINTUIG?

Alle baby's maken dezelfde snelle groei van de zintuigen door. Ze krijgen allemaal meer aandacht voor alles wat er om hen heen gebeurt. Toch toont de ene baby het heel anders dan de andere. Er zijn er die vooral genieten van dingen die ze zien, anderen zijn echte luisterbaby's. Weer anderen worden liever de hele dag geknuffeld en geaaid. Sommigen vinden alles even leuk. Alle baby's zijn immers anders.

VOORBEELDEN VAN WAT JE NU VAKER ZIET

De baby heeft meer interesse in zijn omgeving:

- KIJKT VAKER EN LANGER NAAR IETS.
- LUISTERT VAKER MET MEER AANDACHT ERGENS NAAR.
- REAGEERT DUIDELIJKER OP AANRAKINGEN.
- REAGEERT DUIDELIJKER OP GEUREN.
- GLIMLACHT VOOR HET EERST, OF VEEL VAKER DAN VOORHEEN.
- MAAKT VAKER PLEZIERGELUIDJES.
- LAAT VAKER MERKEN WAT HIJ LEUK OF VERVELEND VINDT.
- LAAT VAKER MERKEN DAT HIJ WEET WAT ER GAAT GEBEUREN.
- IS LANGER WAKKER EN BEZIG.

Lichamelijke veranderingen:

- ADEMT REGELMATIGER.
- SCHRIKT EN SIDDERT MINDER.
- TRAANT VOOR HET EERST (OF VEEL VAKER DAN VOORHEEN) ALS HIJ HUILT.
- GROEIT OVER DE MEESTE SPIJSVERTERINGSSTOORNISSEN HEEN:
- VERSLIKT ZICH MINDER;
- GEEFT MINDER OVER;
- HEEFT MINDER LAST MET BOEREN.

“*Ik zit op het conservatorium en neem haar iedere dag mee. De eerste weken reageerde ze heel weinig op geluiden en daar maakte ik me echt zorgen om. Nu is ze ineens vreselijk met geluiden bezig. Als ze wakker wordt en huilt, wordt ze zelfs prompt stil als ze mij hoort zingen. De anderen lukt dat niet!*” **ODINE,** WEEK 6

HOE SPEEL JE OP DE SPRONG IN?

Allereerst heeft je baby steun en koestering nodig. Deze sprong ligt immers niet op het verstandelijke vlak, maar is in de eerste plaats lichamelijk. Op deze leeftijd kun je je baby niet verwennen. Troost hem altijd als hij huilt.

ALS DE STRESS TE VEEL WORDT

Een sprong is voor zowel baby als vader en moeder een ingrijpende, stressvolle gebeurtenis. Voor baby en ouders kan de spanning te groot worden. Beiden kunnen uitgeput raken als ze zich te veel zorgen maken en daardoor ook nog eens slecht slapen.

- DE BABY IS IN DE WAR EN HUILT.
- EN DIT HUILEN MAAKT IEDERE OUDER ONZEKER EN VAAK ANGSTIG. DE SPANNING KAN TE GROOT WORDEN, OUDERS KUNNEN HET NIET MEER AAN.
- DE BABY VOELT DIE EXTRA SPANNING AAN, WORDT NOG HANGERIGER EN HUILT NOG HARDER DAN HIJ AL DEED.

Baby en ouders kunnen verlost worden van die extra spanning. En wel door steun en medeleven.

- DE BABY KAN GETROOST WORDEN DOOR LICHAAMSCONTACT EN AANDACHT. HIJ IS DAN BETER EN VLUGGER IN DE GELEGENHEID OM RUSTIG ALLE VERANDERINGEN TE VERWERKEN. ZO'N STEUN GEEFT ZELFVERTROUWEN. HIJ WEET DAT ER IEMAND VOOR HEM KLAARSTAAT ALS HET NODIG IS.
- OUDERS MOETEN KUNNEN REKENEN OP STEUN VAN DE OMGEVING IN PLAATS VAN OP 'KRITIEK'. DIT GEEFT HUN HET ZO BROODNODIGE ZELFVERTROUWEN. ZE KUNNEN DAN VOLGENDE MOEILIJKE PERIODEN BETER AAN.

Daarnaast biedt de groei in de zintuigen een aanknopingspunt om je baby nieuwe dingen te laten ontdekken. Geef je baby de gelegenheid om van zijn zintuigen te genieten. Bekijk eerst wat jouw baby het fijnst vindt, waar hij het meest van geniet en speel daarop in. Dat kun je ontdekken door goed te bekijken wat hij 'bestudeert'. Bied hem dat dan ook aan.

HOE MERK JE WAT JE BABY FIJN VINDT?

Je baby glimlacht als hij op de een of andere manier prettig gestimuleerd wordt. Dat kan zijn via dingen die hij ziet, hoort, ruikt, proeft of voelt. En omdat zijn zintuigen nu gevoeliger zijn, glimlacht hij ook vaker. Als moeder kun je daar gebruik van maken. Je kunt datgene met hem doen wat zijn glimlach uitlokt.

“*We dansen altijd samen in het rond en als ik dan stilsta glimlacht hij.*” **JAN,** WEEK 6

“*Als ik met mijn gezicht dicht naar haar toe kom en haar glimlachend toespreek, maakt ze echt oogcontact en dan een brede grijns. Zalig is dat.*” **LAURA,** WEEK 5

“*Ze glimlacht ook tegen haar poppen en beren.*” **JETTEKE,** WEEK 6

WAAR KIJKT JE BABY NAAR, HOE KUN JE HELPEN?

Al wiegend door de kamer kun je goed zien wat jouw baby nu interessant vindt!

layar

Je baby kijkt vaker naar iets wat hem boeit. Meestal zijn dat kleurige dingen. Hoe feller de kleuren tegen elkaar afsteken, hoe boeiender hij het vindt. Ook strepen en hoeken trekken zijn aandacht. En je gezicht. Terwijl je rondloopt met je baby merk je vanzelf wat je baby het liefst ziet. Geef hem gelegenheid en tijd om dat goed te bekijken. Houd er rekening mee dat je baby alleen dingen scherp ziet als ze binnen 20 cm zijn. Sommige baby's vinden het leuk om steeds iets bekends te zien. Andere verliezen juist snel de aandacht als ze steeds hetzelfde zien. Als je merkt dat je baby zich verveelt, laat hem dan dingen zien die lijken op dat wat hij graag ziet, maar die toch nét iets anders zijn.

“*Hij kijkt je recht in je gezicht aan en houdt dat nu een tijdje vol. Maar hij vindt het “raar” als ik eet. Hij kijkt dan vol aandacht naar mijn mond en het kauwen.*”
RUDOLF, WEEK 6

“*Ze staat veel meer open voor alles wat ze ziet. Haar voorkeur gaat uit naar de spijlen van de box die afsteken tegen de witte muur, naar boeken in de boekenkast, naar ons plafond van lange houten latten met een donker streepje ertussen en naar een zwart-witte pentekening aan de muur. 's Avonds hebben lampen die aan zijn, de grootste aantrekkingskracht.*” **XARA,** WEEK 5

"Wanneer ik een groen-geel balletje langzaam van links naar rechts beweeg, gaat haar hoofd mee. Een heel leuk spelletje. Misschien nog meer voor haar trotse moeder dan voor haarzelf." **ASHLEY,** WEEK 5

WEEK 5

WAAR LUISTERT JE BABY NAAR, WAT KUN JE DOEN?

Alle baby's hebben meer aandacht voor geluiden. Of ze nu brommend, piepend, rinkelend, ruisend of snorrend klinken. Ook mensenstemmen zijn vaker interessant. Hoge (vrouwen)stemmen zijn het boeiendst. En moeders stem is verreweg favoriet.
Als je baby 5 weken oud is, kun je al leuke gesprekjes voeren. Ga daar lekker voor zitten en houd je gezicht dicht bij dat van de baby. Vertel over huis-, tuin- en keukendingetjes, of wat je maar wilt. En pauzeer af en toe als de baby wil 'antwoorden'.

"Ik heb het idee dat hij nu ook echt naar mijn stem luistert. Dit is opvallend." **THIJS,** WEEK 5

"Ze antwoordt soms als ik met haar klets. De geluidjes die ze maakt, zijn langer geworden, net of ze iets vertelt. Schattig. Gisteren "praatte" ze ook zo tegen haar konijntje in bed en tegen haar zonnetjesrammelaar in de box." **ODINE,** WEEK 5

'GELUIDENTAAL': LAAT MERKEN DAT JE HEM BEGRIJPT

Je baby gebruikt zijn verschillende huil- en pleziergeluiden nu veel vaker. Ieder geluid hoort bij een bepaalde situatie. Met een 'zielig' huiltje valt hij gewoon in slaap. En dat is absoluut niet het geval bij een andere huil. Dan is er iets aan de hand. Hij maakt ook pleziergeluiden. Die laat hij horen als hij ergens naar kijkt of luistert. Ouders begrijpen de baby ineens beter. Als jij dat ook doet, laat hem dat dan ook merken. Je baby is heel gevoelig voor een compliment.

"Ik hoor duidelijk pleziergeluidjes als ze iets fijn vindt, en boze geluidjes als haar iets niet zint. Ze kraait zo nu en dan even van plezier als ze haar mobile ziet, en geniet duidelijk als ik dat nadoe." **ODINE,** WEEK 6

WAT VOELT JE BABY: HOE REAGEER JE DAAROP?

Alle baby's hebben ook meer aandacht voor aanrakingen. Soms hoor je een baby nu voor het eerst hardop lachen als hij gekieteld wordt. Maar de meeste baby's spreekt kietelen nog niet erg aan. Het is bijna altijd te veel van het goede.

"Ze heeft hardop gelachen, echt een bulderlach, toen ze gekieteld werd door haar broer. Iedereen schrok en het werd doodstil." **XARA,** WEEK 5

BEDENK: HET IS SNEL TE VEEL VOOR JE BABY

Laat je steeds leiden door je baby. Stop als je merkt dat het hem te veel wordt.

- DE ZINTUIGEN VAN JE BABY ZIJN GEVOELIGER. DAAROM WORDT ELKE STIMULATIE OOK SNELLER TE VEEL VAN HET GOEDE. ALS JE MET HEM SPEELT, KNUFFELT, DINGEN LAAT ZIEN EN HOREN, MOET JE DAAROP LETTEN. JE MOET JE AANPASSEN.
- JE BABY KAN ZICH NOG NIET LANG CONCENTREREN. HIJ HEEFT STEEDS EEN KORTE PAUZE NODIG OM UIT TE RUSTEN. HET LIJKT MISSCHIEN ALSOF HIJ GEEN ZIN MEER HEEFT. MAAR WACHT EVEN AF. HIJ IS MEESTAL ZO WEER KLAAR OM VERDER TE GAAN.

DE SPRONG IS GENOMEN

Met 6 weken breekt weer een makkelijke periode aan. De baby's zijn vrolijker, wakkerder, meer bezig met kijken en luisteren. De oogjes staan 'helderder', vinden veel ouders. En de baby's laten goed merken wat ze willen en wat niet. Kortom, alles is wat duidelijker dan voorheen.

“*Ik heb nu meer contact met hem. De uurtjes die hij op is, zijn ineens interessanter.*”
DIRK, WEEK 6

“*Hij voelt steeds meer eigen aan me, steeds vertrouwder.*” **BOB,** WEEK 6

HOOFDSTUK 4

SPRONG 2

LIEF EN LEED

ROND 8 WEKEN

OFWEL BIJNA 2 MAANDEN

Rond 8 (7-9) weken kondigt het volgende sprongetje zich aan. Op deze leeftijd krijgt je baby een nieuw vermogen. Daarmee kan hij nieuwe dingen leren. Vaardigheden die hij voor deze leeftijd nooit had kunnen leren, hoe vaak je het ook geoefend zou hebben. Je baby is nu in staat simpele patronen te herkennen, zowel in de buitenwereld als binnen zijn eigen lichaam. Alhoewel het moeilijk is je daar een voorstelling van te maken, geldt dit voor alle zintuigen, niet alleen voor het zien. Je baby ontdekt bijvoorbeeld zijn handen en voeten en kan er tijden mee bezig zijn om zijn arm of been een bepaalde houding te laten aannemen. Hij is eindeloos gefascineerd door licht en de schaduwen op de muur van zijn slaapkamertje. Hij is gebiologeerd door de slagorde van blikjes in de supermarkt en gaat helemaal op in het maken van stootgeluidjes, zoals 'ah', 'uh' en 'ehh'.

Maar dat nieuwe vermogen brengt niet alleen fijne dingen. Het zet ook de vertrouwde belevingswereld van je baby op zijn kop. Hij ziet, hoort, ruikt, proeft en voelt dingen die totaal nieuw voor hem zijn. Zijn oude wereld is niet meer wat die geweest is. Hij is verbaasd, verward, perplex. Hij moet alles rustig tot zich laten doordringen. Hij moet alles verwerken en dat doet hij het liefst vanuit een vertrouwde, veilige plek. Hij wil terug naar papa of mama. Deze hangerige periode duurt een paar dagen tot twee weken.

OM TE ONTHOUDEN

Als jouw baby 'hangerig' is, let dan alvast op nieuwe vaardigheden of pogingen daartoe.

DE SPRONG KONDIGT ZICH AAN: **TERUG NAAR PAPA EN MAMA**

Alle baby's huilen meer. Met dit huilen laat een baby de spanning horen die hij voelt als zijn ontwikkeling de sprong maakt. En huilen is voorlopig nog de duidelijkste manier waarop hij dat kan. Het trekt papa's en mama's aandacht. Huilbaby's huilen nóg meer dan ze al deden. Moeders worden er gek van. Vaders ook. Zelfs al sjouwen moeders ze dag en nacht rond, dan nog zijn zij moeilijk te troosten.
Alle baby's worden rustiger als ze lichaamscontact hebben. Sommigen willen dat liefst zo intiem mogelijk. Ze willen het liefst in hun vader of

moeder kruipen. Ze willen dat ze helemaal omgeven worden door lichaam, armen en benen. Ook willen ze dat moeder al haar aandacht op hen richt. En ze verzetten zich als aan die aandacht en dat lichaamscontact een einde komt.

HOE MERK JE DAT JE BABY 'BIJ PAPA OF MAMA WIL BLIJVEN'?

Wil hij (vaker) beziggehouden worden? De baby wil vaker samen met papa of mama iets doen. Hij wil hun volledige aandacht. Hij wil niet meer in de box of op de grond liggen, wat hij daarvoor zonder protest deed. Hij wil eventueel wel in de wipstoel zitten. Als de ouder tenminste bij hem blijft. Hij wil het liefst dat deze naar hem kijkt, met hem praat en speelt.

"Ze wil ineens 's avonds niet meer naar bed. Huilt dan erg en is onrustig. Wij willen dan wel wat rust. Dus houden wij haar bij ons op de bank of tegen ons aan en troosten haar. En dan is ze wel rustig. Ze is eigenlijk altijd heel gemakkelijk." **EEFJE,** WEEK 8

Is hij eenkennig? Hij glimlacht niet meer zo vaak tegen mensen die hij niet de hele dag ziet. Of het duurt wat langer voor hij loskomt. Heel soms huilt hij als ze dichterbij komen en hij lekker bij papa of mama zit. Sommige ouders vinden dat jammer: 'Hij was altijd zo vrolijk.' Andere vinden het prettig: 'Ik ben toch ook de enige die dag en nacht voor hem klaarstaat?'

"Wij hebben het idee dat ze veel sneller naar mij lacht dan naar een ander. Ze heeft dan even langer tijd nodig." **ASHLEY,** WEEK 9

Eet hij slechter? Hij wil het liefst de hele dag aan de borst. Als hij eraan ligt, drinkt hij amper. Het is goed zolang hij de tepel maar in of tegen zijn mond voelt. En als hij er afgehaald wordt, protesteert hij onmiddellijk, tot hij de tepel terugkrijgt.
Natuurlijk kun je dit gedrag alleen zien bij baby's die zelf mogen bepalen wanneer ze aan de borst willen. Sommigen van deze moeders denken

dat er iets met de borstvoeding aan de hand is. Anderen twijfelen of ze wel de juiste keuze hebben gemaakt. Maar de borst is er nu niet als voedselbron. Hij is er als troostbron. In deze periode duimen sommige baby's dan ook vaker, of sabbelen op hun vingers.

"*Ik voel me soms net een wandelende melkfles, een object dat altijd klaar moet staan. Ik erger me dan. Zouden andere moeders die de borst geven, dat ook hebben?*"

MOEDER VAN THIJS, WEEK 9

Klampt hij zich wat steviger aan je vast? Hij klampt zich aan je vast. Vooral als hij merkt dat een 'rondsjouwperiode' ten einde is. Hij doet dat niet alleen met zijn vingers. Soms ook met zijn tenen. Hij is dan moeilijk weg te leggen. Letterlijk en figuurlijk. Ouders vinden het vertederend, zielig. Ze voelen zich eventjes gewild.

"*Als door een bij gestoken grijpt ze mijn haar of kleding vast als ik me voorover buk om haar neer te leggen. Ik vind dat eigenlijk heel lief, ofschoon ik liever had dat ze dat niet deed. Nou voel ik me eigenlijk een beetje "schuldig" als ik haar toch wegleg.*"

LAURA, WEEK 9

Slaapt hij slechter? In deze moeilijke periode slapen veel baby's slechter. Sommige huilen al als ze in de slaapkamer komen. En daarom denken ouders dat de baby bang is voor de wieg. Baby's die slechter slapen, doen dat op hun eigen manier. Sommige baby's hebben vooral moeite met inslapen. Andere worden vaker en sneller wakker. Maar het resultaat is hetzelfde: ze slapen minder. En daardoor zijn zij ook vaker in de gelegenheid om te huilen.

BABY VAN SLAG: HOE KUN JE DAT MERKEN?

- HUILT VAKER
- WIL VAKER BEZIGGEHOUDEN WORDEN
- EET SLECHTER
- IS (VAKER) EENKENNIG
- KLAMPT ZICH WAT STEVIGER AAN JE VAST
- SLAAPT SLECHTER
- ZUIGT (VAKER) OP ZIJN DUIM

ZORGEN[3] EN IRRITATIES

Ouders zijn bezorgd Alle ouders zijn bezorgd als de baby vaker huilt en zo hangerig is. De ene meer dan de andere. Meestal zie je dat een ouder die zich weinig zorgen maakt, een makkelijke of rustige baby heeft. Deze huilt amper meer dan gewoonlijk en is ook sneller te troosten. Maar de meeste baby's zijn gemiddeld. Ze huilen duidelijk vaker en zijn veel moeilijker te troosten. En dat geldt al helemaal voor huilerige, prikkelbare baby's. Die huilen, zo mogelijk, nog drie keer zoveel en zo hard. Ze kronkelen zich in allerlei bochten, ze vechten als het ware. Tijdens zo'n hangerige periode zijn hun ouders dan vaak bang dat het hele gezin eraan kapotgaat.

"Het is vreselijk, zo'n huilbaby. Ze huilt nu constant en slaapt amper nog. Ons hele gezin gaat eraan. Mijn man komt 's avonds met lood in de schoenen thuis, omdat hij denkt dat er wel weer de hele avond poppenkast zal zijn." **JETTEKE,** WEEK 7

"Als hij doorhuilt, haal ik hem steeds bij me. Ik merk dat ik me niet goed raad weet met uitspraken als: "Kinderen hebben huiluurtjes." Tegelijk heb ik momenten dat ik hem gewoon even wil laten huilen, omdat ik óp ben. Maar dan denk ik weer aan de flats die enorm gehorig zijn en ik voel me daar dan ook weer door beïnvloed." **STEVEN,** WEEK 9

3. Vraag bij twijfel altijd advies aan je huisarts of het consultatiebureau.

“*Soms, als ze huilt en niet te troosten is, kan ik het niet meer aan. Vaak moet ik zelf flink huilen en dan gaat het weer.*” **XARA,** WEEK 10

“*Soms heb ik dagen dat ik twijfel of ik het wel goed doe. Of ik wel genoeg aandacht voor hem heb, enzovoort. Vooral het omgaan met zijn huilen vind ik heel moeilijk soms. En in een van die dagen las ik dat een baby rond zes weken lacht tegen zijn moeder. De mijne lachte nooit naar me. Wel in zichzelf. En dat voedde mijn twijfel nog eens volop. En vanavond schonk hij me ineens zo'n stralende lach. De tranen liepen over mijn wangen. Het was zo ontroerend. Het klinkt misschien raar, maar ik kreeg het gevoel dat hij me gewoon even steunde.*” **BOB,** WEEK 9

Alle ouders willen uitzoeken waarom de baby meer huilt. Loopt de borstvoeding terug? Is hij ziek? Is hij nat? Op schoot is alles goed, is hij dan verwend? De meeste ouders vinden de oplossing in 'darmkrampjes'. De baby beweegt immers heftig. Andere ouders kunnen geen reden geven en blijven onzeker. Sommige huilen mee. Een enkele keer gaat een ouder naar de dokter. Of praat erover op het consultatiebureau.

“*Hij huilt eigenlijk nooit, hij is zó makkelijk, makkelijker kan gewoon niet. Maar deze week had hij geregeld last van darmkrampjes.*” **JAN,** WEEK 9

Ouders ergeren zich Alle ouders ergeren zich zodra ze er zeker van zijn dat de baby geen goede reden heeft om te blijven huilen en klitten. Zo'n ouder vindt zijn baby verwend, ondankbaar. Hij wordt gek van het gehuil. Hij is moe, uitgeput en heeft nog zoveel te doen. Die ouder is vaak ook bang dat vrienden, familie of buren zijn kind lastig vinden. Of dat ze zullen zeggen dat hij hem harder moet aanpakken. Want ook al twijfelt hij of hij daar goed aan doet, hij kan het meestal toch niet laten om hem steeds weer te gaan troosten.

“*Heb ik hier nou mijn baan voor opgegeven... al acht weken janken. Ik ben echt ten einde raad. Ik weet niet wat ik nog meer kan doen.*” **JETTEKE,** WEEK 8

„Ik erger me vreselijk als ik haar eindelijk na een uur troosten in slaap heb gekregen en ze meteen wéér begint te "zeuren" op het moment dat ik haar neerleg. Alleen bij mij in de armen is het goed. Dit irriteert me enorm. Ik kom nergens meer aan toe."
LAURA, WEEK 8

„Ik moest hem de hele tijd bezighouden. Niets hielp echt goed, rondlopen niet, aaien niet, zingen niet. Eerst voelde ik me machteloos en loodzwaar. En toen ineens heel agressief. Ik heb toen gierend zitten huilen... Ik heb gevraagd of hij twee keer een halve dag naar een kinderdagverblijf kan, zodat ik wat meer ruimte voor mezelf heb. Dat gehuil maakt me af en toe ontzettend leeg en moe. Ik ben constant aan het zoeken waar mijn grens ligt en de zijne." **BOB,** WEEK 9

WEEK 8

Ouders vinden het 'welletjes' Heel zelden zegt een ouder dat hij echt boos op de baby is geworden. En hem wat harder dan nodig heeft neergelegd. Hij schrikt daar altijd zelf van. Het was alsof het vanzelf ging.

„Ze huilde deze week nog meer dan de vorige. Ik werd er gek van. Had het toch al zo druk. Ik heb haar toen op het aankleedkussen op de commode gegooid. Ik schrok nadat ik dat gedaan had en realiseerde me dat dat toch niet hielp. Ze krijste nog harder. Ik kan me nu voorstellen dat kinderen op zulke "krampjesdagen" mishandeld worden. Maar ik had het nooit van mezelf gedacht." **JULIETTE,** WEEK 9

Helaas gebeurt dit, en als je naar moeders gevoelens van wanhoop kijkt, is dit verklaarbaar. Acceptabel is het natuurlijk niet. Hoe lastig je kleintje ook is, je mag je baby natuurlijk nooit pijn doen.

LICHAAMSCONTACT VERMINDERT DE SPANNING

Rond 8 weken is 'terug naar papa en mama willen' normaal. Alle kinderen willen dat immers. Het ene kind toont die wens duidelijker dan het andere. Huilerig en hangerig zijn is nu de gewoonste zaak van de wereld. Het betekent dat de baby goed vooruitgaat. Dat zijn ontwikkeling een sprongetje maakt. Dat hij van slag is, omdat zijn wereld er zo vreemd uitziet. Daarom wil hij zijn ouder als vertrouwde en veilige basis gebruiken, dan ontspant hij beter. Hij kan van papa of mama uit zijn 'nieuwe wereld' ontdekken.

Stel je voor dat je van slag bent en niet getroost wordt. Je blijft langer en erger onder spanning staan. Al je energie gaat in die spanning zitten. Je kunt je problemen niet duidelijk onder ogen zien.

Zo is het ook voor je baby. Als zijn ontwikkeling een sprongetje maakt, ontwaakt hij als het ware in een 'nieuwe wereld'. Hij voelt zich zwaarder belast dan hij aankan. Hij huilt. En hij zal blijven huilen, tot zijn probleem is opgelost. Al zijn energie zit dus in het huilen. En dat huilen slokt alle tijd op. Tijd die hij zou kunnen besteden aan het leren kennen van zijn 'nieuwe wereld'.

WAAR JE AAN MOET DENKEN

Baby's van deze leeftijd zijn nog gemaakt om gepakt, geaaid en geknuffeld te worden. Zij kunnen daar niet genoeg van krijgen.

DOOR ZIJN HANGERIGHEID ONTDEK JE DAT JE BABY MÉÉR KAN

Omdat een ouder zich zorgen maakt over en ergert aan de hangerigheid van zijn baby, houdt hij hem extra goed in de gaten. Wat zit er fout? Waarom is hij zo lastig? Wat kan ik doen? Verwen ik hem en kan hij meer? Verveelt hij zich? Kan hij zichzelf niet bezighouden? Moet ik hem iets leren? En dan ontdekt hij wat hem dwarszit. Hij ziet dat hij eigenlijk veel nieuwe dingen doet, of probeert te doen. In feite ontdekt hij de allereerste vaardigheden, die ontstaan doordat zijn baby een nieuw vermogen heeft gekregen. Dit nieuwe vermogen stelt hem in staat nieuwe dingen te leren. Dingen die hij voor deze leeftijd nooit had kunnen leren, ook al zou je het de hele dag door geprobeerd hebben. Rond acht weken is dat het vermogen tot het waarnemen en gebruiken van 'patronen'. Je kunt dit vermogen vergelijken met een nieuwe winkel die wordt geopend.

DE SPRONG: **DE 'WINKEL VAN DE PATRONEN'**

De baby beleeft de wereld en zichzelf niet langer als één geheel, als een 'soepje'. Hij begint vaste 'patronen' in dit soepje te onderscheiden. Bijvoorbeeld: hij ontdekt zijn handjes. Hij bekijkt ze verbaasd en draait ze rond. En nu hij weet dat hij ze heeft, kan hij ze ook gaan gebruiken. Hij zal ze gebruiken om te proberen iets te pakken.

Naast het feit dat hij 'patronen' kan zien, kan hij ze ook horen, ruiken, proeven en voelen. Hij neemt 'patronen' waar met al zijn zintuigen. Hij neemt ze waar buiten zijn lichaam én binnenin. Bijvoorbeeld: hij kan nu voelen dat zijn arm omhoog anders aanvoelt dan wanneer die omlaag hangt. Tegelijkertijd kan de baby nu ook 'patronen' binnen in zijn lichaam gaan beheersen. Hij kan nu lichaamshoudingen 'vasthouden'. Niet alleen van zijn hoofd, romp, benen of armen, maar ook in kleinere lichaamsonderdelen. Hij kan allerlei gezichten trekken, omdat hij de beheersing heeft over zijn gezichtsspieren. Hij kan zijn stembanden in een bepaalde stand houden. En hij kan zijn ogen even ergens op scherp stellen. Hij kan nu zijn oogspieren beter gebruiken.

Veel automatische reacties (reflexen) die de baby bij zijn geboorte had, raakt hij nu kwijt. Ze worden vervangen door iets wat doet denken aan een doelgerichte beweging. De baby kan nu leren om 'bewust' zijn handjes om een speeltje te sluiten. Hij kan leren om in één beweging aan de borst te gaan, in plaats van daar na veel bewegingen als bij toeval op te stuiten. Hij is niet langer volledig afhankelijk van zijn reflexen. Alleen als de baby hongerig is of van streek, valt hij terug op zijn oude manier van bewegen.
Toch zien die eerste 'bewuste' bewegingen van de baby er nog niet 'volwassen' uit. Ze zijn nog houterig van kwaliteit. De baby schiet als het ware van de ene houding in de andere. En dat blijft zo, tot het volgende sprongetje zich aankondigt.

Overal om je heen zijn patronen; opvallende en onopvallende...

layar

HERSENWERK

Rond 7-8 weken neemt de hoofdomvang van je baby drastisch toe. En rond 6-8 weken vinden er veranderingen plaats in de hersengolven.

WAT KIEST JOUW BABY UIT DE 'WINKEL VAN DE PATRONEN'?

Alle baby's hebben hetzelfde vermogen gekregen. De nieuwe winkel is voor allemaal toegankelijk. Er ligt een uitgebreide schakering van koopwaar. Uit die schakering maakt iedere baby zijn eigen keuze. Hij pakt wat hem het meest aanspreekt. Sommigen kiezen van alles wat. Anderen zijn vooral geïnteresseerd in kijkzaken. Weer anderen in babbel- en luisterdingen. Weer anderen zijn meer doeners. En ga zo maar door. Dat betekent dus dat de nieuwe vaardigheden die een vriendin in haar baby ziet, heel andere kunnen zijn dan de vaardigheden die jij ontdekt. Want datgene wat de baby doet of leuk vindt, wordt voor een groot deel bepaald door zijn lichaamsbouw, zijn gewicht, zijn aanleg en interesse.

Kijk goed naar je baby. Stel vast wat híj graag wil. Waar zíjn belangstelling naar uitgaat. En doe dat zo objectief mogelijk. In het kader 'Wat heeft de "winkel van de patronen" in de aanbieding', is er ruimte om aan te geven wat je baby heeft gekozen. Verder kun je er zelf ook winkelen, om te zien of er vaardigheden bij zijn die de baby ook best leuk zou kunnen vinden. Maar waar hij nog niet aan gedacht heeft.

WAT HEEFT DE 'WINKEL VAN DE PATRONEN' IN DE AANBIEDING?

Dit zijn voorbeelden van vaardigheden die je baby vanaf dit moment zou kunnen gaan doen.

De afdeling 'zelf doen'

- KAN HET HOOFD ZELF RECHTOP HOUDEN ALS HIJ GOED WAKKER IS.
- DRAAIT DUIDELIJK HET HOOFD IN DE RICHTING VAN IETS.
- GOOIT ZICH VANUIT ZIJLIGGING OP ZIJN BUIK.
- GOOIT ZICH VANUIT ZIJLIGGING OP ZIJN RUG.
- TRAPPELT MET BENEN EN ZWAAIT MET ARMEN.
- LAAT ZICH OPTREKKEN TOT ZIT.
- LAAT ZICH OPTREKKEN TOT STAAN.
- DRUKT ZICH OP IN BUIKLIGGING.
- WIL OPVALLEND VAAK ZITTEN, ZIT VOOROVERHELLEND OP SCHOOT.
- KAN NAAR LINKS EN RECHTS KIJKEN IN BUIKLIGGING.
- TREKT ALLERLEI GEZICHTEN, 'SPEELT' MET ZIJN GEZICHT.

De afdeling 'pakken, tasten en voelen'

- WIL SPEELTJE PAKKEN DAT IETS VERDER LIGT. LUKT NIET.
- SLAAT TEGEN SPEELTJE (VOORBODE VAN PAKKEN).
- TRAPPELT MET VOETJES TEGEN EEN SPEELTJE (STOTERIG).
- SLUIT ZIJN HAND OM EEN SPEELTJE ALS DIT VOOR HET GRIJPEN HANGT.
- PAKT SPEELTJE (BIJV. SLEUTELBOS) EN BEWEEGT HET (WAT HOUTERIG) OP EN NEER.
- VOELT AAN SPEELTJES, ZONDER TE PAKKEN.

De afdeling 'kijken'

- ONTDEKT HANDJES.
- ONTDEKT VOETJES.
- ONTDEKT KNIETJES.
- BEKIJKT MENSEN DIE DOOR DE KAMER LOPEN OF BEZIG ZIJN.
- WORDT GEBOEID DOOR KINDEREN DIE IN DE KAMER SPELEN.
- KIJKT GRAAG NAAR TELEVISIEBEELDEN DIE SNEL VERANDEREN.
- BEKIJKT DE HOND/POES ALS DEZE IETS DOET: LOOPT, EET, SPRINGT.
- ONTDEKT DE VOGEL ALS DEZE FLADDERT IN DE KOOI.
- WORDT GEBOEID DOOR WAPPERENDE GORDIJNEN.
- ONTDEKT LICHTGEVENDE DINGEN, BIJVOORBEELD EEN KAARS DIE FLIKKERT.
- BEKIJKT BOOMKRUINEN DIE VOORBIJTREKKEN ALS HIJ IN DE DRAAGZAK IS, OF ALS HIJ OP ZIJN RUG IN DE KINDERWAGEN LIGT. VOORAL ALS ER OOK NOG ZONLICHT

DOORHEEN SPEELT EN ALS DE TAKKEN RUISEN.

- BEKIJKT DE GEVULDE REKKEN IN DE SUPERMARKT WAAR HIJ 'LANGSKOMT'.
- BEKIJKT MODERNE SCHILDERKUNST MET VEEL VORMEN (= GEBOGEN LIJNEN) EN KLEUREN. VOORAL ALS HIJ ERNAAR KIJKT TERWIJL HIJ GEWIEGD WORDT.
- IS GEBOEID DOOR GLINSTERENDE KLEDING OF SIERADEN.
- HIJ KIJKT GRAAG NAAR EEN ETENDE MOND.
- HIJ LUISTERT EN KIJKT NAAR EEN PRATENDE MOND.
- BEKIJKT DE MIMIEK VAN EEN GEZICHT.

De afdeling 'luisteren'

- LUISTERT GRAAG NAAR STEMMEN, PRATEN, ZINGEN, HOGE TONEN.
- MAAKT KORTE STOOTGELUIDJES: AH, UH, ÈÈH, MMM EN LUISTERT NAAR ZICHZELF.
- MAAKT EEN SERIE VAN DIE GELUIDJES, MOMPELT EN MURMELT, NET OF HIJ VERTELT.
- DOET DIEZELFDE GELUIDJES NA ALS JE HET UITLOKT.
- ZINGT OP ZIJN EIGEN MANIER MEE ALS JE MET HEM DANST EN ZINGT.
- 'PRAAT' EN LACHT TEGEN KNUFFELS.
- TREKT AANDACHT MET ÈÈH-GELUIDJES, 'BEWUST'.
- KOMT ERTUSSENDOOR ALS ANDEREN PRATEN.

HELP, MIJN BABY KAN NIET ALLES!

NEE, NATUURLIJK NIET, DAT KAN OOK NIET

Deze sprong van het waarnemen van patronen is leeftijdsgebonden en voorspelbaar. Een hele reeks vaardigheden en activiteiten wordt erdoor in gang gezet. Echter, de leeftijd waarop je baby deze vaardigheden en activiteiten voor het eerst laat zien kan enorm verschillen per kind. Bijvoorbeeld: het vermogen om patronen waar te nemen ontwikkelt zich rond de 8 weken - en is een noodzakelijke vereiste om te kunnen zitten met minimale steun - maar dit gaat je kindje ergens tussen de 8 weken tot 6 maanden doen. Het verschil tussen het mentaal kunnen (vermogen) en het daadwerkelijke doen (vaardigheid) is afhankelijk van de voorkeuren van je baby, zijn behoefte aan experimenteren en van zijn lichamelijke ontwikkeling. Vaardigheden en activiteiten komen in *Oei, ik groei!* aan bod op de vroegst mogelijke leeftijd waarop kinderen het vermogen krijgen (maar dus niet noodzakelijkerwijze gaan doen), zodat je erop kunt letten en ze kunt herkennen. (Ze kunnen aanvankelijk heel onopvallend zijn.) Zo kun je reageren op de ontwikkeling van je kindje en hem erbij helpen. Alle baby's krijgen dus hetzelfde vermogen op dezelfde tijd, maar wat ze er wanneer mee gaan doen, daarin verschilt iedere baby en dat maakt iedere baby uniek.

DE UITWERKING VAN DE SPRONG: **HELP JE BABY BIJ HET LEREN**

Nu begint het tweede deel van je 'taak'. Je kunt de baby helpen om vaardigheden waar hij belangstelling voor heeft, verder te ontwikkelen. Hoe doe je dat?

- Begroet elke poging van je baby om iets te proberen met enthousiasme. Als hij wordt geprezen, zal hij zin hebben om door te gaan.
- Balanceer tussen net genoeg uitdaging en net niet te veel eisen. Probeer uit wat je baby fijn vindt.
- Stop als je baby aangeeft er genoeg van te hebben.

HOE JE MERKT DAT JE BABY MET RUST GELATEN WIL WORDEN

- HIJ KIJKT VAN JE WEG.
- ALS HIJ HEEL STERK IS, KEERT HIJ ZIJN LIJFJE VAN JE AF.

Stop met spelen als je baby laat merken dat hij er genoeg van heeft. Soms duren die pauzes maar even, maar hij heeft ze nodig. Hij moet even alles verwerken.
Laat je steeds door de reacties van je baby leiden!

Sommige dingen moet je baby zelf oefenen. Maar een beetje enthousiasme van jouw kant zal hem ervan overtuigen dat hij op de goede weg is.

ZO ZIJN BABY'S

Alles wat nieuw is, vindt je baby het leukst. Reageer daarom altijd en vooral op de nieuwe dingen, vaardigheden en interesses die je baby toont. Hij leert dan prettiger, makkelijker, sneller en meer.

HELP JE BABY DINGEN SCHERP TE ZIEN

In het vorige hoofdstuk hebben we gezien dat baby's in een laboratoriumexperiment bereid zijn hard te 'werken' om een film scherp te zien. Dat konden ze voor elkaar krijgen door sneller op een fopspeen te zuigen. Zodra ze ophielden met zuigen, werd de filmprojector weer op vaag gezet. Daardoor konden de baby's maar heel even van hun arbeid genieten. Ze konden immers nog niet tegelijkertijd zuigen en kijken. Dat kunnen ze vanaf deze sprong wél. Dat kan vervelende gevolgen hebben.

"Hij beet ineens zo hard in mijn tepel, dat ik automatisch uithaalde en hem bijna een klap had gegeven. Ik schrok me rot van mijn eigen reactie. Hij wilde ook eerst nog niet loslaten. Ik snap niet waarom hij dat deed." **STEVEN,** WEEK 10

Houd in gedachte: hij doet dit niet omdat hij geen honger heeft, of omdat hij vervelend wil zijn. Hij gaat gewoon volledig op in zijn 'werk'. Net als een volwassene die zijn uiterste best doet om netjes te schrijven en daarbij het puntje van zijn tong uitsteekt.
Je kunt je baby helpen met oefenen door hem kleurrijke speeltjes te laten zien op verschillende afstanden. Zorg ervoor dat je datgene wat je laat zien, zachtjes beweegt, dan vang je eerder zijn aandacht en houd die ook langer vast. Beweeg het ook eens langzaam voor- en achteruit en bekijk tot welke afstand je baby het nog met interesse volgt.

LAAT JE BABY 'ECHTE' DINGEN ZIEN

Heb je al gemerkt dat je baby plotseling liever naar 'echte dingen' kijkt in plaats van naar dezelfde dingen op plaatjes? Toch heeft hij nog steeds je hulp nodig. Hij kan nog niet dicht genoeg overal bij komen. Wil hij het van nog dichterbij kunnen bekijken, dan heeft hij jouw handen nodig om het voor hem te pakken. Geef hem die kans.

"Alles vindt ze leuk: schilderijen, boeken, planken, de inhoud van de voorraadkast. Overal moet ik met haar naartoe. Ik neem haar ook op de arm mee naar buiten en de winkels in." **ODINE,** WEEK 11

VARIEER DE OMGEVING VAN JE BABY

Na 8 weken kan je baby verveeld raken als hij steeds hetzelfde ziet, hoort, voelt, ruikt of proeft. Hij kan een 'patroon' waarnemen en merkt dus ook dat datzelfde 'patroon' steeds terugkomt: hetzelfde speeltje, hetzelfde uitzicht, hetzelfde geluid, hetzelfde gevoel en dezelfde smaak. Voor het eerst in zijn leven ziet hij dit niet meer zitten. Hij wil variatie. Als je dit merkt, geef hem dat dan. Draag hem of neem hem met je mee in zijn wipstoel.

HELP JE BABY ZIJN HANDEN EN VOETEN TE ONTDEKKEN

Je baby kan nu tot de ontdekking komen dat er af en toe voorwerpen door zijn gezichtsveld fladderen die een onderzoek waard zijn: zijn handen en zijn voeten. Hij kan er verbaasd naar kijken. Hij kan ze ernstig bestuderen. Iedere baby onderzoekt ze op zijn eigen manier. De ene besteedt er veel tijd aan, de andere amper. Bij de meeste baby's zijn vooral de handjes in trek, misschien omdat hij ze vaker 'ontmoet'.

“*Hij bekijkt in detail hoe zijn hand beweegt. Daarbij speelt hij heel subtiel met zijn vingertjes. Hij houdt zijn hand met gespreide vingers boven zijn hoofd als hij ligt. Soms doet hij zijn vingers een voor een open en dicht. Of hij doet zijn handjes in elkaar, of op elkaar. Het is dan één blijvende beweging van gebaren.*” **BOB,** WEEK 9

Handen en armen kunnen ontelbare houdingen aannemen. Elke houding is weer een ander 'patroon' dat gezien en gevoeld kan worden. Geef je baby de kans om zijn hand zoveel en zolang te bekijken als hij nodig vindt. De baby moet weten wat handen zoal kunnen voordat hij ze goed kan gaan gebruiken. Het is dus heel erg belangrijk dat hij eerst zijn eigen 'grijpgereedschap' leert kennen.

LEER JE BABY ZIJN HANDEN OM EEN SPEELTJE TE KLEMMEN

Probeert hij zijn hand te gebruiken? Bijvoorbeeld door die om een rammelaar te klemmen? Immers, ook het vasthouden van een speeltje gaat gepaard met een 'voelpatroon' van de handhouding en de aanraking van de handpalm. Maar het omklemmen lukt meestal niet meteen. Daarom kan hij zijn ouders enthousiasme en aanmoediging goed gebruiken bij iedere serieuze poging. Als hij wordt geprezen, zal hij zin houden om door te gaan.

"Hij probeert te grijpen! Hij zwiept met zijn hand in de richting van de rammelaar. Of slaat ertegenaan. Even later probeert hij met een echte grijpbeweging de rammelaar te pakken. Doet een prima poging. Denkt dat hij er is en sluit zijn hand. Maar de rammelaar is net een paar centimeter verder. Hij ziet zijn misser, wordt nijdig en begint te huilen." **PAUL,** WEEK 11

Houd er altijd rekening mee dat baby's op deze leeftijd nog niet naar iets kunnen reiken om het te pakken. Ze kunnen alleen nog maar hun hand ergens omheen klemmen. Dat wil dus zeggen dat het speeltje moet komen 'aangewaaid'. Plaats of hang het daarom altijd binnen handbereik. Dan krijgt hij alle gelegenheid om het 'vastpakken' te oefenen.

LAAT JE BABY MERKEN DAT ZIJN STEM BELANGRIJK IS

Zijn nieuwste geluidjes vindt je baby het interessantst. Reageer daarom altijd prompt op zijn nieuwe geluidjes. Je baby maakt misschien het liefst korte 'stootgeluidjes', omdat hij vanaf deze sprong zijn stembanden in een bepaalde stand kan houden. Een stand van de stembanden gaat ook gepaard met een 'voelpatroon'. Laat hem horen hoe de geluidjes klinken als een ander ze maakt.
Reageer als hij je aandacht trekt met die geluidjes. Trek zijn aandacht met jouw stem. Het leert hem dat zijn stem belangrijk is. Dat hij hem kan gebruiken, net als zijn handen.

"Ze ligt de hele dag te kletsen en aandacht te vragen. Luistert ook naar mijn stem. Heel leuk." **ODINE,** WEEK 11

LOK JE BABY UIT OM TE KLETSEN

De baby uitlokken om te gaan kletsen is iets wat iedere ouder wel doet. Maar de ene doet het automatisch de hele dag door zolang de baby wakker is, de andere gaat er even voor zitten. Het nadeel is dan vaak dat de baby er niet voor in de stemming is. Hij lijkt minder te snappen wat de bedoeling is. En de ouder knapt eerder af, want: 'Hij reageert nog niet.'

EEN OPTREKSPELLETJE KÁN LEUK ZIJN VOOR DE ALLERSTERKSTEN

De meeste baby's vinden het heerlijk om zichzelf te laten optrekken van halfzit tot zit. Of van zit tot staan. Wees wel voorzichtig en ondersteun zijn zware hoofd! De sterken werken zelf al mee. Met dit spelletje leren ze verschillende lichaamshoudingen aanvoelen en beheersen. Elke lichaamshouding is weer een ander 'patroon' dat je baby binnen in zijn lichaam kan waarnemen. Als ze zelf meewerken, schieten ze nogal schokkerig van de ene houding in de andere, net als Pinokkio. En als ze in de volgende houding zijn geschoten, blijven ze daar graag even in staan. De verandering van houding gaat dus nog niet soepel, maar ze vinden het heerlijk om die nieuwe houding even vast te houden. Sommige baby's kunnen echt boos worden als je ermee ophoudt.

"*Ik vind dat hij ineens zo stoterig beweegt als hij gaat staan. Hij maakt ook steeds van die spastische bewegingen als hij uitgekleed op de commode ligt. Ik vraag me af of dat wel normaal is.*" **RUDOLF,** WEEK 11

"*Ze wil de hele dag gaan staan en dan voortdurend geprezen worden als ze staat. Mekkert als het compliment niet komt.*" **ASHLEY,** WEEK 10

Dat baby's dit spelletje leuk vinden, wordt meestal het eerst ontdekt door vaders. Moeders gaan het dan ook spelen. Ze doen dat met iets meer enthousiasme bij jongetjes dan bij meisjes.

EEN VEELEISENDE BABY KAN HOOGBEGAAFD ZIJN

Sommige baby's hebben iets nieuws snel door en raken uitgekeken op het dagelijkse gedoe. Ze willen verder, ze willen actie. Ze willen de spelletjes ingewikkelder en ze willen voortdurend variatie. Een ouder van zo'n 'wervelwind' of 'sneltrein' raakt totaal uitgeput. Hij weet op het laatst niet meer wat hij nog kan doen. En de baby zet een keel op als hij niet het ene nieuwe na het andere krijgt aangeboden.

LEUK OM TE WETEN

- DAT JE BABY LEERGIERIGER IS ALS ZIJN ONTWIKKELING EEN SPRONGETJE MAAKT. DAT HIJ DAN OOK SNELLER, FIJNER EN MAKKELIJKER LEERT, MITS JE OP ZIJN INTERESSES EN WENSEN INSPEELT.
- DAT EEN HUILBABY (OF VEELEISENDE BABY) AUTOMATISCH MEER AANDACHT KRIJGT, OMDAT HIJ ZOVEEL HUILT. ALS OUDER MOET JE IMMERS STEEDS HET ONDERSTE UIT DE KAN HALEN OM HEM TEVREDEN TE KRIJGEN EN TE HOUDEN. DE BABY HELPT JE DAARBIJ EEN HANDJE.
- DAT EEN HUILBABY (OF VEELEISENDE BABY) LATER MEER KANS HEEFT OM BIJ DE INTELLIGENTERE LEERLINGEN TE HOREN. TENMINSTE, ALS JE GOED OP HEM INSPEELT IN DE BABYTIJD. MET NAME DOOR HEM TE HELPEN BIJ HET LEREN, ALS ZIJN ONTWIKKELING EEN SPRONGETJE MAAKT.
- DAT EEN MAKKELIJKE BABY ZICHZELF OOK MAKKELIJK LAAT VERGETEN, OMDAT HIJ JE MINDER UITLOKT OM IETS MET HEM TE DOEN. STIMULEER HEM DUS WAT EXTRA.

Het blijkt dat hoogbegaafde kinderen als baby vaak huilerig en veeleisend zijn geweest. Zolang zij interessante dingen meemaken of nieuwe vaardigheden kunnen leren, is alles goed. Een nieuw vermogen geeft hun de kans nieuwe dingen te leren. Ze doen dat met veel enthousiasme en 'vragen' ook steeds aandacht en hulp bij het leren. Hun honger naar iets nieuws leren is niet te stillen. 'Helaas' gaan ze razendsnel door een sprongetje heen. Zij proberen en leren bijna alles wat de winkel te bieden heeft, variëren ermee en vervelen zich dan weer. Je kunt als ouder weinig anders doen dan wachten op het volgende sprongetje.

ALLÉÉN SPELEN HOORT ER OOK BIJ

Bijna alle ouders vinden dat de baby nu in staat moet zijn zichzelf even te vermaken. Hij is immers geïnteresseerd in zijn handen en voeten, zijn speeltjes en de wereld om hem heen. Ook ligt hij graag languit op de grond. Veel ouders gaan de box voor het eerst gebruiken. Ze doen dat ook omdat ze hierin de speeltjes zowat tegen zijn handen kunnen hangen. De baby kan er dus naar hartenlust tegenaan zwiepen en ernaar kijken. Tegelijkertijd proberen ze de 'speeltijd alleen' zo lang mogelijk te rekken. Daarom houden ze de baby goed in de gaten. En zodra ze denken dat het enthousiasme minder dreigt te worden, dragen ze nieuwe speeltjes aan. De meeste baby's houden dit met papa's of mama's hulp ongeveer 15 minuten uit.

"Ik leg hem nu na iedere voeding even in de box. De ene keer onder een bewegende muziekmobile waar hij dan naar kijkt. De andere keer onder een trapeze met speeltjes waar hij soms tegenaan zwiept. Dat gaat al heel aardig." **DIRK,** WEEK 11

SPELTOPPERS VAN 'PATRONEN'

Dit zijn spelletjes en oefeningen die inspelen op het nieuwe vermogen en die bij bijna alle 9 tot 12 weken oude baby's favoriet zijn.

ZIJN HANDEN, VOETEN EN KNIEËN BOEIEN HEM
Geef hem zo veel mogelijk gelegenheid ze te bestuderen. Om zich goed te kunnen bewegen en alles goed te kunnen zien, heeft de baby ruimte nodig. Die kan hij het best krijgen op een groot badlaken of op een plaid. Als het lekker warm is, laat hem dan eens bloot spelen. Dat vindt hij het allerfijnst. Als je zijn aandacht op zijn hand of voet wilt vestigen, kun je er een kleurig bandje omheen binden. Hierin kun je dan ook nog een belletje verwerken.

GESPREKJES ONDER VIER OGEN
Ga er gemakkelijk voor zitten. Zorg voor een steuntje in de rug. Trek je knieën op en leg de baby op je dijen. In deze houding kan hij je goed aankijken. Tegelijkertijd kun je zelf ál zijn reacties goed zien. Je kunt vertellen over de dingen van de dag. Of wat je straks gaat doen. Wie er komt. Het doet er niet toe wat. Het belangrijkst zijn het ritme van je stem en je mimiek. Let op de reacties van de baby. Hieruit kun je opmaken wat hem het meest boeit. Bedenk dat een pratende mond mét een gezicht dat verschillende uitdrukkingen in elkaar laat overgaan, meestal een knaller is! Stop wanneer de baby aangeeft dat hij er genoeg van krijgt.

SAMEN DINGEN BEKIJKEN
Een baby van deze leeftijd is nog niet echt in staat zelf dingen te pakken en ze te bekijken. Hij begint dat pás te leren. Bekijk daarom samen al datgene wat hem boeit. Van het luisteren naar je stem geniet hij en hij leert er veel van. Laat je ondertussen steeds leiden door zijn reacties.

>>

OPTREKSPELLETJE

Dit mag je alleen doen als de baby zelf zijn hoofd kan optillen. Ga er gemakkelijk voor zitten. Zorg voor een steuntje in de rug. Trek je knieën op en leg de baby op je dijen. Hij zit dan al iets in halfzit. Dat is fijner voor hem. Pak nu zijn armen vast en trek hem langzaam tot zithouding. Moedig hem ondertussen aan om mee te werken. En prijs hem. Let op de reacties van de baby. Ga alleen door als je merkt dat hij echt meewerkt en als hij toont dat hij het leuk vindt.

SAMEN IN BAD GAAN

Hij geniet vooral van het kijken naar het water als het beweegt. En hij geniet van de golfjes als die over zijn lichaam rollen. Leg de baby op je buik en wijs hem op de waterdruppeltjes en straaltjes die eraf lopen. Of leg hem met zijn rug op je buik en doe samen 'schuitje varen, theetje drinken'. Ga daarbij langzaam op de maat van het liedje heen en weer en maak kleine golfjes.

Bedenk: De baby vindt alles wat beweegt leuk om te zien, te horen, te voelen en om zelf te doen.

SPEELGOED DAT HET MEEST BOEIT

Dat zijn speeltjes en dingen die inspelen op het nieuwe vermogen en die bij bijna alle 9 tot 12 weken oude baby's favoriet zijn.

- OM NAAR TE KIJKEN: SPEELTJES DIE BOVEN ZIJN HOOFD BUNGELEN.
- OM NAAR TE KIJKEN: EEN MOBILE, MAAR DAN MOET DIE WEL BEWEGEN.
- OM NAAR TE KIJKEN EN TE LUISTEREN: EEN MUZIEKDOOSJE DAT SPEELT.
- OM NAAR TE KIJKEN EN TE LUISTEREN: EEN MOBILE DIE BEWEEGT EN GELUIDJES MAAKT.
- OM TE BETASTEN EN TE GRIJPEN: SPEELTJES WAAR HIJ TEGEN KAN ZWIEPEN OF DIE HIJ KAN AANRAKEN.
- OM TEGEN TE PRATEN EN TE LACHEN: EEN KNUFFEL.

Realiseer je wel: papa of mama is nog steeds het mooiste speelgoed!

DE SPRONG IS GENOMEN

Met 10 weken breekt weer een makkelijke periode aan. En opeens zijn bijna alle ouders hun zorgen van de afgelopen tijd weer vergeten. Ze verheerlijken de baby. Ze vinden dat hij het geweldig doet en zeggen nu dat hun eigenlijk opvalt hoe 'makkelijk en vrolijk' hij altijd is!
Wat valt op? Rond 10 weken vraagt de baby niet meer dag en nacht om aandacht. Hij is zelfstandiger. Zijn belangstelling gaat uit naar zijn omgeving. Naar mensen, dieren en dingen. Het valt op dat hij ineens veel meer dingen weet en herkent. De baby zelf laat nu ook merken dat hij niet meer de hele tijd op schoot wenst te liggen. Daar is hij woelig, onrustig en probeert hij steeds te gaan zitten. Hij wil alleen nog maar bij mama of papa zijn, als deze hem dingen laat zien die hij leuk vindt.
De meeste baby's zijn zo vrolijk en lekker bezig, dat alles veel makkelijker is voor de ouders. Ze voelen zich energieker. Veel ouders gebruiken de box heel regelmatig. Ze vinden dat hun kind er nu in pást.

“Ze komt ineens een stuk “wijzer” over. Het prille is eraf. Andere mensen valt het ook op. Iedereen praat nu echt tegen haar, in plaats van gekke geluiden te maken.”
XARA, WEEK 10

“Ze doet “wijzer” aan. Is vriendelijker, vrolijker en schatert zelfs af en toe. De huilproblemen zijn dus over. Dit is een hele verandering van “niet weten wat te doen” tot “genieten”. Haar vader kijkt er nu naar uit haar ’s avonds te zien. Tot nu toe kwam hij met lood in de schoenen (“wat zal ’t vanavond weer zijn”) thuis. Nu geniet hij van haar, voedt haar en doet haar ’s avonds in bad.” **JETTEKE,** WEEK 10

“Het kwetsbare is eraf. Ik zie een verandering van op schoot naar een stukje zelfstandigheid en spelen.” **STEVEN,** WEEK 10

“Ze wordt nu al echt een klein mensje dat leeft, vind ik. Voorheen sliep en at ze natuurlijk alleen maar. Nu rekt ze zich al uit als ik haar uit bed haal. Net als een groot mens.”
NINA, WEEK 10

“Ik weet niet of het een parallel is, maar ik vind het toch wel frappant. Ik voel me de laatste week veel energieker. Ongeveer tegelijkertijd begint de baby ook met zijn stukje zelfstandigheid. Ik vind het trouwens ontzettend leuk om die zelfstandigheid te zien ontwaken. Dat lachen, genieten, spelen. Er is nu meer communicatie tussen ons. Ik kan mijn fantasie laten gaan met de speelgoedbeestjes, en liedjes of spelletjes bedenken. Hij voelt meer als een kameraadje, omdat hij begint te reageren. Ik vind dat makkelijker dan toen er alleen maar eten, huilen, wiegen en slapen was, zoals in het begin.”
BOB, WEEK 10

5

HOOFDSTUK

SPRONG 3

LIEF EN LEED
ROND 12 WEKEN
OFWEL BIJNA 3 MAANDEN

Rond 12 weken kondigt het volgende sprongetje zich aan. Soms al rond 11. Je baby krijgt een nieuw vermogen. Met dit vermogen kan hij totaal nieuwe dingen leren. Dingen die hij vóór deze leeftijd nog niet kon leren. De baby voelt dat er iets met hem gebeurt. Hij merkt dat hij zijn wereld anders beleeft. Dat hij dingen ziet, hoort, ruikt, proeft en voelt die totaal nieuw zijn. Herinner je je bijvoorbeeld nog dat je baby's bewegingen na de vorige sprong houterig werden, net als bij Pinokkio? Rond 12 weken gaat dit veranderen. Net als Pinokkio staat je baby op het punt te veranderen van een marionet in een levend jongetje.
Hij merkt ook dat het bekende van zijn oude wereld er niet meer is. Hij raakt van slag. Je zou kunnen zeggen dat de vaste grond onder zijn voeten wordt weggeslagen. Je baby moet die ervaring rustig verwerken en hij kent een vertrouwde, veilige plek om dat te kunnen. Hij wil terug naar zijn basis, terug naar papa en mama. Vanuit die vertrouwde veiligheid kan hij in zijn 'nieuwe' wereld thuis raken. De hangerige periode duurt iets korter dan de vorige. Sommige baby's herstellen zich na één dag, andere zijn een week lang hangerig.

OM TE ONTHOUDEN

Als jouw baby 'hangerig' is, let dan alvast op nieuwe vaardigheden of pogingen daartoe.

DE SPRONG KONDIGT ZICH AAN: **TERUG NAAR PAPA EN MAMA**

Alle baby's huilen vaker en langer. De ene natuurlijk weer meer dan de andere. Sommigen zijn ontroostbaar. Anderen zijn zeurderig, chagrijnig, humeurig of lusteloos. De ene is vaker 's nachts lastig. De andere is vooral overdag uit zijn doen. Alle baby's huilen minder als ze rondgesjouwd worden, als er met ze wordt rondgedanst of als ze aandacht krijgen. Maar toch merk je ook dan dat ze niet helemaal zichzelf zijn en om het minste of geringste weer zeuren of huilen.

HOE MERK JE DAT JE BABY 'BIJ PAPA OF MAMA WIL BLIJVEN'?

Vraagt je baby meer aandacht? Het valt op dat de baby zichzelf niet meer zo goed bezig kan houden. Hij wil aandacht. Papa of mama moet bij hem blijven zitten, liefst naar hem kijken en met hem praten. Zoiets valt vooral op als je baby na het vorige sprongetje juist wat 'zelfstandiger' was. Nu lijkt dat dan een 'achteruitgang'.

"Hij was ontzettend aanhankelijk. Hij was alleen tevreden als hij over mijn schouder hing. En het liefst wilde hij er nog een dansje bij." **BOB,** WEEK 12

Is hij eenkennig? Een op de drie baby's is eenkennig. Hij is opvallend hangerig als er bezoek is. Hij begint te huilen als een 'vreemde' tegen hem praat of naar hem kijkt. Soms wil zo'n kleintje absoluut niet bij het bezoek op schoot. Maar als hij veilig bij papa of mama zit, wil hij nog wel eens lachen. Een andere baby duikt ook dan nog tegen papa's schouder weg. Net of hij verlegen is.

WEEK 12

Klampt hij zich wat steviger aan je vast? Sommige baby's grijpen papa of mama stevig vast als ze rondgedragen worden. Alsof ze bang zijn losgelaten te worden. Ze kunnen echt flink knijpen.

Eet hij slechter? Veel baby's eten 'slechter'. Borstbaby's die zelf bepalen wanneer ze willen drinken, willen dat 'de hele dag'. Toch drinken ze niet. Flessenbaby's doen er langer over om de fles leeg te drinken, tenminste, als dat lukt. Dat komt doordat al deze baby's geregeld liggen te knabbelen aan speen of tepel zonder te drinken. Ze gebruiken nu de speen of tepel ook als troostbron. Ze willen er zo lang mogelijk aan liggen. Meestal doezelen ze langzaam in slaap.
Andere baby's grijpen moeder vast tijdens het voeden. Of leggen hun hand in moeders bloes. Ook als ze uit de fles drinken. Alsof ze bang zijn dat de borst of fles weggaat.

"Tijdens het voeden stopt ze haar handje in mijn bloes. We noemen het "boezemen"."
XARA, WEEK 12

Slaapt hij slechter? Veel baby's slapen slecht. Ze worden 's nachts weer wakker en willen gevoed worden. Soms wel drie keer. Ook overdag willen sommigen niet naar bed. Of ze worden snel weer wakker. Bij veel baby's is het normale dagritme veranderd in één chaos. Geen slaap- of voedingstijd ligt meer vast.

Zuigt hij vaker op zijn duim? Sommige baby's zuigen vaker en langer op hun duim. Volgens de ouders gebruiken ze de duim als troost. Ze duimen in plaats van te gaan huilen.

Maakt hij minder geluidjes, beweegt hij minder? Sommige baby's maken minder geluidjes. Ze zijn tijdelijk wat stiller. Ook kan de baby wat minder beweeglijk zijn en een tijdje heel stil liggen. Dat komt doordat straks nieuwe geluidjes en bewegingen de 'oude' gaan overnemen.

"Het liefst ligt ze in de draagzak tegen me aangeklemd. Stil en rustig. Ik heb het gevoel dat er dan weinig anders voor haar te doen is dan in slaap te vallen, zij het dan lekker tegen me aan. Maar ik zie haar eigenlijk toch liever lekker met iets bezig zijn."

NINA, WEEK 12

BABY VAN SLAG: HOE KUN JE DAT MERKEN?

- HUILT VAKER.
- WIL VAKER BEZIGGEHOUDEN WORDEN.
- EET SLECHTER.
- IS (VAKER) EENKENNIG.
- KLAMPT ZICH WAT STEVIGER AAN JE VAST.
- ZOEKT EXTRA LICHAAMSCONTACT TIJDENS HET VOEDEN.
- SLAAPT SLECHTER.
- ZUIGT (VAKER) OP DE DUIM.
- IS MINDER BEWEEGLIJK.
- MAAKT MINDER GELUIDJES.

ZORGEN[4] EN IRRITATIES

Ouders zijn bezorgd Alle ouders zijn onmiddellijk bezorgd als hun opvalt dat de baby hangerig is, meer huilt, slechter slaapt, niet normaal eet, of 'achteruitgaat' in geluiden, bewegingen of zelfstandigheid. Ze verwachten eigenlijk vooruitgang te zien. En pauzes daarin, hoe kort ook, vinden ze 'akelig'. Ze zijn onzeker en vragen zich af of ze iets verkeerd doen. Of ze zijn bang dat er iets met de baby aan de hand is. Dat hij ziek is of 'niet normaal'. Maar dat is niet zo. Integendeel. De baby laat juist zien dat hij vooruitgaat, dat hij een volgend sprongetje maakt in zijn ontwikkeling. Maar hij laat ook zien dat dat niet zonder 'pijn' gaat. Als ouder kun je hem het best steunen door hem te laten voelen dat je begrijpt dat hij het even moeilijk heeft.

WEEK 12

"Als ze vaker huilt en rondgedragen wil worden, voel ik me "opgejaagd" en "tot niets meer in staat". Het maakt me onzeker en verlamt me compleet." **JULIETTE,** WEEK 12

"Ik ben aan 't zoeken wat de oorzaak is van haar huildagen. Ik wil weten wat haar dwarszit, zodat ik wat meer "rust" heb." **LAURA,** WEEK 12

"Ik merk dat ik ontzettend slecht tegen z'n huilen kan. Ik kan het gewoon niet meer horen. Ik zou liever iedere nacht vier keer eruit moeten zonder gekrijs dan twee keer met." **PAUL,** WEEK 11

Ouders ergeren zich Veel ouders ergeren zich aan 'het ongeregelde' dat voortkomt uit steeds weer andere slaap- en voedingstijden. Niets kunnen ze 'plannen'. Steeds lopen alle plannen weer in de war. Vaak voelen ze zich onder druk staan van de andere gezinsleden of van de omgeving. Ze staan tussen twee vuren. Voor hun gevoel willen ze zich op het kind richten, maar op de een of andere manier mag dat niet van anderen.

---

4. Vraag bij twijfel altijd advies aan je huisarts of het consultatiebureau.

“Ik erger me als hij jengelt en zich niet even alleen kan vermaken. Hij wil voortdurend beziggehouden worden. Iedereen komt met adviezen, mijn man incluis.” **RUDOLF,** WEEK 12

“Ik merk dat ik dat ongeregelde beter kan hebben als ik me nergens op vastpin. Als ik alles “plan” en dat loopt fout, erger ik me. Ik stel me nu anders op en soms zijn er dan ineens gewoon een paar uur om zelf wat te doen.” **LAURA,** WEEK 12

Ouders vinden het 'welletjes' Soms kan of wil een ouder zijn boosheid niet meer onderdrukken en laat hij de baby ook merken dat hij er genoeg van heeft.

“Hij was zo onrustig. Ik dacht steeds aan de buren. Zondagmiddag stond het water tot aan mijn lippen. Niets hielp om het hem wat te veraangenamen. Ik voelde me eerst machteloos en toen werd ik ontzettend boos, omdat het me te veel werd, en heb ik hem in zijn kamer achtergelaten. Een flinke huilbui kalmeerde me weer wat.” **BOB,** WEEK 12

SCHUDDEN IS HEEL GEVAARLIJK

Schud **nóóit** je baby door elkaar, al is het nog zo logisch dat je soms boos bent op je baby of je gefrustreerd voelt. Als een jong kind door elkaar geschud wordt, kunnen er interne bloedingen optreden vlak onder de schedel, die hersenletsel veroorzaken. Dit kan later leerproblemen tot gevolg hebben – en sommige kinderen overlijden er zelfs aan.

VADER EN MOEDER STAAN OOK ONDER SPANNING

Het is duidelijk dat niet alleen de baby onder spanning staat als zijn ontwikkeling een sprongetje maakt. Maar ook het gezin, en vooral zijn moeder.

Als de moeder zich veel zorgen maakt over de baby en als de 'omgeving' haar niet steunt, kan ze in een uitputtingstoestand raken. Zeker als ze daarbij ook nog slaap tekortkomt. Ze kan het niet meer aan. Lichamelijk niet, maar ook geestelijk niet. En met een veel aandacht eisende

"Als ze even wat minder huilde, leek het alsof er een zware last van mijn schouders viel. Dan pas merkte ik hoe gespannen ik was." **XARA,** WEEK 11

baby, die ook nog weinig slaapt, is die kans natuurlijk het grootst.
Als moeder zich uitgeput voelt en als er dan ook nog eens aan alle kanten aan haar getrokken wordt, kan ze de situatie vaak niet meer aan. Ze kan dan wel eens hardhandiger met de baby omgaan dan nodig is. Als moeders zeggen hun baby geslagen te hebben, is het bijna altijd in zo'n hangerige periode. En beslist niet omdat ze een hekel aan de baby hebben, maar gewoon omdat ze bang zijn voor het geluk van de baby en voor kritiek van anderen. Ze voelen zich alleen met die problemen. Hoe verklaarbaar deze gevoelens ook zijn, niemand mag natuurlijk ooit toegeven aan deze gevoelens. Slaan, en iedere andere vorm van pijn doen, is onacceptabel.

WEEK 12

"Sinds zijn collega's gezegd hebben dat onze zoon een perfecte kopie van zijn vader is, vindt mijn man het prima dat ik alle aandacht op de baby richt als hij huilt. Hij zou níéts anders meer willen nu. Hiervóór vond hij dat overdreven verwennerij. Nu gaat alles zoveel fijner. Ik ben minder gespannen als ik de baby troost en dat voelt hij aan. Alles loopt een stuk gesmeerder." **MOEDER VAN THIJS,** WEEK 12

DOOR ZIJN HANGERIGHEID ONTDEK JE DAT JE BABY MÉÉR KAN

Als de baby van slag is, houdt mama of papa hem extra in de gaten. Ze willen weten wat er aan de hand is. Als ze dat doen, ontdekken ze dat hij eigenlijk nieuwe dingen doet, of probeert te doen. In feite ontdekken ze de allereerste vaardigheden, die het gevolg zijn van het nieuwe vermogen dat de baby heeft gekregen.
Rond 12 weken krijgt iedere baby het vermogen tot het waarnemen en het zélf maken van 'vloeiende overgangen'. Je kunt dit vermogen vergelijken met een volgende winkel die wordt geopend en waarin een uitgebreide schakering aan 'vloeiendeovergangenkoopwaar' ligt. Jouw baby met zijn aanleg, voorkeur en temperament maakt zijn eigen keuze. En als volwassene kun je hem daarbij helpen.

HERSENWERK

Rond 10-11 weken neemt de hoofdomvang van je baby weer drastisch toe.

DE SPRONG: DE 'WINKEL VAN DE VLOEIENDE OVERGANGEN'

Je baby kan nú voor het eerst 'vloeiende overgangen' zien, horen, ruiken, proeven en voelen. Bijvoorbeeld de overgang van de ene toon naar de andere, of van de ene houding naar de andere. Met dit vermogen kan hij nu vloeiende overgangen waarnemen als ze door anderen worden gemaakt. Maar hij kan ze ook zélf leren maken. Hij kan dat met zijn lijfje, zijn hoofd, zijn stembanden, zijn ogen, en ga zo maar door. Hij neemt ze dus waar buiten zijn lichaam en ín zijn lichaam. Je kunt je voorstellen dat hij weer heel veel nieuwe dingen kan leren en 'oude' vaardigheden kan verbeteren.

De baby leert bijvoorbeeld om vloeiend van de ene houding naar de andere te gaan. Hij kan nu voelen hoe zijn arm geleidelijk naar een speeltje kan gaan. Hoe hij geleidelijk zijn benen kan strekken en buigen om te gaan staan en zitten. Het zal je opvallen dat de bewegingen van je baby niet langer meer houterig of schokkerig van kwaliteit zijn, zoals na het vorige sprongetje. Maar dat hij nu veel 'gecontroleerder', 'volwassener' en 'doelgerichter' beweegt. En dat komt door die rustige, geleidelijke, vloeiende overgang van de ene houding naar de andere.
Je kunt nu ook zien dat de baby een fijne controle over zijn hoofdbewegingen krijgt. Hij kan zijn hoofd heel vloeiend van de ene naar de andere kant draaien. Hij kan dat langzaam of snel. Hij kan alles volgen op een 'volwassen' manier. Het kijken in de richting van een geluid, dat tussen één en twee maanden verdween, komt weer terug. Maar dat reageren op een geluid gebeurt nu sneller en soepeler.

Verder kan de baby nu 'bewust' en vloeiend vast voedsel leren slikken. Hij verbetert hiermee zijn 'houterige' slikpogingen, die hij na het vorige sprongetje voor het eerst kon maken. En dat is maar goed ook. 'Houterig' slikken blijft natuurlijk gevaarlijk. Als hij niet zou leren om vloeiend te slikken, zou hij stikken in vast voedsel.
De baby kan nu ook vloeiende overgangen van de ene geluidstoon naar de andere horen. En hij kan ze zelf gaan maken. Hij doet dat in de vorm

van kraaien en gillen. Verder kan hij voor het eerst overgangen van harde naar zachte geluiden horen en er met zijn stem mee spelen.
De baby kan nu ook veel beter zien, bijna zoals een volwassene. Hij kan met zijn ogen rustig en beheerst iets volgen. Hij kan dat zelfs zonder zijn hoofd te draaien. Ook kan hij iets of iemand volgen die komt of wegloopt. Kortom, hij kan nu een hele kamer overzien.
Na dit sprongetje kan de baby slechts één vloeiende overgang waarnemen of maken. Zoals een simpele beweging in één bepaalde richting. Als hij een nieuwe wil maken, moet hij even een pauze inlassen voor hij kan beginnen. Dat de ene beweging in een andere kan overgaan, kan hij nog niet begrijpen. Dat gebeurt pas bij het volgende sprongetje.

En daarom vindt je baby aaitjes nu extra lekker en interessant...!

layar

WAT HEEFT DE 'WINKEL VAN DE VLOEIENDE OVERGANGEN' IN DE AANBIEDING?

Dit zijn voorbeelden van vaardigheden die je baby vanaf dit moment zou kunnen gaan doen.

DE AFDELING 'ZELF DOEN'

- HET HOOFD HOEFT AMPER NOG GESTEUND TE WORDEN.
- DRAAIT HET HOOFD ONMIDDELLIJK EN VLOEIEND VAN DE ENE NAAR DE ANDERE KANT ALS HIJ IETS WIL ZIEN OF HOREN.
- KAN SOEPEL MET ZIJN OGEN EEN BEWEGEND SPEELTJE VOLGEN.
- IS DRUKKER, ACTIEVER, SPARTELT EN DRAAIT ALLE KANTEN OP.
- HEFT ZIJN BILLEN OP BIJ HET LUIERS VERWISSELEN (ALS SPEL).
- ROLT ZICHZELF VAN BUIK OP RUG OF VAN RUG OP BUIK MET BEHULP VAN JE VINGERS.
- PAKT ZIJN TEENTJES IN ZIJN MOND EN DRAAIT OM ZIJN AS.
- GAAT ZELF ZONDER HULP RECHTOP ZITTEN ALS HIJ SCHUIN TEGEN JE AANZIT.
- TREKT ZICHZELF OP TOT ZIT MET BEHULP VAN TWEE VAN JE VINGERS.
- ZET ZICH GELEIDELIJK AF MET ZIJN VOETJES TOT STAAN ALS HIJ OP SCHOOT ZIT, MET BEHULP VAN TWEE VAN JE VINGERS.
- ZET ZICH AF MET TWEE VOETJES ALS HIJ IN DE WIPSTOEL ZIT OF IN DE BOX LIGT.

>>

DE AFDELING 'PAKKEN, TASTEN EN VOELEN'

- PAKT EN HOUDT VAST MET TWEE HANDEN.
- PAKT GERICHT, BEWUST, MET TWEE HANDEN ZELF EEN SPEELTJE.
- PAKT GERICHT, BEWUST, MET TWEE HANDEN EEN SPEELTJE AAN.
- KAN MET EEN RAMMELAAR SCHUDDEN.
- BESTUDEERT EN FRUNNIKT AAN JOUW HANDEN.
- BESTUDEERT EN BETAST JE GEZICHT, OGEN, MOND, HAREN.
- BESTUDEERT EN FRUNNIKT AAN KLEDING.
- STOPT ALLES IN DE MOND.
- AAIT ZICHZELF OVER ZIJN HOOFD VAN NEK TOT OGEN.
- AAIT ZICHZELF MET EEN SPEELTJE OVER ZIJN HOOFD OF WANG.

DE AFDELING 'LUISTEREN EN PRATEN'

- ONTDEKT GILLEN OF KRAAIEN. LAAT HET AANZWELLEN VAN HARD NAAR ZACHT. OF ANDERSOM. EN/OF VAN HOOG NAAR LAAG. OF ANDERSOM.
- GEEFT NIEUWE GELUIDJES. KLINKERACHTIGE GELUIDJES, ZOALS: IE, OE, EEH, OOH, AAH AE HEBBÙÙÙÙ. DE GELUIDJES KLINKEN 'SPRAAKACHTIGER'.
- LIGT OF ZIT ERGENS EN 'VERTELT' MET DIE NIEUWE GELUIDJES HELE VERHALEN.
- ONTDEKT DAT HIJ ZELF BELLEN KAN BLAZEN. VINDT DAT VAAK LEUK. LACHT ER DAN ZELF OM.

DE AFDELING 'KIJKEN'

- DRAAIT DE HANDJES, BESTUDEERT DE BOVEN- EN ONDERKANT.
- BESTUDEERT DE BEWEGINGEN VAN ZIJN VOETEN.
- BESTUDEERT EEN GEZICHT, OGEN, MOND EN HAREN.
- BESTUDEERT IEMANDS KLEDING.

DE AFDELING 'DIVERSEN'

- LAAT DUIDELIJK MERKEN DAT HIJ IETS LEUK VINDT DOOR TE BLIJVEN KIJKEN, LUISTEREN, GRIJPEN OF DOOR IETS TE 'ZEGGEN' EN DAN TE WACHTEN TOT JE ERMEE DOORGAAT.
- KAN ZICH DUIDELIJK ANDERS GEDRAGEN (ANDERS KIJKEN, ANDERS GLIMLACHEN, ANDERS 'PRATEN', ANDERS HUILEN, ANDERS BEWEGEN) BIJ VERSCHILLENDE MENSEN.
- LAAT DUIDELIJK MERKEN DAT HIJ VERVEELD WORDT ALS HIJ STEEDS HETZELFDE ZIET, HOORT, PROEFT, VOELT OF DOET. AFWISSELING WORDT INEENS BELANGRIJK.

>>

HELP, MIJN BABY KAN NIET ALLES!

NEE, NATUURLIJK NIET, DAT KAN OOK NIET

De sprong van de vloeiende overgangen is leeftijdsgebonden en voorspelbaar. Een hele reeks vaardigheden en activiteiten wordt erdoor in gang gezet. De leeftijd waarop je baby deze vaardigheden en activiteiten voor het eerst laat zien, kan enorm verschillen per kind. Bijvoorbeeld: het vermogen om vloeiende overgangen waar te nemen ontwikkelt zich rond de 3 maanden - en is een noodzakelijke vereiste om te proberen te kunnen gaan zitten met behulp van een volwassene - maar dit gaat je kindje ergens tussen de 3 en 8 maanden doen. Het verschil tussen het mentaal kunnen (vermogen) en het daadwerkelijke doen (vaardigheid) is afhankelijk van de voorkeuren van je baby, zijn behoefte aan experimenteren en van zijn lichamelijke ontwikkeling. Vaardigheden en activiteiten komen in *Oei, ik groei!* aan bod op de vroegst mogelijke leeftijd waarop kinderen het vermogen krijgen (maar dus niet noodzakelijkerwijze gaan doen), zodat je erop kunt letten en ze kunt herkennen. (Ze kunnen aanvankelijk heel onopvallend zijn.) Zo kun je reageren op de ontwikkeling van je kindje en hem erbij helpen. Alle baby's krijgen dus hetzelfde vermogen op dezelfde tijd, maar wat ze er wanneer mee gaan doen, daarin verschilt iedere baby en dat maakt iedere baby uniek.

WAT KIEST JOUW BABY UIT DE 'WINKEL VAN DE VLOEIENDE OVERGANGEN'?

Kijk goed naar je baby. Stel vast waar zijn belangstelling naar uitgaat. In het kader 'Wat heeft de "winkel van de vloeiende overgangen" in de aanbieding?' is ruimte om aan te geven wat je baby kiest. Je kunt er zelf ook 'winkelen' om te zien of er dingen bij zijn die de baby leuk zou kunnen vinden, maar waar hij een handje bij geholpen moet worden.

Sommige kleintjes zijn extreem gevoelig voor de buitenwereld. Zij zijn duidelijk meer bezig met 'kijken', 'luisteren' en 'voelen' dan met zelf doen. Zo'n baby kan daarom wat later gaan grijpen. Maar heeft hij een speeltje eenmaal te pakken, dan zal hij het meteen ook bestuderen. Bij zo'n onderzoek zal hij het speeltje 'ronddraaien', ernaar kijken en luisteren, ermee over zijn wang aaien en het in zijn mond stoppen. Een lichamelijk actieve baby is het vaak alleen te doen om het grijpen. Daarna laat hij het meestal vallen.
Helaas worden ontwikkelingsvorderingen hoofdzakelijk bekeken aan de hand van grove motorische mijlpalen, zoals grijpen, rollen, kruipen, zitten, staan en lopen. In zo'n onderzoek zal de kijk-, luister- en voelbaby langzamer lijken. Maar eigenlijk is hij bezig met iets wat veel ingewikkelder is en waar hij veel meer van leert.

ZO ZIJN BABY'S

Alles wat nieuw is, vindt je baby het leukst. Reageer daarom altijd en vooral op nieuwe vaardigheden en interesses die je baby toont. Hij leert dan prettiger, makkelijker, sneller en meer.

DE UITWERKING VAN DE SPRONG: **HELP JE BABY BIJ HET LEREN**

Hoe meer je baby zijn nieuwe vaardigheden oefent of ermee speelt, hoe beter hij ze 'in de vingers krijgt'. Hij leert door iets nieuws honderd keer te herhalen. En hij vindt dat eigenlijk altijd leuk. Bijna alle ouders spelen daar ook automatisch op in. Ze vinden het heerlijk om al datgene wat de baby doet spelenderwijs te oefenen. Natuurlijk zal de baby alléén ook wel oefenen. Maar je kunt je voorstellen dat hij papa's of mama's hulp eigenlijk niet kan missen. Zij zijn in staat om hem aan te moedigen door te gaan als het moeite kost. Zelf zou hij misschien het bijltje er eerder bij neergooien.

Maar ouders doen nog meer. Ze bouwen een nieuwe vaardigheid uit. Ze brengen er variaties op aan. Ze lokken de baby uit om het nog eens te proberen. En ze proberen uit of hij nog net een stapje verder kan gaan. Het is begrijpelijk dat er een enorm verschil is tussen de spelletjes die de ene of de andere ouder verzint om zo'n sprongetje uit te werken. Alle ouders zijn verschillend. De ene ouder weet leukere of gevarieerdere spelletjes te bedenken dan de andere. Ook kan het zijn dat de baby een echte doener is, terwijl zijn papa of mama veel meer zou kunnen bedenken met een gezellige kletser. Of andersom. Hoe dan ook, de baby kan elke hulp goed gebruiken.

VERSCHILLEN TUSSEN JONGENS EN MEISJES

- MOEDERS ZIJN VEEL MEER ACTIEF BEZIG MET JONGETJES DAN MET MEISJES IN DIE EERSTE LEVENSMAANDEN. EN DAT KOMT WAARSCHIJNLIJK DOORDAT JONGETJES MEER HUILEN EN SLECHTER SLAPEN DAN MEISJES.
- MOEDERS REAGEREN VEEL VAKER OP DE GELUIDEN VAN MEISJES DAN ZE DOEN OP DIE VAN JONGETJES. OOK PRATEN ZE MEER TEGEN MEISJES.

MOEDIG JE BABY AAN ZIJN STEM TE GEBRUIKEN

Bijna iedere baby geniet van zijn nieuwste geluiden. Hij gilt, kraait en maakt klinkergeluidjes van hoog naar laag, van zacht naar hard. Of andersom. En hij blaast bellen. Ontmoedig hem dan niet. Door dat te doen speelt hij met 'vloeiende overgangen' en al doende oefent hij zijn stembanden, lip-, tong- en gehemeltespieren. Hij doet dat regelmatig in zijn eentje, gewoon voor de lol. Het lijkt of hij hele verhalen vertelt. Dat komt doordat het zo 'spraakachtig' kan klinken, door al die op en neer gaande klinkertjes en gilletjes. Hij moet er soms zelf om lachen.

Beantwoord het gebrabbel van je baby. De meeste baby's vinden dat heerlijk. Moedig hem aan om nog meer geluidjes te maken. Vooral toelachen en meedoen zijn van groot belang om nog meer klanken te ontlokken. Het meeste succes heb je doorgaans wanneer je zijn nieuwste geluiden imiteert.

VOER EEN GESPREK MET JE BABY

De meeste baby's vinden het heerlijk om samen te 'praten'. Maar hij zal het meest voor een gesprek in de stemming zijn als hij zélf je aandacht trekt. Laat hem rustig uitpraten en val dan weer in. Je kunt gewoon tegen je baby praten, maar je kunt ook zijn geluidjes nadoen. Soms moeten baby's daar vreselijk om lachen.

"Ik praat altijd terug als hij geluidjes maakt en hij brabbelt ook weer terug, als hij in de stemming is. Soms versierd met een lach." **JAN,** WEEK 13

Het is erg belangrijk dat je veel met je baby praat. Stemmen op de radio, televisie of in de woonkamer kunnen een gesprek onder vier ogen niet vervangen. Want die stemmen reageren niet op wat de baby laat horen. En dat is het allerbelangrijkste. Je baby wordt geprikkeld om te 'praten' als er ook naar hem geluisterd wordt. En jouw enthousiasme is daarbij erg belangrijk.

REAGEER ALS HIJ JE 'VERTELT' HOE HIJ ZICH VOELT

Hij gebruikt een van zijn nieuwe geluiden als hij aandacht wil. Meestal is dat een speciaal 'aandachtgilletje'. Reageer zo vaak als je kunt. Laat hem merken dat je snapt wat hij wil zeggen. Ook al heb je geen tijd om met hem te spelen. Hij leert dan in ieder geval dat hij zijn stem kan gebruiken als hij iets wil.

Hij gebruikt ook meestal een kreet als hij blij is. Maar dan is het duidelijk een 'vreugdekreet'. Hij laat hem horen als hij iets leuks ziet of hoort. De meeste ouders reageren automatisch op een vreugdekreet. En wel met een aanmoediging of een knuffel. Doe dat ook. Laat merken dat je hem begrijpt en het leuk vindt dat hij blij is. Hierdoor leert de baby dat hij iemand anders kan vertellen hoe hij zich voelt.

"Toen hij merkte dat ik hem wilde voeden, gilde hij van vreugde en greep mijn borst, terwijl mijn bloes nog maar half geopend was." **MOEDER VAN THIJS,** WEEK 13

ALS JE BABY LACHT, HEEFT HIJ HET PRIMA NAAR ZIJN ZIN

Als je baby lacht, betekent het dat je de juiste snaar bij hem hebt geraakt. Je hebt hem precies gestimuleerd zoals het voor hem het beste is. Niet te veel, want dan zou hij bang worden. En niet te weinig, want dan zou hij verveeld zijn.

LEER JE BABY GRIJPEN

Nu je baby 'vloeiende overgangen' kan waarnemen, kun je zien dat hij soepeler reikt naar dingen. Help hem. Hij is daar nog maar net mee begonnen en het is nog moeilijk voor hem. Houd hem ruim binnen zijn handbereik een speeltje voor en kijk of hij ernaar reikt. Houd het recht voor hem. Je baby kan nog maar één makkelijke beweging in één richting maken. Let nu goed op wat hij doet.
Als hij het pas begint te leren, zal hij het waarschijnlijk als volgt doen:

“*Hij begint nu echt naar iets te grijpen. Hij ging met twéé handen naar het speeltje dat voor hem bungelde toe. Naderde het met zijn rechterhand van rechts en met zijn linkerhand van links. En toen hij vlak voor het speeltje was, sloot hij zijn handen al. Hij had er dus niets tussen. Hij had er echt moeite voor gedaan en werd dan ook gepast nijdig toen hij met lege handen zat.*” **PAUL,** WEEK 12

Moedig je baby steeds aan het nog eens te proberen. Of maak het makkelijker, zodat hij aan succes kan ruiken. Immers, op deze leeftijd kan een baby de afstand tussen zijn handjes en het speeltje dat hij pakken wil, nog niet goed schatten. Twee sprongetjes verder leert hij dat pas goed, tussen 23 en 26 weken.
Als het grijpen makkelijker gaat, krijgt de baby er vanzelf meer plezier in. Hij ontdekt dat hij alles kan voelen en aanraken. In dezelfde tijd leert hij ook om vloeiende draaibewegingen met zijn hoofd te maken. Hierdoor kan hij makkelijk overal naar kijken en iets uitzoeken om te pakken. Er ligt nu dus een hele wereld voor het grijpen en tasten. Terwijl de baby na de vorige sprong gemiddeld een derde van de tijd bezig was met zijn handen, wordt dat rond 12 weken plotseling verhoogd tot bijna twee derde. Hierna neemt het percentage amper nog toe.

LEER JE BABY VOELEN

Als je merkt dat je baby graag met zijn handen over iets aait, speel dan daarop in. Er zitten niet alleen 'vloeiende overgangen' in de aaibewegingen, maar ook in het gevoel in zijn hand door het bewegende contact met de ondergrond. Neem hem mee door het huis en laat hem verschillende soorten dingen voelen. Harde, zachte, ruwe, gladde, soepele, stijve, prikkelende, koude, warme materialen, en ga zo maar door. Vertel hem wat hij voelt en leg de emotie die dat materiaal oproept in je stem. Hij snapt heus meer dan hij je kan vertellen.

"Ik heb haar handjes onder stromend water gewassen, waarop ze hard lachte. Ze kon er geen genoeg van krijgen." **JETTEKE,** WEEK 15

GEEF HEM DE GELEGENHEID OM PAPA OF MAMA TE ONDERZOEKEN

Veel baby's onderzoeken graag papa's of mama's gezicht. Ze voelen eroverheen. Blijven wat langer hangen bij de ogen, de neus en de mond. Soms trekt er een aan de haren of neus, gewoon omdat dat iets is wat vast te pakken is. Ook de kleding is interessant. Ze voelen en frunniken eraan. Kijk ook uit voor je oorbellen!

Sommige baby's zijn geïnteresseerd in je handen. Ze bestuderen ze en voelen eraan. Ga hierop in en help hem daarbij. Draai je handen eens langzaam rond en laat je baby de boven- en onderkant zien. Laat hem kijken hoe je hand beweegt. Hoe je er een speeltje mee pakt. Beweeg altijd langzaam. Hij kan het anders nog niet volgen. Beweeg ook niet van links naar rechts, maar maak één simpele, rechte beweging. Pas na het volgende sprongetje kan hij meerdere bewegingen na elkaar begrijpen.

LAAT JE BABY OOK EENS BLOOT SPARTELEN

Baby's zijn nu beweeglijker dan ze waren. Ze spelen met de 'vloeiende overgangen' die ze binnen in hun lichaam voelen als ze liggen te schoppen met hun benen en te slaan met hun armen. Sommige baby's zijn echte acrobaten: ze steken hun tenen in de mond en draaien zo rondom hun as. Natuurlijk is de ene baby weer veel beweeglijker en sterker dan de andere. Sommigen zijn nauwelijks geïnteresseerd in gymnastische 'krachttoeren'. Anderen wél, maar blijken toch niet sterk genoeg.
Laat je baby ook eens bloot spartelen. Je hebt misschien al gemerkt

> *“Hij beweegt druk met zijn lichaam, armen en benen en kreunt en steunt daar geweldig bij. Hij wil beslist iets wat niet lukt, want hij eindigt zo’n scène meestal met een nijdig geschreeuw.”* **DIRK,** WEEK 14

dat hij veel beweeglijker wordt als je met hem bezig bent op de commode. Hij vindt het fijn om te bewegen zonder dat hij belemmerd wordt door zijn kleren. Het is makkelijker. Hij kan dan eerder aan succes ruiken, oefent alvast en zal het daarna ook sneller kunnen met zijn kleren aan. Kortom, hij leert zijn lichaam beter kennen en beheersen.

IETS AFLEREN IS NU MINDER BELANGRIJK

Af en toe proberen ouders wel eens om het 'alleen spelen' te rekken. Ze doen dat door nieuwe speeltjes voor te houden, of door speeltjes even te laten bewegen of piepen als ze merken dat het enthousiasme minder wordt. Ze doen dat ook door te praten of terug te praten. Heel soms kan een baby zichzelf, met papa's of mama's hulp, een halfuurtje vermaken. De meeste ouders vinden dat 'alleen spelen' nu minder belangrijk. Ze zijn trots op de baby. Hij probeert zoveel te zien, te horen en te doen. Ouders willen daarbij zijn. Ze willen hem helpen. Er is zoveel nieuws te leren en te oefenen. En dat vinden ouders nu even veel belangrijker.

LEER JE BABY OM TE ROLLEN

Veel baby's proberen te rollen. Maar bijna allemaal hebben ze hier hulp bij nodig. Als je merkt dat je baby wil rollen, geef hem dan je vinger als steuntje. Sommige baby's zijn echte volhouders. Ze gaan door tot ze inderdaad rollen. Andere gaan ook door, maar blijven 'falen'. Er zijn baby's die beginnen te rollen van buik naar rug, en andere baby's doen dat van rug naar buik.

LAAT JE BABY ZICHZELF OPTREKKEN TOT STAAN OF TOT ZIT

Bijna alle baby's zetten zich graag af met de beentjes. Ze doen dat in de box, in de wipstoel en op schoot. Een ouder moet een sterke woelwater dan ook goed vasthouden en merkt dan dat hij zich zó krachtig afzet, dat hij zelf gaat staan. Als hij dat uit zichzelf doet, laat hem dan rustig zijn gang gaan. Forceer nooit iets.
Sterke baby's trekken zichzelf op tot zit. Als je merkt dat je baby dat kan, kun je hem helpen door dit optrekspelletje met hem te spelen.

SPELTOPPERS VAN 'VLOEIENDE OVERGANGEN'

Dit zijn spelletjes en oefeningen die inspelen op het nieuwe vermogen en die bij bijna alle baby's van 12-15 (plus of minus 1) weken oud favoriet zijn. Op deze leeftijd heeft je baby de meeste lol als hij door papa of mama 'bewogen' wordt: langzaam, rustig en vloeiend. Alle spelletjes moeten trouwens heel kort duren. Je kunt beter steeds een ander spelletje spelen dan te lang doorgaan met hetzelfde.

'VLIEGTUIGJE' SPELEN

Til de baby langzaam omhoog, liefst met een aanzwellend of hoger wordend geluid. Hij strekt zich dan vanzelf. Laat hem vliegen tot boven je hoofd. En begin dan de daling, met een bijpassend geluid. Als hij bij je komt, ontvang je hem met een knuffelhap in de nek. Je zult zien dat de baby dit snel weet en al met open mond nadert en terug hapt. Je zult ook ontdekken dat de baby zijn mond weer opent, als om te happen, als hij een herhaling wil van dit vliegen.

'GLIJBAANTJE' SPELEN

Ga achteruit zitten en maak je zo stijf als een plank. Zet de baby zo hoog mogelijk op je neer en laat hem met een passend dalend geluid naar de grond glijden. Sommige baby's vinden dit ook het einde als ze samen met papa of mama in bad zitten en zo telkens het water in glijden.

BABY IS DE 'SLINGER VAN DE KLOK'

Zet de baby op je knieën en zwaai hem langzaam van rechts naar links. Probeer allerlei geluiden uit die erbij passen. Zoals een hoge, snellere tiktak, een lage, langzame bimbam of doe de Westminster na en varieer van hoog naar laag en van snel naar langzaam. Net wat de baby op dat moment het leukst vindt. Houd hem goed vast en let erop dat hij zijn hoofd gemakkelijk met de beweging mee kan nemen.

BABY ZIT OP EEN 'HOBBELPAARD'

Zet de baby op je knieën en maak stapbewegingen met je benen. De baby wiebelt dan op en neer. Je kunt ook nog een passend geluid verzinnen bij iedere stap die je maakt. Kijk wat je baby grappig vindt. Laat het paard ook eens in een drassige wei ploegen en zeg 'zjoeoeoem' bij iedere stap. De meeste baby's vinden dat op deze leeftijd het leukst.

'HAPSPELLETJE'

Ga voor hem zitten en als de baby kijkt, ga dan langzaam met je gezicht naar zijn buik of neus. Maak ondertussen een langgerekt geluid dat aanzwelt of van toonhoogte verandert, bijvoorbeeld 'haaaaaap' of 'boeeeeem'. Denk aan de geluidjes die de baby zelf maakt.

'VOELEN AAN STOFJES'

Vouw samen met de baby je was op en geef hem dan verschillende stofjes in handen. Zoals wol, katoen, badstof en nylon. Aai er ook eens met zijn handje overheen. De baby vindt het fijn om met zijn vingers en mond aan de stofjes te voelen. Probeer het ook eens met een stukje zeemleer en vilt.

DE 'MONT BLANC' BEKLIMMEN

De baby loopt/klimt op je lijf naar boven terwijl je half rechtop zit. Natuurlijk wordt hij goed vastgehouden.

SPRINGEN OF WIPPEN OP SCHOOT

De meeste baby's hebben veel lol in zélf eindeloos dezelfde bewegingen herhalen.

Hij gaat zelf van zit naar staan. In een vloeiende beweging. En hij herhaalt dit eindeloos: op-neer-op-neer-op-neer. Hij geniet ervan en lacht vaak. Natuurlijk moet hij goed vastgehouden worden.

SPEELGOED EN HUISRAAD DAT HET MEEST BOEIT

Dit zijn speeltjes en dingen die inspelen op het nieuwe vermogen en die bij bijna alle baby's van 12-15 (plus of minus 1) weken oud favoriet zijn:

- TUIMELSPEELTJES.
- DE BEWEGENDE KLEPEL VAN DE KLOK.
- DE SCHOMMELSTOEL.
- SPEELTJES MET EEN LANGZAME PIEP, OF BELLETJES.
- DE RAMMELAAR.
- POPPEN MET EEN ECHT GEZICHT.

DE SPRONG IS GENOMEN

Rond 12-13 weken breekt weer een makkelijke periode aan. De meeste baby's worden geprezen om hun vrolijkheid en de geweldige manier waarop ze vooruitgaan.

Veel ouders vinden dat hun baby opvallend 'wijzer' is. Als hij op de arm of op schoot zit, reageert hij als een kleine 'volwassene'. Hij draait zijn hoofd meteen naar iets wat hij wil horen of zien. En lacht of 'praat' terug. Hij gaat er soms voor verzitten als hij iets niet meteen goed ziet. Hij houdt alles in de gaten. Hij is vrolijk en bezig. Opeens houden ook de andere gezinsleden veel meer rekening met de baby. Hij heeft nu een echt plaatsje in het gezin. Hij hoort erbij.

“*Ze begint zich in een heleboel dingen te interesseren. Dit laat ze ook meteen merken door ertegen te gaan praten of gillen. Daardoor worden wij dan weer opmerkzaam en denken: verhip, kun je dat al, of wat zie je dat goed.*” **JETTEKE,** WEEK 13

“*Ze is opvallend wijzer. Ze kijkt haar ogen uit. Ze vindt het fijn om op mijn arm mee rond te lopen, en onderwijl draait ze dan regelmatig haar hoofdje van links naar rechts.*” **ODINE,** WEEK 14

“*Ze is “wijzer”. Ze reageert op alles en draait meteen haar hoofdje alle kanten op. Ze heeft ineens een eigen plaatsje in het gezin.*” **XARA,** WEEK 14

“*Heerlijk om te zien hoe ze zich vermaakt. En al koesterend zit of ligt te kletsen tegen knuffels of mensen.*” **JULIETTE,** WEEK 14

“*Het contact is leuker. Ze reageert op alles. Doe je een spelletje, dan zie je haar afwachten of je het nog een keer herhaalt. Ze “praat” nu ook vaak “terug”.*” **ASHLEY,** WEEK 13

“*Ze was zo makkelijk en rustig, alles was goed. Nu wordt ze steeds spraakzamer. Ze lacht en brabbelt nu veel vaker. Het wordt daarom veel leuker om haar uit bed te halen.*” **EEFJE,** WEEK 14

“*Het wordt boeiender om naar hem te kijken, omdat hij zich ineens duidelijker gaat ontwikkelen. Hij reageert nu meteen met een lachje of een geluidje. Draait ook meteen zijn hoofdje in de goede richting. En omdat het zo'n klein dikkerdje is, kun je heerlijk met hem knuffelen.*” **DIRK,** WEEK14

---

6 HOOFDSTUK

SPRONG 4

LIEF EN LEED
ROND 19 WEKEN
OFWEL BIJNA 4 ½ MAAND

Rond 19 (18-20) weken merk je dat de ontwikkeling van je baby weer een sprongetje maakt. Je ontdekt dat hij dingen wil en doet die hij nog nooit heeft gedaan. Dat komt doordat hij er een nieuw vermogen bij heeft gekregen, dat hem in staat stelt een uitgebreide schakering aan nieuwe vaardigheden te leren. Je baby begint te experimenteren met 'gebeurtenissen'. Wij volwassenen staan er niet meer bij stil dat onze dagelijkse ervaring is opgesplitst in voor ons overbekende 'gebeurtenissen'. Als iemand bijvoorbeeld een rubberbal laat vallen, dan weten we dat die weer omhoog ketst en waarschijnlijk nog een tijdje door zal gaan met stuiteren. Als iemand springt, weten we dat hij weer omlaag zal komen. We herkennen de eerste bewegingen van een golfer die een bal slaat of een tennisser die serveert, en we weten wat daarop volgt. Voor je baby is dat alles echter nieuw. Niets is nog voorspelbaar.

Je baby voelt dit sprongetje al eerder aankomen. Rond 15 (14-17) weken wordt hij hangerig. Hij voelt dan al dat zijn ontwikkeling weer een sprongetje maakt. Zijn wereld verandert en hij weet niet hoe hij daarmee om moet gaan. Hij ziet, hoort, ruikt, proeft en voelt weer dingen die helemaal nieuw zijn. Hij is van slag. Hij moet alles rustig tot zich laten doordringen. Hij moet alle nieuwe indrukken rustig verwerken en doet dat het liefst vanuit een vertrouwde, veilige plek. Hij wil dichter bij zijn vader en moeder zijn. Hij wil terug naar papa en mama.
Vanaf deze leeftijd duren de hangerige periodes langer dan voorheen. Deze keer duurt hij meestal vijf weken. Maar hij kan ook één of zes weken duren.

OM TE ONTHOUDEN

Als jouw baby 'hangerig' is, let dan alvast op nieuwe vaardigheden of pogingen daartoe.

DE SPRONG KONDIGT ZICH AAN: **TERUG NAAR PAPA EN MAMA**

Alle baby's van deze leeftijd huilen sneller dan ze normaal doen. Veel aandacht vragende baby's huilen aanmerkelijk vaker en harder en tonen op meerdere, niet mis te verstane manieren dat ze 'bij papa en mama willen zijn'. Makkelijke baby's doen dat meestal veel milder én minder vaak. Alle baby's huilen minder als ze bij papa of mama zijn. Maar ze willen wel dat papa of mama alleen maar aandacht voor hen heeft. Ze willen rondgesjouwd en beziggehouden worden. Als dat niet gebeurt, blijven ze chagrijnig, ook al zitten ze bij papa of mama op schoot.

HOE MERK JE DAT JE BABY 'BIJ PAPA OF MAMA WIL BLIJVEN'?

Slaapt hij slechter? Bij de meeste baby's zijn de slaaptijden chaotisch. Hij gaat wat korter slapen. Is 's avonds langer wakker. Is ook 's nachts wakker. Wil weer nachtvoeding. Soms meerdere malen. En is 's morgens vroeger wakker.

Is hij eenkennig? Veel baby's willen niet bij anderen op schoot. Sommige willen ook niet dat een 'vreemde' naar hen kijkt of tegen hen praat. Een enkeling lijkt ook bang van zijn eigen vader. Meestal is de eenkennigheid het duidelijkst als mensen er heel anders uitzien dan moeder.

WEEK 19

"*Als mijn zusje naar haar kijkt, gaat ze heel hard huilen. Ze verstopt zich dan tegen me aan en wil zelfs niet kijken. Ze is dan echt overstuur. Mijn zusje heeft donkere, zwart opgemaakte ogen en daardoor een harde blik. Ikzelf ben blond en nauwelijks opgemaakt. Misschien is dat de reden.*" **NINA,** WEEK 16

"*Hij lacht niet meer tegen mensen die een bril dragen. Hij blijft ze ernstig aankijken en lacht pas als de bril wordt afgezet.*" **JAN,** WEEK 16

Vraagt hij meer aandacht? Veel baby's willen samen met papa of mama iets doen. Al is het maar dat ze naar hem kijken. Sommige baby's beginnen al te huilen zodra papa of mama wegloopt. Andere houden het 'alleen spelen' korter uit dan gewoonlijk.

"*Tussen twee voedingen moet ik hem wat vaker aandacht geven. Hiervoor bleef hij rustig alleen liggen. Nu wil hij beziggehouden worden.*" **JAN,** WEEK 17

Moet je zijn hoofd weer wat vaker steunen? Als je de baby draagt, moet je weer vaker het hoofd en lijfje ondersteunen. Hij laat zich wat slapper hangen. Vooral rond huilscènes. Dan hangt hij weer het liefst buikje tegen je buik, omgeven door warme armen. Hij voelt wat meer aan als de pasgeboren baby die hij was.

Wil hij niet dat je lichaamscontact verbreekt? Veel baby's willen per se niet in de box worden gelegd. Sommige willen nog wel in de wipstoel zitten, maar dan moet je ze wel aanraken.

“*Ze wil wat dichter bij me zijn dan ik van haar gewend ben. Als ik haar even loslaat, begint ze te huilen en zodra ik of haar vader haar oppak is het weer goed.*” **EEFJE,** WEEK 17

Eet hij slechter? Zowel borst- als flessenbaby's kunnen tijdelijk minder trek hebben. Ze laten zich dan makkelijker afleiden als zij iets horen of zien. Of ze beginnen al snel met de tepel of speen te spelen. Af en toe willen ze helemáál niets drinken. Ze keren zich dan af van de borst of fles. Soms wil een baby wel fruit, en weigert hij alleen melk. Bijna alle moeders die borstvoeding geven, zien die weigering als een teken om over te gaan op ander voedsel. Ook krijgt moeder wel eens het gevoel dat de baby háár niet meer wil. Toch is dit niet zo. Hij is gewoon van slag. Het is misschien zelfs niet nodig om op te houden met de borstvoeding.

“*Rond vijftien weken ging ze ineens minder drinken. Na vijf minuten begon ze met de tepel te spelen. Toen dat twee weken geduurd had, ging ik maar aanvullen met de fles. Maar dat weigerde ze ook. Alles bij elkaar heeft dit vier weken geduurd. Toen dronk ze weer volop. Al die weken was ik bang dat ze niet genoeg binnenkreeg. Vooral toen ik merkte dat míjn voeding minder werd. Maar nu ze weer volop drinkt, heb ik ook weer volop. Ik denk zelfs méér dan eerst.*” **ODINE,** WEEK 19

Heeft hij een sterk wisselend humeur? Sommige baby's hebben sterk wisselende stemmingen. De ene dag zijn ze heel vrolijk en de andere dag helemaal het tegenovergestelde. Ook kan hun stemming ineens omslaan. Het ene moment schateren ze nog van het lachen, om dan vervolgens in snikken uit te barsten. Soms gaan ze midden in een lach zelfs over in huilen. Ouders vinden zowel dat lachen als dat huilen dan dramatisch en overdreven klinken.

Is hij 'stiller'? Sommige baby's houden een korte tijd op met het maken van de bekende geluidjes. Andere liggen af en toe bewegingloos te staren of wat met de oortjes te spelen. Ze lijken dan 'futloos' of 'afwezig'. Ouders vinden het 'vreemd' en 'akelig'. Maar in feite is het 'de stilte voor de storm', ofwel het wachten op het doorbreken van het nieuwe vermogen.

BABY VAN SLAG: HOE KUN JE DAT MERKEN?

- HUILT VAKER. IS VAKER CHAGRIJNIG.
- VRAAGT MEER AANDACHT.
- ZIJN HOOFD MOET VAKER ONDERSTEUND WORDEN.
- WIL NIET DAT JE LICHAAMSCONTACT VERBREEKT.
- SLAAPT SLECHTER.
- EET SLECHTER.
- IS (VAKER) EENKENNIG.
- MAAKT MINDER GELUIDJES.
- IS MINDER BEWEEGLIJK.
- HEEFT EEN STERK WISSELEND HUMEUR.
- ZOEKT EXTRA LICHAAMSCONTACT TIJDENS HET VOEDEN.
- ZUIGT (VAKER) OP DE DUIM.

ZORGEN[5] EN IRRITATIES

Ouders raken uitgeput Tijdens de hangerige periode klagen de meeste ouders steeds vaker over moeheid, hoofdpijn, misselijkheid, rugpijn of emotionele overgevoeligheid. Sommigen hebben alles tegelijk. Ze zeggen dat het komt door gebrek aan slaap en het, soms urenlang, rondsjouwen met de baby. Of het piekeren over de baby. In ieder geval het 'bezig-zijn-met-de-baby'. Soms gaat een moeder naar de huisarts en krijgt dan extra ijzer voorgeschreven. Of wordt ze wegens rugklachten doorverwezen naar een fysiotherapeut.

"*Als ze een paar avonden achter elkaar wakker blijft en maar "gelopen" wil worden, kost me dat iedere keer mijn rug. Ik zou dan wel eens willen dat ze er een avondje niet was. Ik ben kapot.*" **XARA,** WEEK 17

Ouders ergeren zich Soms voelt een ouder zich 'gevangen', 'opgesloten' aan het einde van zo'n moeilijke periode.
Hij heeft het gevoel dat de baby aan alle touwtjes trekt en hij ergert zich aan die 'hebzucht'. Je ziet dan ook regelmatig dat een ouder de baby even wégdenkt. Denkt hoe heerlijk het zou zijn als hij er eens een avondje níét zou zijn.

"*Ik voel me in een bepaalde ontkenning zitten, meer onbewust dan bewust. Een ontkenning dat ik moeder ben en een zoontje heb. Ik had deze week momenten dat ik hem het liefst zou vergeten. Wat zit een mens toch complex in elkaar. Af en toe had ik het ontzettend benauwd. Ben er dan ook geregeld uitgegaan.*' **BOB,** WEEK 18

"*Als ik in de bus zit en hij begint wakker te worden en te huilen, dan kijkt iedereen naar me. Daar krijg ik het toch zo warm en benauwd van. Ik denk dan, verdorie hou toch je kop.*" **STEVEN,** WEEK 18

5. *Vraag bij twijfel altijd advies aan je huisarts of het consultatiebureau.*

Ouders vinden het 'welletjes' Steeds meer ouders laten de baby wat langer huilen dan ze gewend zijn. Enkelen vragen zich af wat eigenlijk 'verwennen' is. Of ze niet te veel toegeven aan zijn grillen. Of ze hem niet behoren te leren rekening te houden met zijn ouders.
Een enkeling voelt zich af en toe vreselijk agressief worden van het voortdurende gehuil en gejengel. Zulke gevoelens zijn niet abnormaal en niet gevaarlijk, maar ernaar handelen is dat wel. Zoek hulp als het je te veel dreigt te worden. Wat je ook doet, schud je baby nóóit! Dat kan zeer schadelijk zijn en zelfs de dood tot gevolg hebben.

"Hij wilde niet doordrinken, kreeg verschrikkelijke huilbuien, en ik maar proberen of ik er iets in kreeg. Toen 't bij de volgende fles net zo ging, voelde ik me ontzettend agressief worden, omdat alle afleidingsmanoeuvres niet hielpen en we weer verzandden in hetzelfde tafereel als daarvoor. Ik heb hem toen op de grond laten uitrazen en daarna dronk hij de fles leeg." **BOB**, WEEK 19

"Ik kreeg er wel eens genoeg van na de zoveelste huilpartij als ik haar even alleen liet. Ik liep toen ook gewoon door." **ASHLEY,** WEEK 17

"De laatste vier avonden kwam hij klokslag 8 uur. Na twee avonden troosten vond ik het welletjes. Ik heb hem toen laten huilen tot half 11. Het is een echte volhouder."
RUDOLF, WEEK 16

DE WACHTTIJD IS NU LANGER VOOR DE NIEUWE WINKEL OPENGAAT

Omdat deze hangerige periode langer duurt, merken ouders meestal duidelijker dat er iets aan de hand is. De baby gaat minder snel vooruit. En wat hij normaal leuk vond, vindt hij niet leuk meer.

"Ik vind dat hij zo langzaam vooruitgaat. Vóór 15 weken ontwikkelde hij zich veel sneller. Het is net of er nu al een paar weken niets meer gebeurt. Ik vind dat soms best akelig."
THIJS, WEEK 17

“Het lijkt wel of hij ligt te wachten op iets nieuws dat nog niet is doorgebroken. Ik merk 't aan het spelen met hem. Ik moet hieraan iets toevoegen en ik weet nog niet wat. Ik zit dus ook te wachten.” **STEVEN,** WEEK 17

HET NIEUWE VERMOGEN BREEKT DOOR

“Ze probeerde deze week heel veel nieuwe dingen. Het valt me op dat ze ineens zoveel kan voor haar vier maanden, en dan ben ik best trots op haar.” **JETTEKE,** WEEK 18

Rond 19 weken zie je bij iedere baby het vermogen tot het waarnemen en het zelf uitvoeren van zogenaamde 'gebeurtenissen' doorbreken. Dit vermogen opent een nieuwe winkel met een uitgebreide schakering aan nieuwe vaardigheden. Je baby kan weer uitgebreid winkelen en die nieuwe vaardigheden kiezen die het best bij hem passen. En jij ook.

DE SPRONG: **DE 'WINKEL VAN DE GEBEURTENISSEN'**

Na het vorige sprongetje ging je baby 'vloeiende overgangen' tussen 'patronen' zien, horen, ruiken, proeven en voelen. Hij ging ze ook zelf maken, met zijn ogen, armen, benen, hoofd en ga zo maar door. Maar na één 'vloeiende overgang' stopte hij. Meer kon hij nog niet vatten. Als je baby rond 19 weken het vermogen tot het waarnemen en zelf uitvoeren van 'gebeurtenissen' krijgt, kan hij een 'korte serie van deze vloeiende overgangen' zien, horen, ruiken, proeven, voelen en zelf maken. Dit vermogen doorstraalt alles wat je baby waarneemt en doet.
Als de baby een paar vloeiende bewegingen na elkaar kan maken, kan hij meer doen met alles wat hij te pakken krijgt. Hij kan nu alles wat binnen zijn bereik komt, uitgebreid onderzoeken. Hij kan dezelfde vloeiende beweging verschillende keren herhalen. Je ziet hem dan speeltjes van links naar rechts schudden en van boven naar beneden. Je ziet hem ergens herhaaldelijk op drukken/duwen, slaan en hameren. Maar met dit vermogen kan hij ook de ene vloeiende beweging in de andere laten overgaan en iets van de ene in de andere hand overpakken. Of iets pakken en meteen in zijn mond steken. Hij kan speeltjes ronddraaien en van alle kanten bekijken.

Hij kan nu leren om de bewegingen van zijn lijfje, bovenarm, onderarm, hand en vingers aan te passen aan de plaats waar het speeltje ligt. Hij kan dus de ene vloeiende beweging in de andere doen overgaan. Hij kan bijsturen terwijl hij beweegt. Als het speeltje verder naar links ligt, gaat zijn arm vloeiend naar links. Ligt het iets meer naar rechts, dan past zijn arm zich onmiddellijk aan die andere plaats aan. Ditzelfde gebeurt ook als een speeltje dichtbij of verderaf ligt. Hoger of lager hangt. Hij ziet het, reikt ernaar, grijpt het, haalt het naar zich toe. Alles in één vloeiende beweging. Als gevolg daarvan zou je kunnen zeggen dat hij nu 'echt' kan grijpen en pakken. Waar het ook ligt, hij kan zijn bewegingen nu zo aanpassen dat hij erbij kan. Zolang het binnen armbereik ligt, is hij niet langer afhankelijk van de plaats van het speeltje.
Als de baby met zijn lichaam een korte serie vloeiende bewegingen kan maken, kan hij daar ook meer capriolen mee uithalen. Hij kan zijn lichaam voortdurend in allerlei bochten wringen. Hij kan makkelijker omrollen of om zijn as draaien, want de ene beweging kan de andere corrigeren en opvangen. Ook kan hij zijn eerste kruipbewegingen gaan maken. Want hij kan nu achtereenvolgens zijn knieën optrekken, zich afzetten en zich uitstrekken.

Je baby kan nu een korte serie vloeiende overgangen in klanken maken. Je zou kunnen zeggen dat hij even beweeglijk is geworden met zijn stem als hij dat is met de rest van zijn lichaam. Zijn 'gekeuvel', waarmee hij na het vorige sprongetje begon, wordt uitgebreid met een afwisseling van medeklinkers en klinkers. En al deze klanken worden in 'zinnetjes' uitgesproken. Dit 'abba baba tata' noemen we 'brabbelen'.
Over de hele wereld gaan baby's op deze leeftijd met korte series opeenvolgingen aan de slag. Chinese, Franse of Nederlandse baby's 'brabbelen' allemaal met dezelfde klanken. De Chinese baby zal de Chinese brabbelwoorden uitwerken tot echte Chinese woorden en de Franse en Nederlandse brabbelwoorden 'vergeten.' De Franse baby en de Nederlandse baby gaan vanuit dit gebrabbel Frans of Nederlands praten. Iedere baby imiteert steeds vaker de taal die hij om zich heen hoort gebruiken en waarvoor hij ook het meest geprezen wordt, als hij iets 'landseigens' produceert.
Kennelijk voelden alle voorvaders en -moeders zich op de een of andere manier aangesproken als ze hun kleintje 'baba' of 'mummum' hoorden zeggen. Want in veel talen lijken woorden voor papa en mama erg op elkaar. De baby is echter heel technisch met series opeenvolgingen van

hetzelfde element 'ba' of 'mum' aan het experimenteren. En natuurlijk wordt 'baba' bij ons papa en 'mummum' mama.
Je baby kan nu een korte serie van (patronen en/of vloeiende overgangen in) klanken horen. Hij wordt geboeid door een serie omhooggaande en dalende geluiden. Zo reageert hij nu op iedere stem die goedkeuring laat blijken, en schrikt hij van een verbiedende stem. De taal waarin dat gebeurt, doet er niet toe. De baby kan dit doordat hij de verschillen in op- en/of neergaande intonatie dan wel toonhoogte kan horen. Hij gaat nu ook een liedje herkennen. Baby's van negentien weken zijn zelfs al zover dat ze kunnen horen of een stukje muziek compleet of ongeschonden is. Ook al hebben ze dat stukje nog nooit gehoord. Bijvoorbeeld als ze een stukje uit een menuet van Mozart horen, reageren ze als dat stuk wordt onderbroken door onnatuurlijke pauzes. Baby's gaan nu ook de eerste woorden herkennen. Verder kunnen zij met dit vermogen een stem herkennen te midden van geroezemoes.

In vrijwel iedere dagelijkse beweging zit een gebeurtenis verstopt. Weet waar je op moet letten en laat dit eens extra zien aan je baby.

Je baby kan nu een korte serie beelden (patronen en/of vloeiende overgangen) zien. Hij wordt bijvoorbeeld geboeid door de omhooggaande en dalende bewegingen van een stuiterende bal. Er zijn veel meer voorbeelden te bedenken, allemaal 'verpakt' in gewone, dagelijkse bezigheden. Zoals het op en neer schudden van zijn fles, het roeren in een pan, het hameren op een spijker, de deur die open- en dichtgaat, het hekje dat klappert in de wind, het snijden van brood, het vijlen van nagels, het borstelen van haren, de hond die kotsbewegingen maakt, iemand die op en neer loopt door de kamer en eindeloos veel meer.

Er is nog één typische eigenschap van 'gebeurtenissen' die vermeld moet worden. Wij, als volwassenen, ervaren een 'gebeurtenis' als één ondeelbaar geheel. Wij zien geen 'vallende-opspringende-vallende bal', maar een stuiterende bal. Als de 'gebeurtenis' nog maar net begonnen is, weten we al dat het een stuiterende bal is. En zolang die voortduurt, blijft het dezelfde 'gebeurtenis'. Een 'gebeurtenis' die we een naam kunnen geven. Het besef dat een gebeurtenis gaande is en het feit dat onze ervaring opgebouwd of opgebroken is in bekende 'gebeurtenissen', bewijzen dat hier een apart soort waarneming aan ten grondslag ligt. En het is dat speciale waarnemingsvermogen dat je baby tot zijn beschikking krijgt rond negentien weken.

HERSENWERK

Rond 4 maanden vinden grote veranderingen plaats in de hersengolven van je baby. Tussen 15 en 18 weken neemt de hoofdomvang drastisch toe.

WAT KIEST JOUW BABY UIT DE 'WINKEL VAN DE GEBEURTENISSEN'?

Alle baby's hebben hetzelfde vermogen gekregen. De nieuwe winkel staat voor allemaal open. Er ligt een uitgebreide schakering van koopwaar. Jouw baby maakt zíjn keuze. Hij pakt dat wat het best past bij zíjn aanleg, interesse, lichaamsbouw en gewicht. Je hebt baby's die zich specialiseren in voelen, in kijken of in gymnastische oefeningen. Je hebt er die van alles wat meepikken, maar er niet zo diep op ingaan. Iedere baby is uniek.

WAT HEEFT DE 'WINKEL VAN DE GEBEURTENISSEN' IN DE AANBIEDING?

Dit zijn voorbeelden van vaardigheden die je baby vanaf dit moment zou kunnen gaan doen.

DE AFDELING 'ZELF DOEN'

- INEENS ZEER ACTIEF. ZODRA HIJ OP DE GROND LIGT, BEWEEGT ZO ONGEVEER ALLES AAN HEM.
- ROLT ZELF OM VAN BUIK NAAR RUG.
- ROLT ZELF OM VAN RUG NAAR BUIK.
- KAN IN BUIKLIGGING ZIJN ARMEN HELEMAAL STREKKEN.
- GAAT MET ZIJN BILLETJES DE LUCHT IN EN WIL ZICH AFZETTEN. LUKT NIET.
- GAAT OP HANDEN EN VOETEN STAAN ALS HIJ OP ZIJN BUIK LIGT. PROBEERT DAN VERDER TE KOMEN. LUKT NIET.
- WIL GAAN KRUIPEN EN SCHUIFT INDERDAAD NAAR VOREN OF NAAR ACHTEREN.
- STEUNT OP ZIJN ONDERARMEN EN HEFT ZIJN BOVENLIJF HOOG OP.
- GAAT ZÉLF RECHTOP ZITTEN ALS HIJ SCHUIN TEGEN JE AAN LIGT.

>>

- WIL RECHTOP ZITTEN. KAN DAT EVEN. STEUNT OP ONDERARMPJES EN BRENGT HET HOOFD NAAR VOREN.
- ZIT STEVIG EN RECHTOP IN DE KINDERSTOEL MET VERKLEINKUSSEN.
- IS ERG BEZIG MET DE BEWEGINGEN VAN DE MOND. ZUIGT BIJVOORBEELD DE LIPJES IN ALLERLEI BOCHTEN NAAR BINNEN, STEEKT ZIJN TONG UIT.

DE AFDELING 'GRIJPEN, VOELEN EN TASTEN'

- GRIJPT NU NIET MEER MIS ALS HIJ IETS AANPAKT.
- PAKT MET IEDERE HAND OOK IETS ALS HIJ ER NIET NAAR KIJKT, MAAR ALS HET HEM AANRAAKT.
- KAN MET ÉÉN HAND IETS GRIJPEN. SOMS LINKS, SOMS RECHTS.
- PAKT SPEELTJES OVER VAN DE LINKER- NAAR DE RECHTERHAND. EN ANDERSOM.
- DOET HETZELFDE MET EEN SPEELTJE IN DE RECHTERHAND ALS HIJ GEDAAN HEEFT MET DE LINKER. EN ANDERSOM.
- STOPT PAPA'S OF MAMA'S HAND IN ZIJN MOND.
- VOELT AAN PAPA'S OF MAMA'S MOND ALS HIJ OF ZIJ PRAAT, OF STEEKT ZIJN HANDJES ERIN.
- STOPT SPEELTJES OF OBJECTEN IN MOND EN VOELT ERAAN.
- STOPT SPEELTJES OF OBJECTEN IN MOND EN BIJT EROP.
- TREKT ZELF EEN DOEKJE VAN ZIJN GEZICHT WEG. AANVANKELIJK GAAT DAT NOG TRAAG.
- ALS EEN STUKJE VAN EEN SPEELTJE BEDEKT IS, WEET HIJ TOCH WELK SPEELTJE HET IS. PROBEERT DE OBSTAKELS WEG TE HALEN, MAAR GEEFT SNEL OP ALS HET NIET LUKT.
- SLAAT MET EEN SPEELTJE OP EEN TAFELBLAD.
- GOOIT SPEELTJE EXPRES OP DE GROND.
- PROBEERT DINGEN TE PAKKEN DIE BUITEN ZIJN BEREIK LIGGEN.
- DOET ALLERLEI DINGEN MET HET *ACTIVITY CENTER*.
- HIJ WEET WAT HIJ MET EEN BEPAALD SPEELTJE 'BEHOORT' TE DOEN.
- ONDERZOEKT DETAILS. HEEFT OPVALLEND VEEL INTERESSE IN DE KLEINSTE KLEINIGHEDEN VAN SPEELTJES, HANDEN, MONDEN ENZOVOORT.

DE AFDELING 'KIJKEN'

- KIJKT GEBOEID NAAR 'GEBEURTENISSEN': HET OP EN NEER SPRINGEN VAN EEN KIND, HAMEREN, NAGELS VIJLEN, BROOD SNIJDEN, HAAR BORSTELEN, ROEREN IN DE KOFFIE, ENZOVOORT.

>>

- KIJKT GEBOEID NAAR PAPA'S OF MAMA'S LIPPEN EN TONG ALS HIJ OF ZIJ PRAAT.
- ZOEKT WAAR PAPA OF MAMA IS, KIJKT OOK OM.
- ZOEKT NAAR EEN SPEELTJE DAT BUITEN ZIJN GEZICHTSVELD LIGT.
- REAGEERT OP ZIJN SPIEGELBEELD, LACHT EROM OF IS BANG.
- HOUDT EEN VOUWBOEKJE VAST EN KIJKT GEBOEID NAAR EEN PLAATJE.

DE AFDELING 'LUISTEREN'

- LUISTERT GEBOEID ALS PAPA OF MAMA LIPGELUIDEN MAAKT.
- REAGEERT OP DE EIGEN NAAM.
- REAGEERT OP EIGEN NAAM, MAAR KAN DAT NU OOK MET ANDERE GELUIDEN IN DE KAMER. HIJ KAN NU IN DIE MENGELMOES VAN GELUIDEN ÉÉN BEPAALD GELUID ERUIT PIKKEN.
- BEGRIJPT ECHT ÉÉN OF MEER WOORDEN. BIJVOORBEELD: KIJKT NAAR HET BEERTJE ALS JE VRAAGT: 'WAAR IS JE BEERTJE?' HET BEERTJE MOET NOG OP EEN VASTE PLAATS ZIJN.
- REAGEERT CORRECT OP EEN GOEDKEURENDE OF VERBIEDENDE STEM.
- HERKENT DE OPENINGSDEUN VAN EEN LIEDJE.

DE AFDELING 'PRATEN'

- MAAKT NIEUWE KLANKEN, WAARBIJ HIJ ZIJN LIPPEN EN TONG GEBRUIKT: FFFT-FF-FT-FFFT, VVV- VVV, ZZZ, SSS, BRRR, ARRR, RRR, GRRRR, PRRR. ZO'N 'R' HEET DE LIPPEN-R. JE BABY MAAKT HEM HET LIEFST MET SPINAZIE IN DE MOND.
- GEBRUIKT MEDEKLINKERS: D, B, L, M.
- BRABBELT. GEBRUIKT EERSTE 'WOORDJES'. MUMMUM, BABA, ABBA, HADA-HADA, DADA, TATA.
- GAAPT MET GELUID EN LUISTERT ERNAAR.

DE AFDELING 'LICHAAMSTAAL'

- STEEKT DE ARMPJES UIT OM OPGEPAKT TE WORDEN.
- SMAKT ALS HIJ HONGER HEEFT, ZWAAIT ER SOMS BIJ MET ARMPJES EN BEENTJES.
- DOET ZIJN MOND OPEN EN REIKT NAAR JE ETEN OF DRINKEN.
- 'SPUUGT' ALS HIJ GEEN ETEN MEER WIL.
- DUWT DE FLES/BORST WEG ALS HIJ GENOEG HEEFT.
- DRAAIT ZELF VAN DE FLES/BORST AF ALS HIJ GENOEG HEEFT.

>>

DE AFDELING 'DIVERSEN'

- BEGINT ZICH 'AAN TE STELLEN'. BIJVOORBEELD: ALS PAPA OF MAMA AANDACHT GEEFT AAN HET HOESTEN, DAN HOEST HIJ LACHEND NOG EEN KEER.
- MOPPERT ALS HIJ ONGEDULDIG IS.
- GILT ALS IETS NIET LUKT.
- HEEFT EEN SPECIALE 'KNUFFEL'. KAN OOK EEN DOEKJE, SLOFJE, SPEELTJE OF ZO ZIJN.

HELP, MIJN BABY KAN NIET ALLES!

NEE, NATUURLIJK NIET, DAT KAN OOK NIET

De eerste fase (hangerigheid) van deze sprong is leeftijdsgebonden en voorspelbaar en begint tussen de 14 en 17 weken. De meeste baby's komen 19 weken na uitgerekende datum in de tweede fase van deze sprong terecht (zie kader *'Kwaliteitsuurtjes' zijn onnatuurlijk* op pagina 25). Het vermogen om gebeurtenissen waar te nemen zet een hele reeks vaardigheden en activiteiten in gang. De leeftijd waarop je baby deze vaardigheden en activiteiten voor het eerst laat zien kan enorm verschillen per kind. Zo is het vermogen om gebeurtenissen te begrijpen noodzakelijk voor 'het vastpakken van een blokje door je duim voor je vingers te plaatsen', en dit gaat je kindje ergens tussen de 19 weken en 8 maanden doen. Het verschil tussen het mentaal kunnen (vermogen) en het daadwerkelijke doen (vaardigheid) is afhankelijk van de voorkeuren van je baby, zijn behoefte aan experimenteren en van zijn lichamelijke ontwikkeling. Vaardigheden en activiteiten komen in *Oei, ik groei!* aan bod op de vroegst mogelijke leeftijd waarop kinderen het vermogen krijgen (maar dus niet noodzakelijkerwijze gaan doen), zodat je erop kunt letten en ze kunt herkennen. (Ze kunnen aanvankelijk heel onopvallend zijn.) Zo kun je reageren op de ontwikkeling van je kindje en hem erbij helpen. Alle baby's krijgen dus hetzelfde vermogen op dezelfde tijd, maar wat ze er wanneer mee gaan doen, daarin verschilt iedere baby en dat maakt iedere baby uniek.

Kijk goed naar je baby. Stel vast waar zijn belangstelling naar uitgaat. In het kader 'Wat heeft de "winkel van de gebeurtenissen" in de aanbieding?' is ruimte om aan te geven wat je baby kiest. Met zijn keuze toont hij wat hem uniek maakt. Voor de 'winkel van de gebeurtenissen' zie je dat het duidelijkst tussen 19 en 23 weken. Je kunt er zelf ook 'winkelen' om te zien of er dingen bij zijn die je baby leuk zou kunnen vinden, maar waar hij een handje bij geholpen moet worden.

ZO ZIJN BABY'S

Alles wat nieuw is, vindt je baby het leukst. Reageer daarom altijd en vooral op nieuwe vaardigheden en interesses die je baby toont. Hij leert dan prettiger, makkelijker, sneller en meer.

DE UITWERKING VAN DE SPRONG: **HELP JE BABY BIJ HET LEREN**

Hoe meer je baby in contact komt met 'gebeurtenissen', ermee speelt, hoe beter zijn begrip ervan wordt. Het doet er niet toe of hij dat begrip nu het eerst leert op het gebied van muziek, geluiden of woorden, op het gebied van bekijken en observeren, of op het gebied van het zelf doen. Later zal hij dat begrip makkelijker ook op andere gebieden gaan gebruiken.

Met het vermogen tot het waarnemen en uitvoeren van 'gebeurtenissen' krijgt je baby een enorme belangstelling voor alles om hem heen. Hij lijkt nu volledig op de buitenwereld gericht. Alle activiteiten zijn er om geobserveerd en beluisterd te worden. Alle speel-, huis-, tuin- en keukenspullen zijn er om gepakt te worden. Jij bent nu niet meer het enige speelgoed. Hij probeert zich overal heen te bewegen. En hij doet dat door zich met handjes en voetjes af te zetten. Wég van papa of mama. Op naar het nieuwe. Voor de 'oude' knuffelspelletjes heeft hij nu minder tijd. Ouders krijgen dat al snel in de gaten. Sommigen voelen zich dan een beetje aan de kant gezet.
Toch is je hulp even hard nodig. Het is typisch voor deze leeftijd van je baby. Je ziet dat een ouder nu vooral iemand is die speelgoed en andere dingen aan het kind aanbiedt en dan afwacht. Ze kijken wat hij ermee

doet. Pas als hij niet alle mogelijkheden benut, helpen ze hem die te ontdekken. Verder zie je dat een ouder in de gaten houdt of de baby wel goed genoeg beweegt als hij iets wil onderzoeken. En als dat niet zo is, oefenen ze het rollen, draaien en kruipen. Ook oefenen ze zitten en staan.

LEER HEM ROLLEN: MAAK ER EEN SPELLETJE VAN

Misschien heb je je baby op zijn rug zien rondtollen of op zijn buik zien kronkelen in een poging om te rollen. In feite speelde je kleintje met een korte serie vloeiende bewegingen van verschillende lichaamsdelen. Hij is daar nu aan toe, omdat hij in de 'winkel van de gebeurtenissen' rondstruint. Maar het achtereenvolgens verschillende, vloeiende bewegingen kunnen maken wil niet automatisch zeggen dat je baby meteen kan omrollen. Of kan kruipen, om nog maar een dwarsstraat te noemen. Het kost bloed, zweet en tranen om dat onder de knie te krijgen.

“*Hij ligt driftig te trainen om zich straks te kunnen draaien. Als hij op zijn buik ligt, doet hij zijn armen en benen tegelijk omhoog, ligt daarbij enorm te kreunen, maar komt niet verder.*” **JAN,** WEEK 21

“*Ze probeert te draaien van rug naar buik. Dit lukt nog niet en dan wordt ze vreselijk boos. Daarna is er met haar geen land meer te bezeilen.*” **ASHLEY,** WEEK 20

“*Alleen als ze driftig is, rolt zij om. Dit tot haar eigen verbazing.*” **LAURA,** WEEK 20

Als je het van rug-naar-buik rollen speels wilt oefenen, kun je dat als volgt doen: je legt de baby op de rug en je houdt zelf een kleurrijk speeltje naast hem vast. Hij moet dan zo reiken en draaien om het te kunnen pakken, dat hij als vanzelf omrolt. Natuurlijk moedig je hem aan de lopende band aan. En ten slotte prijs je hem om wat hij heeft gedaan.
Je kunt ook het rollen van buik naar rug spelend oefenen. Meestal doen ouders dat zo: je legt de baby op de buik en houdt een kleurrijk speeltje links of rechts achter de baby. Als hij draait en ernaar reikt, verdwijnt ook het speeltje verder achter de rug van de baby. Op een gegeven moment rolt de baby om, omdat hij zich wat te ver heeft gedraaid om het speeltje te pakken. Zijn zware hoofd sleept hem dan mee.

LEER HEM 'KRUIPEN': SOMS LUKT HET

"Soms heb ik het idee dat hij wel wil kruipen, maar nog niet weet hóé. Hij ligt wel erg te woelen, maar komt geen centimeter vooruit. Hij kan dan erg boos worden." **DIRK,** WEEK 20

Het probleem bij het kruipen is het vooruitkomen. De meeste baby's willen wel en ze proberen het ook. Ze nemen ook een goede starthouding aan. Ze trekken de knietjes onder zich, gaan met de billetjes de lucht in en zetten zich af. Zonder succes. Anderen gaan op handen en knieën zitten en wippen wat op en neer. Er zijn ook baby's die achteruitschuiven. Zij duwen zich af met de handjes. Weer anderen zetten zich af met één voetje en draaien dus rondjes. Maar er zijn er óók die na wat gestuntel écht vooruitkomen.

Bijna alle ouders proberen een handje te helpen. Ze duwen het kontje voorzichtig in de voorwaartse richting. Of ze leggen een aantrekkelijk speeltje nét buiten bereik. Soms met succes. Dan lukt het de baby om zich op de een of andere manier naar dat speeltje te bewegen. Bijvoorbeeld door zich met een plof naar voren te laten vallen. Of door zich op de buik vooruit te duwen met de beentjes en te sturen met de handjes.
De meeste baby's hebben de grootste lol als papa of mama hun pogingen nadoet. Ook als ze voordoen hoe het écht moet. Bijna elke baby die worstelt met zijn kruipprobleem, kijkt daar geboeid naar. Probeer het eens.

BLOOT OEFENT HIJ FIJNER

Om goed te leren rollen, draaien en kruipen moet je baby oefenen. En hij doet dat makkelijk als er geen kleding in de weg zit. Als hij bloot oefent, leert hij zijn lichaam beter kennen en beheersen. Hij zal dan eerder succes hebben en ook meer lol.

GEEF JE BABY GELEGENHEID ZIJN HANDEN EN VINGERS TE OEFENEN

Veel baby's willen dingen voelen, ermee schudden, ze ronddraaien, ergens op slaan of hameren, iets op en neer schuiven. Allemaal 'gebeurtenissen' die hij ook ziet als een ander ze doet. Op een *activity center* vind je een verzameling van dergelijke hand- en vingeroefeningen op één bord. Er zit bijvoorbeeld een draaibaar element op. Als je baby draait, komt er geluid uit. Er zit een balletje op. Als de baby erop drukt, komt er geluid uit. Er zitten beestjes op, die op en neer geschoven moeten worden. Blikjes die de baby kan rollen, enzovoort. Alles maakt geluid. Veel baby's zijn dol op hun *activity center* maar het lukt hun lang niet altijd om álles goed te gebruiken.

"We hadden al weken een activity center in de box hangen. Gewoon voor de gezelligheid. Hij keek er wel 'ns naar, maar deed er niets mee. Deze week begon hij ineens ernaar te grijpen. Hij vindt het nu reuzeleuk om aan al die bellen en toeters te komen. Om dingen te draaien. Je kunt merken dat hij echt op onderzoek uit is. Hij wordt nog wel snel moe, want hij moet zich op één handje opdrukken." **PAUL,** WEEK 18

Doe het vóór als je ziet dat je baby iets wel wil maar nog niet kan. Of doe het samen met de baby door zijn hand vast te houden. Zo maak je je baby spelend handig.

LAAT JE BABY DE WERELD ONTDEKKEN

Als je baby het vermogen tot het waarnemen en uitvoeren van 'gebeurtenissen' krijgt, kan hij ook 'handiger' speeltjes en dingen onderzoeken. Hij kan ze nu ronddraaien, ermee schudden, elk detail bevoelen en belikken. Hij kan beter de verschillende geluiden begrijpen en ga zo maar door. En doordat hij dat nu allemaal kan, leert hij de dingen die hij hanteert beter kennen dan hij tot nu toe kon. Speel daarop in.
Geef je baby speeltjes en dingen van verschillende materialen. Zoals hout en plastic dat hard of zacht is. Stofjes die allemaal anders aanvoelen. Papier dat zacht, ruw of glad is. Voor veel baby's is een heerlijk krakende, lege chipszak een topper. Als ze erin knijpen, verandert hij langzaam van vorm en geeft hij zo'n lekker geluid.

Laat de baby speeltjes en dingen onderzoeken die van vorm verschillen. Die rond of vierkant zijn of waar kartelrandjes, uitstulpingen en dergelijke aan zitten. De meeste baby's vallen op rare vormen. De vorm van een plastic sleutel bijvoorbeeld, nodigt hem uit tot nader onderzoek. Vooral het gekartelde deel is voor velen het voelen, kijken en proeven waard.

HEEFT JE BABY OOG VOOR DETAIL?

Sommige baby's hebben vooral aandacht voor de kleinste details. Zo'n hummel bekijkt iets van alle kanten en doet dat heel nauwkeurig. Hij neemt er echt de tijd voor om het aan een grondige inspectie bloot te stellen. Hij bekijkt en friemelt aan de kleinste uitsteeksels. Aait, voelt en wrijft langdurig over materiaal-, vorm- en kleurverschillen. Alles lijkt hem op te vallen. Hij onderzoekt ook papa of mama nauwkeurig. Hij bestudeert een vinger, kijkt en voelt hoe die beweegt en gaat door naar de volgende. En als hij de mond een grondige beurt geeft, slaat hij geen tand over. Speel in op de interesse van je baby en geef hem speeltjes of dingen die voor hem het bekijken waard zijn.

"Ze wordt beslist tandarts. Als ze in mijn mond bezig is, stik ik zowat. Ze kruipt er helemaal in en laat merken dat ik haar in haar werkzaamheden stoor als ik haar handen kus en dus mijn mond sluit." **XARA,** WEEK 21

IS JE BABY EEN ECHTE 'MUZIEKLIEFHEBBER'?

Er zijn ook baby's die extra geïnteresseerd zijn in muziek, in tonen en in allerlei geluiden. Zo'n baby is vooral bezig met dingen die geluiden maken. Hij zal ze bijvoorbeeld ronddraaien, om te luisteren naar het geluid dat ze maken. En hij zal uitproberen wat er gebeurt als hij dat langzaam doet of vlug. Speel daarop in met het speelgoed dat je geeft. Help hem het te gebruiken.

IS JE BABY EEN ECHTE 'KIJKER'?

Het huishouden is vol met 'gebeurtenissen' die het bekijken waard zijn. Veel baby's kijken met enthousiasme toe hoe papa of mama eten klaarmaakt, hoe ze de tafel dekken, hoe ze zich aankleden, hoe ze in de tuin bezig zijn. Ze begrijpen immers de verschillende 'gebeurtenissen' die bij aankleden, koken, tafeldekken en tuinieren horen, zoals het kloppen van slagroom, het stampen van uien, borden uitdelen, brood snijden, brood smeren, haren borstelen, nagels vijlen, schoffelen. Speel daarop in. Laat je baby bekijken hoe je eten klaarmaakt, de tafel dekt, de tuin schoffelt. Het kost jou geen moeite en hij leert en geniet.

"*Ze smakt, trappelt en steekt haar handje uit als ze merkt dat ik brood klaarmaak. Het is duidelijk dat ze weet waar ik mee bezig ben en dat ze om eten vraagt.*" **ODINE,** WEEK 20

VINDT JOUW BABY OOK ALLES LEKKER?

De meeste baby's willen alles proeven wat papa of mama eet en drinkt. Je kunt nu niet langer iets pakken met je baby op schoot. Hij wil zijn deel en grijpt het. De meeste baby's vinden trouwens nu nog alles lekker.

"*Hij grijpt met een reeds geopende mond naar mijn boterham. Krijgt hij iets te pakken, dan gaat het er ook meteen in. Hij vindt het nog lekker ook.*" **RUDOLF,** WEEK 19

MAAK JE HUIS BABYVEILIG

Je baby wordt met de dag mobieler. Voorkom dat hij iets kan doen wat gevaarlijk is.

- LAAT NOOIT KLEINE DINGEN, ZOALS KNOPEN, SPELDEN OF MUNTEN, IN DE BUURT VAN JE BABY LIGGEN.
- ALS HIJ TIJDENS HET VOEDEN OP SCHOOT ZIT, ZORG DAN DAT HIJ NIET INEENS NAAR JE KOPJE OF BEKER MET EEN HETE DRANK KAN GRIJPEN.
- ZET GEEN HETE VLOEISTOFFEN OP EEN TAFELTJE WAAR DE BABY ZELF BIJ KAN. OOK OP EEN HOGE TAFEL STAAN DEZE VLOEISTOFFEN GEVAARLIJK. ALS DE BABY ZICH OPTREKT AAN EEN TAFELPOOT OF ERGER NOG, AAN HET KLEED DAT OVER DE TAFEL LIGT, KAN HIJ DE HETE MASSA OVER ZICH HEEN KRIJGEN.
- SCHERM EEN KACHEL OF OPEN HAARD AF MET EEN HEK OF SCHERM DAT DE BABY NIET OM KAN TREKKEN.
- HOUD GIFTIGE MATERIALEN, ZOALS TERPENTIJN, CHLOOR OF MEDICIJNEN, BUITEN BEREIK VAN JE BABY.
- ZORG DAT STOPCONTACTEN BEVEILIGD ZIJN EN SNOEREN GOED VASTZITTEN.

LAAT JE BABY OOK EENS 'ZITTEND' DINGEN ONDERZOEKEN

Neem je baby op schoot om samen een speeltje te onderzoeken. Draai het rond, duw erop, voel eraan en praat erover. Laat hem ook eens rustig zélf spelen. Hij vindt het heerlijk om makkelijk zittend te spelen. Als hij het liggend doet, moet hij steunen op een arm en dat kost vaak grote moeite. Zittend kan hij trouwens ook weer anders tegen speelgoed aankijken. Let maar eens op of hij zittend andere dingen met zijn speeltjes doet of nieuwe spelletjes uitvindt.

"*Ik heb de kinderstoel voor de dag gehaald en hem er met een verkleinkussen ingezet. Meteen ontdekte hij dat je dingen met speelgoed kunt doen die je niet op de grond kunt. Toen ik hem een sleutelbos gaf, ging hij er eerst mee op het blad slaan en gooide hem daarna steeds weer op de grond. Wel twintig keer achter elkaar. Hij had er veel plezier in en moest er steeds opnieuw om lachen.*" **PAUL,** WEEK 19

WEEK 19

JE BABY KAN 'ZOEKEN': MAAK ER EEN SPELLETJE VAN

De eerste kiekeboe- en verstopspelletjes kun je op deze leeftijd spelen. Als je baby het vermogen tot het waarnemen en uitvoeren van 'gebeurtenissen' krijgt, weet hij dat een 'gebeurtenis' blijft doorgaan of dat een speeltje blijft bestaan, ook als hij ze niet meer helemaal ziet. Hij kan ze dus 'zoeken'. Moedig je baby steeds aan als je merkt dat hij een speeltje wil pakken dat half ergens onder verstopt ligt. Of beweeg het. Want dan maak je het spelletje makkelijker voor je baby. Hij geeft nog snel op.

JE BABY GAAT 'BRABBELZINNETJES' MAKEN

Ouders merken dat wát de baby zegt, nu iets ingewikkelder wordt. Soms lijkt het alsof hij echt iets vertelt. Bij het onder de knie krijgen van 'gebeurtenissen' wordt je baby even flexibel met zijn stem als met de rest van zijn lichaam. Hij herhaalt nu lettergrepen die hij kent, zoals 'dada' en 'baba' en breit ze aan elkaar tot een 'zinnetje'. En hij spreekt deze zinnetjes uit, terwijl hij speelt met de toonhoogte en de geluidssterkte. De meeste baby's worden even stil als ze zichzelf een nieuw geluidje horen maken. Vaak lachen ze even, en pikken dan de draad weer op.

Het blijft belangrijk dat je veel met je baby praat. Dat je reageert op wat de baby laat horen. Dat je zijn nieuwe lettergrepen imiteert. Dat je antwoord geeft als de baby je iets 'vraagt' of 'vertelt'. Juist die reacties prikkelen de baby om meer te oefenen met zijn stem.

DE EERSTE WOORDJES BEGRIJPT HIJ NU

Op deze leeftijd kun je voor het eerst gaan merken dat de baby woorden echt begrijpt, maar ze nog niet kan zeggen. Bijvoorbeeld, vraag je in zijn vertrouwde omgeving aan hem: 'Waar is je beer?', dan zie je dat de baby de beer echt zoekt. Het blijkt dus dat het begrijpen van spraak ver vooruit is op zijn eigen praten.

“*In de kamer hangt een schilderij met bloemen aan de ene muur en een foto van de baby met een grote beer aan de andere. Als ik vraag: “Waar zijn de bloemetjes?” of: “Waar is de baby met de grote beer?” dan kijkt hij precies naar 't goede. Terwijl die dingen toch op een heel verschillende plaats hangen. Als hij dan later op zijn kamer komt, gaat hij meteen op zoek naar de grote beer. Waar hij in het echt zit. Hij herkent dat heel goed.*”

PAUL, WEEK 23

De meeste ouders zijn razend enthousiast als ze merken dat de baby hen soms begrijpt. En ook heel trots. Sommigen kunnen het eerst niet geloven. Ze proberen het nog eens, tot ze zichzelf overtuigd hebben. Bijna alle ouders borduren meteen voort op deze nieuwe vaardigheid van de baby, ook al staat die nog in de 'babyschoenen'. Ze gaan langzamer praten. Woorden gebruiken in plaats van zinnen. Ze grijpen iedere gelegenheid aan om de bekende woorden te herhalen. Sommige ouders scheppen zelfs een nieuwe situatie om het woord te oefenen. Ze zetten bijvoorbeeld de beer op alle mogelijke plaatsen neer. Ze laten dezelfde beer op foto's zien. Ze laten andere beren zien. Ook gaan veel ouders nieuwe woorden oefenen.

BABY'S EERSTE BOEKJE

Soms is een baby al geïnteresseerd in plaatjes kijken. Hij houdt dan zelf een boekje met twee handjes vast en kijkt geboeid naar de afbeelding op die bladzijde. Hij doet er echt moeite voor om dat vast te houden en naar de plaatjes te kijken. Daarna stopt hij het in zijn mond.

GEDULD IS EEN SCHONE ZAAK

Als je baby het vermogen tot het waarnemen en uitvoeren van 'gebeurtenissen' heeft, kan hij ook vaardigheden gaan vertonen die je geduld aardig op de proef stellen. Sommige ouders proberen die dan af te leren. Het afleren van oude gewoontes en het aanleren van nieuwe regels horen bij de uitwerking van ieder nieuw vermogen. Dat, wat je baby nu voor het eerst begrijpt, kun je ook van hem eisen. Niet méér maar ook niet minder. Om de goede vrede te bewaren zullen jij en je baby zich moeten aanpassen aan de nieuwe vooruitgang en de oude gewoonten en regels moeten herzien. Let wel, van nu af aan is je baby niet meer helemaal van jou afhankelijk voor zijn vermaak en is hij meer gericht op de wereld om hem heen. Hij kan nu veel meer begrijpen en ook doen en natuurlijk denkt hij dat hij de hele wereld aankan. Als je daardoor geïrriteerd raakt en hem wilt bijsturen, bedenk dan dat hij jou zeker zo irritant vindt. Je zit dan midden in het eerste onafhankelijkheidsconflict met je kind.

Een eigen willetje: leuk en lastig Veel baby's willen zelf bepalen wat ze gaan doen en ze laten dat duidelijk merken. Ze willen rechtop zitten, overal bij zijn, aan alles meedoen zolang ze daar zin in hebben, en vooral alles hebben wat ze zien. Veel ouders vinden dat niet zo leuk. De een vindt de baby nog te klein om overal aan te komen. De ander vindt het ongezellig, en soms een beetje ondankbaar, dat hij steeds maar weg wil. Ze proberen hem op allerlei manieren tegen te houden. Meestal door hem af te leiden met knuffelspelletjes. Soms door hem gewoon stevig vast te houden. Maar beide manieren hebben bijna altijd een averechts effect. Hij zet zich met nóg meer kracht af, en 'vecht' zich weg.
Met eten en slapen is het al net zo. De baby bepaalt wanneer hij naar bed wil en wanneer hij eruit wil. Hij geeft aan wanneer hij wil eten en wat hij het lekkerst vindt. Hij bepaalt wanneer hij genoeg heeft gegeten. Je zou kunnen zeggen dat er nu voor het eerst sprake is van iets van een machtsstrijd tussen ouder en baby.

> “*Hij wordt een persoonlijkheidje waar je echt rekening mee moet gaan houden. Hij laat duidelijk merken wat hij wel en niet wil.*” **DIRK,** WEEK 21

Wild grijpen en graaien is lastig Bijna alle ouders ergeren zich als de baby wild graait en grijpt naar alles waar hij bij kan of waar hij langs komt. Planten, koffiekopjes, boeken, geluidsinstallatie: niets is meer veilig. Ouders vinden dat steeds vervelender worden. Ze proberen deze graaiwoede wat in te tomen door duidelijk 'nee' te zeggen en soms heeft dat succes.

"*Als ze bij me zit, graait ze steeds weer naar de franje aan de schemerlamp. Ik vind dat vies, dus zet ik haar weg en zeg "nee".*" **JETTEKE,** WEEK 20

Ongeduldig zijn is vervelend De meeste ouders vinden dat de baby kan leren even geduld te hebben. Ze reageren niet meer zo snel als tevoren. Als de baby nu iets wil hebben of doen, laten ze hem, heel kort nog, even wachten. Vooral het ongeduldig graaien naar eten irriteert bijna alle ouders. Sommigen maken daar ook daadwerkelijk een eind aan.

"*Ze werd wild als ze haar bordje met eten zag en ze wist niet hoe snel ze het op moest eten. Ik ergerde me daar vreselijk aan en heb haar geleerd te wachten tot wij allemaal gaan eten. Ze is nu niet langer ongeduldig, maar wacht echt en kijkt hoe wij opscheppen.*" **NINA,** WEEK 22

Pijn doen is niet leuk Nu de baby sterker en handiger is, kan hij papa of mama behoorlijk pijn doen. Hij bijt, kluift, en trekt aan gezicht, armen, oren en haren. Hij knijpt en draait in velletjes. Soms doet hij dat zo hardhandig, dat het echt pijn doet. De meeste ouders vinden dat de baby best wat voorzichtiger kan zijn en rekening kan houden met een ander. Ze maken van bijten, trekken en knijpen geen spelletje meer.
Anderen tomen de baby onmiddellijk in als hij té enthousiast wordt. Ze doen dat door hem meteen te laten merken dat hij te ver gaat. Meestal gebeurt dat met woorden. Ze zeggen hard en ernstig 'au'. Of waarschuwen met 'voorzichtig' als ze zien dat de baby een nieuwe aanval voorbereidt. Baby's begrijpen een verbiedende stem op deze leeftijd heel goed. Heel soms wordt een ouder echt boos.

> *“Als hij ontzettend hard in mijn tepel bijt, moet ik me echt inhouden. Als eerste reactie krijg ik een vurige neiging om hem te slaan. Zo hard ik kan. Toen ik nog geen baby had, kon ik me kindermishandeling niet voorstellen. Nu wel.”* **MOEDER VAN THIJS,** WEEK 20

Thijs' moeder is heel eerlijk over haar gevoelens. Gelukkig zet ze de gevoelens niet om in acties. Ook al doet je baby je soms pijn rond deze periode, hij doet dat niet expres. Pijn 'terug doen' is onacceptabel en hij leert er echt niet van dat hij moeder ook geen pijn moet doen.

SPELTOPPERS VAN 'GEBEURTENISSEN'

Dit zijn spelletjes en oefeningen die inspelen op het nieuwe vermogen en die bij bijna alle baby's tussen 19-23 (plus of minus 1) weken oud favoriet zijn.

PRAATSPELLETJE

Praat veel met de baby over dingen die hij ziet, hoort, proeft en voelt. Praat over dingen die hij doet, die hij meemaakt. Maak je zinnen kort en makkelijk. Benadruk de woorden waarom het gaat. Bijvoorbeeld: 'voel eens, gras', 'papa komt', 'luister, de bel' of 'hap'.

HET NEUSJE PAKKEN

Je zegt: 'Ik ga jouw... (even wachten) neusje pakken.' Dan pak je zijn neusje en beweeg je het zachtjes op en neer. Hetzelfde kun je doen met zijn oortjes, handjes en voetjes. Kijk wat hij het leukst vindt. Als je dit spelletje vaker speelt, weet hij precies wat er gaat komen. Hij kijkt dan al vol spanning naar je handen en kraait van plezier als je zijn neusje te pakken hebt. Met dit spelletje leert hij spelend zijn lichaam en woorden kennen.

SAMEN PLAATJES KIJKEN

Sommige baby's vinden het leuk om naar een felgekleurd plaatje in een boekje te kijken. Af en toe willen ze er wel meer bekijken. Zorg dat er bekende dingen op staan afgebeeld. Praat samen over dat plaatje en wijs het echte ding in de kamer aan.

LIEDJES, RIJMPJES OF VERSJES

Vooral liedjes waar bewegingen bij horen, vinden veel baby's echt leuk, zoals 'Klap eens in je handjes', 'Draai het wieltje nog eens om', en 'Schuitje varen, theetje drinken'. >>

Maar ook bewegingen op het ritme van een versje, zoals wiegen of dansen, vinden ze fijn. De baby herkent het liedje aan de melodie, het ritme en de intonatie.

KIETELSPELLETJE

'Er komt een muisje aangelopen... zo in... baby's halsje gekropen.' Terwijl je dat zegt, loop je met je vingers over zijn lijfje en kietel je hem in zijn nekje. Doe het ook eens als hij in zijn blootje ligt.

KIEKEBOE

Leg een doekje over zijn gezicht en vraag: 'Waar is...?' Kijk of de baby zelf het doekje eraf trekt. Gebeurt dat niet, pak dan zijn handje vast en trek het er langzaam af. Maak het spelletje op deze leeftijd zo eenvoudig mogelijk. Anders kan de baby het nog niet snappen.

SPELLETJES VOOR DE SPIEGEL

Kijk eens samen in een spiegel. Meestal kijkt de baby het liefst naar zichzelf en lacht vriendelijk. Dan kijkt hij naar het spiegelbeeld van zijn papa of mama. Dan naar zijn echte. Meestal blijft hij dan even verwonderd van de ene ouder naar de andere kijken. Als papa of mama dan praat, is hij nog meer verwonderd. Het geluid komt immers alleen uit de échte. Dan lacht hij meestal en kruipt tegen zijn papa of mama aan.

SPEELGOED EN HUISRAAD DAT HET MEEST BOEIT

Dit zijn speeltjes en dingen die inspelen op het nieuwe vermogen en die bij bijna alle baby's van 19-23 (plus of minus 1) weken oud favoriet zijn. Eigenlijk kan alles in huis aantrekkelijk zijn. Bekijk wat jouw baby het leukst vindt en speel daarop in. Let er wel op dat het ongevaarlijk moet zijn.

- BADSPEELGOED. JE KUNT OOK HUIS-, TUIN- EN KEUKENSPULLEN IN BAD GEBRUIKEN, ZOALS MAATBEKERS, PLASTIC VERGIET, PLANTENSPUIT, GIETER EN ZEEPDOOS.
- *ACTIVITY CENTERS* OF SPEEL- EN OEFENPLATEAUS.
- BAL MET UITSTULPINGEN EROP OF GRIJPGLEUVEN ERIN. LIEFST MET EEN BELLETJE ERIN.
- RAMMELAAR EN OPBLAASRAMMELAAR.
- DOOSJE MET WAT RIJST ERIN.
- PAPIER DAT KRAAKT.

>>

- SPIEGEL.
- FOTO'S OF AFBEELDINGEN VAN BABY'S.
- FOTO'S, AFBEELDINGEN VAN VOORWERPEN OF DIEREN WAARVAN HIJ DE NAAM KENT.
- CD MET KINDERLIEDJES.
- WIELEN DIE ROND KUNNEN DRAAIEN, BIJVOORBEELD AAN EEN AUTO.

DE SPRONG IS GENOMEN

Tussen 20 en 22 weken breekt weer een makkelijke periode aan. Veel ouders prijzen de baby om zijn vrolijkheid en ondernemingslust. Hij is één brok energie.

Papa of mama is niet langer het enige speelgoed. Hij is bewust bezig zijn omgeving te ontdekken en geniet daar zichtbaar van. Op schoot is hij ongeduriger. Hij wil eropuit. Je ziet nu dat hij zich steeds vaker weg wriemelt van je schoot of arm, omdat hij iets ziet wat boeit of iets wil pakken. Hij is duidelijk een stuk zelfstandiger.

WEEK 19

“*Ik heb deze week de kleinste kleertjes opgeruimd en er ging een steek door mijn hart. Wat raast de tijd. Dat "laten gaan" doet me soms zeer en gaat helemaal niet zo makkelijk. Hij is ineens zo groot. Ik heb ook een ander contact met hem. Hij is meer een apart individu. Ik kan het niet zo goed aangeven.*” **BOB,** WEEK 23

“*Ze drinkt haar fles, terwijl ze met haar rug tegen me aanzit, helemaal rechtop en gericht op alles om haar heen. Ze wil ook zelf de fles vasthouden.*” **LAURA,** WEEK 22

“*Als hij op mijn schoot ligt, buigt hij zijn hoofd ver achterover om toch nog achter zich te kunnen kijken.*” **DIRK,** WEEK 23

“*Ik leg hem bijna nooit meer in de box, voor mijn gevoel is die ruimte voor hem nu te klein.*” **BOB,** WEEK 22

“*Hij protesteerde tegen de draagzak. Ik dacht eerst dat hij meer bewegingsruimte wilde, omdat hij steeds maar iets wil doen. Toen heb ik hem er omgekeerd in gezet. Hij kan nu alles zien.*” **STEVEN,** WEEK 21

Sommigen hoeven ook niets meer aangeleverd te krijgen. Als zij iets willen hebben, draaien en bewegen ze zelf alle kanten op en pakken zo alles zelf.

"Ze rolt van haar buikje op haar rug en kronkelt zich in allerlei bochten om bij een speeltje te komen of kruipt erheen. Ze is de hele dag fanatiek bezig en heeft geen tijd meer om te huilen. Kortom, ze is vrolijker dan ooit. En wij ook." **JETTEKE,** WEEK 21

"Ze kruipt en rolt alle kanten op. Is niet meer te houden. Ze probeert haar wipstoel uit te komen, wil de bank op kruipen en hing al half in de hondenmand. In bad is ze ook heel "bezig". Ze trappelt al het water uit het bad." **XARA,** WEEK 22

De baby is vrolijker.

"Ze is opvallend vrolijk. Lacht en "vertelt verhalen". Heerlijk." **JULIETTE,** WEEK 23

"Ik geniet weer volop van haar. Ze blijft enig. Echt erg makkelijk.'" **ASHLEY,** WEEK 22

"Hij is ineens gemakkelijker. Hij heeft weer een vast ritme en hij slaapt beter."
DIRK, WEEK 23

Ook veel huilbaby's worden nu vrolijker. Ze kunnen meer doen. Misschien vervelen ze zich nu minder.

"Hij is verbazend superlief en vrolijk. Hij gaat nu zonder commentaar slapen, wat een hele overwinning is. En slaapt 's middags ook veel langer dan hij de laatste weken deed. Dit alles is zo'n verschil met een paar maanden geleden, toen hij de hele dag huilde. Met wat ups en downs gaat het steeds beter." **PAUL,** WEEK 22

HOOFDSTUK 7

SPRONG 5

LIEF EN LEED
ROND 26 WEKEN
OFWEL 6 MAANDEN

Rond 26 (25-27) weken merk je dat je baby er een nieuw vermogen bij heeft gekregen. Voortbouwend op zijn kennis van 'gebeurtenissen' is hij nu voor het eerst in zijn leven in staat de 'relaties' tussen dingen om hem heen waar te nemen en te begrijpen.

Een van de belangrijkste 'relaties' die je baby nu kan waarnemen, is de afstand tussen twee dingen. Voor ons volwassenen is dat niets bijzonders, maar voor je baby is dit een alarmerende ontdekking, een heel radicale verandering in zijn belevingswereld. Hij is plotseling de spreekwoordelijke naald in de hooiberg geworden, zij het dan een luidruchtige naald. Iets wat hij graag wil hebben kan hoog op een plank liggen, waar hij onmogelijk bij kan. Zijn ouders kunnen weglopen naar de aangrenzende kamer en als hij hen niet kan volgen, kunnen ze wat hem betreft net zo goed in het niets verdwenen zijn. Zelfs als hij kan kruipen en hen wel kan volgen, beseft hij toch dat hij hen niet kan bijhouden en dat ze aan hem kunnen ontsnappen.
Deze ontdekking is beangstigend voor je baby en de weken die volgen kunnen heel zwaar worden voor zijn ouders. Maar als je begrijpt waar dit vandaan komt, kun je hem op allerlei manieren helpen. Zodra hij de afstand tussen zichzelf en de dingen die hij wil onder controle krijgt, kan hij veel meer doen dan voorheen. Tot die tijd is hij echter afhankelijk van jouw steun.

Met dit alles laat je baby zien dat zijn ontwikkeling een sprongetje maakt. Hijzelf heeft die sprong echter al eerder gevoeld. Rond 23 (22-26) weken wordt je baby meestal wat hangeriger dan je van hem gewend bent. Hij merkt dat zijn wereld er anders uitziet, dat hij zijn wereld anders beleeft. Hij merkt dat hij onbekende dingen ziet, hoort, ruikt, proeft en voelt. En in die wirwar van nieuwe indrukken heeft hij er behoefte aan even terug te grijpen naar iets ouds en bekends. Hij wil terug naar papa of mama. Bij haar voelt hij zich het meest vertrouwd. Daar kan hij even tot rust komen en het nieuwe tot zich door laten dringen. Deze hangerige periode duurt bij de meeste baby's vier weken, maar kan ook één of vijf weken duren. Rond 29 weken kan je baby weer eventjes hangerig worden, terwijl hij al volop bezig is zijn nieuwe vaardigheden te ontwikkelen. Dat is logisch als je bedenkt dat een van die vaardigheden de afstand tussen hem en zijn moeder is, die hij per se onder controle wil krijgen.

OM TE ONTHOUDEN

Als jouw baby 'hangerig' is, let dan alvast op nieuwe vaardigheden of pogingen daartoe.

DE SPRONG KONDIGT ZICH AAN: **TERUG NAAR PAPA EN MAMA**

Alle baby's huilen sneller dan hun ouders gewend zijn. Ze noemen ze mopperig, chagrijnig, dreinerig en ontevreden. Baby's met een sterke eigen wil komen ongedurig, ongeduldig of lastig over. Alle baby's huilen minder als ze op schoot zitten of als papa of mama bij hen blijft als ze bezig zijn.

"Ze toont steeds feller haar eigen willetje. Eist al op een nijdige toon dat ik naar haar toekom of dat ik bij haar moet blijven, omdat ze anders misschien niet bij haar speelgoed kan." **ODINE,** WEEK 25

WEEK 26

HOE MERK JE DAT JE BABY 'BIJ PAPA OF MAMA WIL BLIJVEN'?

Slaapt hij slechter? De meeste baby's slapen minder. Ze willen niet naar bed, komen moeilijker in slaap of ze zijn eerder wakker. Sommigen willen overdag niet naar bed. Anderen 's nachts niet. Een enkeling wil het geen van beide.

"Het naar bed gaan, zowel overdag als 's avonds, gaat gepaard met ontzettende schreeuwpartijen. Hij gilt moord en brand. Hij is finaal over zijn toeren. Hij kan zo schreeuwen, dat hij zichzelf bijna buiten adem brengt. Ik vind dit verschrikkelijk moeilijk. Nooit zie ik hem meer rustig in zijn bedje liggen kijken. Ik wens van harte dat dit niet blijvend is." **BOB,** WEEK 26

"Er klopt niets meer van zijn ritme, omdat hij steeds even eerder wakker wordt. Verder slaapt hij normaal." **DIRK,** WEEK 25

Heeft hij 'nachtmerries'? Soms slapen baby's onrustig. Ze kunnen dan zo opgewonden tekeergaan in hun slaap, dat je denkt dat ze een nachtmerrie hebben.

'Ze slaapt erg onrustig. Soms gilt ze heel hard met haar ogen dicht, alsof ze een nachtmerrie heeft. Dan haal ik haar er even uit om tot rust te komen. Ik ben nu begonnen om haar 's avonds in bad te laten spelen en hoop dat ze hier misschien wat rustiger en roziger van wordt.' **XARA,** WEEK 23

Is hij eenkennig? Veel baby's willen niet dat anderen naar hen kijken, tegen hen praten of hen aanraken. En ze willen zeker niet bij hen op schoot. De meeste baby's willen ook steeds vaker papa of mama kunnen blijven zien, ook als er geen 'vreemden' aanwezig zijn. Dit valt bijna alle ouders op. Dit komt doordat op deze leeftijd 'eenkennigheid' wordt aangewakkerd door het nieuwe vermogen dat de baby erbij krijgt bij deze sprong.

'Ik mag nog geen meter uit de buurt gaan of ze begint te huilen.' **ASHLEY,** WEEK 23

'Hij wordt met de dag eenkenniger, wil mij altijd blijven zien en met mij in de buurt spelen. Als ik wegloop, kruipt hij me na.' **THIJS,** WEEK 26

Vraagt hij meer aandacht? Veel baby's willen dat papa of mama bij hen blijft, met hen speelt of naar hen kijkt.

'Hij wil korter in de box. Ik moest hem soms echt even bezighouden op schoot. Of met hem rondlopen.' **DIRK,** WEEK 27

'Ze is sneller ontevreden, moet meer beziggehouden worden. In bed wil ze bijvoorbeeld eerder iemand zien als ze wakker is. Ze huilt niet, maar wordt nijdig. Ze reageert fel, heeft steeds meer een eigen willetje. Ze is een doorzettertje.' **ODINE,** WEEK 26

"Ze had eigenlijk constant kwade zin, was chagrijnig en dreinerig in het aandacht vragen. Ik moest de hele dag spelletjes met haar spelen of met haar bezig zijn. Dan was het goed." JETTEKE, WEEK 25

Wil hij niet dat je lichaamscontact verbreekt? Veel baby's willen op schoot of op de arm blijven en niet neergelegd worden. Sommigen zijn op schoot ook weer niet echt tevreden, omdat ze er dan weer op uit willen, maar niet van schoot af.

"Hij wil constant op schoot. Maar als hij daar zit, is hij bijna niet te houden. Hij wil overal heen kruipen en probeert als een wildeman naar alles te graaien waar hij bij kan. Ik vind dat niet leuk. Ik probeer wel een spelletje, maar het heeft geen enkele zin. Als hij dan toch niet met me wil spelen, moet hij ook niet zeuren. Ik vind het eigenlijk ondankbaar van hem dat hij mijn spel afwijst en ik zet hem dan terug in de box. Dat wil hij dan ook niet. Hij blert dan weer om mij." THIJS, WEEK 27

VERSCHILLEN TUSSEN JONGENS EN MEISJES

- MEISJES DIE LICHAAMSCONTACT VRAGEN, WILLEN MEESTAL OOK MET PAPA OF MAMA SPELEN.
- JONGENS DIE LICHAAMSCONTACT VRAGEN, WILLEN TEGELIJKERTIJD OP ONDERZOEK UIT.

Eet hij slechter? Zowel baby's die de borst krijgen als baby's die de fles krijgen, drinken soms minder of weigeren alles. Ook de andere hapjes zijn soms minder in trek. Ze doen vaak ook langer over een maaltijd, ze lijken gewoon minder geïnteresseerd in eten en drinken.

“Hij weigert ’s morgens en ’s avonds altijd de borst, duwt hem weg. Heel pijnlijk. Als hij dan in bed ligt en niet kan slapen, wil hij wél weer aan de borst. Hij drinkt dan wat en valt eraan in slaap.” **THIJS,** WEEK 26

Is hij ‘stiller’? Sommige baby’s maken wat minder geluidjes. Andere liggen vaker bewegingloos rond te kijken of te staren. Ouders vinden dit gedrag vaak ‘vreemd’ en ‘beangstigend’.

“Soms ligt ze ineens heel stil te staren of rond te kijken. Als ze dit vaker doet op een dag, maakt me dat wat onzeker. Dan denk ik: Er zal toch niets aan de hand zijn? Dan ken ik haar niet terug. Zo futloos. Net of ze ziek is.” **JULIETTE,** WEEK 24

Wil hij niet verschoond worden? Veel baby’s huilen als ze worden neergelegd om verschoond te worden. Of als ze aangekleed worden. Ze willen gewoon niet dat er iets aan hun kleren wordt veranderd.

“Als ik haar op de rug leg voor bijvoorbeeld een schone luier, begint ze altijd te huilen. Meestal niet zo lang, maar het is altijd hetzelfde liedje. Soms denk ik dat ze misschien iets aan haar ruggetje mankeert.” **JULIETTE,** WEEK 23

“Als ik hem aankleed of verschoon, schreeuwt hij bijna altijd moord en brand. En als er een truitje over zijn hoofd gaat, is het echt kermis. Vind ik vervelend en ergerlijk. Nergens voor nodig.” **BOB,** WEEK 24

Pakt hij vaker een knuffel? Sommige baby’s grijpen vaker naar een knuffel, slof, dekentje of doekje. Alles wat zacht is, kan in aanmerking komen. Meestal knuffelen ze ermee terwijl ze duimen. Het maakt ze rustig.

“Als ze merkt dat zeuren en mopperen haar niet uit de box helpen, legt ze zich daarbij neer. Ze pakt haar lapje en gaat zitten duimen met die lap in de hand. Snoezig.”
ASHLEY, WEEK 24

"Duimzuigen viert nu hoogtij. Als hij moe wordt, pakt hij vaak zijn duim, legt zijn hoofdje op de beer en valt zo in slaap. Zo ontroerend." **STEVEN,** WEEK 23

BABY VAN SLAG: HOE KUN JE DAT MERKEN?

- HUILT VAKER. IS VAKER CHAGRIJNIG, MOPPERIG, DREINERIG.
- WIL VAKER WORDEN BEZIGGEHOUDEN.
- WIL NIET DAT JE LICHAAMSCONTACT VERBREEKT.
- SLAAPT SLECHTER.
- EET SLECHTER.
- WIL NIET VERSCHOOND WORDEN.
- IS (VAKER) EENKENNIG.
- MAAKT MINDER GELUIDJES.
- IS MINDER BEWEEGLIJK.
- ZUIGT (VAKER) OP DE DUIM.
- PAKT (VAKER) EEN KNUFFEL.

ZORGEN[6], IRRITATIES EN RUZIES

Ouders raken uitgeput Ouders van veel aandacht vragende baby's voelen zich in deze hangerige periode vaker moe. Zeker tegen het einde van die periode. Ze klagen over maagpijn, rugpijn, hoofdpijn en zenuwachtigheid.

"*Ik ben zo allergisch voor zijn gehuil, dat ik totaal gefixeerd ben op 'niet huilen'. De spanning die dat kost, slurpt al mijn energie op.*" **STEVEN,** WEEK25

"*Ik moest een avond steeds heen en weer lopen om de speen erin te stoppen. Om halféén was ze ineens klaar wakker tot halfdrie. Ik had al een drukke dag achter de rug met veel hoofdpijn en rugpijn van het sjouwen. Dus toen stortte ik wel even in.*" **XARA,** WEEK 27

Ouders zijn bezorgd Ouders vinden het altijd 'eng' als ze niet snappen wat er aan de hand is. Toen de baby kleiner was, dachten ouders meestal aan darmkrampjes. Nu vermoeden velen dat de baby hangerig is omdat hij last heeft van zijn tandjes. Immers, rond deze leeftijd komen bij de meesten de eerste tanden door. Toch is er geen verband tussen hangerigheid als gevolg van een ontwikkelingssprong en tanden krijgen. Evenveel baby's krijgen tanden in een niet-hangerige periode als in een hangerige periode. Als je baby ook nog eens tanden krijgt als zijn ontwikkeling een sprongetje maakt, kan hij hierdoor natuurlijk wel extra lastig zijn.

"*Ze is erg chagrijnig, wil alleen maar op schoot. Misschien in verband met haar tandjes. Deze zitten haar nu al drie weken dwars. Ze heeft er veel last van, maar ze zijn nog steeds niet door.*" **JETTEKE,** WEEK 25

"*Hij was heel huilerig. Volgens de kinderarts zijn er een heleboel tandjes op komst.*" **PAUL,** WEEK 27 DE EERSTE TAND KWAM ZEVEN WEKEN LATER.

6. Vraag bij twijfel altijd advies aan je huisarts of het consultatiebureau.

TANDEN KOMEN NIET PER SE ROND SPRONGEN

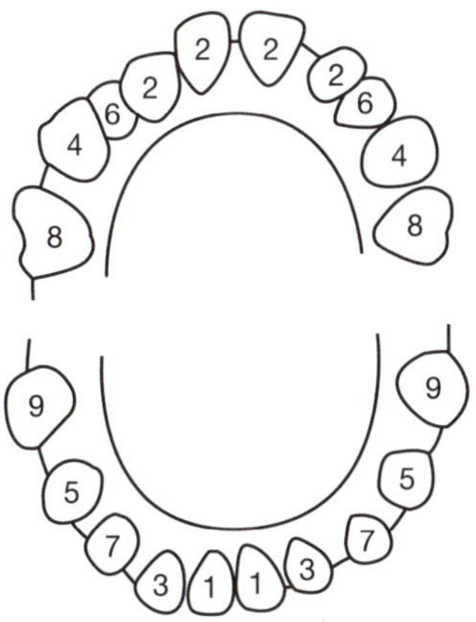

Hierboven kun je zien in welke volgorde tandjes meestal doorkomen. Baby's zijn echter geen machines. Je baby krijgt zijn eerste tandje wanneer hij eraan toe is. Het is een kwestie van aanleg. Ook de snelheid waarmee de tanden na elkaar verschijnen, zegt niets over de gezondheid of over de ontwikkeling van de baby zelf. Bijdehante baby's kunnen vroeg of laat, snel of langzaam hun tanden krijgen.
Meestal komt het eerste tandje door als de baby zes maanden is. Dit zijn de voortanden in de onderkaak (1). Meestal heeft hij zes tandjes als hij zijn eerste verjaardag viert. Als hij tweeënhalf is, komen de laatste kiezen (8) en is zijn melkgebit compleet. De peuter heeft dan twintig tanden en kiezen. Hieronder kun je bijhouden wanneer en in welke volgorde de tanden en kiezen van jouw baby doorkomen.

Let op: Diarree of koorts heeft niets met tanden krijgen te maken. Als je baby dat heeft, is hij gewoon ziek.

DATUM

1	11 ....
2	12 ....
3	13 ....
4	14 ....
5	15 ....
6	16 ....
7	17 ....
8	18 ....
9	19 ....
10	20 ....

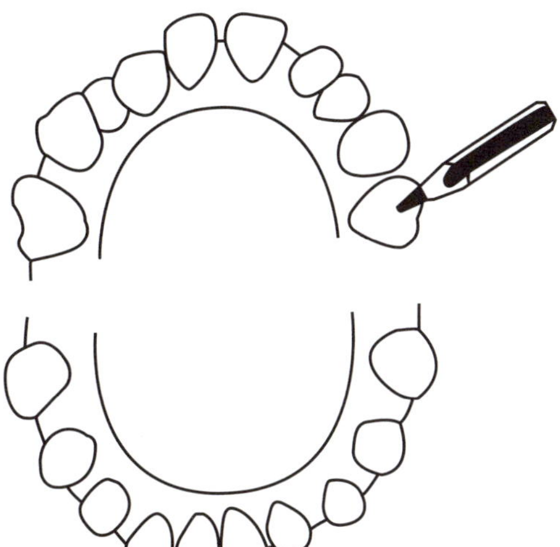

Ouders ergeren zich Ouders maken zich boos als ze vinden dat de baby geen reden heeft om zo lastig en hangerig te zijn. En dit gevoel wordt steeds sterker aan het einde van de hangerige periode. Vooral ouders met een baby die extra veel aandacht vraagt, kunnen het dan gewoon niet meer aan. Ze kunnen klagen over moeheid, hoofdpijn, misselijkheid, rugpijn en zenuwachtigheid.

“*Ik vond 't een ontzettend zware week. Hij huilde om alles. Hij vroeg aan één stuk door aandacht. Hij was de hele dag tot 10 uur wakker en onrustig. Ik heb ontzettend veel met hem rondgesjouwd in de draagzak. Dat was wel naar zijn zin. En ik voelde me moe, moe, moe van al dat gesjouw en continu gehuil. Als hij dan 's avonds weer lag te donderjagen in bed, was het net of ik over een bepaalde grens in mezelf ging en dan voelde ik me ontzettend agressief worden. Dat gebeurde vaak deze week.*” **BOB,** WEEK 25

Een enkeling voelt zich af en toe vreselijk agressief worden van het voortdurende gehuil en gejengel. Zulke gevoelens zijn niet abnormaal en niet gevaarlijk, maar ernaar handelen is dat wel. Zoek hulp als het je te veel dreigt te worden.

Ouders vinden het 'welletjes' Rond maaltijden kunnen nu conflicten ontstaan. De meeste ouders vinden het akelig als de baby niet wil eten. Ze blijven eten aanbieden. Ze proberen het speels, soms dwingend. Maar meestal zonder succes.
Op deze leeftijd kunnen baby's met een sterke eigen wil heel fel en vasthoudend zijn in hun weigering. Dit maakt ouders die uit pure bezorgdheid óók vasthoudend zijn, soms erg boos. Zo worden maaltijden ware strijdtonelen. Probeer rustig te blijven. Stop met de strijd. Je kunt 'eten' toch niet dwingen. In de hangerige periode zijn veel baby's niet zo dol op eten. Maar dat is tijdelijk. Als je te veel blijft aandringen, heb je kans dat je baby ook blijft weigeren als de hangerige periode voorbij is. Hij maakt er dan een gewoonte van.
Aan het einde van de hangerige periode voelen ouders goed aan dat hun baby meer kan dan hij laat zien. Steeds meer ouders krijgen genoeg van die vervelende hangerigheid en vinden dat er een einde aan moet komen.

“Ik erger me geregeld aan dat gezeur om aandacht of om opgenomen te worden. Nergens voor nodig. Ik heb meer te doen. Als ik 't zat ben, gaat ze het bed in.”
JULIETTE, WEEK 26

HET NIEUWE VERMOGEN BREEKT DOOR

“Wat ik steeds terugzie is een moeilijke, soms zeer moeilijke piek en dan een vredig dal. Steeds als ik op het punt kom dat ik denk dit red ik niet meer, draait ineens alles 180 graden om. Hij doet ineens allemaal nieuwe dingen. Het verraste me.” **BOB,** WEEK 26

Rond 26 weken ontdek je dat de baby meer kan dan je dacht. Je merkt dat hij dingen probeert of doet die nieuw zijn. Dat komt doordat op deze leeftijd bij iedere baby het vermogen tot het waarnemen van en spelen met 'relaties' doorbreekt. Je kunt dit vermogen vergelijken met een volgende 'winkel' die wordt geopend en waar weer een uitgebreide schakering aan koopwaar ligt. Jouw baby met zijn aanleg, voorkeur en temperament maakt zijn eigen keuze. Hij kan weer uitgebreid winkelen en zich nieuwe dingen eigen maken. En als volwassene kun je hem daarbij helpen.

DE SPRONG: **DE 'WINKEL VAN DE RELATIES'**

Je baby kan nu voor het eerst allerlei soorten 'relaties' waarnemen en uitvoeren. De hele wereld hangt aan elkaar van relaties. Het ene heeft altijd iets met het andere te maken. Iets wat hij ziet kan te maken hebben met iets anders wat hij ook ziet, maar het kan ook iets te maken hebben met wat hij hoort, voelt, proeft of ruikt. Je baby zal je er eindeloos veel voorbeelden van laten zien. En je kunt ze plaatsen als je weet waar je zoal op moet letten. Om je daarbij te helpen, volgen hier een paar voorbeelden.
Het dringt nu tot hem door dat mensen en dingen zich altijd op een bepaalde afstand van elkaar bevinden. Dat blijkt het sterkst uit de interactie met zijn ouders. Als zij die afstand te groot maken, zonder dat hij er iets aan kan doen, gaat hij huilen. Hij verliest dan de controle over die afstand.

“*We hebben een probleempje. Ze wil niet meer in de box. Zweeft ze maar boven dat ding, dan trekt ze al een bibberlipje. Ligt ze erin, dan is het brullen. Het is echter over als ik haar op de grond leg, aan de andere kant van de 'tralies' dus. Ze kruipt me dan na.*”
NINA, WEEK 25

Je baby begrijpt nu dat iets zich in, uit, op, boven, naast, onder of tussen iets anders bevindt. En hij speelt met die begrippen.

“*Hij is de hele dag bezig met speeltjes in en uit zijn doos te halen. Hij kiepert dan weer alle spullen over de rand van zijn box en een andere keer werkt hij ze allemaal tussen de spijlen door naar buiten. Hij haalt kasten en planken leeg en laat met het grootste plezier flesjes en bakjes water leeg druppelen in bad. Maar het mooiste was het volgende: toen ik hem voedde, liet hij de tepel los, bestudeerde deze met een ernstig gezicht, schudde even mijn borst op en neer, zoog één keer, keek weer en bleef zo een tijdje doorgaan. Dit heeft hij nog nooit gedaan. Net of hij wilde uitvinden hoe daar nou iets uit kon komen.*” **THIJS,** WEEK 30

Je baby kan nu begrijpen dat het een het ander veroorzaakt. Zoals een knopje dat een muziekje in gang zet als het ingedrukt wordt. Hij wil daarmee bezig zijn en wordt aangetrokken door dingen als muziek- en televisieapparatuur, lichtknopjes en (speelgoed)piano's.
Hij begrijpt nu dat twee mensen, dingen, geluiden, situaties, enzovoort bij elkaar kunnen horen. Of dat een geluid bij een ding hoort of bij een bepaalde situatie. Hij weet dat gerammel in de keuken betekent: 'Er wordt aan mijn eten gewerkt.' Dat het geluid van de sleutel in de voordeur betekent: 'Papa komt thuis.' Dat de hond zijn eigen eten en speelgoed heeft. Dat hij bij papa en mama hoort. Soms geeft deze nieuwe vaardigheid je baby ook zorgen en onzekerheden.

“*Het valt me op dat hij bang is voor de broodsnijmachine bij de bakker. Zo gauw het brood erin gaat, kijkt hij me steeds aan of dat wel te vertrouwen is. Als ik hem dan lachend aankijk, is 't na 'n poosje goed. Maar zeker niet meteen, eerst kijkt hij bang, dan naar mij, dan weer bang, dan weer naar mij.*” **PAUL,** WEEK 29

Je baby begrijpt nu ook dat mensen en dieren hun bewegingen op elkaar afstemmen. Ook al lopen twee mensen los van elkaar, toch heeft hij in de gaten dat ze rekening houden met elkaars bewegingen. Ook dat is een relatie. Het valt hem dan ook op als er tussen twee mensen of dingen iets fout gaat. Als mama iets met een kreet laat vallen en zich tegelijkertijd snel bukt om het te vangen, of als twee mensen per ongeluk tegen elkaar botsen, of als de hond van de bank valt, is dat iets 'abnormaals'. En zo'n situatie kan bij de ene baby ontzettend op de lachspieren werken, terwijl het een ander kind heel angstig kan maken. En weer een ander razend nieuwsgierig of heel ernstig. Het is immers iets wat eigenlijk niet hoort.

Verder voelt hij nu dat hij de bewegingen van zijn lijf en ledematen op elkaar kan afstemmen en dat zij samenwerken als één precisieteam. Als hij dat aanvoelt, kan hij meer met zijn speelgoed gaan doen. Hij kan 'volwassener' gaan kruipen. Hij kan proberen zélf te gaan zitten, zich op te trekken tot staan en weer gaan zitten. Hij kan heel trots de eerste stapjes zetten, met hulp. En een enkele baby doet dat al zonder hulp, net voordat de volgende sprong begint.
Al deze 'lichamelijke oefeningen' kunnen ook beangstigend zijn voor een baby. Baby's realiseren zich heel goed wanneer ze de controle over hun lichaam kwijtraken. Ze moeten leren hun evenwicht te bewaren. Dit evenwicht bewaren heeft weer te maken met afstanden zien. Als de baby dat onder de knie krijgt, kan hij ook leren om zijn evenwicht te bewaren. In 'De uitwerking van de sprong: Help je baby bij het leren' wordt aan alle vaardigheden die hierboven staan en waar je je baby bij kunt helpen, uitgebreid aandacht besteed.

Als je baby 'relaties' waarneemt en er zelf mee 'speelt', doet hij dat op zijn manier. Hij maakt gebruik van de vermogens die hij al tot zijn beschikking heeft gekregen bij de vorige sprongetjes in zijn ontwikkeling. Dus hij neemt 'relaties' waar tussen 'patronen', 'vloeiende overgangen' en 'gebeurtenissen'. Dit vermogen tot het waarnemen van en het spelen met 'relaties' verandert het gedrag van je baby. Het doorstraalt alles wat hij doet. Je baby merkt nu dat de wereld vol is met 'relaties'. Hij neemt ze waar tussen mensen, tussen dingen, tussen mensen en dingen, tussen hemzelf en andere mensen en dingen, en tussen zijn eigen ledematen.
Kun je je voorstellen dat je baby van slag is als dit alles tot hem doordringt? Voor ons als volwassenen zijn 'relaties' heel gewoon. Wij hebben ermee leren leven. Je baby nog niet.

WAT HEEFT DE 'WINKEL VAN DE RELATIES' IN DE AANBIEDING?

Dit zijn voorbeelden van vaardigheden die je baby vanaf dit moment zou kunnen gaan doen.

DE AFDELING 'KIJKEN'

- KIJKT AFWISSELEND VAN HET ENE SPEELTJE (SPULLETJE, OF VOEDSEL) NAAR HET ANDERE ALS HIJ HET IN ZIJN HANDEN HEEFT.
- KIJKT AFWISSELEND NAAR EEN DIER IN VERSCHILLENDE PRENTENBOEKEN.
- KIJKT AFWISSELEND NAAR EEN MENS OP VERSCHILLENDE FOTO'S.
- OBSERVEERT DE BEWEGINGEN VAN EEN DIER, VOORAL ALS DIE IETS AFWIJKEN VAN HET NORMALE (BIJV. EEN HOND DIE MET KORTE PASJES OVER HET PARKET TRIPPELT).
- OBSERVEERT DE BEWEGINGEN VAN EEN MENS, ALS DIE ANDERS DOET DAN ANDERS (BIJV. MAMA DIE ZINGT, DANST EN KLAPT, OF PAPA DIE OP ZIJN KOP STAAT).
- ONDERZOEKT EIGEN LICHAAM. VOORAL DE PENIS EN VAGINA ZIJN IN TREK.
- VEEL AANDACHT VOOR KLEINERE DETAILS OF ONDERDELEN AAN OF OP SPEELGOED OF ANDERE SPULLEN (BIJV. DE ETIKETTEN AAN HANDDOEKEN EN KNUFFELS, STICKERTJES OP SPEELGOED).
- ZOEKT ZELF EEN BOEKJE UIT.
- ZOEKT ZELF UIT WAARMEE HIJ WIL SPELEN.

DE AFDELING 'HANTEREN VAN SPULLEN'

- TILT HET KLEED OP OM ERONDER TE KIJKEN.
- HOUDT EEN BEER OP DE KOP OM HET GELUID ERIN TE HOREN.
- ROLT EEN BALLETJE OVER DE GROND.
- PAKT FEILLOOS EEN BALLETJE DAT JE NAAR HEM TOE ROLT.
- GOOIT EEN PRULLENBAK OM, OM DE INHOUD ERUIT TE GOOIEN.
- GOOIT DINGEN WEG.
- LEGT SPEELGOED OP EN NAAST EEN MAND, IN EN UIT EEN DOOS, ONDER EN OP EEN STOEL, UIT DE BOX, HAALT HET TUSSEN DE SPIJLEN DOOR.
- PROBEERT OF HET ENE SPEELTJE IN HET ANDERE PAST.
- HAALT SPEELTJES (ZOALS LEGO-STENEN, STAPELBAKJES) UIT ELKAAR.
- PROBEERT IETS WAT IN EEN SPEELTJE ZIT ERUIT TE PULKEN, BIJVOORBEELD EEN BELLETJE.
- TREKT EIGEN SOKJES UIT.
- PULKT VETERS LOS.
- HAALT KASTEN EN PLANKEN LEEG.
- PROBEERT UIT HÓÉ IETS VALT.
- STOPT ETEN IN DE MOND VAN DE HOND, PAPA OF MAMA.

>>

- DUWT DEUREN DICHT.
- POETST IETS 'SCHOON' OF WRIJFT ERGENS OVERHEEN MET EEN DOEKJE.

DE AFDELING 'LUISTEREN'

- LEGT VERBAND TUSSEN WOORDEN EN DADEN. BEGRIJPT KORTE COMMANDO'S, ZOALS 'NEE, NIET DOEN' EN 'KOM WE GAAN', 'KLAP EENS IN JE HANDEN'.
- LUISTERT HEEL AANDACHTIG ALS JE IETS UITLEGT; JE KUNT MERKEN DAT HIJ HET SOMS BEGRIJPT.
- LUISTERT GRAAG NAAR EEN DIERENGELUID DAT BIJ EEN PLAATJE VAN DAT DIER PAST.
- LUISTERT AANDACHTIG NAAR EEN STEM DOOR DE TELEFOON.
- HEEFT AANDACHT VOOR GELUIDEN DIE BIJ EEN BEPAALDE HANDELING HOREN (BIJV. BIJ HET ZEMEN VAN DE RAMEN).
- LUISTERT NAAR HET GELUID DAT HIJ OP DE EEN OF ANDERE MANIER ZELF MAAKT (BIJV. ALS HIJ MET ZIJN NAGELS OVER HET BEHANG KRAST, OF ALS HIJ MET BLOTE BILLEN OVER HET ZEIL SCHUIFT).

DE AFDELING 'PRATEN'

- LEGT VERBANDEN TUSSEN WOORDEN EN DADEN. ZEGT DE EERSTE 'WOORDJES' IN DE JUISTE CONTEXT. ZEGT BIJVOORBEELD 'BOE' (= BOEM) ALS HIJ VALT, 'AAI' ALS HIJ AAIT, 'POE' ALS POEMEL DE HOND IN HET ZICHT KOMT, 'BÈ' ALS BERT UIT *SESAMSTRAAT* OP TV IS EN 'HATSJIE' ALS IEMAND NIEST.
- BLAAST ECHT.

DE AFDELING 'AFSTAND OUDER-BABY'

- PROTESTEERT ALS PAPA OF MAMA WEGLOOPT.
- PROBEERT PAPA OF MAMA ACHTERNA TE KRUIPEN.
- MAAKT STEEDS EVEN CONTACT MET PAPA OF MAMA ALS HIJ BEZIG IS.

DE AFDELING 'GEBAREN NADOEN'

- ZWAAIT GEDAG.
- KLAPT IN DE HANDEN.
- IMITEERT KLAKKEN MET ZIJN TONG.
- IMITEERT 'JA' KNIKKEN OF 'NEE' SCHUDDEN. 'JA' KNIKT HIJ VAAK ALLEEN MET ZIJN OGEN.

DE AFDELING 'EVENWICHT BEWAREN'

- GAAT ZELF ZITTEN ALS HIJ LIGT.
- GAAT ZELF STAAN, TREKT ZICH OP.
- GAAT ZELF WEER ZITTEN ALS HIJ STAAT.
- STAAT LOS.

>>

- LOOPT MET STEUN.
- STAPT LANGS DE RAND VAN HET BEDJE, DE TAFEL OF DE BOX.
- STEEKT STAANDE OVER VAN TAFEL NAAR STOEL. DOET EEN STAP.
- SPRINGT ZONDER VAN DE GROND TE KOMEN.
- GRIJPT EEN SPEELTJE DAT BOVEN ZIJN HOOFD OP EEN PLANK LIGT.

DE AFDELING 'ZELF DOEN'

- KRUIPT OVERAL IN (ZOALS KASTEN, DOZEN) EN ONDER (ZOALS STOELEN, TRAPPEN).
- KRUIPT HEEN EN WEER OVER LAGE VERHOGINGEN.
- KRUIPT DE KAMER IN EN UIT.
- KRUIPT OM DE TAFEL HEEN.
- BUKT EN/OF GAAT OP DE BUIK LIGGEN OM IETS WAT ONDER DE BANK LIGT TE PAKKEN.
- KLAPT IN ZIJN HANDEN.
- GAAT ZIJN DUIM EN WIJSVINGER GEBRUIKEN BIJ HET VOELEN EN PAKKEN.
- KAN MET TWEE HANDEN MET IETS SPELEN (BIJVOORBEELD TWEE DINGEN TEGEN ELKAAR SLAAN).

DE AFDELING 'DIVERSEN'

- 'DANST' ALS HIJ MUZIEK HOORT: WIPT MET DE BUIK OP EN NEER.

HELP, MIJN BABY KAN NIET ALLES!

NEE, NATUURLIJK NIET, DAT KAN OOK NIET

De eerste fase (hangerigheid) van deze sprong is leeftijdsgebonden en voorspelbaar en begint rond de 23 weken. De meeste baby's komen 26 weken na uitgerekende datum in de tweede fase van deze sprong terecht (zie kader *'Kwaliteitsuurtjes' zijn onnatuurlijk* op pagina 25). De leeftijd waarop je baby deze vaardigheden en activiteiten voor het eerst laat zien kan enorm verschillen per kind. Zo is het vermogen om ruimtelijke relaties waar te nemen noodzakelijk om ergens onder of in te kunnen kruipen, en dit gaat je kindje normaal gesproken ergens tussen de 26 weken oftewel 6 en 11 maanden doen. Het verschil tussen het mentaal kunnen (vermogen) en het daadwerkelijke doen (vaardigheid) is afhankelijk van de voorkeuren van je baby, zijn behoefte aan experimenteren en van zijn lichamelijke ontwikkeling. Vaardigheden en activiteiten komen in *Oei, ik groei!* aan bod op de vroegst mogelijke leeftijd waarop ze het vermogen krijgen, maar dus niet noodzakelijkerwijze gaan doen, zodat je erop kunt letten en ze kunt herkennen. (Ze kunnen aanvankelijk heel onopvallend zijn.) Zo kun je reageren op de ontwikkeling van je kindje en hem erbij helpen. Alle baby's krijgen dus hetzelfde vermogen op dezelfde tijd, maar wat ze er wanneer mee gaan doen, daarin verschilt iedere baby en dat maakt iedere baby uniek.

WAT KIEST JOUW BABY UIT DE 'WINKEL VAN DE RELATIES'?

Alle baby's hebben dit vermogen tot het waarnemen van en het spelen met 'relaties' gekregen. Een nieuwe winkel, vol met nieuwe mogelijkheden, staat voor allemaal open. Jouw baby maakt zijn eigen keus. Als eerste kiest hij dát wat het best past bij zijn aanleg, interesse, lichaamsbouw en gewicht. Je kunt daarom geen baby's met elkaar vergelijken. Iedere baby is uniek.

Kijk goed naar je baby. Stel vast waar zijn belangstelling naar uitgaat. In het kader 'Wat heeft de "winkel van de relaties" in de aanbieding?' is ruimte om aan te geven wat je baby kiest tussen 26 en 34 weken. Zelf kun je er ook 'winkelen' om te zien of er dingen bij zijn waarvan je denkt dat je baby ze ook leuk zou vinden.

ZO ZIJN BABY'S

Alles wat nieuw is, vindt je baby het leukst. Reageer daarom altijd en vooral op nieuwe vaardigheden en interesses die je baby toont. Hij leert dan prettiger, makkelijker, sneller en meer.

DE UITWERKING VAN DE SPRONG: **HELP JE BABY BIJ HET LEREN**

Iedere baby heeft soms weken tijd en heel veel hulp nodig om het nieuwe vermogen zo goed mogelijk uit te werken in vaardigheden die hij onder de knie krijgt. Als ouder kun je hem daarbij helpen. Je kunt hem de gelegenheid en de tijd geven om met 'relaties' te spelen. Je kunt hem aanmoedigen en troosten als het even niet meezit. Je kunt hem nieuwe ideeën aanreiken.

Geef je baby de gelegenheid zo veel mogelijk in contact te komen met 'relaties'. Laat ze hem zien, horen, voelen, ruiken en proeven, net wat hij het prettigst vindt. Hoe meer hij ermee in contact komt, ermee speelt, des te beter zijn begrip ervan wordt.

Het doet er niet toe of je baby dat begrip nu het liefst leert op het gebied van observeren, het hanteren van speeltjes, taal, geluiden, muziek of op motorisch gebied. Hij zal dat begrip later makkelijk ook op andere gebieden gaan gebruiken. Hij kan nu eenmaal niet alles tegelijk doen.

MERK JE DAT JE BABY SPEELGOED 'VERPLAATST'?

Laat je baby spulletjes ergens op, in, naast of onder leggen. Laat hem speeltjes ergens uit of overheen gooien. Laat hem ze ergens tussendoor halen. Voor een buitenstaander lijkt het alsof hij als een wervelwind van het ene voorwerp naar het andere vliegt, maar deze hyperactiviteit levert hem precies die informatie op die zijn hersens nodig hebben om die nieuwe wereld van de 'relaties' te doorgronden.

"Ze legt speelgoed, zoals kubusblokken, speentje of beestjes, op een mand. Als ze staat, pakt ze speelgoed van de grond en gooit het in de stoel. Ook duwt ze dingen tussen de spijlen door de box in. Als ze in de box is, gooit ze alles over de rand eruit. Ze bekijkt ook wat ze gedaan heeft. Ze is een bijdehante ka." **JETTEKE,** WEEK 30

Geef je baby een eigen plank of kastje dat hij 'leeg kan halen' en waar je makkelijk het zaakje weer in kunt proppen. Geef hem een doos waar hij spullen in kan leggen. Draai een doos om, zodat hij daar wat op kan leggen. Laat hem speelgoed tussen de spijlen van de box door naar buiten werken of over de rand eruit gooien. Voor baby's die niet geïnteresseerd zijn in kruipen, is dit een ideale manier om ook bezig te zijn met 'relaties' als op, in en uit.

VINDT JE BABY HET LEUK OM DINGEN OM TE GOOIEN?

Weer een andere manier waarop je baby 'relaties' kan verkennen, is door dingen om te gooien en te laten vallen. Hij doet dat om te kijken en te horen hoe dat gebeurt. En misschien doet hij dat ook wel om te bestuderen hoe één ding uit elkaar valt in meerdere stukken. Je ziet hem met plezier blokkentorens omgooien die jij telkens weer voor hem moet bouwen. Maar hij zal met evenveel genoegen hetzelfde doen met de prullenbak en de bakjes gevuld met brokjes en water voor de poes.

"Ze probeert uit hoe dingen vallen. Ze doet dat met allerlei soorten dingen. Haar speen, blokjes of beker. Ik heb haar toen een veertje gegeven van Pino, de parkiet. Dat was wel even een verrassing, maar het liefst hoort ze toch een hoop lawaai." **NINA,** WEEK 28

"Hij heeft vreselijk gelachen toen ik een bord uit mijn handen liet glijden, dat kletterend in stukken neerkwam. Nog nooit heb ik hem zo hard horen lachen." **JAN,** WEEK 30

Je baby kan proberen om dingen te laten rollen, zoals een bal of een vierkant stoffen blok met geluid. Maak er een spelletje van en rol het naar hem terug.

"Ze kan een lichte bal wat opgooien of rollen. Als ik die naar haar terugrol, pakt ze hem feilloos." **ASHLEY,** WEEK 27

IS HIJ GEBOEID DOOR DINGEN WAAR IETS IN ZIT?

Hij zal geboeid zijn door 'dingen waar iets in zit', zoals een bal gevuld met een in het water zwemmende eend, een knuffel met een geluidje en een speelgoedpiano. Maar ook door flesjes met nagellak of parfum, een knopje dat het licht aandoet, een horloge.

"Ik hield een beer ondersteboven zodat er geluid uitkwam. Daarna zette ik de beer op de grond. De baby kroop er meteen naartoe en rolde hem om tot hij geluid maakte. Dat vond hij zó leuk, dat hij de beer keer op keer omrolde." **PAUL,** WEEK 33

ZIE JE DAT JE BABY SPEELGOED UIT ELKAAR WIL HALEN?

In de 'winkel van de relaties' zal je baby ontdekken dat 'slopen' ook tot het assortiment behoort. Hij zal waarschijnlijk deze mogelijkheden in het speelgoed ontdekken. Zo zal hij speeltjes 'uit elkaar' willen halen, zoals stapelbekers, Duplo, Fisher Price-kralen, veters uit schoenen. Hij zal pulken en trekken aan dingen die aan spullen en speelgoed vastzitten, zoals labels, etiketten, stickers, ogen en neus van knuffels en wielen, klepjes en deuren aan speelgoedauto's. Maar ook knopen aan kleren, knopjes en snoeren uit apparatuur of doppen op flessen worden zo mogelijk uit elkaar gehaald. Kortom, hij sloopt terwijl hij onderzoekt.

"Hij trekt voortdurend zijn sokjes uit." **DIRK,** WEEK 31

MAAK JE HUIS BABYVEILIG

Bedenk dat je baby geboeid kan zijn door dingen die gevaarlijk zijn! Hij kan overal een vinger of tong insteken waar gaten of gleuven inzitten. Ook in gevaarlijke dingen zoals stopcontacten, elektrische apparatuur, afvoerputjes en hondenmonden. Blijf daarom altijd bij je baby in de buurt als hij vrij het huis inspecteert.

VINDT HIJ HET LEUK ALS DINGEN ERGENS IN VERDWIJNEN?

Soms zal een baby het één in iets anders willen doen. Maar dat lukt alleen bij toeval. Hij kan pas na de volgende sprong onderscheid maken tussen verschillende vormen en afmetingen.

"Ze probeert allerlei dingen in elkaar te zetten. Vaak klopt de maat dan wel, maar de vorm niet. Of soms doet ze het niet secuur genoeg. Ze wordt driftig als dit niet lukt."
JETTEKE, WEEK 29

"Hij heeft zijn neusgaten ontdekt. Stak er een onderzoekende vinger in. Hopelijk doet hij hetzelfde niet met een kraal!" **JAN,** WEEK 32

Ook vindt je baby het leuk om te zien hoe iets in iets anders verdwijnt.

"Ze bekijkt graag hoe de hond zijn bak leegeet. Ligt er het liefst met haar neus bovenop. Ik vind dat best wel gevaarlijk, want de hond schrokt wat sneller bij zoveel aandacht. Aan de andere kant heeft de hond ook plotseling veel aandacht voor haar als ze eet. Als ze in haar kinderstoel aan tafel zit, zit de hond naast haar. Wat blijkt? Ze laat stukjes brood vallen en bekijkt hoe ze verdwijnen." **LAURA,** WEEK 31

BEGRIJPT JE BABY KORTE ZINNEN EN GEBAREN?

Je baby kan nu de relatie begrijpen tussen een korte zin en zijn betekenis en tussen een gebaar en zijn betekenis. Verder kan hij nu ook de relatie tussen een woord en een gebaar snappen. Het spreekt vanzelf dat je baby deze dingen alleen maar begrijpt in zijn eigen omgeving en

binnen de routine van alledag. Zou je diezelfde zinnen in een vreemde situatie op een bandrecorder afspelen, dan zou je baby er niets van begrijpen. Die vaardigheid komt pas veel later.
Toch kan je baby ook nu, met zijn nog beperkte vaardigheid, al veel nieuwe dingen leren. Als hij graag met woorden en gebaren bezig is, speel dan in op zijn interesses. Moedig je baby aan om te begrijpen wat je zegt. Maak korte zinnen met duidelijke gebaren. Leg veel uit. Laat zien, voelen, ruiken en proeven wat je zegt. Hij begrijpt meer dan je denkt.

“*Ik heb één keer gezegd dat hij naar het konijn (= een fontein) in de vijver moest kijken (daar borrelt dan water uit) en hij wist al wat ik bedoelde. Hij luistert dan ook heel aandachtig.*” **PAUL,** WEEK 26

“*Ik heb het gevoel dat hij het snapt als ik iets uitleg of voorstel. Zoals: “Zullen we eens heerlijk naar buiten gaan?” of: “Ik geloof dat het bedtijd is.” Dat laatste hoort hij duidelijk minder graag.*” **BOB,** WEEK 30

“*Als wij zeggen “Klap eens in je handjes” dan doet ze dat. En als we zeggen: “Ga eens springen,” dan zakt ze door de knieën en springt omhoog. Ze komt niet met haar voetjes van de grond.*” **JETTEKE,** WEEK 32

“*Als ik zei: “Dag, doe maar daaag,” terwijl ik zwaaide naar papa die wegging, bleef ze maar naar mijn hand kijken. Nu weet ze duidelijk dat ze naar papa zwaait.*” **XARA,** WEEK 32

BEGINT JE BABY ‘WOORDEN’ OF GEBAREN TE GEBRUIKEN?

Hij kan nu de relatie tussen een geluid (of woord) en een gebeurtenis gaan begrijpen. Bijvoorbeeld ‘boem’ hoort bij een val. Ook kan hij de relatie tussen een gebaar en een ‘gebeurtenis’ leren. Maar hij kan nog meer. Hij kan ze ook zelf leren gebruiken. Als je baby met woorden of gebaren iets ‘zegt’ of ‘vraagt’, laat hem dan duidelijk weten dat je dolenthousiast bent dat hij dat kan. Speel erop in en praat en gebaar terug. De belangrijkste manier waarop je je baby kunt leren praten, is door zelf veel met hem te praten. Door de alledaagse dingen te benoemen. Door vragen te stellen, zoals: ‘Wil je een boterham?’ als je zijn bordje neerzet. Door versjes te laten horen en zangspelletjes met hem te spelen. Kortom, door praten aantrekkelijk voor hem te maken.

Ik zie, ik zie... iets niet, wat er wel is! En dat gaat je baby nu voor het eerst snappen.

layar

“Als hij iets wil doen, legt hij zijn hand erop en kijkt me aan. Het lijkt of hij wil vragen: “Mag dat?” Ook “nee” snapt hij. Hij zal ’t toch vaak proberen, maar hij weet dat “nee” ook “nee” inhoudt.” **BOB,** WEEK 32

“Vorige week zei ze voor het eerst “boe” (= boem) als ze viel, en heel duidelijk “aai” als ze de katten aait of ons. We merkten ook duidelijk dat ze allerlei klanken van ons overnam, dus zijn we begonnen om haar te leren praten. Ze begint nu met klanken zogenaamde woorden te vormen. Bijvoorbeeld: “baba” = papa, “Poe” = Poemel, de hond, “Bè” = Bert uit Sesamstraat.” **JETTEKE,** WEEK 29

“Ze is een echte babbelaar. Ze kletst vooral bij ’t kruipen, bij herkenning van iemand of iets. Ze doet het tegen haar knuffels en tegen ons als ze op schoot zit. Het lijkt of ze hele verhalen vertelt. Ze gebruikt allerlei medeklinkers en klinkers en varieert ze eindeloos.” **ODINE,** WEEK 29

“Hij schudt “nee” en maakt er een geluidje bij. Als ik hem nadoe, moet hij vreselijk lachen.” **PAUL,** WEEK 28

HET EERSTE ‘WOORDJE’

Als je baby het vermogen tot het waarnemen van en spelen met ‘relaties’ heeft gekregen, kán hij zijn eerste ‘woordjes’ gaan zeggen. Dat wil niet zeggen dat hij dat ook doet. De leeftijd waarop baby’s ‘woorden’ gaan gebruiken, kan heel verschillend zijn. Maak je dus geen zorgen als hij dat nog een paar maanden uitstelt.

KIJKT JE BABY GRAAG IN BOEKJES?

Als je baby met plezier kletst, kijkt hij meestal ook graag naar plaatjes in boekjes. Speel daarop in. Laat hem zelf een boekje kiezen. Hij heeft meestal een voorkeur. Sommige baby’s lezen boekjes om het open- en dichtslaan te oefenen. Andere om naar de plaatjes te kijken.

“Hij pakt vaak een plastic prentenboekje, klapt het steeds open en dicht en bekijkt de plaatjes met een puntig mondje.” **PAUL,** WEEK 29

"Ze pakt zelf een boekje dat ze interessant vindt, en bekijkt de plaatjes heel aandachtig. Ze slaat ook zelf een bladzijde om." **JETTEKE,** WEEK 27

"Ze heeft het grootste plezier als ik de geluiden maak die bij het dier horen waar zij naar kijkt." **NINA,** WEEK 30

DANST EN ZINGT JE BABY AL?

Als je baby reageert op muziek, doe dan veel zang-, dans- en kliedjes. Je baby oefent zo met woorden en gebaren. Als je weinig kinderliedjes kent, kun je een muziekcassette of cd aanschaffen.

"Toen we tijdens het babyzwemmen liedjes zongen, zong ze ineens mee." **XARA,** WEEK 30

"Als ze muziek hoort of als ik ga zingen, dan begint ze meteen te wippen op haar beentjes en met haar buikje." **EEFJE,** WEEK 32

GAAT JE BABY ZELF ZITTEN: HOE IS ZIJN EVENWICHT?

In je baby's lichaam spelen talloze 'relaties' tussen verschillende onderdelen van het skelet een belangrijke rol. Zonder de inspanningen van alle spieren zouden die relaties verloren gaan en zouden we op de grond vallen als een zak met losse botten. Rond deze leeftijd probeert je baby los te gaan zitten.

"Hij heeft zitten geleerd. Ging eerst op één bil zitten met twee handjes op de grond. Toen een handje los en nu zit hij zonder zijn handen te gebruiken." **THIJS,** WEEK 25

"Ze zit al zo stevig, dat ze durft te grijpen naar dingen boven haar hoofd zonder haar evenwicht te verliezen, zoals vorige week. Ook pakt ze soms wat, houdt het boven haar hoofd met twee handjes en gooit het dan weg." **JETTEKE,** WEEK 28

"Als hij gaat zitten, rolt hij vaak door of terug. Ook valt hij naar voren of naar achteren. Als dat gebeurt, lach ik snel. Vaak lacht hij dan ook." **BOB,** WEEK 26

Help je baby als hij wiebelig zit. Probeer of hij wat zekerder wordt door hem op een speelse manier te laten voelen hoe hij het stevigst zit en hoe hij zijn evenwicht kan herstellen als hij dreigt te vallen.

GAAT JE BABY ZELF STAAN: HOE IS ZIJN EVENWICHT?

"Ze probeerde zich deze week geregeld op te trekken en ineens lukte het haar. Ze had zich in haar bedje opgetrokken en ging prompt staan. Bleef ook staan. Nu kan ze het echt. Ze trekt zich op aan bed, box, tafel, stoel en benen. Ook pakt ze staande voor de box met één hand speelgoed uit de box." **JETTEKE,** WEEK 28

"Ze is voor het eerst gaan staan in de box, maar ze weet niet hoe ze terug moet. Vermoeiend. Vandaag stond ze voor het eerst in haar bedje te roepen. Dit irriteert me. In bed moet ze gaan slapen. Ik hoop maar dat het niet te lang duurt en dat ze snel leert hoe ze weer naar beneden kan komen." **JULIETTE,** WEEK 31

"Ze wil per se hebben dat ik haar terugzet als ze staat. Haar zus mag het niet doen, terwijl die toch een heleboel dingen wel mag. Ze is duidelijk bang dat die het niet goed genoeg doet." **ASHLEY,** WEEK 32

"Wij zetten hem wel eens neer aan de tafel. Hij staat dan heel onzeker, zwalkt soms als een marionet aan een touwtje en dreigt geregeld te vallen." **STEVEN,** WEEK 31

Help je baby als hij wiebelig staat of als hij bang is om te vallen. Speel evenwichtsspelletjes met hem. Deze maken hem vertrouwd met zijn verticale positie. Voor de meest geliefde evenwichtsspelletjes kun je kijken bij 'Speltoppers van "relaties"'.

LOOPT JE BABY MET STEUN: HOE IS ZIJN EVENWICHT?

"Ze loopt keurig evenwichtig tussen twee handen in. Ze steekt over van de stoel naar de televisie als ze staat. Ze loopt langs de tafel, om de bochten heen. Ze stapt achter een Pamperdoos door de kamer. Gisteren schoof de doos weg en deed ze drie pasjes los."
JETTEKE, WEEK 34

"Ik erger me aan zijn langzame motoriek. Hij kruipt niet, trekt zich niet op. Hij zit maar te zitten." **DIRK,** WEEK 29

Als je merkt dat je baby wil lopen, help hem dan. Houd hem goed vast, want zijn evenwicht is meestal wankel. Speel spelletjes met hem die hem vertrouwd maken met het bewaren van zijn evenwicht, óók als hij zijn gewicht verplaatst van het ene been naar het andere. Ga nooit urenlang met hem lopen. Hij leert het daardoor heus niet sneller. Je baby gaat pas lopen als hij dat kan en durft.

ALLEEN MET DE JUISTE LICHAAMSBOUW KAN JE BABY LEREN LOPEN

Als je baby het vermogen tot het waarnemen van en spelen met 'relaties' heeft gekregen, kan hij begrijpen wat 'lopen' is. Maar begrijpen alleen is niet voldoende om het ook te gaan doen. Om écht te gaan lopen moet hij een lichaam hebben dat aan verschillende eisen voldoet. Je baby zal alleen dán leren lopen, wanneer de verhoudingen tussen de zwaarte van zijn botten, zijn spiermassa en de lengte van zijn armen en benen ten opzichte van zijn romp 'ideaal' zijn. En ideaal hoeft ook niet 'mooi' te betekenen.

SPEELT JE BABY MET 'RELATIES' TUSSEN LICHAAMSDELEN?

Je baby kan nu twee vingers in relatie tot elkaar brengen, bijvoorbeeld zijn duim en wijsvinger. Als hij daardoor geboeid is, kan hij heel kleine dingen als pluizen van het vloerkleed leren pakken. Hij kan grasstengeltjes gaan plukken. Hij zal met zijn wijsvinger gaan voelen over allerlei oppervlakken. En kleinere speeltjes gaan bestuderen, omdat hij die nu tussen zijn vingers kan pakken, in plaats van met de volle hand.

“Ze gaat de hele kamer rond en ziet de kleinste oneffenheden of kruimels op de vloer, pakt die met duim en wijsvinger op en steekt ze in haar mond. Ik moet nu dus goed op gaan letten dat ze geen rare dingen eet. Ik laat haar nu zelf kleine stukjes brood eten. Eerst stak ze steeds het duimpje in de mond in plaats van het brood dat tussen haar vingers zat. Het gaat nu wat beter.” **ODINE,** WEEK 32

Je baby kan nu ook de relatie gaan begrijpen tussen datgene wat zijn ene hand doet en wat zijn andere hand doet. Hij heeft de bewegingen van beide handen beter onder controle. Hierdoor kan hij ze allebei tegelijk gaan gebruiken. Moedig je baby aan om met beide handen tegelijk bezig te zijn. Laat hem in elke hand een speeltje vasthouden en ze tegen elkaar slaan. Hij kan ook zonder een speeltje die slabeweging maken en dus in zijn handen klappen. Probeer dat eens. Laat hem met speeltjes op de grond of tegen de muur slaan. Moedig hem aan om speelgoed van de ene in de andere hand te pakken. En laat hem twee speeltjes tegelijk neerzetten en ze weer oppakken.

“Ze heeft de slaanziekte. Ramt op alles wat los- en vastzit.” **JETTEKE,** WEEK 29

LAAT JE BABY KRUIPEND BEZIG ZIJN MET ‘OP’, ‘IN’ EN ‘ONDER’

Als je baby al kan kruipen en dat graag doet, laat hem dan vrij rondkruipen in een kamer waar dat geen kwaad kan. Als hij al ‘relaties’ kan waarnemen, begint hij te begrijpen dat hij in, uit, onder, over, tussen, boven, op en door dingen kan kruipen. Hij vindt het zalig om met die verschillende relaties tussen de dingen om hem heen te spelen. Kijk of hij het volgende ook doet.

“Ik vind het leuk om te volgen hoe hij speelt als hij in de kamer bezig is. Hij kruipt naar de bank, kijkt eronder, gaat zitten, kruipt in snelle vaart naar de kast, kruipt erin, weer rats weg, langs het vloerkleed, tilt het wat omhoog, kijkt eronder, gaat op weg naar een stoel waar hij onder klimt, roetsj, weer naar ’n andere kast, kruipt erin, raakt klem, huilt even, vindt zijn weg er weer uit en doet het deurtje dicht.” **STEVEN,** WEEK 30

Als je baby óók zo bezig is, zou je wat leuke spullen kunnen neerzetten die hem uitlokken door te gaan. Zo kun je met (opgerolde) dekens, dekbedden of kussens, verhogingen maken waar hij overheen moet kruipen. Pas die verhogingen aan je baby aan. Je kunt een grote doos neerzetten waar hij makkelijk in kan kruipen als je er een zijkant uitsnijdt. Je kunt van dozen of stoelen een tunneltje maken waar hij doorheen moet. Je kunt van een laken een tentje maken waar hij in, uit of onderdoor kan kruipen. Veel baby's doen graag deuren open en dicht. Ook dat kun je inbouwen. En als je zelf mee kruipt, is voor je baby het feest compleet. Varieer het geheel dan ook eens met kiekeboe- en verstopspelletjes.

LAAT JE BABY MERKEN DAT JE NIET ÉCHT WEGGAAT

Zodra je baby 'relaties' kan waarnemen, begrijpt hij ineens dat papa of mama de afstand tussen hen kan vergroten en van hem wég kan lopen. Hiervoor zagen zijn ogen het wel, maar drong de betekenis van 'weglopen' nog niet tot hem door. Nu dat wel het geval is, zit hij met een probleem. Hij wordt bang als hij merkt dat ouders onvoorspelbaar zijn, dat ze elk moment weg kunnen lopen, dat hij hen niet of te langzaam achterna kan gaan. Kortom, hij voelt dat hij geen controle heeft over de afstand tussen hem en zijn papa of mama. Je baby moet leren met deze 'vooruitgang' om te gaan. Dat kost begrip, medeleven, oefening en tijd. Niet alle baby's willen je even vaak en even dicht bij zich houden. Meestal is de paniek het grootst rond week 29. Daarna neemt die weer wat af tot het volgende sprongetje zich aankondigt.

“*Zolang ze me kan zien is het goed, anders begint ze te huilen.*” **EEFJE,** WEEK 29

“*Hij krijgt af en toe kuren. Huilt tot je hem oppakt en lacht dan zeer voldaan.*” **DIRK,** WEEK 31

“*Ze is zoals normaal bij de oppas geweest. Ze wilde niet eten, niet slapen, niets. Heeft alleen maar gehuild. Dit heb ik nog niet eerder meegemaakt met haar. Voel me schuldig als ik haar zo moet achterlaten. Denk erover minder te gaan werken, maar ik weet niet hoe ik dat moet regelen.*” **LAURA,** WEEK 28

"Ze wil soms de hele dag niet op de grond spelen. Als ze maar denkt dat ik haar neerzet, begint ze al te huilen. Ik draag haar nu de hele dag op mijn heup. Ze lacht ook ineens veel minder naar iedereen. Vorige week nog had iedereen recht op een brede lach. Nu doet ze dat duidelijk minder. Ze heeft dit al eens vaker gehad, maar dan kwam er na enige tijd toch wel een lachje. Nu absoluut niet meer." **NINA,** WEEK 29

"Een week vol strijd. Zoveel gehuil. Vijf minuten alléén spelen was al te veel. Als ik alleen maar de kamer uitliep, volgde al 'n huilbui. Ik heb hem vaak in de draagzak gehad. Maar toch 's avonds weer kermis met naar bed gaan. Na drie dagen was ik kapot. Het was te veel. Ik begon me ontzettend agressief te voelen. Waarschijnlijk werd dit een vicieuze cirkel. Ik passeerde echt een grens en ik voelde me alleen en zo dood- en doodmoe. Er sneuvelde ook van alles, liet het gewoon uit mijn handen vallen. Heb hem toen voor het eerst naar de kinderopvang gebracht om zelf wat op adem te kunnen komen. Maar het ging niet goed, heb hem toen snel weer teruggehaald. Het deed me ontzettend pijn om hem weg te brengen, terwijl ik na lang wikken en wegen dat toch de beste oplossing vond. Ik ga té vaak, té ver over mijn grens en voel me dan alleen, agressief en opgesloten (benauwd). Verder zit ik vol twijfel of het aan mij ligt. Ik vraag me telkens af of ik te weinig structuur aanbreng, of ik hem te veel verwen." **BOB,** WEEK 29

Pas je aan de behoefte van je baby aan. Zorg dat hij de gelegenheid krijgt om aan de nieuwe situatie te wennen. Dat hij voelt dat je er bent als hij je echt nodig heeft. Je kunt je baby helpen door hem wat vaker te dragen, of hem dicht bij je in je buurt te houden. Je kunt hem vertellen wat je gaat doen vóór je wegloopt en tegen hem blijven praten terwijl je wegloopt en als je in een andere kamer bent. Hij leert zo dat je er toch nog bent, ook al ziet hij je niet meer.
Verder kun je veel kiekeboespelletjes spelen en zo het weggaan oefenen. Je kunt dat doen achter een krant, terwijl je naast de baby zit. Je kunt het doen achter de bank dicht bij de baby, achter de kast wat verder weg, en ten slotte bij de deur.

GEEF JE BABY DE GELEGENHEID ZÉLF ACHTER JE AAN TE GAAN

Als je baby al iets kan kruipen, kun je hem aanmoedigen en de gelegenheid geven je te volgen. Dat kun je het best als volgt doen. Eerst kondig je aan dat je vertrekt. Dan leert je baby dat hij jou niet in de gaten hoeft te houden, maar dat hij rustig kan blijven spelen. Dan loop je langzaam weg, zodat hij je kan volgen. Pas je snelheid altijd aan die van je baby aan. Hij leert dan dat hijzelf de afstand tussen jou en zichzelf onder controle kan houden. Bovendien zal hij je sneller vertrouwen en je minder tot 'last' zijn.

"Eerst klampte hij zich als een aapje aan mijn been vast en zat hij op mijn schoen als ik liep. Overal sleurde ik dat "blok aan 't been" mee naartoe. Na een paar dagen bleef hij soms even achter als ik een paar stappen opzij deed en kroop daarna pas naar mij toe. Nu kan ik naar de keuken gaan als hij rondkruipt. Alleen als ik dan in de keuken blijf, komt hij op een bepaald moment een kijkje nemen. Hij kruipt nu trouwens perfect op handen en knieën en heeft 'n flinke snelheid." **BOB,** WEEK 31

Zijn wens om dicht bij je te blijven is vaak zo groot, dat ook de onervaren kruiper er graag wat extra oefening voor over heeft en dus tegelijkertijd zijn kruipen verbetert. Op deze leeftijd kan hij dat immers doen, omdat hij nu voelt dat hij de bewegingen van zijn lijf en ledematen op elkaar kan afstemmen. Zo vang je twee vliegen in één klap.

ZIJN JONGENS TOCH ANDERS DAN MEISJES?

Het lijkt erop dat ouders van jongens het moeilijker hebben met hun baby dan ouders van meisjes. En wel omdat ze vaak niet snappen wat hun zoon eigenlijk wil. Wil hij nou bij papa of mama zijn of niet?

"Vaak mekkert hij om contact en aandacht. Ik reageer daar iedere keer op. Maar als ik hem oppak om samen een spelletje of zo te doen, is dat ook weer niet de bedoeling. Dan ziet hij weer wat en dát is wat hij dan weer wil en waar hij zich weer mekkerend naartoe duwt. Het lijkt wel of hij twee dingen wil: "mij" en "exploreren". Maar van het laatste maakt hij liefst een bende. Hij grijpt alles vrij "ruw" en smijt het aan de kant. Zo werkt hij het liefst het hele huis af. Ik had hem graag wat "knuffeliger" gewild. Wat kletsen, 'n spelletje: gewoon meer gezellig samen iets doen. En wat lachen. Het enige wat ik nu doe is voorkómen dat er ongelukken gebeuren. Soms heb ik het gevoel dat ik zelf niet "aan mijn trekken kom"." **THIJS,** WEEK 32

Moeders die jongens en meisjes hebben, vinden meestal dat je met een meisje meer 'kunt doen'. Dat je beter aanvoelt wat een meisje wil. Dat de interesses meer dezelfde zijn. Dat het gezelliger is.

"Met haar kan ik meer "moedertje" spelen. Samen van alles doen. Als ik praat, luistert ze echt. Ze geniet van spelletjes en vraagt om meer. Haar broer was meer zelf bezig. Dit is knusser." **EEFJE,** WEEK 33

VOORUITGANG BEVORDEREN DOOR EISEN TE STELLEN

Ook het afleren van oude gewoontes en het aanleren van nieuwe regels horen bij de uitwerking van ieder nieuw vermogen. Dat, wat je baby nu nieuw begrijpt, kun je ook van hem eisen. Niet meer, maar ook niet minder. Als je baby bezig is het vermogen tot het waarnemen van en spelen met 'relaties' uit te werken, kan hij ook gedrag gaan vertonen dat je ergert. Dat komt doordat de oude manier van doen en de ingesleten gedragsregels niet langer overeenstemmen met de huidige vooruitgang van je baby. Om de vrede te herstellen moeten ouder en kind over nieuwe regels onderhandelen.
Eerst maken ouders zich ongerust als hun baby weer lastig wordt. Ze raken echter geïrriteerd als ze ontdekken dat er niets mis is met hem en hij in feite juist meer kan. Dan eisen ze van hun baby dat hij ook doet wat hij kan. Daarmee bevorderen ze zijn vooruitgang.

Constant hangen aan papa of mama is lastig Ouders gaan zich geleidelijk aan meer ergeren als ze niet de gelegenheid krijgen met hun normale (huishoudelijke) bezigheden door te gaan. Als hun baby 29 weken oud is geweest, proberen de meeste ouders de afstand langzaam te vergroten door de baby af te leiden, even te laten huilen of door hem in bed te leggen.
Houd rekening met wat je baby aankan. Voor hem kan deze periode ook beangstigend zijn.

"Vreselijk irritant zoals hij rond mijn benen hangt als ik moet koken. Het lijkt wel of hij dan juist nog vervelender is. Heb hem toen in bed gelegd." **RUDOLF,** WEEK 30

Irritaties rond maaltijden Op deze leeftijd dringt het tot baby's door dat het ene voedsel lekkerder is dan het andere. En waarom zou hij dan niet het lekkere kiezen?
Veel ouders vinden het eerst grappig en dan snel vervelend als de baby niet alles meer lust. Ze vragen zich af of de baby wel genoeg binnenkrijgt. Ze leiden de lastige eter af, om op een onverwacht moment een lepel in zijn mond te proppen. Of ze lopen de hele dag met 'eten' achter hem aan. Doe dat niet. Baby's met een sterke eigen wil verzetten zich steeds feller tegen iets wat hun wordt opgedrongen. En een bezorgde ouder reageert daar dan weer op. Maaltijden worden zo een hele strijd. Stop die strijd. Een baby die niet wil eten, kun je niet dwingen te slikken. Probeer dat dan ook niet. Als je dat wel doet, zul je zijn afkeer tegen alles wat met eten te maken heeft vergroten. Stap over op een andere tactiek en maak daarbij gebruik van de nieuwste vaardigheden van de baby. Hij kan nu tussen duim en wijsvinger iets vastpakken, maar hij heeft nog een hoop oefening nodig. Het is dus goed voor zijn coördinatie om zelf te eten. Hij wil eigen beslissingen nemen en de vrijheid om zelf te eten maakt het eten plezieriger. Speel daarop in. Laat hem ook zelf eten terwijl je hem voert. Dat kan nogal een rommeltje worden, maar moedig het wel aan. Leg steeds twee stukjes op zijn bordje, zodat hij zelf ook bezig is. Meestal laat hij zich dan tussendoor makkelijk voeren. Je kunt je baby's plezier nog verhogen door hem voor een spiegel te laten eten. Hij kan dan zien hoe hijzelf iets in zijn mond steekt. Hoe jij iets in jouw mond steekt en hoe jij het in zijn mond steekt. Maak je geen zorgen als het niet meteen goed gaat. Veel baby's gaan door eetproblemen heen. En ze komen er ook weer uit.
Ook gewoontes bij het eten worden door de ene ouder als ergerlijk ervaren, terwijl de andere ze heel normaal vindt.

"Wat me mateloos irriteert, is dat ze na iedere hap eten haar duim in haar mond wil stoppen. Mag ze niet van mij! Klein strijdpuntje!" **ASHLEY,** WEEK 29

"Ik heb hem altijd aan de borst in slaap gesust. Maar ik erger me daar nu aan. Ik vind hem nu groot genoeg om gewoon naar bed te gaan. Mijn man wil hem er ook wel eens in leggen en dat kan nu niet. Je weet trouwens nooit, het kan wel eens door een ander móéten gebeuren. Ik ben nu begonnen hem eraan te wennen om één keer per dag gewoon in bed gelegd te worden. Hij protesteert wel." **THIJS,** WEEK 31

Overal aankomen en niet luisteren is lastig Veel ouders moeten ineens veel vaker dingen verbieden als de baby bezig is met de uitwerking van de sprong. Zeker een kruipende baby komt overal aan.

"Ik moet constant dingen verbieden. Ze raast van het een naar het ander. In trek waren vooral het wijnrek, de video, mijn handwerkpakket, kasten en planken of schoenen. Een andere hobby was het omvertrekken van planten, planten uitgraven en kattenbrokjes eten. Ik kan haar blijven waarschuwen. Dus heb ik haar ook wel eens een tik gegeven als ik het genoeg vond." **JETTEKE,** WEEK 31

Je baby leert niets van een corrigerende tik. Bovendien is het slaan van een baby, ook al is het een corrigerende tik, natuurlijk niet acceptabel. Haal je baby liever uit de buurt van dingen die hij omver kan trekken. En zeg duidelijk 'nee' als hij iets fouts doet.

Ongeduldig zijn is lastig Baby's kunnen ongeduldig zijn om meerdere redenen. Ze willen niet wachten met eten. Ze worden boos als iets niet lukt. Als iets verboden wordt. Als mama niet gauw genoeg naar ze kijkt.

"Ze wordt erg ongeduldig. Ze wil alles hebben en wordt ontzettend boos als ze ergens niet bij kan en ik "nee" zeg. Dan zet ze het echt op een krijsen. Dat irriteert me en dan denk ik dat ze het doet omdat ik werk. Bij de oppas is ze veel liever." **LAURA,** WEEK 31

"Ik heb haar deze week in bed gelegd toen ze vreselijk zat te mopperen en te schreeuwen tijdens het eten geven. Het gaat haar dan niet snel genoeg en dan begint ze na elke hap te schreeuwen en te draaien en te wriemelen, enzovoort. Toen ik na een minuut of vijf mijn boosheid kwijt was, zijn we weer verdergegaan. En iedereen was bedaard."

ASHLEY, WEEK 28

SPELTOPPERS VAN 'RELATIES'

Dit zijn spelletjes en oefeningen die inspelen op het nieuwe vermogen en die bij bijna alle baby's tussen 26-34 (plus of minus 1-2) weken oud favoriet zijn.

KIEKEBOE EN VERSTOPSPELLETJES

Op deze leeftijd is dit een heel geliefd spelletje. Het kan eindeloos worden gevarieerd.

Kiekeboe met een zakdoek

Leg een zakdoek over je hoofd en kijk of de baby die eraf trekt. Ondertussen kun je vragen: 'Waar is mama dan?' Je baby weet dan dat je er nog bent, want hij kan je horen. Als hij geen poging doet om de zakdoek weg te trekken, pak je zijn hand en trek je samen de zakdoek eraf. Zeg 'kiekeboe' als je tevoorschijn komt.

Kiekeboe met variatie

Bedek je gezicht met je handen en haal ze weg, of duik eens op van achter een krant of boek dat je tussen jou en de baby houdt. Ook tevoorschijn komen van achter een plant of onder een tafel vandaan vinden baby's leuk. Ze kunnen immers stukjes van je blijven zien.

Verstop je ook eens helemaal

Verstop jezelf op een opvallende plaats, bijvoorbeeld achter een gordijn. Hij kan dan de bewegingen van het gordijn blijven volgen. Zorg dat je baby ziet dat je verdwijnt. Kondig bijvoorbeeld aan dat jij je verstopt (voor niet-kruipers) of dat hij je moet komen zoeken (bij kruipers). Als hij niet gekeken heeft of even werd afgeleid door iets anders, roep dan zijn naam. Doe het ook eens in de deuropening. Hij leert op deze manier dat 'weggaan' wordt gevolgd door 'terugkomen'. Beloon hem iedere keer als hij je gevonden heeft. Til hem hoog op of knuffel hem, net wat hij het fijnst vindt.

>>

Waar is de baby?
Veel baby's ontdekken zelf dat ze zich achter of onder iets kunnen verstoppen. Meestal beginnen ze met zelf een doekje of kledingstuk te pakken als ze verschoond worden. Ga daar altijd op in. Hij leert zo dat hij de actieve partij kan worden in een spelletje.

Speelgoed verstoppen
Verstop ook eens speeltjes onder een zakdoek. Je moet dan wel iets nemen wat je baby leuk vindt, of iets waar hij aan gehecht is. Laat hem zien waar en hoe je het verstopt. En maak het de eerste keer makkelijk voor hem. Zorg dat hij een klein stukje van het speeltje kan blijven zien.

Speelgoed verstoppen in bad
Gebruik badschuim in bad en laat je baby ermee spelen. Verstop dan ook eens speelgoed onder het schuim en nodig hem uit om het te zoeken. Als hij kan blazen, blaas dan eens in het schuim. Geef dan een rietje en lok hem uit hetzelfde te doen.

PRATEN AANMOEDIGEN
Je kunt praten aantrekkelijk maken door veel tegen hem te praten, naar hem te luisteren, samen boekjes te 'lezen' en fluister-, zang- en woordspelletjes met hem te spelen.

Samen prentenboeken kijken
Neem je baby op schoot, dat vindt hij meestal het gezelligst. Laat hem een boekje kiezen dat je samen gaat bekijken. Benoem wat je baby ziet. Als je een dierenboekje leest, imiteer dan ook de geluiden die dat dier maakt. Baby's vinden het meestal heerlijk om moeder te horen blaffen, loeien en kwaken. Het zijn trouwens geluiden die je baby ook kan imiteren. Hij kan dan écht meedoen. Laat hem de bladzijden zelf omslaan als hij dat wil.

Fluisterspelletje
De meeste baby's vinden het prachtig als er klanken of woorden in hun oor worden gefluisterd. Misschien mede omdat baby's nu zelf kunnen leren blazen en ze daardoor extra geïnteresseerd zijn in kleine blaasstootjes, die in hun oor kietelen.

ZANG- EN BEWEGINGSSPELLETJES
Deze spelletjes kun je gebruiken om zowel het praten als het zingen aan te moedigen. Ook het evenwicht bewaren wordt ermee geoefend.

>>

Hop, hop, hop, mijn paardje

Zet je baby rechtop op je knieën met zijn gezicht naar je toe. Steun hem onder de armen en hobbel hem zachtjes op en neer zingend:

Hop, hop, hop, mijn paardje,
Is er iemand thuis?
(als je baby 'ja' kan knikken, lok hem dan daartoe uit)
Ja, mijn kleine (baby's naam),
Die past op het huis.

Zo gaat een herenpaard

Zet je baby rechtop op je knieën met zijn gezicht naar je toe. Steun hem onder de armen en zeg het volgende versje op:

Zo gaat een herenpaard, een herenpaard, een herenpaard,
(Praat langzaam en statig en hobbel langzaam en statig op en neer)
Zo gaat een damespaard, een damespaard, een damespaard,
(Praat sneller en hobbel sneller op en neer)
Zo gaat een boerenknol, een boerenknol, een boerenknol, (Praat vermoeid en beweeg je baby naar links en naar rechts)
Gat in de weg.
(Het gat komt als een 'verrassing'. Doe je knieën uit elkaar en laat je baby een stukje naar beneden glijden)

EVENWICHTSSPELLETJES

Veel zangspelletjes zijn ook evenwichtsspelletjes.

Zitspelletje

Ga makkelijk zitten. Neem je baby op je knieën. Pak zijn handen en beweeg hem zachtjes naar links en naar rechts, zodat hij steeds op één bil zit. Laat hem ook eens voorzichtig vóórover en achterover hellen. Baby's vinden dat laatste het spannendst. Je kunt hem ook rond bewegen. Dus naar links, achterover naar rechts en naar voren. Pas je aan je baby aan. Het moet nét spannend genoeg zijn. Er bestaat een liedje dat je zou kunnen zingen, als je deze oefening doet: 'Van vóór naar achter van links naar rechts.' Maar je kunt hem ook de slinger van een klok laten zijn. Zeg dan: 'Bim, bam, bim, bam,' bij iedere volgende beweging.

>>

Staspelletje
Ga tegenover je baby op je knieën zitten. Pak zijn handen of heupen en beweeg hem zachtjes naar links en naar rechts, zodat hij steeds op één been staat. Doe hetzelfde ook van vóór naar achter. Pas je aan je baby aan. Het moet hem net genoeg uitdagen om zelf zijn balans te zoeken.

Vliegen
Pak je baby stevig vast en laat hem door de kamer 'vliegen'. Laat hem stijgen en dalen. Laat hem naar rechts en links draaien. Laat hem kleine rondjes vliegen en rechte stukken. En laat hem ook eens áchteruitgaan. Varieer zo veel mogelijk en varieer ook in de snelheid. Als je baby het leuk vindt, laat hem dan ook eens voorzichtig 'op de kop' landen. Natuurlijk begeleid je de hele vlucht met een gevarieerd zoem-, brom- of gilgeluid.

Op de kop staan
Stoeikunstjes zijn favoriet bij de meeste lichamelijk actieve baby's. Toch zijn er ook baby's voor wie het 'op de kop' staan té spannend is. Speel het dus alleen als je baby er plezier aan beleeft. Het is een goede gymnastiek voor hem.

SPELEN MET SPEELGOED
De leukste spelletjes zijn nu kasten en planken leeghalen, speeltjes weggooien en speeltjes laten vallen.

Baby's eigen kastje
Richt een kastje in voor je baby en stop dat vol spullen die je baby superaantrekkelijk vindt. Dat zijn meestal lege doosjes, lege eierdozen, lege wc-rollen, plastic borden, doorzichtige plastic flesjes met iets erin. Verder dingen waar veel herrie mee gemaakt kan worden, zoals een pan, houten lepels en een oude sleutelbos.

Iets kletterend laten vallen
Baby's horen graag een hoop lawaai als ze iets laten vallen. Als je baby erg weinig doet in die richting, zou je 'iets laten vallen' aantrekkelijker voor hem kunnen maken. Zet je baby in de kinderstoel en leg een metalen dienblad op de grond. Geef hem blokjes aan, die hij dan gericht op dat blad moet laten vallen.

Laten vallen en zelf ophalen
Zet je baby in de kinderstoel. Bind aan een kort touwtje enkele speeltjes vast. Als hij ze overboord gooit, leer hem dan hoe hij ze weer omhoog kan hijsen. >>

SAMEN OP DE FIETS
Je baby zit graag vóór op de fiets. Zorg ervoor dat hij in een stevig zitje zit, zodat zijn rug steun heeft. Vertel hem wat hij ziet en stop even als je merkt dat hij iets beter wil bekijken. Je kunt ook een windmolentje aan het stuur binden.

BABYZWEMMEN
Veel baby's vinden het heerlijk om in het water te spelen. Sommige zwembaden hebben speciale verwarmde baden voor jonge kinderen. Of speciale uren waarop een groepje baby's met hun moeders spelletjes doen in het water.

NAAR DE KINDERBOERDERIJ
Een bezoekje aan de kinderboerderij, een hertenkamp of eendenvijver kan heel spannend zijn voor je baby. Hij ziet de dieren uit zijn prentenboek. Hij kijkt graag naar waggelende, trippelende of springende manieren van lopen. En wat hij bijzonder graag doet, is de dieren voeren en kijken hoe ze eten.

SPEELGOED EN HUISRAAD DAT HET MEEST BOEIT

Dit zijn speeltjes en spulletjes die inspelen op het nieuwe vermogen en die bij bijna alle baby's tussen 26-34 (plus of minus 1-2) weken oud favoriet zijn:

- EIGEN KASTJE OF PLANK.
- DEUREN.
- KARTONNEN DOZEN IN ALLERLEI FORMATEN, DENK OOK EENS AAN EEN LEGE EIERDOOS.
- HOUTEN LEPELS.
- STAPELBEKERS (RONDE).
- HOUTEN BLOKKEN.
- FISHER PRICE-KRALEN.
- DUPLO-STENEN.
- BAL DIE ZO LICHT IS DAT HIJ HEM KAN ROLLEN.
- PRENTENBOEKEN.
- FOTOBOEKEN.
- CD.

>>

- BADSPULLETJES: DINGEN OM TE VULLEN EN LEEG TE GIETEN, ZOALS PLASTIC FLESJES, PLASTIC BEKERS, PLASTIC VERGIET, TRECHTER.
- AUTO MET WIELEN DIE KUNNEN DRAAIEN, DEUREN DIE GEOPEND KUNNEN WORDEN.
- KNUFFEL DIE GELUID MAAKT ALS JE HEM OMDRAAIT.
- PIEPBEESTJE.
- TROMMEL.
- (SPEELGOED)PIANO.
- (SPEELGOED)TELEFOON.

LET OP! ZET WEG OF BEVEILIG

- STOPCONTACTEN.
- STEKKERS.
- SNOEREN.
- SLEUTELBOSSEN.
- AFVOERPUTJES.
- TRAPPEN.
- FLESJES (ZOALS PARFUM, NAGELLAK, 'REMOVER').
- TUBES.
- GELUIDSINSTALLATIES.
- AFSTANDSBEDIENING, TELEVISIE, VIDEO EN DVD.
- PLANTEN.
- (PRULLEN)BAKKEN.
- WEKKERS EN HORLOGES.

DE SPRONG IS GENOMEN

Tussen 30 en 35 weken breekt weer een makkelijke periode aan. Dan wordt de baby één tot drie weken lang geprezen om zijn vrolijkheid, zelfstandigheid en zijn vooruitgang.

"Haar eenkennigheid wordt steeds minder. Ze lacht veel. En ze kan zichzelf goed vermaken. Ze is weer heel beweeglijk en ondernemend. Eigenlijk begon deze verandering vorige week al, maar hij gaat nog steeds door." **XARA,** WEEK 33

“*Doordat ze zo lief was, leek het een heel ander kind. Voorheen huilde en dreinde ze nogal vaak. Ook de manier waarop ze verhalen vertelt is bijzonder leuk. Het is eigenlijk al een kleine peuter, zoals ze door de kamer stapt achter haar doos aan.*” **JETTEKE,** WEEK 35

“*Dirk was bijzonder vrolijk, dus was het niet moeilijk om van hem te genieten. Het doet me ook goed dat hij lichamelijk wat actiever en levendiger wordt. Maar als hij mensen kan observeren, is hij op zijn best. Hij is ook zeer praterig. Een zalig jochie.*” **DIRK,** WEEK 30

“*Ze is duidelijk groter en ouder geworden. Ze reageert op alles wat we doen. Ze volgt alles. Ze wil overigens ook alles hebben wat wij hebben. Je zou bijna zeggen: "Ze wil er duidelijk bij horen".*” **ASHLEY,** WEEK 34

“*Heerlijk, wat rust na een lange periode vol veranderingen. Een heerlijk weekje. Hij is weer veranderd. Hij huilt minder, slaapt méér. Wéér ontstaat er een bepaald ritme, voor de zoveelste keer. Ik praat veel meer met hem. Ik merk dat ik alles uitleg wat ik doe. Als ik zijn fles ga klaarmaken, zeg ik dat. Als hij naar bed gaat, zeg ik dat hij lekker gaat slapen en dat ik in de kamer zit en hem er straks weer uithaal. Ik vertel waarom hij even moet slapen. En dat vertellen doet me goed. De kinderopvang gaat nu ook goed.*” **BOB,** WEEK 30

“*Mijn contact met hem voelt anders aan. Alsof de navelstreng nu is doorgeknipt. Het totaal afhankelijke is er ook af. Ik vertrouw hem makkelijker aan een oppas toe. Ik merk ook dat ik hem meer zelfstandigheid geef. Ik zit er minder bovenop.*” **BOB,** WEEK 31

“*Een gezellige week. Hij is vrolijk, kan zich vrij goed alleen amuseren met zijn speelgoed. Op de kinderopvang blijft 't prima gaan. Hij reageert vrolijk op andere kinderen. Eet prima. Het is een lekker kereltje, is veel meer een eigen persoontje.*” **BOB,** WEEK 32

HOOFDSTUK

8

SPRONG 6

LIEF EN LEED
ROND 37 WEKEN
OFWEL 8 ½ MAAND

Rond 37 (36-40) weken begin je te merken dat je baby er een nieuw vermogen bij heeft gekregen. Je ontdekt dat hij dingen doet of wil doen die nieuw voor hem zijn. Hij laat daarmee zien dat zijn ontwikkeling een sprongetje maakt. Op deze leeftijd lijken je baby's verkenningen erg systematisch. Je kleine doerak pikt bijvoorbeeld kruimels van de grond en bestudeert ze nauwgezet tussen duim en wijsvinger. Of je ontluikende 'chef de cuisine' herschikt het voedsel op zijn bord door uit te proberen hoe een banaan fijngeknepen kan worden of hoe de spinazie tussen zijn vingers door geperst kan worden. Met een ernstige uitdrukking op zijn gezicht gaat hij helemaal op in zijn onderzoek. En dat is het precies: onderzoek dat je kleine wetenschapper in staat stelt zijn wereld in categorieën in te delen.
Je baby heeft die sprong al eerder gevoeld. Rond 34 (32-37) weken wordt je baby weer hangeriger dan hij de laatste één tot drie weken was. Zijn hersengolven vertonen drastische veranderingen rond deze leeftijd. Ook de hoofdomvang neemt drastisch toe en de suikerstofwisseling in de hersenen verandert. Hij merkt dat zijn wereld anders is dan hij dacht, dat hij hem anders beleeft dan hij gewend is. Hij merkt dat hij dingen ziet, hoort, ruikt, proeft en voelt die onbekend voor hem zijn. Hij raakt daardoor van slag en klampt zich zo goed als hij kan vast aan de meest vertrouwde, veilige plek die hij kent. Papa of mama. Deze hangerige periode duurt bij de meeste baby's vier weken, maar kan ook drie tot zes weken duren.

OM TE ONTHOUDEN

Als jouw baby 'hangerig' is, let dan alvast op nieuwe vaardigheden of pogingen daartoe.

DE SPRONG KONDIGT ZICH AAN: **TERUG NAAR PAPA OF MAMA**

Alle baby's zijn huileriger dan ze de laatste week of weken waren. Ze worden mopperig, zeurderig, pieperig, dreinerig, chagrijnig, ontevreden, ongedurig, onrustig en ongeduldig genoemd. Eigenlijk heel begrijpelijk.
De baby's staan nu onder extra spanning. Sinds de vorige sprong begrijpen baby's dat ouders de afstand tussen hen vergroten als ze weg-

lopen. Aanvankelijk hadden veel baby's het daar tijdelijk moeilijk mee, maar door de weken heen hebben zij er, op hun eigen manier, mee leren omgaan. En het leek juist makkelijker te gaan, tot de nieuwste sprong roet in het eten gooide. Hij wil 'bij papa of mama blijven', maar beseft ook heel goed dat papa of mama weg kan lopen als hij of zij dat wil. Dit maakt hem extra onzeker. Het verhoogt zijn spanning. Hij is dus extra ongedurig, onrustig en lastig.

“*De laatste dagen wil ze alleen maar op schoot zijn. Overigens zonder duidelijke reden. Als ik haar niet draag, huilt ze. Als we met de wagen op stap zijn en ze denkt maar dat ik stilsta, wil ze al op de arm.*” **ASHLEY,** WEEK 34

“*Ze was mopperig, leek zich te vervelen. Alles wordt even opgepakt en weer weggegooid.*” **LAURA,** WEEK 35

“*Als ze bij iemand op schoot zit, is het altijd goed. Anders huilt ze veel. Ze is wat onrustiger, ben ik niet van haar gewend. Ze is het gauw zat in de box, in haar stoeltje of op de grond.*” **EEFJE,** WEEK 34

Alle baby's huilen minder als ze bij papa of mama zijn. Vooral als ook al hun aandacht op hen gericht is. Dus als hij ze helemaal alleen voor zichzelf heeft.

“*Hij was huilerig, niet te genieten. Als ik maar bij hem bleef of hem op schoot nam was 't goed. Heb hem verschillende keren in bed gestopt toen ik genoeg van hem kreeg.*” **DIRK,** WEEK 36

HOE MERK JE DAT JE BABY 'BIJ PAPA OF MAMA WIL BLIJVEN'?

Hangt hij (vaker) aan je? Niet-kruipers die bang zijn als hun ouders rondlopen, kunnen niet anders doen dan huilen. Iedere stap die ze doen, betekent voor sommige baby's echt paniek. Kruipbaby's kunnen zelf bij hen blijven. Soms klampen ze zich zo stevig aan hun papa of mama vast, dat die nauwelijks een stap kunnen zetten.

“Nog een moeilijke week. Veel gehuil. Hij hangt letterlijk aan mij. Ga ik de kamer uit, dan is het huilen en achter me aan komen. Als ik aan 't koken ben, kruipt hij achter me, grijpt mijn benen vast en gaat zo tegen me aan staan, dat ik geen stap meer kan verzetten. Het 's avonds naar bed gaan is ook weer "kermis". Hij slaapt dan ook laat in. Hij speelt alleen als ik met hem speel. Af en toe werd het me weer te veel.”
BOB, WEEK 38

“Op het ogenblik is zij een moederskindje. Zolang ze me ziet, is het goed. Anders begint ze te huilen.” **JETTEKE,** WEEK 38

“Ik noem haar "klitje", ze hangt aan moeders broeken. Ze wil weer constant rond, aan en op me zijn.” **XARA,** WEEK 36

Is hij eenkennig? De wens om dicht bij papa of mama te zijn wordt nog duidelijker als anderen in de buurt zijn. Soms ook als dat broers en zussen zijn. Vaak mag alléén papa of mama naar hem kijken, tegen hem praten. En papa of mama is bijna altijd de enige die hem mag aanraken.

“Ze wordt weer meer eenkennig.” **ODINE,** WEEK 34

“Als vreemde mensen tegen hem praten of hem vastpakken, gaat hij direct huilen.”
PAUL, WEEK 34

“Als iemand komt, racet hij op schoot, buik tegen buik, klampt zich vast en kijkt dan wie er is.” **RUDOLF,** WEEK 34

“Ze is weer eenkennig, of liever angstig, als iemand haar wil aanraken of oppakken.”
XARA, WEEK 36

Wil hij niet dat je het lichaamscontact verbreekt? Sommige baby's houden papa of mama extra stevig vast als ze op schoot zitten of gedragen worden. Andere reageren nijdig als ze onverwacht worden neergezet.

“Ze wordt kwaad als ik haar even neerzet. Als ik haar dan weer oppak, knijpt ze altijd even. Als de hond in de buurt is, knijpt ze hem al voordat ik haar oppak.” **XARA,** WEEK 35

“Hij wil graag gedragen worden en klampt zich dan opvallend stevig vast in mijn nek of aan mijn haren.” **THIJS,** WEEK 36

“Het is net of er iets met haar bed is. Ik breng haar in een diepe slaap naar boven en zij hoeft de matras maar te voelen of haar ogen gaan open. Brullen!.” **LAURA,** WEEK 33

Wil hij (vaker) beziggehouden worden? De meeste baby's gaan meer aandacht vragen. Zelfs de makkelijke baby's zijn niet altijd tevreden als ze alleen zijn. Sommige baby's zijn pas tevreden als papa of mama helemaal op hen gericht is. Zo'n baby wil dan dat papa en mama alleen maar oog voor hém hebben en dat ze hém in zijn spel volgen. Hij wordt dan ook prompt lastiger als papa of mama aandacht heeft voor iets of iemand anders. Je zou kunnen zeggen: hij is jaloers.

“Als ik met andere mensen praat, gaat hij heel hard gillen om aandacht.” **PAUL,** WEEK 36

“Hij krijgt moeite met alleen in de box liggen. Gaat nu duidelijk aandacht vragen. Hij heeft graag mensen om zich heen.” **DIRK,** WEEK 34

WEEK 37

Slaapt hij slechter? De meeste baby's slapen minder. Ze willen niet naar bed, komen moeilijker in slaap en ze zijn eerder wakker. Sommigen zijn vooral overdag lastige slapers. Anderen 's nachts. Weer anderen zijn 's nachts en overdag langer wakker.

“Hij wordt vaak 's nachts wakker. Ligt soms anderhalf uur te spelen om drie uur 's nachts.” **THIJS,** WEEK 33

“Ze is 's avonds lang wakker, wil niet naar bed. Ze slaapt weinig.” **ODINE,** WEEK 35

“Ze huilt zich tegenwoordig in slaap.” **JULIETTE,** WEEK 33

Heeft hij 'nachtmerries'? Baby's kunnen heel onrustig zijn in hun slaap. Ze kunnen soms zo tekeergaan, dat je denkt dat ze een nachtmerrie hebben.

"Hij wordt vaak 's nachts wakker. Eén keer leek het erop dat hij droomde." **PAUL,** WEEK 37

"Ze wordt 's avonds steeds hard gillend wakker. Als ik haar uit bed til, is ze weer stil. Dan leg ik haar weer terug en slaapt ze verder." **XARA,** WEEK 35

Is hij overdreven lief? Op deze leeftijd zie je voor het eerst dat baby's die hangerig zijn, ook een heel andere tactiek uitproberen om dicht bij papa of mama te kunnen blijven. In plaats van zeuren en huilen, gooien ze het over een andere boeg en kussen en knuffelen je soms tot moes. Vaak wisselen ze 'lastig' en 'lief' om aandacht vragen af. Ouders van niet-knuffelige baby's vinden het heerlijk als de baby eindelijk eens lekker bij hen komt zitten!

"Soms wilde ze niets. Een andere keer was ze juist erg "knuffelig"." **ASHLEY,** WEEK 36

"Hij is aanhankelijker dan hij ooit geweest is. Als ik in de buurt kom, grijpt hij zich vast in een innige omhelzing. Mijn nek zit vol rode plekken van het "vrijen" en het "vastklampen". Hij is ook niet meer zo "weggaanderig". Hij zit nu ook wel eens stil en dan kan ik met hem een boekje lezen. Ik vind dat wel prettig. Eindelijk wil hij ook eens met mij spelen." **THIJS,** WEEK 35

"Zijn hangerigheid uit zich in liever en aanhankelijker zijn, lekker vaak bij je komen zitten, zich tegen je aan nestelen, tussen ons in komen liggen in bed. De omgeving vindt dat "incest". Maar zolang hij dat nog wil, genieten wij nog lekker van hem." **STEVEN,** WEEK 36

Is hij 'stiller'? Soms is de baby tijdelijk wat rustiger. Soms hoor je hem minder 'kletsen' of zie je hem minder bewegen en spelen. Een andere keer kan hij even met alles stoppen en staart hij wat in de verte.

“Hij is stiller, kijkt vaak wat dromerig voor zich uit. Ik heb de indruk dat hem iets in de weg zit. Dat hij ziek wordt of zo.” **STEVEN,** WEEK 36

Wil hij niet verschoond worden? De meeste baby's zeuren, krijsen, draaien, zijn ongeduldig en ongedurig als ze worden neergelegd om aangekleed, uitgekleed of verschoond te worden.

“Uitkleden, aankleden en luiers verschonen zijn een ramp. Ze krijst al zo gauw ze neergelegd wordt. Ik word daar niet goed van. Hopeloos.” **JULIETTE,** WEEK 35

“Ze heeft een hekel aan uit- en aankleden gekregen. Ze gaat meestal verschrikkelijk tekeer.” **XARA,** WEEK 36

Gedraagt hij zich babyachtiger? Voor het eerst ontdekken sommige ouders nu dat een verdwenen babygedrag weer de kop opsteekt. Op latere leeftijd zal zo'n 'terugval naar babyachtiger zijn' steeds duidelijker worden. Ouders zien zo'n terugval niet graag. Het maakt hen onzeker. Toch zijn deze terugvallen heel gewoon. Ze komen in alle 'hangerige perioden' voor.

“Ze valt 's avonds met moeite in slaap. Ze huilt dan op de manier waarop ze huilde toen ze net geboren was.” **JULIETTE,** WEEK 32

“Ik moet hem weer elke avond in slaap wiegen en zingen, net als ik vroeger deed.” **STEVEN,** WEEK 35

BABY VAN SLAG: HOE KUN JE DAT MERKEN?

- HUILT VAKER. IS VAKER CHAGRIJNIG, MOPPERIG, DREINERIG.
- IS HET ENE MOMENT VROLIJK EN HET VOLGENDE HUILERIG.
- WIL VAKER BEZIGGEHOUDEN WORDEN.
- HANGT (VAKER) AAN JE.
- IS 'OVERDREVEN' LIEF.
- KRIJGT (VAKER) DRIFTBUIEN.
- IS (VAKER) EENKENNIG.
- PROTESTEERT WANNEER JE LICHAAMSCONTACT VERBREEKT.
- SLAAPT SLECHTER.
- HEEFT (VAKER) 'NACHTMERRIES'.
- EET SLECHTER.
- 'KLETST' MINDER.
- IS MINDER BEWEEGLIJK.
- ZIT SOMS STILLETJES TE DROMEN.
- WIL NIET VERSCHOOND WORDEN.
- ZUIGT (VAKER) OP DE DUIM.
- PAKT (VAKER) EEN KNUFFEL.
- GEDRAAGT ZICH BABYACHTIGER.

Eet hij slechter? Veel baby's lijken minder geïnteresseerd in eten en drinken. Sommigen lijken geen honger te hebben en slaan vastberaden een maaltijd over. Anderen willen alleen datgene eten wat ze zelf in hun mond stoppen. Weer anderen zijn kieskeurig en zitten te knoeien en te spugen. De meesten doen dan ook langer over een maaltijd.
Baby's kunnen ook ongedurig zijn tijdens de maaltijd. Niet willen eten als het er is, en wél willen als het wordt weggezet. Of ze willen de ene dag veel en de andere dag niets eten. Alle variaties komen voor.

"Hij weigerde drie dagen lang de borst. Vreselijk, ik barstte. Juist toen ik bedacht had dat het misschien toch tijd werd dat ik eens wat borstvoeding minderde nu de T-shirt-tijd in aantocht was, wilde hij weer de hele dag drinken. En toen was ik weer bang dat ik niet genoeg had, want hij at niets anders meer. Maar het schijnt goed te gaan. Hij heeft geen commentaar." **THIJS,** WEEK 34

ZORGEN[7], IRRITATIES EN RUZIES

Ouders voelen zich onzeker Ouders maken zich vaak zorgen als ze merken dat de baby van slag is. Ze willen begrijpen waarom hij zich gedraagt zoals hij doet. Als ouders voor zichzelf een goede reden hebben gevonden, stelt hen dat gerust. Op deze leeftijd zijn dat meestal 'doorkomende' tanden.

"Haar boventandjes zitten haar dwars. Ze wil steeds maar dat ik iets met haar doe. Zoals wandelen of spelen." **EEFJE,** WEEK 34: HAAR EERSTVOLGENDE TAND KWAM PAS IN WEEK 42.

"Hij kon wel bang zijn. Wordt 's nachts huilend wakker. Soms wel drie keer en is dan bijna niet te bedaren. Alleen bij ons in bed slaapt hij weer in." **STEVEN,** WEEK 33

WEEK 37

Ouders raken uitgeput Ouders van baby's die veel aandacht vragen en weinig slapen, voelen zich intens moe. Tegen het einde van de hangerige periode denken sommigen het niet lang meer zo vol te kunnen houden. Daarbij klagen sommige ouders ook nog over hoofdpijn, rugpijn en misselijkheid.

"Ik word er wel eens moedeloos van als ze tot middernacht wakker blijft. Ook al speelt ze nog zo vrolijk. Als ze dan eindelijk slaapt, stort ik helemaal in. Voel me dan leeggezogen en kan niet meer nadenken. Krijg van mijn man geen enkele steun. Hij wordt boos dat ik zoveel aandacht aan haar geef. Hij denkt: laat maar janken." **NINA,** WEEK 37

"De dag is lang als hij uit zijn hum is, veel huilt en pruilt." **BOB,** WEEK 35

7. *Vraag bij twijfel altijd advies aan je huisarts of het consultatiebureau.*

Ouders ergeren zich en doen er ook wat aan Bijna alle ouders ergeren zich steeds vaker aan het gedrag van de baby in de hangerige periode. Ze ergeren zich aan het ongedurige, ongeduldige huilen, dreinen, drammen en zeuren om lichaamscontact of aandacht. Ze ergeren zich aan het geklit, aan de moeite die het kost om hem te verschonen of te verkleden en aan het dan wel en dan niet willen eten.

“*Toen ze weer ’ns zo’n bui had (niets wilde en onrustig was), heb ik haar in bed gelegd. Ik word er moe van, geïrriteerd.*” **JETTEKE**, WEEK 37

“*Met aankleden heb ik haar even flink neergelegd. Ik kon dat gejammer en gewriemel niet meer hebben. Ze zat trouwens de hele dag al te “piepen”, in de box, in de stoel en in bed.*” **JULIETTE,** WEEK 35

“*Toen hij zo ongedurig was tijdens het verschonen, heb ik hem in zijn kamertje op de grond gezet en alleen gelaten. Hij was meteen stil. Even later kwam hij mij halen met ’n huil. Was toen iets gewilliger.*” **RUDOLF,** WEEK 37

“*Deze week heb ik een keer op hem gemopperd. Hij was zo ontzettend dwingerig aan ’t krijsen, dat ik ineens heel hard en boos riep: “Is ’t nu afgelopen!” Daar schrok hij zó van. Hij keek me eerst met grote ogen aan, daarna ging hij met een naar beneden gebogen hoofdje zitten kijken, alsof hij zich echt schaamde. Dat was zo’n grappig gezicht. Hij was daarna wel heel wat rustiger.*” **PAUL,** WEEK 37

“*Ik heb besloten dat hij niet meer dan twee keer per dag aan de borst mag. Ik ben het zat, dat wispelturige. De ene dag veel, de andere niets. Ook sus ik hem nu thuis niet meer aan de borst in slaap. Dat lukt goed. In een vreemd huis doe ik dat nog wel.*” **THIJS,** WEEK 37

Ruzies Aan het einde van iedere hangerige periode willen de meeste moeders die borstvoeding geven, stoppen. Het dan weer wel en dan weer niet aan de borst willen irriteert hen. Maar ook de dwingende manier waarop de baby telkens weer zijn zin wil doordrijven, maakt dat moeders ‘borstvoeding’ niet meer zien zitten.

"Hij wil de borst wanneer het hém uitkomt. Maar dan ook onmiddellijk. Als het mij even niet uitkomt, krijgt hij zowaar een soort driftbui van nijd. Ik ben bang dat die driftbuien een gewoonte gaan worden. En dat hij straks iedere keer met een krijs- en trappelscène zijn zin doordrijft. Dus stop ik ermee." **STEVEN,** WEEK 36

Ruzies kunnen ook ontstaan als baby en papa of mama 'onderhandelen' over de hoeveelheid lichaamscontact en aandacht die de baby wil hebben en die ze willen geven.

"Ik erger me steeds vaker aan dat vastklampen en dwingende gedrein. Wanneer we ergens op bezoek zijn, wil hij me nauwelijks loslaten. Ik duw hem dan het liefst weg. Doe het soms ook. Maar dat maakt hem alleen maar nijdiger." **RUDOLF,** WEEK 37

HET NIEUWE VERMOGEN BREEKT DOOR

"Ik voel me weer op een dood punt zitten. Zijn speelgoed ligt stil in de hoek. Al langer. Ik heb het gevoel dat ik hem meer impuls moet aanreiken in zijn speelgoed. Ander speelgoed dus dat hem uitdaagt. Buiten is hij heel actief, heeft daar genoeg te zien. Binnenshuis verveelt hij zich." **BOB,** WEEK 36

Als je baby ongeveer 37 weken oud is, ontdek je dat hij rustiger wordt. Dat hij dingen probeert of doet die nieuw zijn. Je merkt dat hij anders omgaat met zijn speelgoed. Andere dingen leuk vindt. Wat geconcentreerder en meer bestuderend bezig is. Dat komt doordat op deze leeftijd bij iedere baby het vermogen tot het waarnemen en zelf maken van 'categorieën' doorbreekt. Je kunt dit vermogen vergelijken met een volgende winkel die wordt geopend en waarin een uitgebreide schakering van categorieënkoopwaar ligt. Jouw baby, met zíjn aanleg, voorkeur en temperament, maakt zijn éígen keuze. Hij kan weer uitgebreid winkelen en zich nieuwe dingen eigen maken. En als volwassene kun je hem daarbij helpen.

DE SPRONG:
DE 'WINKEL VAN DE CATEGORIEËN'

Na het vorige sprongetje ging je baby 'relaties' ontdekken tussen dingen die hij in zijn wereld tegenkwam. Tussen dingen die hij zag, hoorde, rook, proefde en voelde, zowel in de buitenwereld als in en met zijn lichaam. Door dat te doen, leerde hij alles beter kennen. Hij merkte dat hij net zo'n wezen is als papa of mama, dat hij dezelfde bewegingen kan maken als zíj. En dat ze hem na kunnen doen. Dat er andere dingen bestaan die ook kunnen bewegen, maar die dat anders doen. Dat er dingen bestaan die niet uit zichzelf kunnen bewegen. En ga zo maar door.

Als je baby het vermogen krijgt om 'categorieën' waar te nemen en te maken, gaat hij beseffen dat hij zijn wereld in groepjes kan indelen. Het dringt tot hem door dat bepaalde 'dingen' erg op elkaar lijken. Er bijvoorbeeld hetzelfde uitzien, of dat ze hetzelfde geluid maken, eender proeven, ruiken of aanvoelen. Kortom, hij ontdekt dat meerdere dingen dezelfde kenmerken vertonen.
Zo leert hij bijvoorbeeld wat een 'paard' is. Hij merkt dat in die categorie elk paard thuishoort, of het nu wit, bruin of gevlekt is. Hij merkt ook dat het er niet toe doet of het paard nu in de wei staat, op een foto, op een schilderij of in een prentenboek. Of het nu een geboetseerd paard is of een levend paard. Het is en blijft een 'paard'.

Natuurlijk kan je baby niet van de ene op de andere dag zijn wereld indelen in categorieën. Om dat te kunnen moet hij mensen, dieren en dingen goed leren kennen. Hij moet gaan beseffen dat er bepaalde overeenkomsten in 'iets' aanwezig moeten zijn, wil dat 'iets' in een bepaalde categorie passen. Hij moet die overeenkomsten dus opmerken en daar is ervaring voor nodig. Daar is veel oefening en tijd voor nodig. Als je baby het vermogen krijgt tot het waarnemen en zelf maken van categorieën, begint hij daarmee te experimenteren. Hij gaat mensen, dieren en dingen op een bepaalde manier bestuderen. Hij gaat ze bekijken, vergelijken en sorteren op overeenkomsten en ze dan onderbrengen in een bepaalde 'categorie'. Zijn begrip van een 'categorie' is dus het resultaat van veel onderzoek, waarbij je baby als een echte onderzoeker te werk gaat. Waarbij hij overeenkomsten en verschillen bekijkt, beluistert, bevoelt, proeft en uitprobeert. Je baby is een harde werker.

Als je kind straks gaat praten, zul je merken dat hij onze 'categorieën' al lang heeft ontdekt en dat hij deze soms een eigen naam heeft gegeven. Bijvoorbeeld: zijn 'garagehuis' is onze drive-inwoning, zijn 'stapelhuis' onze flat en wat hij een 'verenplant' noemt, kennen wij als varen. Hij is dus zélf bezig geweest met het maken van 'categorieën'. In de naam van de dingen vind je de eigenschap terug die voor hem het meest kenmerkend was.
Al meteen nadat je baby het vermogen heeft gekregen om zijn wereld in 'categorieën' in te delen, begint hij dat ook te doen. Hij test niet alleen wat iets een 'paard', 'hond' of 'beer' doet zijn, maar ook wat iets 'groot', 'klein', 'zwaar', 'licht', 'rond', 'zacht' of 'plakkerig' maakt. En ook wat iets 'droevig', 'vrolijk', 'lief' of 'stout' doet zijn.

Uit onderzoeksspelletjes met baby's komt duidelijk naar voren dat baby's vanaf deze leeftijd anders reageren. Men concludeerde dan wel eens dat 'intelligentie' op deze leeftijd 'ontstaat'. Dat mag op het eerste oog misschien zo lijken, toch wil dat niet zeggen dat een baby hiervóór nooit 'gedacht' heeft. Alleen deed hij dat op een manier die toen perfect paste bij zijn leeftijd, maar die wij niet meer begrijpen. Als je baby het vermogen krijgt om 'categorieën' te maken, komt zijn 'denkwerk' veel dichter bij dat van ons, volwassenen, te staan. Hij gaat dan denken zoals wij denken. En daarom kunnen wij hem gaan begrijpen.

Als je baby 'categorieën' waarneemt en ze zelf maakt, doet hij dat op de manier van een 37 weken oude baby. Hij maakt gebruik van vermogens die hij bij vorige ontwikkelingssprongen tot zijn beschikking heeft gekregen. Hij kan dat nog niet met vermogens die hij pas op latere leeftijd krijgt. Dus rond 37 weken kan je baby gaan leren 'patronen', 'vloeiende overgangen', 'gebeurtenissen' en/of 'relaties' in te delen in 'categorieën'.

Dit vermogen tot het waarnemen en het zelf maken van 'categorieën' beïnvloedt het gedrag van je baby. Het doorstraalt alles wat je baby doet. Hij moet zijn hele belevingswereld herzien. Hij merkt dat hij mensen, dieren, dingen en gevoelens in kan delen in groepjes die iets gemeenschappelijks hebben. En dat die één naam krijgen.
Kun je je voorstellen dat je baby van slag is als dit tot hem doordringt? Voor ons als volwassenen zijn 'categorieën' heel gewoon. Ons denken en onze taal zijn ervan doordrenkt. Beter nog: zij zijn ervan afhankelijk. Je baby maakt hier voor het eerst kennis mee. Voor het eerst kan hij met 'categorieën' datgene gaan ordenen wat zijn zintuigen waarnemen. Dat betekent dat hij nu voor het eerst kan gaan denken zoals wij denken. En gaan 'vertellen' wat wij begrijpen.

HERSENWERK

De hersengolven van je baby vertonen weer drastische veranderingen rond 8 maanden. Ook de hoofdomvang neemt drastisch toe en de suikerstofwisseling in de hersenen verandert.

WAT HEEFT DE 'WINKEL VAN DE CATEGORIEËN' IN DE AANBIEDING?

Dit zijn voorbeelden van vaardigheden die je baby vanaf dit moment zou kunnen gaan doen.

DE AFDELING 'HERKENNEN VAN DIEREN EN DINGEN'

- LAAT MERKEN DAT HIJ BIJVOORBEELD EEN 'VLIEGTUIG', 'AUTO', 'VIS', 'EEND', 'POES', 'VOGEL' OF 'PAARD' STEEDS WEER HERKENT. OF HIJ DAT DIER OF DING NU IN LEVENDEN LIJVE ZIET, ALS BEELD OF OP EEN PLAATJE.
- LAAT MERKEN DAT HIJ BIJVOORBEELD 'ROND' VAN ANDERE VORMEN ONDERSCHEIDT, OMDAT HIJ STEEDS DE RONDE UIT EEN STAPEL PAKT.
- LAAT MERKEN DAT HIJ IETS 'VIES' VINDT. BIJVOORBEELD DOOR TE SNUIVEN.
- LAAT MERKEN DAT HIJ IETS 'LEUK' OF 'LEKKER' VINDT. BIJVOORBEELD DOOR EEN BEPAALD GELUID OF EEN BEPAALDE BEWEGING TE MAKEN.

>>

- BEGRIJPT NAMEN VAN DIEREN OF DINGEN, ZOALS TANDENBORSTEL, SCHAAPJE, SOEPSTENGEL, POES OF EEND. ALS JE VRAAGT: 'WAAR IS...?' KIJKT HIJ ERNAAR. ALS JE ZEGT: 'PAK JE...,' PAKT HIJ HET.
- ZEGT WOORDJES NA.
- BEKIJKT IETS DOOR EEN ZANDBAKZEEFJE, DOOR GAAS VAN DE HORDEUR, DOOR GLAS.

DE AFDELING 'HERKENNEN VAN MENSEN ALS MENSEN'

- HIJ BEGINT ZICH DUIDELIJKER NAAR ANDERE MENSEN TE RICHTEN MET GELUIDEN EN GEBAREN.
- DOET OPMERKELIJK VAAK ANDERE MENSEN NA. IMITEERT WAT ZIJ DOEN.
- WIL DUIDELIJK VAKER SPELLETJES DOEN MET ANDEREN.
- ROEPT GEZINSLEDEN. IEDER HEEFT EEN EIGEN TOONTJE.

DE AFDELING 'HERKENNEN VAN INDIVIDUELE MENSEN ONDER VERSCHILLENDE OMSTANDIGHEDEN'

- HERKENT MENSEN ALS HIJ ZE IN EEN HEEL ANDERE SITUATIE TERUGZIET.
- HERKENT MENSEN IN DE SPIEGEL, ZOEKT ZE BIJVOORBEELD IN DE SPIEGEL OP ALS ZE ERGENS IN DE KAMER ZIJN.
- LAAT MERKEN DAT HIJ ZICHZELF HERKENT OP EEN FOTO OF IN DE SPIEGEL. BIJVOORBEELD: TREKT GEKKE GEZICHTEN TEGEN ZIJN SPIEGELBEELD, STEEKT ZIJN TONG UIT EN LACHT EROM.

DE AFDELING 'HERKENNEN VAN EMOTIES'

- SNAPT DAT VADER OF MOEDER LIEF DOET TEGEN EEN ANDER KIND. IS VOOR HET EERST JALOERS ALS EEN ANDER KIND AANDACHT KRIJGT. ZOU NIET JALOERS ZIJN ALS VADER OF MOEDER BOOS IS OP EEN ANDER KIND.
- TROOST EEN KNUFFEL DIE VALT OF DIE HIJ EXPRES OP DE GROND GOOIT.
- IS EXTRA LIEF ALS HIJ IETS GEDAAN WIL KRIJGEN.
- TOONT ZIJN STEMMING HEEL OVERDREVEN. SPEELT EEN ROL OM GOED DUIDELIJK TE MAKEN HOE HIJ ZICH VOELT.
- IS GEVOELIGER VOOR STEMMINGEN VAN ANDEREN, BIJVOORBEELD: HIJ HUILT ALS EEN ANDER KIND HUILT.

>>

DE AFDELING 'SPELEN VAN MOEDERS ROL'

- HIJ KAN DE ROLLEN OMDRAAIEN EN ZÉLF EEN SPEL STARTEN.
- SPEELT KIEKEBOE MET EEN JONGERE BABY.
- VOERT VADER OF MOEDER DE FLES.
- VRAAGT OM EEN LIEDJE TE ZINGEN. GAAT DAN IN ZIJN HANDJES KLAPPEN.
- VRAAGT OM VERSTOPPERTJE TE SPELEN DOOR ZELF ERGENS ACHTER TE KRUIPEN.
- VRAAGT OM SAMEN BLOKKEN TE STAPELEN DOOR JOU ZIJN BLOKKEN AAN TE GEVEN.

HELP, MIJN BABY KAN NIET ALLES!

NEE, NATUURLIJK NIET, DAT KAN OOK NIET

De eerste fase (hangerigheid) van deze sprong is leeftijdsgebonden en voorspelbaar en begint rond de 34 weken. De meeste baby's komen 37 weken na uitgerekende datum in de tweede fase van deze sprong terecht (zie kader *'Kwaliteitsuurtjes' zijn onnatuurlijk* op pagina 25). Door het vermogen dat je baby krijgt bij de sprong van da categorieën kan hij groepen zoals 'dieren' of 'auto's' gaan herkennen Echter de kennis om groepen te herkennen krijgt hij door ervaring, door te vergelijken en door te experimenteren. Het verschil tussen het mentaal kunnen (vermogen) en het daadwerkelijke doen (vaardigheid) is ook afhankelijk van de voorkeuren van je baby. Daardoor kan de ene baby een bepaalde categorie weken of maanden eerder kennen dan de andere baby. Vaardigheden en activiteiten komen in *Oei, ik groei!* aan bod op de vroegst mogelijke leeftijd waarop ze het vermogen krijgen, maar dus niet noodzakelijkerwijze gaan doen, zodat je erop kunt letten en ze kunt herkennen. (Ze kunnen aanvankelijk heel onopvallend zijn.) Zo kun je reageren op de ontwikkeling van je kindje en hem erbij helpen. Alle baby's krijgen dus hetzelfde vermogen op dezelfde tijd, maar wat ze er wanneer mee gaan doen, daarin verschilt iedere baby en dat maakt iedere baby uniek.

WAT KIEST JOUW BABY UIT DE 'WINKEL VAN DE CATEGORIEËN'?

Alle baby's hebben dit vermogen tot het waarnemen en zelf vormen van 'categorieën' gekregen. De nieuwe winkel staat voor allemaal open, vol met nieuwe mogelijkheden. Jouw baby laat zien waar zijn voorkeur naar uitgaat en dus wat hem speciaal maakt. Voor de 'winkel van de categorieën' doet hij dat tussen 37 en 42 weken. In die periode kiest hij dat, wat het best past bij zijn aanleg, interesse, lichaamsbouw en gewicht. Vergelijk je baby daarom niet met een andere baby. Iedere baby is uniek.

Kijk goed naar je baby. Stel vast waar zijn belangstelling naar uitgaat. In het kader 'Wat heeft de "winkel van de categorieën" in de aanbieding?' is ruimte om aan te geven wat je baby kiest tussen 37 en 42 weken. Zelf kun je er ook'winkelen' om te zien of er dingen bij zijn waarvan je denkt dat je baby ze ook leuk zou vinden.

ZO ZIJN BABY'S

Alles wat nieuw is, vindt je baby het leukst. Reageer daarom altijd en vooral op nieuwe vaardigheden en interesses die je baby toont. Hij leert dan prettiger, makkelijker, sneller en meer.

WEEK 37

DE UITWERKING VAN DE SPRONG: **HELP JE BABY BIJ HET LEREN**

Iedere baby heeft tijd en hulp nodig om zo goed mogelijk te begrijpen waarom iets nu binnen of buiten een bepaalde 'categorie' valt. Als ouder kun je hem daarbij helpen. Je kunt hem de gelegenheid en de tijd geven om zó te experimenteren en te spelen, dat hij snapt waarom iets tot een bepaalde 'categorie' behoort. Je kunt hem aanmoedigen en troosten als hij dat nodig heeft. Je kunt hem nieuwe ideeën aanreiken. Geef je baby de gelegenheid om zijn begrip van 'categorieën' te vergroten. Het doet er niet toe welke 'categorieën' je baby het eerst onderzoekt. Als hij eenmaal beseft hoe 'categorieën' in elkaar steken, kan hij dat begrip later makkelijk ook op andere 'categorieën' toepassen. De ene baby zal liever beginnen met 'dingen herkennen', de andere met 'mensen herkennen'. Laat je leiden door je baby. Hij kan nu eenmaal niet alles tegelijk doen.

Een koe is een beest met vier poten, wit met zwarte vlekken! Of toch niet? De hele wereld bestaat uit (verwarrende) categorieën.

LAAT HEM 'CATEGORIEËN' ONTDEKKEN

Als je baby zijn vermogen om 'categorieën' waar te nemen en te maken uitwerkt, merk je dat hij eigenlijk bezig is om een hele schakering kenmerken te onderzoeken en te vergelijken. Wat je dus ziet, is dat hij met 'relaties' speelt. Door zo te werk te gaan, leert hij de belangrijkste kenmerken kennen van datgene wat hij onderzoekt. Hij ontdekt of iets stuitert of niet, licht of zwaar is, groot of klein, rond of vierkant, hoe het aanvoelt, en ga zo maar door. Hij bekijkt iets van alle kanten, houdt het ding op de kop of houdt zijn hoofd scheef. Beweegt het langzaam en snel. Alleen zó 'werkend' komt hij tot de ontdekking: 'Dit is een bal, dat niet,' of: 'Dit blok is rond, dat andere niet.' Heb je wel eens gezien hoe je baby iets in de verte bekijkt? Hij doet dat vaak terwijl hij zijn hoofd heen en weer beweegt. En hij doet dat niet zomaar. Hij merkt dat dingen even groot blijven en er hetzelfde uit blijven zien, ook als hij beweegt. Hij speelt met die ontdekking. Kijk wat hij leuk vindt en laat hem zijn gang gaan.

“*Hij wil in het bad het stromende water pakken (als de kraan loopt). Hij knijpt in 't water en als hij dan zijn handje opendoet, zit er niets in. Dat vindt hij maar raar. Maar hij kan daar lang mee bezig zijn.*” **PAUL,** WEEK 43

Laat je baby spelen met het begrip 'één' en 'meer dan één' Bouw eens een toren voor je baby, zodat hij de blokken er een voor een af kan halen. Hetzelfde kun je doen met de ringen om een piramide. Geef hem ook eens een stapel tijdschriften, die hij dan een voor een kan verplaatsen. En kijk welke spelletjes je baby zelf verzint met 'één' en 'meer dan één'.

“*Hij doet eerst één kraal in een doorschijnend, rond busje en schudt er dan mee. Dan doet hij er meer in en schudt weer. Hij luistert er iedere keer ernstig naar en vermaakt zich zo uitstekend.*” **JAN,** WEEK 41

Laat je baby spelen met het begrip 'ruw' en 'voorzichtig' Sommige baby's proberen uit wat er gebeurt als zij hardhandig of voorzichtig met een mens, dier of ding omgaan. Als je merkt dat je baby dat doet, kun je hem laten weten dat het pijn doet of dat iets kapotgaat. Hij weet heus waar hij mee bezig is.

"Hij bijt me geregeld en gaat af en toe hardhandig met zijn speelgoed en dingen om. Toch kan hij ook overdreven voorzichtig doen. Hij aait dan met één vingertje over bloempjes en miertjes, om ze daarna te pletten. Als ik dan zeg: "Stt, zachtjes," gaat hij weer voelen met één vingertje." **BOB,** WEEK 40

"Toen we in bad zaten, onderzocht hij mijn tepel eerst heel voorzichtig met één vingertje om daarna duwend, porrend en trekkend door te gaan. Zijn eigen plassertje kwam daarna aan de beurt. Wel wat voorzichtiger!" **THIJS,** WEEK 41

"Eerst onderzoekt ze met één wijsvingertje mijn ogen, oren en neus. Kietelt eroverheen. Dan wordt ze steeds wilder. Ze gaat steeds hardhandiger in mijn ogen pikken en porren, aan mijn oren en neus trekken en 'n vinger in mijn neusgat steken." **NINA,** WEEK 39

Laat je baby spelen met verschillende vormen Sommige baby's zijn vooral geïnteresseerd in verschillende vormen, zoals ronde, vierkante en gekartelde vormen. Ze bekijken de vorm en volgen de omtrek met één vingertje. En doen dan hetzelfde met iets wat een andere vorm heeft. Ze vergelijken de vormen als het ware. Bij blokken worden ronde vormen er vaak als eerste uitgehaald en dus herkend. Als je baby geboeid is door vormen, geef hem dan verschillende blokken die allemaal anders zijn van vorm. Ook zul je zien dat je baby in huis genoeg dingen vindt waarvan de vorm hem boeit.

Laat je baby onderdelen van iets ontdekken Veel baby's onderzoeken graag de verschillende onderdelen van dingen. Je ziet hem dan achtereenvolgens op de verschillende kanten van iets sabbelen. Of op de bovenkant, in het midden en aan de onderkant van iets drukken. Maar zijn onderzoeksreizen kunnen ook veel verder gaan.

"Hij prutst graag aan sloten van kasten en deuren. Als de sleutel een kwart gedraaid is, ziet hij nóg kans hem eruit te halen." **JAN,** WEEK 37

"Hij is helemaal wild van "knopjes". Deze week onderzocht hij hoekjes en gaatjes aan de stofzuiger. Zat ook aan de knopjes. Duwde per ongeluk op het goede knopje en zoef ging de stofzuiger aan. Hij schrok ontzettend." **BOB,** WEEK 38

Laat hem spelen met 'hoe materialen aanvoelen' Sommige baby's vinden het heerlijk om met hun handen te voelen hoe dingen aanvoelen. Ze testen zo de hardheid, kleverigheid, ruwheid, de warmte, de glibberigheid en ga zo maar door. Laat hem zijn gang gaan.

"Hij speelt nu veel geconcentreerder. Hij onderzoekt soms zelfs twee dingen tegelijk. Zo kan hij een hele tijd bezig zijn om in de ene hand een stuk banaan en in de andere een stuk appel te pletten. Ondertussen kijkt hij van zijn ene naar zijn andere hand."
DIRK, WEEK 42

"Hij voelt aan zand, water, kiezels en suiker. Hij stopt het in zijn knuist en voelt. Pas veel later gaat het zijn mond in." **BOB,** WEEK 40

Ook vindt een baby het soms heerlijk om met andere delen van zijn lichaam over materialen te wrijven. Of ze pakken iets op en wrijven dat over hun lichaam. Ze willen dus met alle plekjes voelen hoe iets aanvoelt. Zo leren ze datgene wat ze onderzoeken, nóg beter kennen. Geef ze daartoe ook de gelegenheid.

"Ik heb een schommel voor hem neergehangen in de deuropening. Onder de zitting zit een knoop. En om die knoop is het hem nu te doen. Hij gaat onder de schommel zitten en houdt zichzelf vast aan de deurpost, zodat hij wat omhoog kan komen als die knoop over zijn haren strijkt. Hij zit daar dan en voelt hoe dat voelt." **BOB,** WEEK 39

Laat hem spelen met het begrip 'zwaar' en 'licht' Vergelijkt je baby het gewicht van speeltjes en andere spulletjes? Geef hem dan de gelegenheid om dat ook te doen, voor zover de inrichting van je huis dat kan hebben natuurlijk.

"Ze loopt overal langs en tilt alles even op." **JETTEKE,** WEEK 41

Laat hem spelen met het begrip 'hoog' en 'laag', 'groot' en 'klein' Je baby doet dat met zijn lichaam. Hij klimt overal op, onderdoor en overheen. Hij doet het uitproberend, rustig en gecontroleerd. Alsof hij bedenkt hoe hij het zal doen.

"*Probeert overal onderdoor te kruipen. Kijkt een tijdje en gaat dan. Gisteren kwam hij knel te zitten onder de onderste tree van de trap. Paniek in de tent!*" **JAN,** WEEK 40

GEEF HEM DE RUIMTE OM TE ONTDEKKEN

Vanaf deze leeftijd wordt het meestal erg belangrijk dat je je baby de ruimte geeft om alle mogelijke 'categorieën' te onderzoeken. Laat hem ook eens lekker door het huis kruipen, overal op klimmen en zich optrekken aan de meest onmogelijke richeltjes. Maak bijvoorbeeld het traphekje vast op de tweede of derde tree en laat hem wat oefenen. Leg dan wel onder aan de trap een matrasje, zodat hij zich niet kan bezeren.

"*Hij klimt overal tegenop, zelfs tegen een gladde muur.*" **JAN,** WEEK 42

"*Ze zat in haar kinderstoel aan tafel en voor ik het wist zat ze óp tafel. Moet dus ook ogen in mijn rug hebben. Ze is ook al eens met stoel en al (een gewone) achterover gevallen. Gelukkig was ze alleen erg geschrokken.*" **XARA,** WEEK 42

Ook buiten kan je baby veel leren. Geef hem daar ook de ruimte. Bijvoorbeeld in het bos, op het strand, aan een meer, in de zandbak en in het park. Verlies hem echter geen moment uit het oog.

MAAK ZIJN OMGEVING 'BABYVEILIG'

Zorg dat de ruimte waarin je baby rondscharrelt veilig is. Maar verlies hem desondanks geen moment uit het oog. Hij weet altijd nog wel iets te vinden wat gevaarlijk kan zijn en waar je niet aan hebt gedacht.

GEEF HEM ALLE GELEGENHEID TE DOEN ALSOF

Als je baby sociaal erg bijdehand is, kan hij je vanaf nu voorspelen dat hij bedroefd is, dat hij lief is of dat hij in hoge nood zit. Zulke emotionele toestanden zijn immers ook categorieën. Dit betekent dat hij je kan gaan 'manipuleren', dat hij je voor zijn karretje kan gaan spannen. Meestal 'trappen' ouders er even 'in'. Sommigen kunnen zich niet voorstellen dat hun kind, een baby nog, bewust tot zoiets in staat is. Anderen zijn er eigenlijk best een beetje trots op. Als je merkt dat je baby een stukje theater opvoert, laat hem dan zo mogelijk het genoegen proeven van een overwinning. Maar laat tegelijkertijd merken dat je hem doorhebt. Hij leert zo dat het gebruik van emoties belangrijk is, maar dat hij je er niet mee kan manipuleren.

“*Overdag is ze erg lastig, echt vervelend, maar als ze 's avonds naar bed moet, is ze poeslief aan 't spelen, net of ze denkt: als ik me stilhoud, hoef ik nog niet naar bed. Het heeft ook geen zin om haar naar bed te doen als ze niet moe is, want dan vertikt ze het om te blijven liggen. Afgelopen vrijdag lag ze om halfelf in bed.*” **JETTEKE,** WEEK 37

“*Als ik met iemand praat, heeft hij prompt hulp nodig of doet hij zich ergens pijn aan.*” **THIJS,** WEEK 39

“*Ik merkte dat hij tegen anderen in de spiegel anders doet dan tegen zichzelf. Hij geniet gewoon van zichzelf. Gewoon een zware vorm van narcisme. In de spiegel bestudeert hij hoe hij iets doet. Hij maakt geluiden tegen zichzelf en kijkt hoe hij dat doet. Hij doet dit al weken. Als hij echter een ander kind ziet, reageert hij heel anders. Hij “slaat dan aan”: dat betekent dat hij met armen en benen wappert van enthousiasme, zijn mond tuit en heel hoog 'hóéhóéhóé' zegt.*” **THOMAS,** WEEK 40

NOG EVEN DIT

Ook het afleren van oude gewoontes en het aanleren van nieuwe regels horen bij de uitwerking van ieder nieuw vermogen. Dat, wat je baby nu als nieuw begrijpt, kun je ook van hem eisen. Niet méér maar ook niet minder.

Sommige baby's kunnen nu de rol op zich nemen die vader of moeder of een ouder kind eerst had. En hij kan dat, omdat hij beseft dat hij net zo'n mens is als die ander. Met andere woorden: hij behoort met die andere mensen tot dezelfde categorie. Dat houdt in dat hij hetzelfde kan doen als die ander. Hij kan zich gaan verstoppen zoals papa of mama dat deed en hen laten zoeken. Hij kan zelf met speelgoed komen aandragen waarmee hij samen wil spelen. Ga daar altijd op in, ook al is het maar even. Hij leert dan dat hij wordt begrepen en ook belangrijk is.

“*Deze week was er een kindje op bezoek van ruim een jaar oud. Ze hadden allebei een flesje drinken. Op een gegeven moment stopte dat kindje haar flesje bij mijn kind in zijn mond en liet hem zo drinken. Ze bleef zelf het flesje vasthouden. De volgende dag liet ik hem bij mij op schoot een flesje drinken (dat is de enige manier om hem eens lekker op schoot te houden) en ineens stopte hij het flesje bij mij in de mond, begon toen te lachen, dronk zelf weer, en weer bij mij. Ik was stomverbaasd. Daarvóór had hij dat nog nooit gedaan.*” **PAUL,** WEEK 41

“*Ze stond tegen de wandelwagen aan, waar het buurjongetje in lag, en deed uit zichzelf een kiekeboespelletje. Ze lagen samen in een deuk.*” **XARA,** WEEK 40

WEEK 37

Sommige baby's vinden het heel leuk om de rol van 'gever' te spelen. Het doet er dan niet toe wat het is. Als hij maar kan geven en ontvangen. Dat laatste liever dan het eerste. Als hij al geeft, is het natuurlijk wel de bedoeling dat hij het meteen weer terugkrijgt. Ook begrijpt hij vaak 'geef ... maar' en 'alsjeblieft'. Je kunt het geef-en-krijgspelletje dus combineren met taal en zo zijn begrip ervan vergroten.

“*Met een vette glimlach “geeft” mijn dochter iedereen haar koekje. Het is natuurlijk niet de bedoeling dat je het koekje aanpakt. Als je daartoe aanstalten maakt, trekt ze snel haar hand terug. Gisteren 'gaf' ze haar koekje aan opa's hond, die het natuurlijk in een flits pakte en naar binnen schrokte. Verbijsterd keek ze naar haar lege hand en zette het toen van nijd op een brullen.*” **VICTORIA,** WEEK 41

TOON BEGRIP VOOR 'RARE' ANGSTEN

Als je baby bezig is zijn nieuwe vermogen uit te werken, ontdekt hij ook dingen of situaties die hij niet begrijpt. En sommige baby's worden dan bang. Hij ziet gevaren die voor hem tot nu toe niet bestonden. Een ervan is 'hoogtevrees'. Als je baby plotseling bang is, leef dan met hem mee.

“*Ze liep altijd graag als ik met haar oefende. Nu ineens niet meer. Ze lijkt zelfs bang. Als ze maar even denkt dat ik één handje loslaat, gaat ze al direct zitten.*” **ASHLEY,** WEEK 46

“*Hij kan niet tegen vastzitten. Als hij in een autostoeltje zit, wordt hij compleet hysterisch.*” **PAUL,** WEEK 40

HET BELANG VAN EEN CONSEQUENTE AANPAK

Ouders zijn altijd trots op de vorderingen en kunsten die hun spruit voor het eerst laat zien. Ze reageren ook vanzelf blij verrast. Zo is iets 'stouts' meestal ook een 'vordering' of iets grappigs, als het voor het eerst gebeurt. En natuurlijk reageert papa of mama daar net zo verrast op. Maar voor de baby klinkt dat als applaus. Hij denkt dat hij leuk was en herhaalt het keer op keer. Ook vaak nog als je 'nee' zegt.
Je baby krijgt nu behoefte aan een consequentere aanpak. Als iets de ene keer niet mag, kun je het beter de volgende keer ook niet goed vinden. Je baby vindt het heerlijk om je uit te proberen.

“Ze wordt steeds leuker, doordat ze ondeugend begint te worden. Zegt "Brrr" als ze met haar mond vol pap zit, zodat ik onder zit. Zet kasten open waar ze niet aan mag komen, gooit het water van de poes door de keuken en ga zo maar door.”
LAURA, WEEK 38

“Ze luistert niet naar me. Als ik "nee" zeg, begint ze te lachen. En ook als ze een tik van me krijgt, gaat ze lachen. Als haar oppas "nee" zegt, begint ze te huilen. Ik vraag me constant af of dat niet komt doordat ik werk. Ik geef misschien te veel toe als ik thuis ben, uit 'n soort schuldgevoel.'” **LAURA, WEEK 39**

SPELTOPPERS VAN 'CATEGORIEËN'

Dit zijn spelletjes en oefeningen die inspelen op het nieuwe vermogen en die bij bijna alle baby's van 36 tot ongeveer 42 weken oud favoriet zijn.

SAMEN ONTDEKKEN

Sommige dingen hebben een magische aantrekkingskracht op je baby, maar onderzoek op eigen houtje is gevaarlijk of onmogelijk. Help hem dus.

Bellen en lichtknopjes

Laat je baby eens op zijn eigen deurbel drukken. Hij hoort dan meteen wat hij doet. Je kunt hem ook in de lift op een knopje laten drukken. Hij voelt dan wat hij doet. Laat hem ook eens zelf het licht aandoen als het vrij donker is, zodat hij kan zien wat hij doet. En laat hem ook eens op het knopje in de bus drukken of bij een oversteekplaats en vertel hem wat er gebeurt, waar hij naar moet kijken. Zo leert hij iets over het verband tussen wat hij doet en wat er dan gebeurt.

Samen fietsen

Op deze leeftijd raken baby's buiten niet uitgekeken. Hij leert er ook veel van. Ziet veel nieuwe dingen. Kan dingen op een grote afstand bekijken. En stop natuurlijk af en toe om je baby iets beter te laten bekijken, beluisteren en bevoelen.

Laat hem zien hoe hij wordt aan- en uitgekleed

Veel baby's lijken geen tijd te hebben om aangekleed en verzorgd te worden. Ze zijn te druk bezig. Maar ze kijken graag naar zichzelf en vinden zichzelf nog interessanter als er iets met hen gebeurt. Maak daar gebruik van. Droog je baby eens af voor de spiegel. Kleed hem voor de spiegel aan en uit, waarbij hij een soort kiekeboespel met zichzelf kan spelen.

TAALSPELLETJES

Je baby begrijpt vaak heel wat meer dan je denkt en hij geniet als hij dat kan tonen. Hij zal nu met plezier het aantal woorden dat hij al begrijpt, gaan vergroten.

Dingen benoemen

Benoem de dingen waar je baby naar kijkt of luistert. En als je baby door gebaren te kennen geeft wat hij wil, verwoord dan datgene wat hij vraagt. Hij leert dan dat hij met woorden duidelijk kan maken wat hij wil.

>>

Benoemen in boekjes

Neem je baby op schoot of gezellig naast je. Laat hem een boekje uitkiezen en geef het hem. Hij kan dan de bladzijden zelf omslaan. Wijs de afbeelding aan waar hij naar kijkt en benoem die. Je kunt ook het geluid maken dat past bij dat dier of ding dat je aanwijst. Lok je baby ook eens uit om dat woord of geluid te imiteren. Ga nooit door als je baby geen zin meer heeft. Sommige baby's hebben na iedere bladzijde een korte knuffel- of kietelbeurt nodig om de interesse wat langer vast te houden.

Spelen met korte, eenvoudige opdrachtjes

Vraag je baby of hij dat wat hij vast heeft aan jou wil geven, zoals: 'Geef maar aan mama.' Vraag hem ook eens of hij het aan papa wil geven. Ook kun je hem vragen iets voor je te pakken, zoals: 'Pak je tandenborstel,' en: 'Zoek je bal.' Roep hem ook eens als je uit het zicht bent: 'Waar ben je?' en laat hem antwoorden. Of vraag hem naar je toe te komen: 'Kom eens hier.' Prijs hem, als hij meedoet, en ga alleen door zolang je baby het leuk vindt.

IMITATIESPELLETJES

Veel baby's bestuderen andere mensen met interesse en doen met veel plezier na wat ze anderen zien doen. Als je baby dat ook doet, speel daar dan op in.

Voordoen en nadoen

Lok je baby uit om datgene wat je doet na te doen en doe dan hém weer na. Hij kan vaak eindeloos doorgaan met dat om de beurt hetzelfde doen. Varieer ondertussen ook. Doe de gebaren eens wat sneller of langzamer. Doe ze eens met de andere hand of met twee handen. Doe ze eens met geluid of zonder en ga zo maar door. Doe dit spelletje ook eens bij een spiegel. Sommige baby's vinden het heerlijk om gebaren te herhalen voor de spiegel en dan zelf te zien hoe het gaat.

'Praten' voor de spiegel

Als je baby geïnteresseerd is in mondstanden, oefen die dan eens voor een spiegel. Maak er een spelletje van. Ga samen voor de spiegel zitten en 'speel' met klinkers, medeklinkers of woorden. Net wat je baby het leukst vindt. Geef hem de tijd om te kijken en om het na te doen. Ook vinden veel baby's het leuk om zichzelf gebaren te zien imiteren, zoals hoofd- en handbewegingen. Probeer dat ook eens. Als je baby zichzelf ziet als hij je nadoet, ziet hij onmiddellijk of hij het net zo doet als jij.

>>

Meedoen met een zang- en bewegingsspelletje

Zing 'Klap eens in je handjes' en laat je baby de gebaren voelen die bij dat liedje horen. Pak daartoe zijn handjes vast en maak de gebaren samen met hem. Soms zal een baby uit zichzelf het meeklappen imiteren. Of hij zal zijn handjes omhoogsteken. Zelf alle gebaren na elkaar meedoen zal hij op deze leeftijd nog niet doen. Maar hij geniet er wel van.

SPELLETJES WAARBIJ JE VAN ROL KUNT WISSELEN

Moedig je baby aan om alle rollen te spelen.

Zal ik jou eens pakken?

Je kunt dit zien als een eerste tikspelletje. Het kan kruipend of lopend worden gespeeld. Draai het ook eens om. Kruip of loop weg en laat duidelijk merken dat je verwacht dat hij je probeert te vangen. Vlucht ook weg als je baby zelf aanstalten maakt om je te pakken. Als je baby je te pakken heeft of als jij hem gevangen hebt, knuffel hem dan of til hem hoog de lucht in.

Waar is... nou?

Verstop jezelf zodat hij je ziet verdwijnen en laat hem zoeken waar je bent. Doe ook eens of je hem kwijt bent en hem zoekt. Soms verstopt een baby zichzelf al snel en gaat heel stil achter zijn bed of in een hoekje zitten. Meestal kiest hij de plaats waar je zelf net hebt gezeten of eentje die op een vorige dag een groot succes bleek. Reageer enthousiast als je elkaar hebt gevonden.

SPEELGOED EN HUISRAAD DAT HET MEEST BOEIT

Dit zijn speeltjes en spulletjes die inspelen op het nieuwe vermogen en die bij bijna alle baby's van 36 tot ongeveer 42 weken oud favoriet zijn:

- DEUREN, DEURTJES, KLEPPEN EN KLEPJES. KORTOM, ALLES WAT OPEN EN DICHT KAN.
- PANNEN MET DEKSELS.
- DEURBELLEN, BUSBELLEN, LIFTKNOPJES, OVERSTEEKKNOPJES OF FIETSBELLEN.
- FÖHN.
- WEKKER.
- KNIJPERS.
- TIJDSCHRIFTEN EN KRANTEN OM TE SCHEUREN.

>>

- SERVIES MET BESTEK.
- DINGEN DIE GROTER ZIJN DAN HIJZELF, ZOALS DOZEN OF EMMERS.
- KUSSENS EN DEKBEDDEN OM TE STOEIEN.
- VOORAL RONDE BUSJES, POTJES OF FLESJES.
- ALLES WAT HIJ KAN DOEN BEWEGEN, ZOALS HENDELS, SLOTEN OF DRAAIKNOPPEN.
- ALLES WAT UIT ZICHZELF BEWEEGT, ZOALS SCHADUWBEELDEN, BEWEGENDE TAKKEN, BLOEMEN, FLAKKERENDE LICHTEN OF WAPPERENDE WAS.
- BALLEN: VAN PINGPONGBAL TOT GROTE STRANDBAL.
- BROMTOL.
- POP MET EEN DUIDELIJK GEZICHT.
- BLOKKEN IN ALLERLEI VORMEN. NIET AL TE KLEIN.
- BUITENBADJE.
- ZAND, WATER, STEENTJES EN EEN SCHEPJE.
- SCHOMMEL.
- PRENTENBOEK MET ÉÉN OF TWEE GROTE, DUIDELIJKE AFBEELDINGEN PER BLADZIJDE.
- POSTER MET MEERDERE, DUIDELIJKE AFBEELDINGEN.
- AUTOOTJES.

LET OP:
- AFSLUITERS OP STOPCONTACTEN.
- SCHAKELAARS, LICHTKNOPJES.
- WASMACHINE, AFWASMACHINE, STOFZUIGER: ALLERLEI APPARATEN.
- TRAPPEN.

DE SPRONG IS GENOMEN

“*Hij is op het moment een schatje. Hij lacht de hele dag door. Speelt soms wel een uur in de box en kan heel lief spelen. Hij lijkt de laatste week ook een ander kind. Hij ziet er niet meer zo opgeblazen uit en voelt heel soepel aan. Hij was altijd wat log, maar nu geeft hij veel meer mee. Hij is veel levendiger, actiever en ondernemender.*” **DIRK,** WEEK 42

"Hij begrijpt veel meer en krijgt een ander "plaatsje". Meer erbij. Ik moet makkelijker met hem kunnen praten. Bijvoorbeeld aan tafel moet hij 'n meer communiceerbaar plaatsje hebben. We moeten op praatafstand zitten. Dat is belangrijk nu. Hij is buitenshuis ook veel meer op andere mensen gericht. Hij maakt ook meteen contact. Doet dat door bellen te blazen, bepaalde "roepgeluiden" te maken of door vragend zijn hoofdje scheef te houden." **BOB,** WEEK 40

Tussen 40 en 45 weken breekt weer een makkelijke periode aan en worden veel baby's één tot drie weken lang geprezen om hun vooruitgang, hun zelfstandigheid en hun vrolijkheid. Alles heeft nu hun interesse. Van mensen te paard tot bloemen, bladeren, mieren en mugjes. Veel kinderen zijn dan ook duidelijk liever buiten dan in huis. Ook andere mensen spelen opeens een veel grotere rol in hun leven. Ze maken veel vaker contact met hen en zijn eerder bereid om ook een spelletje met hen te spelen. Kortom, baby's horizon is breder dan ooit.

HOOFDSTUK

9

SPRONG 7

LIEF EN LEED
ROND 46 WEKEN
OFWEL BIJNA 11 MAANDEN

Baby's zijn van nature rommelmakers. Tijdens het laatste sprongetje leek deze gave een hoogtepunt te bereiken. Je hebt je misschien vertwijfeld afgevraagd waar die neiging tot slopen vandaan kwam als je weer eens zag hoe hij alles wat op zijn pad kwam uit elkaar haalde, opzij smeet of fijnkneep en een spoor van vernielingen achterliet. Rond 46 (44-48) weken kun je plotseling getuige zijn van een complete omslag. Voor het eerst in zijn leven probeert hij dingen in elkaar te zetten. Daarmee laat hij zien dat zijn ontwikkeling een sprongetje maakt. Je baby heeft er het nieuwe vermogen bij gekregen om 'opeenvolgingen' waar te nemen en te gaan controleren. Vanaf deze leeftijd begint hij te beseffen dat hij dingen in een bepaalde volgorde moet afhandelen om veel van zijn doelen met succes te kunnen realiseren.

Zelf heeft hij deze sprong al eerder gevoeld. Rond 42 (40-44) weken wordt je baby weer hangeriger dan hij de laatste één tot drie weken was. Hij merkt dat zijn wereld anders is dan hij dacht, dat hij hem anders beleeft dan hij gewend is. Hij merkt dat hij dingen ziet, hoort, ruikt, proeft en voelt die onbekend voor hem zijn. Hij raakt daardoor van slag en klampt zich zo goed als hij kan vast aan de meest vertrouwde plek die hij kent: papa en mama. Deze hangerige periode duurt bij de meeste baby's vijf weken, maar hij kan ook drie tot zeven weken duren.

OM TE ONTHOUDEN

Als jouw baby 'hangerig' is, let dan alvast op nieuwe vaardigheden of pogingen daartoe.

DE SPRONG KONDIGT ZICH AAN: **TERUG NAAR PAPA EN MAMA**

Alle baby's zijn huileriger dan ze de laatste week of weken waren. Ouders noemen hen hangerig, mopperig, zeurderig, pieperig, dreinerig, chagrijnig, ongedurig en onrustig. Ze doen alles om vaker óp, aan en rond papa of mama te komen en te blijven. Sommigen zijn daar de hele dag mee bezig, anderen alleen een gedeelte daarvan. De ene baby is ook veel fanatieker dan de andere. Er zijn er die alle mogelijkheden gebruiken die ze maar kunnen bedenken om bij papa of mama te blijven.

"Wanneer zijn broer een beetje in de buurt komt en hem aanraakt, begint hij al te huilen, omdat hij weet dat huilen een reactie bij mij veroorzaakt." **RUDOLF**, WEEK 41

Alle baby's huilen minder als ze bij papa of mama zijn. En ze zeuren nog minder als papa's of mama's aandacht volledig op hen is gericht.

"Omdat ik het mekkeren zo veel mogelijk wil stoppen, doen we alles samen. Ik doe mijn huishouden met haar op mijn heup of op mijn arm, want als ze rond mijn been hangt, kan ik geen stap verzetten. Ik vertel haar wat ik doe, hoe ik koffie zet, de filter pak en ga zo maar door. Ook gaan we meestal samen naar de wc. En als ik alleen ga, laat ik de deur open. Enerzijds omdat ik dan kan zien of ze iets gevaarlijks doet, anderzijds omdat ze me dan kan zien en naar believen kan volgen. En dat gebeurt dan ook altijd. Alleen als ik zo te werk ga, is er "rust" voor ons allebei." **XARA**, WEEK 43

HOE MERK JE DAT JE BABY 'BIJ PAPA OF MAMA WIL BLIJVEN'?

Hangt hij vaker aan je? Sommige baby's doen alle moeite om zo dicht mogelijk bij je in de buurt te zijn. Ze klampen zich letterlijk aan je vast, ook als er geen 'vreemden' in de buurt zijn. Er zijn ook baby's die niet per se aan hun ouders gaan hangen, maar die wel opvallend dichter bij hen in de buurt blijven. Ze houden hen wat meer in de gaten. En er zijn er die geregeld even teruggaan naar papa of mama, alsof ze even 'moeten tanken', om daarna weer met een gerust hart weg te kunnen gaan.

WEEK 46

"Hij wil de hele dag op schoot, op de arm, over me heen kruipen, op me zitten of aan mijn benen hangen. Echt zo'n parasiet die op een vis geplakt zit. En zet ik hem neer, dan barst hij in tranen uit." **BOB**, WEEK 41

"Ze gaat op mijn schoen zitten en klampt zich rond mijn been vast. En als ze daar eenmaal hangt, gaat ze ook niet meer uit zichzelf weg. Dan moet ik haar echt met een afleidingsmanoeuvre neerzetten en dat mislukt bijna altijd." **XARA**, WEEK 43

“Ze is momenteel veel bij mij in de buurt, maar ze gaat wel haar eigen gang. Ze cirkelt eigenlijk als een planeet rónd en mét moeder aarde mee. Ben ik in de kamer, dan is ze naast me bezig, en ga ik naar de keuken, dan ruimt ze daar naast me een kast uit.” **JETTEKE,** WEEK 47

“Hij komt vaak even buikje tegen buik vrijen en rent dan weer weg. Dit valt me vooral op als ik ergens zit of gehurkt bezig ben. Ik noem het “mama tanken.” **THIJS,** WEEK 41

Is hij eenkennig? Als vreemden in de buurt zijn, naar de baby kijken, met hem praten of erger nog een hand naar hem uitsteken, worden veel baby's nog 'hangeriger' dan ze vaak al zijn.

“Het viel me deze week op dat ze wat erg veel aan me gaat hangen. Wanneer nu een “vreemde” zijn armen naar haar uitsteekt, klampt ze zich aan mij vast. Maar als men haar dan eventjes de tijd gunt, gaat ze toch vaak zelf op die ander af. Ze moeten haar niet te snel oppakken.” **ASHLEY,** WEEK47

“Hij is wat verlegen. Als hij nieuwe mensen ziet of als iemand plotseling binnenkomt (zelfs zijn vader!), duikt hij weg in mijn nek. Het is wel weer snel over. Hij moet even wennen.” **THIJS,** WEEK 42

“Hij is meer eenkennig dan ooit tevoren. Opa mocht zelfs niet naar hem kijken.” **RUDOLF,** WEEK 43

Wil hij niet dat je lichaamscontact verbreekt? Sommige baby's klampen zich extra stevig vast als ze hun vader of moeder te pakken hebben of als ze op schoot zitten. Alsof ze hen niet de gelegenheid willen geven om het contact te verbreken. Er zijn ook baby's die heel nijdig worden als ze neergezet worden of als papa of mama een stukje verder de kamer inloopt om even iets te pakken of te doen.

“Als we even uit elkaar gaan, huilt ze nijdig en “aanvallend”. En als ik dan terug ben, slaat, krabt, knijpt en duwt ze me altijd eerst even. Is de hond in de buurt, dan pakt ze hem onmiddellijk. Ze heeft al eens een snorhaar in haar hand gehad.” **XARA,** WEEK 43

Wil hij vaker beziggehouden worden? De meeste baby's gaan meer aandacht vragen. Ook makkelijke baby's doen liever iets samen met papa of mama. Veel aandacht eisende baby's doen dat liefst dag en nacht. Sommigen zijn pas tevreden als je volledig op hen gericht bent. Je mag dan alleen naar hém kijken en met hém bezig zijn.

“*Als hij aan de borst is, mag ik niets doen, met niemand praten, maar dan moet ik naar hem kijken, aan hem peuteren of hem aaien. Zodra ik daar even mee ophoud, wriemelt hij ongedurig en schopt nijdig, zo van: “Hier ben ik”.*” **THIJS,** WEEK 43

Is hij jaloers? Hij is wat extra chagrijnig, ondeugend of overdreven lief als papa of mama aandacht heeft voor iets of iemand anders. Ouders vragen zich dan ook af of hij jaloers kan zijn. Die ontdekking verrast ze.

“*Ik heb een oppasbaby van vier maanden in huis, die ik de fles moest geven. Hij vindt dat altijd heel interessant. Maar deze week was hij niet te genieten. Hij deed steeds dingen die hij normaal niet doet. Hij was echt lastig, stierlijk. Volgens mij was hij wat jaloers. De lieverd.*” **JAN,** WEEK 44

Heeft hij een sterk wisselend humeur? Zo'n baby is de ene dag heel vrolijk en de volgende helemaal het tegenovergestelde. Ook kan zijn stemming ineens omslaan. Het ene moment is hij vrolijk bezig, om dan te dreinen en te chagrijnen. Zomaar, zonder dat zijn ouders daar een aanleiding toe zien. Dit maakt hen soms onzeker.

“*Ze was heel hangerig en huilerig en dan weer had ze het grootste plezier: Jantje lacht, Jantje huilt. Je weet dan niet wat je moet doen. Zou ze ineens pijn krijgen?*” **NINA,** WEEK 43

Slaapt hij slechter? De meeste baby's slapen minder. Ze willen niet naar bed, komen moeilijker in slaap en zijn eerder wakker. Sommigen zijn vooral overdag lastige slapers. Anderen 's nachts. Weer anderen gaan zowel overdag als 's avonds met tegenzin slapen.

“Ze heeft weinig slaap nodig. Ze is ’s avonds uren langer op en speelt vrolijk.”
ODINE, WEEK 43

“Is ’s nachts wel 2 à 3 keer wakker en slaapt ’s middags ook slecht. Soms ben ik wel drie uur bezig om haar te laten slapen.” **JETTEKE,** WEEK 48

“Ze wil maar niet naar bed. Huilen.” **JULIETTE,** WEEK 42

“Hij is onrustiger. Wordt ’s avonds een paar keer wakker. Als hij naar bed gaat, moet je hem tot rust dwingen.” **DIRK,** WEEK 45

“Hij sliep zo lekker uit. Doet dat jammer genoeg niet meer.” **THIJS,** WEEK 41

Heeft hij ‘nachtmerries’? Soms slaapt een baby heel onrustig. Hij kan zelfs zo tekeergaan, dat je denkt dat hij een nachtmerrie heeft.

“Thomas had voor het eerst en maar één keer een echte nachtmerrie. Hij huilde hard en lang in zijn slaap. Tenminste, voor zijn doen was het hard en lang. Hij had nog nooit in zijn slaap gehuild. Sindsdien geeft hij wel eens vaker even een kort schreeuwtje in zijn slaap.” **THOMAS,** WEEK 43

“Ze werd nijdig gillend wakker. Hetzelfde gegil dat ze laat horen als ze boos is. Ze moet dus iets gedroomd hebben wat haar niet beviel.” **XARA,** WEEK 45

Is hij ‘stiller’? Sommige baby’s zijn tijdelijk wat rustiger. Ze zijn minder actief of ‘kletsen’ wat minder. Soms doen ze even helemaal niets meer en staren wat voor zich uit. Dit laatste zien ouders niet graag. Ze vinden het ‘abnormaal’ en proberen de dromer te activeren.

“Ze is niet zo actief meer. Ze zit geregeld met grote ogen een tijdje rond te kijken.”
ODINE, WEEK 45

"Hij zit af en toe een minuut voor zich uit te kijken. Was vroeger eigenlijk altijd bezig."
THIJS, WEEK 43

"Hij is passiever, stiller. Soms staart hij een moment in de verte. Ik vind dat altijd akelig. Net of hij niet "normaal" is." **BOB,** WEEK 41

Wil hij niet verschoond worden? Veel baby's zijn ongeduldig en ongedurig als ze aangekleed, uitgekleed of verschoond worden. Ze zeuren, krijsen en draaien. Soms raken ouders geïrriteerd. Soms zijn ze bezorgd.

"Hij ligt geen moment stil. Het is af en toe net een worstelpartij om zijn luier om te krijgen. Ik vind het heerlijk dat hij wat actiever is, maar hij kan ook wel even stilliggen."
DIRK, WEEK 43

"Uitkleden, aankleden en verschonen waren een ramp. Was een tijdje geleden ook al het geval. Daarom dacht ik dat ze misschien wat last had van de onderkant van haar ruggetje. En dat maakte me steeds bezorgder. Ik ben toen naar de kinderarts gegaan, maar haar rug was prima in orde. Hij wist het ook niet. En nu is het vanzelf over!" **JULIETTE,** WEEK 46

Eet hij slechter? Veel baby's lijken minder geïnteresseerd in eten en drinken. Ze verorberen iets als en wanneer ze er zin in hebben. Ouders vinden slecht eten altijd zorgelijk en ergerlijk.

"Hij eet slecht. Wel wil hij overdag zomaar tussendoor aan de borst. Hij begint dan te jengelen en aan mijn bloes te trekken. Werd ook 's nachts veel wakker, wilde alleen borstvoeding. Ik vraag me dan steeds weer af of hij zo wel binnenkrijgt wat hij nodig heeft." **THIJS,** WEEK 43

Gedraagt hij zich babyachtiger? Soms steekt een schijnbaar verdwenen babygedrag weer even de kop op. Ouders zien het niet graag dat hun baby zich jonger gedraagt. Ze denken dat zoiets niet normaal is en willen er liefst zo snel mogelijk een einde aan maken. Toch is een achteruitgang tijdens hangerige perioden heel gewoon. Het betekent dat er een vooruitgang op komst is.

"Ze heeft duidelijk vaker gekropen deze week. Hopelijk komt het niet door haar heupen, of omdat ze zo vroeg liep." **JETTEKE,** WEEK 44

"Hij wil niet meer zelf de fles vasthouden, maar wil het liefst languit in mijn armen liggen en dan op die manier drinken. Een tijdje geleden wou hij per se zelf de fles vasthouden. Ik voelde dat die terugval me eigenlijk flink dwarszat. Ik dacht: hou op jochie, dat kun je toch zelf. Een paar keer zette ik zijn handjes aan de fles, maar hij wou niet." **BOB,** WEEK 41

"Ik moest hem vaak voor het slapen weer even wiegen." **STEVEN,** WEEK 41

"Hij wil niet meer staan, zakt direct door zijn knietjes. Wat actie betreft, is hij toch een stuk luier geworden." **BOB,** WEEK 41

Is hij overdreven lief? Baby's die hangerig zijn, kunnen ook op een vriendelijke manier meer lichaamscontact of aandacht vragen. Dit komt steeds vaker en verfijnder voor. Ze komen met boekjes of speelgoed aandragen, om daar samen mee te spelen. Ze lokken je uit om spelletjes te spelen. Ze leggen een hand op je schoot. Kruipen tegen je aan. Of leggen een hoofdje tegen je aan en lachen je vriendelijk toe. Vaak wisselen ze 'lastig' en 'lief' om lichaamscontact of aandacht vragen af. Baby's proberen vaak gewoon uit wat het beste werkt op dat moment van de dag in die situatie. Ouders van niet-knuffelige baby's vinden het heerlijk als ze hem eindelijk weer eens lekker kunnen pakken!

"Ze kwam af en toe even knuffelen. Kwam ook heerlijk bij me zitten als ik met iemand zat te praten. Ze was zeer innemend deze week." **ASHLEY,** WEEK 46

"Ze kwam opvallend vaak een beetje vrijen." **JETTEKE,** WEEK 45

"Hij was erg knuffelig en wilde steeds aan mij hangen." **THIJS,** WEEK 42

"Hij legt vaak zijn hoofdje tegen me aan, geeft "kopjes" en begint tegen me te lachen." **BOB,** WEEK 43

"Als hij in het fietsstoeltje zit of in de wandelwagen, kijkt hij steeds om of ik er nog wel ben en geeft dan een handje." **PAUL,** WEEK 44

"Ze wil vaker op schoot met een boekje. Ze blijft dan ook heerlijk tegen me aan zitten!" **JETTEKE,** WEEK 47

"Ze kruipt steeds achter me aan. Als ze dan om het hoekje van de deur komt, schenkt ze me een brede lach en kruipt weer hard de andere kant op. Dit vinden we samen een enig spelletje." **ASHLEY,** WEEK 43

Is hij opvallend ondeugend? Sommige ouders valt het op dat hun baby ondeugender is dan hij was. Hij lijkt precies dat te doen wat niet mag. Hij is vooral ondeugend als papa of mama vlug iets af wil werken en dus druk bezig is.

"We mogen niet met onze eigen zaken bezig zijn. Alles wat verboden is, is dan opeens heel interessant, zoals de telefoon en de naald en knopjes van de draaitafel. We moeten constant opletten." **JETTEKE,** WEEK 47

"Ze kruipt me steeds na. Ik vind dat enig. Maar als ze dat niet doet, zet ze de zaak op stelten. Ze haalt de boeken uit de boekenkast en de aarde uit de planten. En ze blijft ernaar teruggaan." **ASHLEY,** WEEK 43

"Ze kruipt steeds naar dingen die niet mogen als ik even druk ben." **NINA,** WEEK 43

"Hij klampt zich de hele dag aan me vast en als hij niet bij me is, loop ik te verbieden en dingen af te pakken." **RUDOLF,** WEEK 43

BABY VAN SLAG: HOE KUN JE DAT MERKEN?

- HUILT VAKER. IS VAKER CHAGRIJNIG, MOPPERIG, DREINERIG.
- IS HET ENE MOMENT VROLIJK EN HET VOLGENDE HUILERIG.
- WIL VAKER BEZIGGEHOUDEN WORDEN.
- HANGT VAKER AAN JE OF WIL DICHTER BIJ JE IN DE BUURT BLIJVEN.
- IS 'OVERDREVEN' LIEF.
- IS 'OVERDREVEN' ONDEUGEND.
- KRIJGT (VAKER) DRIFTBUIEN.
- IS JALOERS.
- IS (VAKER) EENKENNIG.
- PROTESTEERT WANNEER JE LICHAAMSCONTACT VERBREEKT.
- SLAAPT SLECHTER.
- HEEFT (VAKER) 'NACHTMERRIES'.
- EET SLECHTER.
- 'KLETST' MINDER.
- IS MINDER BEWEEGLIJK.
- ZIT SOMS STILLETJES TE DROMEN.
- WIL NIET VERSCHOOND WORDEN.
- ZUIGT (VAKER) OP DE DUIM.
- PAKT (VAKER) EEN KNUFFEL.
- GEDRAAGT ZICH BABYACHTIGER.

ZORGEN[8], IRRITATIES EN RUZIES

Ouders voelen zich onzeker Ouders maken zich regelmatig zorgen als hun kind laat zien dat hij van slag is. Ook zoeken ze een reden voor het huileriger zijn. Dat stelt ze gerust. Op deze leeftijd zijn dat meestal 'doorkomende kiezen'.

Ouders raken uitgeput Ouders van baby's die veel aandacht vragen

"*Ik denk dat hij last van zijn mondje had, want hij was niet zijn makkelijke zelf.*"
JAN, WEEK 43

"*Hij huilde vaker, was op de een of andere manier niet uitgeslapen.*" **DIRK,** WEEK 43

"Ze is "pieperig" en hangt om me heen als ik bezig ben. Misschien kan ze wat minder hebben van de twee andere meiden." **JULIETTE,** WEEK 42

en daarbij weinig slapen, voelen zich tegen het einde van de hangerige periode intens moe. Daarbij klagen enkelen van hen ook over rugpijn, hoofdpijn, misselijkheid en concentratiestoornissen.

"Ik voel me compleet ingestort, omdat ik geen steun en begrip krijg. Zou zo graag één avondje rust hebben. 's Avonds blijf ik op en neer naar boven lopen. Vaak tot midden in de nacht. Ik vind dit de moeilijkste leeftijd tot nu toe. Deze brief bleef ook steeds liggen. Kon me er niet op concentreren en legde hem dan weer weg. Echt een instorting."
XARA, WEEK 46

Ouders ergeren zich en doen er ook wat aan Tegen het einde van deze hangerige periode beginnen ouders zich steeds vaker te ergeren aan het hangerige gedrag van hun baby. Ze ergeren zich eraan dat ze volledig in beslag worden genomen door hem en geen eigen leven meer overhouden.

"Ik vind het vermoeiend om letterlijk geen stap te kunnen verzetten. En het continu aandacht vragen of anders een huilbui, vind ik langzaamaan zeer irritant. Soms krijg ik het gevoel dat ik naar zijn pijpen dans en dan voel ik weerstand in me. Ik word het dan een beetje zat. Ik zit ontzettend te dubben of ik hem toch terug zal doen op de kinderopvang. Ik heb hem een paar weken thuisgehouden. Dat voelde aanvankelijk beter, maar nu merk ik dat ik me soms weer wat agressief ga voelen." **BOB,** WEEK 46

"Ik heb het druk en kan het niet meer hebben als ze aan mijn benen hangt of voor het aanrecht is als ik daar bezig ben. Als ik er genoeg van heb, gaat ze nu het bed in. Ik word misschien wat ongeduldiger." **JULIETTE,** WEEK 45

8. *Vraag bij twijfel altijd advies aan je huisarts of het consultatiebureau.*

“Ik heb toch de makkelijkste baby die er bestaat, maar als hij een keer zo huilt, merk ik toch dat ik daar wat ongeduldig van word en hem dan zijn bed in wens.” **JAN,** WEEK 43

Soms ergeren ouders zich omdat ze eigenlijk al aanvoelen dat de baby meer kan dan hij laat zien en zich te 'babyachtig' gedraagt voor zijn leeftijd. Ze vinden dat het tijd wordt dat hij zich zelfstandiger gaat gedragen.

“Als ik hem op de bank leg voor een nieuwe luier, zet hij altijd een keel op. Ook met schone kleren aantrekken. Dat ergert me steeds meer. Vind ik hem te groot voor, merk ik. Hij zou eigenlijk kunnen beginnen om wat mee te werken.” **BOB,** WEEK 47

Ruzies. Aan het einde van iedere hangerige periode valt het steeds weer op dat moeders die borstvoeding geven, willen stoppen. Een van de redenen daarvoor is dat de baby de hele dag aan de borst wil. Moeder raakt daardoor geïrriteerd en begint de borst te weigeren. Dat pikt de baby niet en voor je het weet is er ruzie.

“Ik erger me steeds heviger en vaker omdat ik hem weer constant aan de borst in slaap moet sussen. Ik was daar opnieuw mee begonnen toen hij zo moeilijk in slaap kon komen. Het wordt nu weer een gewoonte. Hij wil trouwens veel borstvoeding en schreeuwt als hij zijn zin niet krijgt. Ik heb er geen zin meer in!” **THIJS,** WEEK 47

Als moeders toch borstvoeding blijven geven, herstelt zich het normale drinkpatroon weer meteen na de hangerige periode. En dan zijn moeders hun irritaties ook prompt weer vergeten.
Ruzies kunnen ook ontstaan rond de 'onderhandelingen' over lichaamscontact en aandacht.

“Ik erger me bij constant janken om op schoot te mogen. En het maakt me ontzettend boos als hij me bijt omdat ik niet vlug genoeg reageer. Het doet zo zeer, dat ik hem automatisch een zet geef. Een keer viel hij hard met zijn hoofd tegen de verwarming. Dat was niet de bedoeling, maar ik was razend. Ik kan trouwens z'n gekleef ook niet meer hebben. Het irriteert me. Vooral als er andere mensen bij zijn.” **RUDOLF,** WEEK 44

Als je baby zo heftig om aandacht vraagt, kun je daar inderdaad wanhopig van worden. Dat is heel normaal. Je mag alleen nooit reageren op die gevoelens van wanhoop. Je baby, of kind, pijn doen is nooit een manier om hem regels te leren.

HET NIEUWE VERMOGEN BREEKT DOOR

Rond 46 weken ontdek je dat je baby rustiger wordt. Dat hij dingen probeert of doet die weer helemaal nieuw zijn. Je merkt dat hij anders omgaat met zijn speelgoed. Andere dingen leuk vindt. Dat hij preciezer bezig is dan ooit tevoren. Dat hij nóg meer op details let. Deze verandering zie je, omdat op deze leeftijd bij iedere baby het vermogen tot het waarnemen en zelf maken van 'opeenvolgingen' doorbreekt. Je kunt dit vermogen vergelijken met een volgende winkel die wordt geopend en waarin een uitgebreide schakering van opeenvolgingenkoopwaar ligt. Jouw baby met zijn aanleg, voorkeur en temperament maakt zijn eigen keuze. Hij kan weer uitgebreid winkelen en zich nieuwe dingen eigen maken. En als volwassene kun je hem daarbij helpen.

DE SPRONG: **DE 'WINKEL VAN DE OPEENVOLGINGEN'**

Sinds de vorige sprong beseft je baby dat sommige dingen zoveel met elkaar gemeen hebben, dat ze tot één groepje ofwel categorie behoren. Daarbij was te zien dat hij dingen 'afbrekend', uit elkaar halend bestudeerde. Zo brak hij bijvoorbeeld een blokkentoren blok na blok af. Of hij haalde een sleutel uit het slot of maakte een hendel los.

Als het vermogen tot het waarnemen en zelf uitvoeren van 'opeenvolgingen' doorbreekt, is je baby veelal 'opbouwend', in elkaar zettend of 'koppelend' bezig. Hij kan nu bijvoorbeeld een sleutel van tafel pakken en die daarna in het slot van de kast steken. Hij kan eerst zand op de schep scheppen en dat daarna in de emmer gooien. Als hij met of zonder je hulp achter een bal aan rent, richt hij eerst en schopt daarna tegen de bal. Bij het zingen van een liedje als 'Klap eens in je handjes' kan hij achtereenvolgens verschillende gebaren maken zonder dat je ze hoeft voor te doen. Hij kan nu voor het eerst zelf eten op zijn lepel scheppen en deze vervolgens in zijn mond stoppen. Hij kan proberen zijn schoen aan te trekken door hem te pakken en deze daarna tegen zijn voet te wrijven. Hij pakt de trui die je juist hebt uitgetrokken en op de grond hebt laten vallen en stopt die daarna in de wasmand (waar deze thuishoort!).

Je baby gaat nu beseffen dat hij iedere handeling altijd in een bepaalde volgorde zal moeten doen, als hij tenminste succes wil hebben. Je ziet nu dat je baby eerst bekijkt welke dingen bij elkaar passen en hoe ze bij elkaar passen, alvorens hij probeert ze in, aan of op elkaar te doen. Hij zal bijvoorbeeld eerst goed richten als hij het ene blok op het andere wil zetten. Hij zal pas een vorm door een gat in zijn blokkenstoof duwen, nadat hij de vorm met het gat heeft vergeleken en het juiste heeft gekozen. Het valt dan ook op dat de baby nu 'doelgerichter' dan ooit bezig is. Dat hij nu weet wat hij doet. Je kunt ook aan de reacties van je baby merken dat hij nu gaat beseffen hoe bepaalde gebeurtenissen elkaar normaal gesproken opvolgen. Hij weet dus wat de volgende stap in de 'opeenvolging' is. Ook gaat je baby nu achtereenvolgens verschillende mensen, dieren of dingen aanwijzen en 'benoemen'. Als hij dat in z'n eentje doet, zegt hij nog vaak: 'da' in plaats van het juiste woord. Als hij het samen met jou doet, zal hij zelf aanwijzen en willen dat jij het benoemt. Of dat jij het geluid geeft dat bij het dier of ding hoort dat hij aanwijst. Andersom wil hij ook graag dat jij aanwijst en hij dan alles op zijn manier kan benoemen. En natuurlijk zal hij niet protesteren als jij én aanwijst én benoemt. Ook kun je nu gaan zien dat je baby, als hij op je arm zit, in de richting gaat wijzen waarin hí́j wil dat jí́j loopt.

Je kunt de opeenvolgingen die je baby doet gemakkelijk missen, maar je baby doet ze wel! Een baby pakt bijvoorbeeld een pagina en slaat hem om of pakt de borstel en 'borstelt' zijn haren.

layar

"Als het muziekbandje afgelopen is, kijkt hij op naar de cassetterecorder, niet meer naar de geluidsbox. Hij weet nu dat ik daar iets moet doen, wil hij weer kunnen luisteren."

BOB, WEEK 48

Het actief benoemen van mensen, dieren of dingen, of onderdelen daarvan, komt rond deze leeftijd voor het eerst voor. Het kan worden gezien als het koppelen van een uitgesproken woord of geluid aan een mens, dier of ding. Als zodanig is het ook een opeenvolging.

Nu de baby opeenvolgingen kan waarnemen en zelf kan maken, heeft hij ook de keus ze niet te maken. Zo ging één baby het woord 'bah' niet alleen gebruiken bij alles wat vies was, maar ook bij alles waar hij voorzichtig mee moest omgaan.

WAT HEEFT DE 'WINKEL VAN DE OPEENVOLGINGEN' IN DE AANBIEDING?

Dit zijn voorbeelden van vaardigheden die je baby vanaf dit moment zou kunnen gaan doen.

De afdeling 'het aanwijzen en het koppelen van een woord of geluid aan een mens, dier, ding of een onderdeel daarvan'

- WIJST ACHTEREENVOLGENS MENSEN, DIEREN OF DINGEN DIE JE OPNOEMT AAN OP EEN GROTE PLAAT OF POSTER OF IN HET ECHT.
- WIJST ACHTEREENVOLGENS ZELF MENSEN, DIEREN OF DINGEN AAN EN WIL DAT JE ZE BENOEMT.
- WIJST ACHTEREENVOLGENS ZELF MENSEN, DIEREN OF DINGEN AAN EN BENOEMT ZE ZELF.
- BLADERT BEWUST IN EEN BOEKJE EN MAAKT ALLERLEI GELUIDEN BIJ DE PLAATJES.
- ALS JE VRAAGT: 'WAAR IS JE NEUS?' WIJST HIJ ZIJN NEUS AAN.
- HIJ WIJST ZELF BIJVOORBEELD ZIJN OF JOUW NEUS AAN EN JIJ MOET DIE BENOEMEN.
- IMITEERT DE GELUIDEN VAN HET DIER DAT JE OPNOEMT. BIJVOORBEELD ALS JE VRAAGT: 'WAT DOET HET POESJE?' ZEGT HIJ 'MIAUW'.
- ALS JE VRAAGT: 'HOE GROOT WORD JIJ?' DOET HIJ ZIJN ARMEN OMHOOG.
- ZEGT: 'HAP' ALS HIJ DE VOLGENDE HAP WIL.
- ZEGT: 'NEE, NEE' ALS HIJ IETS NIET WIL DOEN OF KRIJGEN.
- ZEGT IN VERSCHILLENDE OMSTANDIGHEDEN HETZELFDE WOORD, OMDAT DAT WOORD VOOR HEM EEN BETEKENIS HEEFT. BIJVOORBEELD: ZEGT: 'BAH' ALS IETS VIES IS, MAAR OOK ALS HIJ MOET UITKIJKEN OF ALS HIJ VOORZICHTIG MOET DOEN. 'BAH' HEEFT VOOR HEM DE BETEKENIS VAN 'AFBLIJVEN'.

DE AFDELING 'WETEN WAT "BIJ ELKAAR" HOORT EN WAT "NA ELKAAR" GEDAAN MOET WORDEN'

- WEET DAT HIJ EEN ROND BLOK DOOR EEN ROND GAT KAN DUWEN. KIEST FEILLOOS HET RONDE BLOK UIT EEN STAPEL BLOKKEN EN DUWT HET DOOR HET RONDE GAT VAN EEN BLOKKENSTOOF.
- KAN EEN EENVOUDIGE DRIEDELIGE PUZZEL IN ELKAAR ZETTEN.
- KAN MUNTEN IN GLEUFJES STOPPEN.
- PROBEERT ALLERLEI MATEN VIERKANTE BAKJES IN ELKAAR TE STOPPEN.
- PAKT EEN SLEUTEL VAN DE TAFEL EN STEEKT HEM IN HET SLOT VAN DE KAST.
- KIJKT NAAR HET LICHT EN GRIJPT ERNAAR ALS JE OP HET LICHTKNOPJE DRUKT.
- WEET DAT BIJ DE HOORN VAN DE TELEFOON 'PRATEN' HOORT.
- STOPT BIJVOORBEELD BLOKJES IN EEN DOOSJE, DOET HET DEKSEL DICHT, DOET >>

HET DEKSEL WEER OPEN, HAALT DE BLOKJES ERUIT EN BEGINT WEER OPNIEUW.

- DOET RING(EN) OM EEN PIRAMIDE.
- RIJDT MET AUTO'S EN MAAKT EEN 'BRRRM'-GELUID.
- SCHEPT ZAND OP DE SCHEP EN IN DE EMMER.
- VULT ALS HIJ IN BAD ZIT EEN GIETERTJE ONDER WATER EN GIET HET DAN LEEG.
- BEKIJKT TWEE DUPLO-STENEN GOED EN PROBEERT ZE DAN AAN ELKAAR VAST TE MAKEN.
- PROBEERT MET EEN POTLOOD OP PAPIER TE KRASSEN

DE AFDELING 'WERKTUIGGEBRUIK'

- VINDT ZELF EEN OBJECT DAT HIJ GEBRUIKT ALS HULP BIJ HET LEREN LOPEN.
- MAAKT EEN LA OPEN EN GEBRUIKT DIE ALS OPSTAP OM OP EEN KAST TE KLIMMEN.
- WIJST VAAK MET DE VINGER WAAR HIJ NAARTOE WIL ALS HIJ BIJ MOEDER OP DE ARM ZIT. MOEDER MOET DAAR DAN NAARTOE LOPEN.

DE AFDELING 'MOTORIEK'

- KLAUTERT ACHTERSTEVOREN DE TRAP, BANK OF STOEL AF. IN HET BEGIN KRUIPT HIJ SOMS AL ACHTERSTEVOREN EEN KAMER UIT VOOR HIJ AAN DE AFDALING BEGINT.
- GAAT OP ZIJN HOOFD STAAN, ALVORENS KOPJE TE DUIKELEN MET HULP.
- ZAKT DOOR DE KNIEËN EN STREKT ZIJN BENEN DAARNA MET KRACHT, ZODAT HIJ MET DE VOETEN VAN DE VLOER SPRINGT.
- RENT (MET OF ZONDER HULP) ACHTER EEN BAL AAN, RICHT EN SCHOPT DE BAL WEG.
- KIJKT EERST OF HIJ BINNEN HET AANTAL STAPPEN DAT HIJ LOS KAN LOPEN EEN ANDER STEUNOBJECT KAN BEREIKEN.

DE AFDELING 'UITNODIGEN TOT SPEL'

- SPEELT ECHT MET JE. MAAKT DUIDELIJK WELKE SPELLETJES HIJ WIL SPELEN, DOOR TE BEGINNEN EN JE DAN AFWACHTEND AAN TE KIJKEN.
- HERHAALT EEN SPELLETJE.
- LOKT JE UIT TOT HULP. DOET ALSOF HIJ HULP NODIG HEEFT.

DE AFDELING 'ZOEKEN EN VERSTOPPEN'

- ZOEKT IETS DAT JE HELEMAAL ONDER IETS ANDERS HEBT VERSTOPT. DAT KAN ZIJN BIJ EEN SPELLETJE, OF OMDAT JE NIET WILT DAT HIJ ERGENS AANKOMT.
- VERSTOPT ZELF IETS WAT VAN IEMAND ANDERS IS, WACHT AF EN LACHT ALS DIE ANDER HET VINDT.

>>

DE AFDELING 'NADOEN VAN EEN SERIE GEBAREN'

- IMITEERT TWEE OF MEER GEBAREN DIE JE NA ELKAAR MAAKT.
- BESTUDEERT HOE DEZELFDE SERIE GEBAREN ER IN WERKELIJKHEID EN IN DE SPIEGEL UITZIET.
- DOET DE VERSCHILLENDE GEBAREN MEE ALS JE EEN LIEDJE MET HEM ZINGT.

DE AFDELING 'HELPEN IN DE HUISHOUDING'

- GEEFT DINGEN AAN DIE JE WILT OPBERGEN IN DE KAST. BIJVOORBEELD ZIJN LUIERS. HIJ GEEFT ZE BIJ VOORKEUR ÉÉN VOOR ÉÉN AAN.
- GAAT EN HAALT EENVOUDIGE DINGETJES, BIJVOORBEELD EEN BORSTEL ALS JE DAAROM VRAAGT TERWIJL JE BEZIG BENT.
- PAKT DE TRUI DIE JE JUIST HEBT UITGETROKKEN EN STOPT DIE IN DE WASMAND.
- PAKT EIGEN EMMERTJE MET 'POPPENWAS' EN STOPT DIE IN DE WASMACHINE.
- PAKT DE HANDVEGER OF STOFZUIGER EN 'VEEGT' ERMEE OVER DE VLOER.
- PAKT EEN DOEKJE EN 'STOFT'.
- 'ROERT' OOK IN EEN KOM ALS JE EEN CAKE BAKT.

DE AFDELING 'ZICHZELF AANKLEDEN EN VERZORGEN'

- PROBEERT ZICHZELF UIT TE KLEDEN. WIL SOK UITTREKKEN EN TREKT AAN DE TENEN. PROBEERT HEMD UIT TE TREKKEN.
- PROBEERT ZELF ZIJN SOK/SCHOEN AAN TE DOEN. BIJVOORBEELD: PAKT ZIJN SOK/ SCHOEN EN VOET VAST EN WRIJFT ZE TEGEN ELKAAR.
- KAN MEEWERKEN ALS JE HEM AANKLEEDT. MEEBEWEGEN ALS JE EEN TRUI AAN- OF UITTREKT. EVENTUEEL EEN ARM UITSTEKEN DIE DOOR DE MOUW MOET. ZIJN VOET UITSTEKEN ALS DE SCHOEN OF SOK KOMT.
- 'BORSTELT' ZIJN HAREN.
- 'POETST' ZIJN TANDEN.
- PLAST SOMS OP EEN POTJE.

DE AFDELING 'ZELF ETEN EN ANDEREN VOEREN'

- BIEDT MET ETEN OF DRINKEN ANDEREN EEN HAPJE OF EEN SLOKJE AAN.
- BLAAST EIGEN ETEN KOUD, VOORDAT HIJ EEN HAP NEEMT.
- PRIKT AAN EEN (TAART)VORKJE EEN BLOKJE BROOD EN EET DAT.
- KAN ETEN OP EEN LEPEL SCHEPPEN EN VERVOLGENS IN DE MOND STOPPEN.

>>

HELP, MIJN BABY KAN NIET ALLES!

NEE, NATUURLIJK NIET, DAT KAN OOK NIET

De eerste fase (hangerigheid) van deze sprong is leeftijdsgebonden en voorspelbaar en begint tussen de 40 en 44 weken. De meeste baby's komen 46 weken na uitgerekende datum in de tweede fase van deze sprong terecht (zie kader *'Kwaliteitsuurtjes' zijn onnatuurlijk* op pagina 25). Door het vermogen dat je baby krijgt bij de sprong van opeenvolgingen wordt een hele reeks vaardigheden en activiteiten in gang gezet. De leeftijd waarop je baby deze vaardigheden en activiteiten voor het eerst laat zien kan enorm verschillen per kind. Het vermogen om opeenvolgingen te begrijpen is bijvoorbeeld noodzakelijk om aan een touwtje te kunnen trekken om bij een speelgoedring te kunnen die aan dat touwtje vastzit. Deze vaardigheid krijgt hij ergens tussen de 46 weken tot vele weken of zelfs maanden later onder de knie. Het verschil tussen het mentaal kunnen (vermogen) en het daadwerkelijke doen (vaardigheid) is afhankelijk van de voorkeuren van je baby, zijn behoefte aan experimenteren en van zijn lichamelijke ontwikkeling. Vaardigheden en activiteiten komen in *Oei, ik groei!* aan bod op de vroegst mogelijke leeftijd waarop ze het vermogen krijgen, maar dus niet noodzakelijkerwijze gaan doen, zodat je erop kunt letten en ze kunt herkennen. (Ze kunnen aanvankelijk heel onopvallend zijn.) Zo kun je reageren op de ontwikkeling van je kindje en hem erbij helpen. Alle baby's krijgen dus hetzelfde vermogen op dezelfde tijd, maar wat ze er wanneer mee gaan doen, daarin verschilt iedere baby en dat maakt iedere baby uniek.

WAT KIEST JOUW BABY UIT DE 'WINKEL VAN DE OPEENVOLGINGEN'?

Alle baby's hebben het vermogen tot het waarnemen en zelf maken van 'opeenvolgingen' gekregen. De nieuwe winkel, vol met nieuwe mogelijkheden, staat voor allemaal open. Jouw baby maakt zijn eigen keus. Hij laat zien waar zijn voorkeur naar uitgaat. En dus wat hem speciaal maakt. Voor de 'winkel van de opeenvolgingen' doet hij dat tussen 46 en 51 weken. In deze periode kiest hij dát wat het best past bij zijn aanleg, interesse, lichaamsbouw en gewicht. Vergelijk je baby daarom niet met een andere baby. Iedere baby is uniek.
Kijk goed naar je baby. Stel vast waar zijn interesse naar uitgaat. In het kader 'Wat heeft de "winkel van de opeenvolgingen" in de aanbieding?' is ruimte om aan te geven wat je baby kiest tussen 46 en 51 weken. Zelf kun je er ook 'winkelen' om te zien of er dingen bij zijn waarvan je denkt dat je baby ze ook leuk zal vinden.

ZO ZIJN BABY'S

Alles wat nieuw is, vindt je baby het leukst. Reageer daarom altijd en vooral op nieuwe vaardigheden en interesses die je baby toont. Hij leert dan prettiger, makkelijker, sneller en meer.

DE UITWERKING VAN DE SPRONG: **HELP JE BABY BIJ HET LEREN**

Iedere baby heeft tijd en hulp nodig om het nieuwe vermogen zo goed mogelijk uit te werken in vaardigheden die hij onder de knie heeft. Als ouder kun je hem daarbij helpen. Je kunt hem de gelegenheid en de tijd geven om met 'opeenvolgingen' te spelen. Je kunt hem aanmoedigen en troosten als hem iets niet meteen lukt. Je kunt hem nieuwe ideeën aanreiken.

Geef je baby de gelegenheid zo veel mogelijk in contact te komen met 'opeenvolgingen'. Laat ze hem zien, horen, voelen, ruiken en proeven, net wat hij het prettigst vindt. Hoe meer hij ermee in contact komt, ermee speelt, hoe beter zijn begrip ervan wordt. Het doet er niet toe of je baby dat begrip nu het liefst leert op het gebied van observeren, het hanteren van speeltjes, taal, geluiden, muziek of op motorisch gebied.

Hij zal dat begrip later makkelijk ook op andere gebieden gaan gebruiken. Hij kan nu eenmaal niet alles tegelijk doen.

EXPERIMENTEERT HIJ MET 'ZELF DOEN'? LET DAN OP!

Als je baby de 'winkel van de opeenvolgingen' gaat verkennen, dringt het voor het eerst tot hem door dat hij dingen in een bepaalde volgorde moet doen, wil hij zijn doel bereiken. Ook al ziet hij volwassenen een bepaalde opeenvolging uitvoeren, toch kan hij die opeenvolging alleen maar zelf onder de knie krijgen met vallen en opstaan. Zijn 'oplossingen' zijn vaak merkwaardig. En dat is nog zachtjes uitgedrukt.

Probeert je kleintje uit of dingen ook anders kunnen? Probeert hij of er andere manieren zijn om de trap op of af te komen? Probeert hij of iets met de linkerhand even goed gaat als met de rechter? Stopt hij allerlei dingen ergens anders in, ook al weet hij dat het niet zo hoort? Als je doerak dat doet, probeert hij gewoon uit. Hij bekijkt wat er gebeurt als je de 'volgorde' varieert. Want waarom moet wasgoed per se in de wasmand en niet in de vuilnisbak of het toilet? Daar past het immers ook in. Let dus altijd op. Je baby kent nog geen gevaar.

"Hij trekt stekkers uit het stopcontact en probeert die dan in de muur te duwen. Ook probeert hij dingetjes met twee uitsteeksels in het stopcontact te steken. Moet dus nóg meer opletten." **BOB,** WEEK 48

"Hij gooit alles naar beneden als hij in zijn stoel zit en kijkt of en hoe het opgeraapt wordt. Hetzelfde gebeurt bij AH. In de winkel mag hij het boodschappenlijstje vasthouden. Mama vraagt dan: "Wil jij alsjeblieft mijn boodschappenbriefje héél goed vasthouden?" Thomas gooit het dan op de grond en kijkt of en hoe het opgeraapt wordt. Dit herhaalt zich zo'n tien keer." **THOMAS,** WEEK 42

"Als ze op een nachtkastje wil klimmen, trekt ze eerst een laatje open, gaat daarop staan en klimt dan op het nachtkastje. Als ze de la erg ver opentrekt, wankelt het kastje." **JETTEKE,** WEEK 49

Je baby weet hoe jij de trap oploopt, maar de treden zijn te hoog voor hem. Dus moet hij kruipen van de ene tree naar de volgende. Daar aangekomen gaat hij echter iedere keer staan.

"Hij wil met alle geweld alléén de trap op, maar hij doet gevaarlijk. Kruipt op z'n knieën naar de volgende tree, gaat staan, dan weer op z'n knieën verder omhoog, weer staan, enzovoort. Ik vind dat akelig, moet nu goed oppassen." **STEVEN,** WEEK 45

WIL JE BABY ALLES 'ZELF DOEN'?

Veel baby's weigeren hulp en verzetten zich tegen elke vorm van inmenging van anderen. Alles wat zo'n hummel kan of denkt te kunnen, wil hij ook zelf doen. Wil jouw kindje dat ook? Wil hij zelf eten? Zelf zijn haar borstelen? Zichzelf inzepen? Zelf proberen om los te gaan lopen? Wil hij alléén de trap op- of afklimmen? En wil hij ook absoluut geen steunende hand meer voelen? Probeer dan zoveel als mogelijk begrip te hebben voor dergelijke wensen. Ze horen bij deze leeftijd.

"Hij vond het altijd leuk om samen het lopen te oefenen. Maar als ik hem nu bij zijn handen pak, gaat hij direct zitten. Als ik dan wegga, probeert hij het zelf. En bij iedere looppoging die lichtelijk slaagt, kijkt hij me triomfantelijk aan." **PAUL,** WEEK 46

"Hij probeert met een potlood iets op papier te tekenen, net zoals zijn broer dat doet. Maar als zijn broer zijn hand pakt om hem te laten voelen hoe het moet, trekt hij die hand terug." **RUDOLF,** WEEK 48

"Als wij samen vormen in de blokkenstoof doen, gooit hij ermee. In de box, als hij alleen speelt, probeert hij dat wél na te doen. Dat irriteert me eigenlijk." **PAUL,** WEEK 53

"Ze eet alleen als ze zelf het stukje brood in haar mond kan stoppen. Als ík dat doe, haalt ze het er weer uit." **LAURA,** WEEK 43

"Hij heeft voor het eerst zelf met zijn lepel een hap eten gepakt en in zijn mond gestopt. Die hele dag al wilde hij een poging wagen." **THOMAS,** WEEK 42

TOON BEGRIP VOOR FRUSTRATIES

Het valt veel ouders op dat hun baby 'tegendraads' is. Maar als je goed nadenkt, is dat niet zo. Je kleintje wil gewoon meer zelf doen. Hij begint immers te beseffen wat bij elkaar hoort en in welke volgorde dingen gedaan moeten worden. En ook al moet hij nog veel leren, hij denkt het allemaal al te weten en te kunnen. Hij wil niet langer dat jij dingen voor hem doet, of hem vertelt hoe iets moet. Hij wil dat zelf doen. Maar als ouder ben je dit eigenlijk niet gewend. Automatisch help je, zoals je dat altijd al hebt gedaan. En je weet ook dat je baby datgene wat hij wil, nog niet kan zoals het hoort. En er dus ook een puinhoop van maakt.
De belangen van baby en ouder zijn hier dus strijdig, met alle gevolgen van dien. De baby vindt jou lastig en jij vindt de baby lastig. Het is alom bekend dat pubers door een moeilijke periode gaan, maar baby's kunnen er ook wat van.

DAAGT HIJ JE UIT?

Krijg je soms het gevoel dat je uren achter elkaar bezig bent met verbieden en afpakken? Observeer je doerak dan eens goed. Is hij gewoon ondeugend of wil hij eigenlijk dingen 'zelf doen' en 'zelf beslissen'? En voelt hij zich 'tegengewerkt' omdat iets niet lukt of omdat hij iets niet mag?

"*Ze is lastig. Wil in alles haar zin hebben. Wordt nijdig als ik iets weiger wat ze wil hebben of wil doen. Doodmoe word je ervan.*" **JETTEKE,** WEEK 50

"*Hij probeert met schreeuwen en driftaanvallen iets voor elkaar te krijgen.*" **THIJS,** WEEK 46

"*Als ik mopper, krijst en knijpt ze om zich heen of trekt een plant uit de pot. Ik erger me daar vreselijk aan. Ze is bij de oppas veel liever.*" **LAURA,** WEEK 49

"*We zitten nu in een fase van: "Nee, afblijven," en: "Nee, niet doen." Maar hij weet wat hij wil en kan ontzettend kwaad worden als hij het ergens niet mee eens is. Laatst was hij zó kwaad, dat hij niet eens in de gaten had dat hij losstond.*" **DIRK,** WEEK 49

VERTEL HEM WAT HIJ 'FOUT' DOET

Rond deze leeftijd beginnen baby's uit te proberen hoever ze kunnen gaan voor iemand ze stopt. Maar als ze iets 'fouts', 'stouts' of 'gevaarlijks' doen, mogen ze dat best weten.

NOG EVEN DIT

Ook het afleren van oude gewoontes en het aanleren van nieuwe regels horen bij de uitwerking van ieder nieuw vermogen. Dát wat je baby nu nieuw begrijpt, kun je ook van hem eisen. Niet meer maar ook niet minder.

VERTEL HEM WAT HIJ 'GOED' DOET

Als hij iets goed doet, prijs hem dan ook. Hij leert dan wat 'goed' en wat 'fout' is. De meeste baby's vragen daar trouwens zelf om. Als ze iets goed doen, vragen ze voortdurend om een pluim. Ze kijken je aan en lachen vol trots of roepen om aandacht. Ze kunnen het dan ook vele malen blijven herhalen, waarna ze iedere keer weer geprezen willen worden.

"*Iedere keer als ze een ring om de piramide heeft gedaan, kijkt ze me met een vette glimlach aan en klapt in haar handjes.*" **EEFJE,** WEEK 49

LEID HEM AF MET DINGEN DIE HIJ LEUK VINDT

Als je baby gefrustreerd is omdat hij iets niet mag of kan, kun je hem nog makkelijk afleiden met iets wat hij extra interessant vindt. En natuurlijk is dat voor iedere baby wat anders.

"*Deze week vond hij het heerlijk om te voetballen. Hij schopte dan heel hard tegen de bal en wij liepen dan (hem aan de handjes vasthoudend) er heel hard achteraan. Daar moest hij zo om lachen, dat hij af en toe even op de grond moest gaan liggen om op te kunnen houden met lachen.*" **PAUL,** WEEK 48

"Hij wil steeds helpen. Vindt dat prachtig. Glundert helemaal. Ik moet er wel de tijd voor nemen. Over een stapel luiers in de kast leggen doe ik wel tien keer zo lang. Hij geeft elke luier apart aan en voordat ik hem krijg, legt hij elke luier even op zijn schouder en voelt er met de zijkant van zijn kin overheen." **THIJS,** WEEK 48

SPEELT JE BABY MET WOORDEN?

Een hummeltje dat aangekomen is in de 'winkel van de opeenvolgingen' kun je ergens naar zien wijzen en dat horen benoemen. Aanwijzen of ergens naar kijken, gevolgd door een uitgesproken 'woord' is een 'opeenvolging'. Als je merkt dat jouw baby dat ook doet, speel dan daarop in. Luister naar hem en laat merken dat je hem geweldig vindt en dat je hem verstaat. Probeer niet zijn uitspraak te verbeteren. Daardoor gaat het plezier van het praten er voor je baby vanaf.
Gebruik zelf wel steeds het goede woord. Je baby leert dan de juiste uitspraak op den duur vanzelf.

"Ze gaat woordjes zeggen en naar datgene wat ze zegt wijzen. Op het ogenblik is ze verliefd op paarden. Als ze ergens een paard ziet, wijst ze en zegt "paad". Gisteren in het park haalde een grote Afghaanse hond haar in. Dat was ook een "paad"." **ODINE,** WEEK 48

"Tegen 'n speelgoedpoesje zei hij opeens "nanna". Wij hebben dat nooit gezegd. Hij heeft veel speelgoedbeesten. Als ik dan vroeg: "Waar is nanna?" wees hij steeds het poesje aan." **PAUL,** WEEK 48

PROBEERT JE BABY JE IETS TE VERTELLEN?

Sommige baby's 'vertellen' met lichaamstaal en geluiden dat ze zich een bepaalde situatie herinneren. Of dat ze bepaalde mensen al eens eerder hebben gezien. Als je merkt dat je baby dat kan en doet, speel daar dan op in. Praat veel met hem, zeg wat je ziet en luister naar wat hij je later daarover 'vertelt'.

"Wij gaan iedere week zwemmen. Meestal zijn daar dezelfde mensen. Op straat kwamen we toen een moeder en een andere keer een kindje tegen. Meteen riep hij "oh oh" en wees naar hen alsof hij hen herkende. In het zwembad zag hij toen een meisje dat bij ons in de buurt woont en dat hij maar 'n paar keer heeft gezien, en hij reageerde hetzelfde." **PAUL,** WEEK 49

"Op weg naar de winkel zagen we een hoge berg stenen. Ik zei: "Kijk eens wat veel stenen." Hij keek aandachtig. De dag daarna wees hij al op een afstand naar de stenen, keek me aan en riep: "Die, die!"" **STEVEN,** WEEK 51

"Hij vraagt heel duidelijk of zijn kinderprogramma aan mag. Dat doet hij als volgt. Hij kijkt naar de tv, dan naar mama, naar de afstandsbediening en dan naar de tv. Hij geeft er gromgeluiden bij om het zaakje kracht bij te zetten. Enkele dagen eerder is hij al met dit "vragen" begonnen, maar het geheel was nog niet zo compleet." **THOMAS,** WEEK 42

DWING JE BABY NIET

Als je merkt dat je baby niet geïnteresseerd is, stop er dan mee. Hij is dan met andere dingen bezig. Dingen die hem op dat moment meer boeien.

"Ik ben driftig "papa" aan het oefenen en spelletjes aan het spelen van: "Waar is je neus?" en: "Hoe groot is mijn schatje?" Maar tot nu toe met weinig resultaat. Hij lacht en springt alleen maar en bijt het liefst mijn neus eraf of trekt de haren uit mijn hoofd. Maar ik ben allang blij dat hij lichamelijk zo'n bezig baasje geworden is." **DIRK,** WEEK 49

"Ik probeer wel liedjes met hem te doen, maar ik heb het gevoel dat het nog weinig effect heeft. Hij heeft ook niet zoveel interesse, is meer met de dingen om hem heen bezig." **JAN,** WEEK 47

TOON BEGRIP VOOR 'RARE' ANGSTEN

Als je baby bezig is zijn nieuwe vermogen uit te werken, zal hij ook dingen of situaties tegenkomen die hij maar half begrijpt. Eigenlijk ontdekt hij nieuwe gevaren. Gevaren die voor hem tot nu toe niet bestonden. Pas als hij alles beter begrijpt, zal zijn angst ook verdwijnen. Leef daarom met hem mee.

"Ze wil steeds weer op het potje. Ook al heeft ze niets gedaan, dan loopt ze toch met het potje naar de wc om het leeg te gooien en door te trekken. Het gaat haar dus om het doortrekken. Maar terwijl ze dat doortrekken boeiend vindt, is ze er op de een of andere manier ook bang van. Ze is niet bang als ze zelf doortrekt, wel als een ander het doet. Dan moet ze er niets van hebben." **JETTEKE,** WEEK 50

"Ze vindt vliegtuigen vreselijk interessant. Overal herkent ze ze. In de lucht, op plaatjes en in tijdschriften. Deze week was ze ineens bang voor het geluid van heel laag overvliegende vliegtuigen, terwijl ze dat toch vaker gehoord heeft." **LAURA,** WEEK 46

SPELTOPPERS VAN 'OPEENVOLGINGEN'

Dit zijn spelletjes en oefeningen die inspelen op het nieuwe vermogen en die bij bijna alle baby's tussen 46-51 (plus of minus 2) weken oud favoriet zijn.

HELPEN

Ook je baby vindt het fijn als hij 'nodig' is. Laat hem merken dat je zijn hulp goed kunt gebruiken. Op deze leeftijd zal hij geen echte hulp zijn, maar hij snapt de handelingen (de opeenvolgingen). Verder is het een goede voorbereiding op de volgende sprong.

Helpen in de huishouding

Laat hem zien hoe je kookt, poetst en opruimt. Haal hem erbij. En vertel wat je doet. Vraag hem je dingen aan te geven. Geef hem een van jouw stofdoeken. Die zijn immers interessanter dan een eigen lapje. En als je een cake bakt, geef hem dan ook een beslagkom met een lepel.

Meehelpen bij het aankleden

Dit is het leukst voor een spiegel. Kleed hem uit, droog hem af en kleed hem eens aan terwijl hij zichzelf kan zien. Benoem de onderdelen die je afdroogt. Als je merkt dat hij al mee gaat werken, vraag dan zijn hulp. Vraag of hij zijn been of arm wil uitsteken als je een trui of sok wilt aantrekken. En prijs hem als hij dat ook doet.

Zichzelf 'verzorgen'

Laat je baby ook eens zelf wat doen. Dat is het leukst voor een spiegel. De baby ziet dan zelf wat hij doet. Hij leert dan sneller en geniet meer. Borstel zijn haar eens voor de spiegel en laat hem dat zelf ook proberen. Hetzelfde kun je doen met tandenpoetsen.

>>

Ook kun je proberen of hij zichzelf wil 'wassen'. Geef hem een washandje als hij in bad zit en zeg bijvoorbeeld: 'Was je gezicht maar.' Reageer enthousiast bij iedere poging. Je zult merken hoe trots hij dan op zichzelf is.

Zelf 'eten' met een lepel
Laat je baby zelf eens met een lepeltje eten. Of geef hem een taartvorkje waaraan hij zelf stukjes brood of fruit kan prikken. Leg een groot stuk plastic onder zijn stoel, zodat je het gemorste eten makkelijk kunt opruimen.

AANWIJS- EN BENOEMSPELLETJES
Je baby begrijpt vaak heel wat meer dan je denkt en hij geniet als hij dat kan tonen.

'Dit is je neusje'
Lichaamsdelen aanraken en benoemen helpen je baby bij het ontdekken van zijn eigen lichaam. Je kunt het spelen terwijl je hem uit- en aankleedt, of als hij lekker bij je zit. Kijk ook eens of hij al weet waar jouw neus zit.

Aanwijzen en benoemen
Alle vormen van aanwijzen en benoemen of de bijpassende geluiden produceren is voor veel baby's een leuk spelletje. Je kunt het overal spelen. Op straat, in de winkel, op het aankleedkussen en met een boekje. Geniet ook van de 'fouten' die je baby maakt.

ZANG- EN BEWEGINGSSPELLETJES
Met deze liedjes doet je baby nu actief mee. En hij begint alle bewegingen die erbij horen, ook zelf te maken.

Klap eens in je handjes
Ga tegenover je baby zitten en zing:
Klap 'ns in je handjes, blij, blij, blij,
(Klap in je handen en laat de baby je nadoen)
Op het boze bolletje, allebei,
(Doe je handen om je hoofd en laat de baby je nadoen)
Zo varen de scheepjes voorbij!
(Schommel langzaam van links naar rechts en laat de baby je nadoen)

Schuitje varen, theetje drinken
Ga tegenover je kind op de grond zitten. Spreid je benen en zet je baby daartussenin. >>

Pak zijn handen en zing heen en weer schommelend:
Schuitje varen, theetje drinken,
Varen we naar de overtoom,
Drinken we zoete melk met room, Zoete melk met brokken,
(Baby's naam) mag niet jokken!
(Als je zijn naam noemt, wijs hem dan aan of 'prik' in zijn buik)

VERSTOPSPELLETJES

Veel baby's vinden het leuk om een speeltje, dat je volledig laat verdwijnen, weer tevoorschijn te toveren.

Een pakje uitpakken

Stop een speeltje in een geliefd papiertje of in een lekker krakende chipszak terwijl je baby ziet wat je doet. Geef hem dan het pakje en laat hem het speeltje weer tevoorschijn toveren. Moedig hem aan bij iedere poging die hij onderneemt.

Onder welk bekertje ligt het?

Leg een speeltje voor je baby neer en zet er een beker overheen. Zet er vervolgens eenzelfde beker naast en vraag aan je baby waar het speeltje is. Prijs hem steeds als hij het verstopte speeltje zoekt, ook als hij het niet meteen vindt. Als je baby het nog een beetje te moeilijk vindt, speel dit spelletje dan met een doekje. Hij kan immers dóór het doekje heen de vorm van het speeltje blijven zien. Laat je baby zelf eens iets verstoppen wat jij moet zoeken.

SPEELGOED EN HUISRAAD DIE HET MEEST BOEIEN

Dit zijn speeltjes en andere spulletjes die inspelen op het nieuwe vermogen en die bij bijna alle baby's tussen 46-51 (plus of minus 2) weken oud favoriet zijn:

- HOUTEN TREIN MET BLOKKEN.
- AUTO'S.
- POP (MET FLES).
- TROMMEL OF POTTEN EN PANNEN OM OP TE TROMMELEN.
- BOEKJES MET AFBEELDINGEN VAN BEESTEN.
- ZANDBAK MET EMMER EN SCHEP.
- BALLEN: VAN PINGPONGBAL TOT GROTE STRANDBAL. EEN NIET AL TE HARDE, MIDDELGROTE BAL IS IN TREK BIJ VOETBALLIEFHEBBERS.
- GROTE PLASTIC KRALEN.
- KNIJPERS.
- PLUCHEN BEEST WAARUIT EEN MUZIEKJE KLINKT ALS JE EROP DRUKT.
- (KINDER)LIEDJES.
- BLOKKENSTOOF MET EEN DEKSEL MET GATEN WAARIN VERSCHILLEND GEVORMDE BLOKKEN PASSEN.
- FIETS, AUTO OF TRACTOR WAAR HIJ ZELF OP KAN ZITTEN.
- DUPLO-STENEN.
- KLEINE PLASTIC POPPETJES, ZOALS VAN FISHER PRICE OF LEGO.
- SPIEGEL.

LET OP! ZET WEG OF BEVEILIG:

- STOPCONTACTEN.
- TRAPPEN.
- GELUIDSINSTALLATIE, TV, VIDEO EN DVD.
- STOFZUIGER.
- WASMACHINE.
- HONDEN.
- KLEINE DINGETJES, ZOALS STEENTJES, NAALDEN OF GEKLEURDE STUKJES GLAS.

DE SPRONG IS GENOMEN

Tussen 47 en 52 weken breekt weer een makkelijke periode aan. Eén tot drie weken lang wordt de baby geprezen om zijn vrolijkheid en zelfstandigheid. Het valt ouders op dat de baby veel beter luistert als je praat. Rustiger en gecontroleerder speelt. Weer goed alleen speelt. Zelf weer de box in wil, waarbij een enkeling er zelfs niet meer uit wil. En er opvallend ouder en wijzer uitziet.

“*Ze wordt steeds leuker. Ze vermaakt zich steeds beter. Kan nu echt aandachtig met iets bezig zijn. Overigens heb ik deze week de box weer tevoorschijn gehaald. Maar wat me het meest verbaast is dat ze het nu helemaal niet erg vindt om er af en toe een uurtje in te zitten. En een paar weken geleden schreeuwde ze nog moord en brand zodra ze erboven hing. Het is net of ze haar speelgoed opnieuw ontdekt en of ze het eigenlijk wel lekker rustig vindt in de box.*” **ASHLEY,** WEEK 52

“*Ze is echt een speelkameraadje voor haar grote zus. Ze reageert dan ook duidelijk zoals verwacht. Huilend, lachend. Ze doen veel meer dingen samen. Ze gaan ook samen in bad. Beiden genieten hier duidelijk van.*” **ODINE,** WEEK 47

“*Het waren heerlijke weken. Hij is weer meer een kameraadje. De kinderopvang gaat nu prima. Hij komt er goedgeluimd uit en vindt het steeds weer leuk om de andere kinderen terug te zien. Hij slaapt 's nachts beter. Snapt veel meer. Speelt geboeid met zijn speelgoed. Kruipt ook weer alléén een andere kamer in. Lacht veel. Ik geniet met volle teugen.*” **BOB,** WEEK 51

HOOFDSTUK

10

SPRONG 8

LIEF EN LEED
ROND 55 WEKEN
OFWEL 13 MAANDEN

De eerste verjaardag is heel speciaal. Deze markeert voor veel ouders het begin van het einde van de babytijd. Je kleine engeltje staat op het punt gepromoveerd te worden tot dreumes. In veel opzichten is hij natuurlijk nog een baby. De wereld heeft nog zoveel geheimen voor hem in petto, die hij nog allemaal moet gaan ontdekken en verkennen. Hij is nu veel mobieler en stort zich vol overgave op alles wat hem interesseert.

Kort na zijn eerste verjaardag, rond 55 (plus of minus 2) weken, merk je dat de dreumes er weer een nieuw vermogen bij heeft gekregen. Hij heeft toegang gekregen tot de 'winkel van de programma's.' Daarmee komt hij ineens weer zoveel 'wijzer' over. Als je goed oplet, zie je zijn nieuwe begrip van de wereld opbloeien.
Het woord 'programma' is erg abstract. Je moet je daarbij het volgende voorstellen. Bij de vorige sprong leerde je baby omgaan met 'opeenvolgingen' – ofwel het feit dat 'gebeurtenissen' de een na de ander optreden of dingen op een bepaalde manier in elkaar passen. Een 'programma' is een tikkeltje ingewikkelder dan een 'opeenvolging', in die zin dat het einddoel op verschillende manieren bereikt kan worden. Zodra je kind het vermogen heeft gekregen om 'programma's' waar te nemen, begint hij te begrijpen wat het betekent om de was te doen, de tafel te dekken, te lunchen, op te ruimen, je aan te kleden, een toren te bouwen, te telefoneren, en de talloze andere dingen te doen waaruit het dagelijks leven is opgebouwd. Dat zijn stuk voor stuk programma's.

Je dreumes heeft deze sprong al eerder aangevoeld. Rond 51 (plus of minus 2) weken wordt je baby meestal wat hangeriger dan hij de laatste één tot drie weken was. Hij merkt dat zijn wereld anders is dan hij gewend is, dat hij hem anders beleeft. Hij merkt dat hij dingen ziet, hoort, ruikt, proeft en voelt die nieuw voor hem zijn. Hij raakt daardoor van slag en klampt zich zo goed als hij kan vast aan de meest vertrouwde plek die hij kent: papa of mama. Deze hangerige periode duurt bij de meeste kinderen vier of vijf weken, maar kan ook drie tot zes weken duren.

OM TE ONTHOUDEN

Als jouw dreumes 'hangerig' is, let dan alvast op nieuwe vaardigheden of pogingen daartoe.

DE SPRONG KONDIGT ZICH AAN: **TERUG NAAR PAPA OF MAMA**

Alle kinderen huilen sneller dan hun ouders van hen gewend zijn. Ze willen op, aan en rond papa of mama hangen. Ouders noemen hun dreumes hangerig, mopperig, chagrijnig, zeurderig, ongedurig en driftig. Sommigen willen je de hele dag zo dicht mogelijk bij zich hebben. Anderen met periodes. Het ene kind is daarbij ook veel fanatieker dan het andere.

"Hij was soms behoorlijk uit zijn hum. Niet de hele tijd. Een tijd speelde hij alleen en dan ineens was het finaal over en was hij een flinke tijd ontzettend huilerig. Hij wilde dan op de arm bij mij zijn. Dit bijvoorbeeld allemaal op één morgen." **BOB,** WEEK 52

"Ze huilde ontzettend snel. Op een "nee" van mij volgde meteen een stevige huilbui. Niets voor haar." **EEFJE,** WEEK 52

Alle baby's huilen minder als ze bij je zijn of als je op de een of andere manier met hen bezig bent, met hen speelt of naar hen kijkt.

"Ik moet op de bank blijven zitten terwijl ze bezig is, en liefst niks doen. Ik hoop dat ik ooit nog 'ns stiekem wat kan breien als ik daar zit." **XARA,** WEEK 53

"Op de momenten waarop ik bezig ben, wil hij opgetild worden. Maar als hij eenmaal op schoot zit, wil hij er ook snel weer af en moet ik achter hem aan! Hij is zeer ongedurig." **DIRK,** WEEK 52

HOE MERK JE DAT JE BABY 'BIJ PAPA OF MAMA WIL BLIJVEN'?

Hangt hij vaker aan je? Sommige kinderen klampen zich weer vaker aan hun ouders vast. Ze willen gedragen worden of hangen aan je benen. Anderen hoeven niet per se lichaamscontact met papa of mama te hebben, maar komen wel steeds even bij hen in de buurt. Ieder kind komt op zijn eigen manier 'papa of mama tanken'.

“Ze is weer meer om me heen, even spelen en weer naar me terug.” **ODINE,** WEEK 54

“Zolang hij wakker is doe ik niets meer. Als hij over de vloer is, loopt hij constant voor mijn voeten en als hij in de box zit, moet ik erbij blijven, anders zet hij het op een brullen.” **DIRK,** WEEK 55

“Als ik van het zitgedeelte naar de keuken loop, komt ze meteen achter me aan en wil op de arm. Ze maakt een hele scène. Heel theatraal. Alsof er iets vreselijks gebeurt.” **XARA,** WEEK 53

Is hij eenkennig? Als er vreemden in de buurt zijn, klampen veel baby's zich nog fanatieker aan hun ouders vast dan ze vaak al doen. Ze willen ineens weer minder van anderen weten. Soms willen ze ook even niets van hun vader weten.

“Ze was soms ineens helemaal uit haar doen. Ze wilde dan alleen bij mij zijn. Zette ik haar neer of gaf ik haar aan mijn man, dan raakte ze helemaal in paniek.” **JETTEKE,** WEEK 56

“Ze pakt niets te eten aan van vreemden, geen plakje worst of koekje.” **NINA,** WEEK 54

Ook kan een baby ineens alleen bij vader willen zijn!

“Ze is twee avonden helemaal gek op haar vader geweest. Ze wilde toen niets met mij te maken hebben, hoewel ik haar niets gedaan had. Als hij haar dan niet meteen oppakte, was het huilen geblazen.” **JULIETTE,** WEEK 53

Wil hij niet dat je lichaamscontact verbreekt? Sommige baby's houden zich stevig vast als ze op de arm zitten. Ze willen niet worden neergezet. Er zijn ook baby's die het wel goed vinden als ze neergezet worden, maar die niet willen dat papa of mama daarna wegloopt. Als er íémand weggaat, wil de baby dat zelf zijn.

Ik moest op een avond weg. Toen ik hem neerzette en mijn jas aantrok, begon hij te huilen, pakte me vast en trok aan mijn hand, alsof hij niet wou dat ik ging. **PAUL,** WEEK 52

Ik moet echt opletten als ik haar neerzet en vervolgens even een stukje verder de keuken inloop om iets te pakken. Ze gaat meteen op de hond af, doet alsof ze hem aait en trekt tegelijk snor- of andere haren uit. **XARA,** WEEK 53

Wil hij vaker beziggehouden worden? De meeste baby's vragen meer aandacht. Veeleisende baby's willen dat de hele dag. Maar ook makkelijke, rustige baby's doen graag iets samen met papa of mama.

Ze komt me steeds halen, trekt me aan de hand mee om samen te spelen, bijvoorbeeld met haar blokken of met de poppen, of om samen een boekje te lezen. **JETTEKE,** WEEK 53

Is hij jaloers? Sommige baby's worden wat chagrijniger, ondeugender of driftiger als hun ouders aandacht hebben voor iets of iemand anders. Anderen zijn overdreven lief en vrijerig om papa's of mama's aandacht te trekken.

Als ik de baby waar ik op pas iets geef, is hij jaloers. **THIJS,** WEEK 53

Mijn vriendin was hier met haar baby. Als ik even met hem praatte, kwam de mijne er met een overdreven grijns tussen. **JETTEKE,** WEEK 54

Heeft hij een sterk wisselend humeur? Zo'n baby is het ene moment gezellig bezig, om vervolgens verdrietig, boos of driftig te worden. Zonder dat je daar aanleiding toe ziet.

Soms zit hij bijvoorbeeld heel lief zijn blokken te betasten en te bekijken en wordt dan ineens heel boos. Slaakt een paar harde geluiden en slaat met zijn blokken of smijt ze door de kamer. **STEVEN,** WEEK 52

Slaapt hij slechter? De meeste kinderen slapen minder. Ze willen niet naar bed, komen moeilijker in slaap en zijn eerder wakker. Sommigen slapen vooral overdag minder, anderen 's nachts. Weer anderen willen zowel overdag als 's nachts niet naar bed.

“ *Deze week merkte ik voor het eerst dat ze 's nachts vaak even wakker is. Soms huilt ze een beetje. Meestal pak ik haar even op en dan slaapt ze zo weer in.* ” **ASHLEY,** WEEK 54

“ *We zouden graag willen dat ze eens wat makkelijker ging slapen. Dat gaat gepaard met een hoop gehuil en gebrul, soms op het hysterische af, terwijl ze toch doodmoe is.* ” **JETTEKE,** WEEK 52

“ *Op het ogenblik slaapt hij weer erg lang. Hij doet dat vaak voordat hij aan de volgende sprong begint. Het is een soort "Thomas wordt lastig"- aankondiging.* ” **THOMAS,** WEEK 49

Heeft hij 'nachtmerries'

“ *Hij is 's nachts geregeld wakker en is dan danig overstuur. Echt paniek. Het duurt soms lang om hem weer tot rust te brengen.* ” **BOB,** WEEK 52

Zit hij wel eens stilletjes te dromen? Sommige baby's kunnen af en toe even voor zich uit zitten staren. Net of ze in een eigen wereldje zijn. Ouders vinden dit dromen 'akelig'. Ze proberen de baby dan ook altijd te 'storen'.

“ *Soms zit ze wat ingezakt en op en neer schommelend in de verte te staren. Ik laat dan prompt alles vallen om haar wakker te schudden. Ik ben dan doodsbang dat ze een afwijking heeft. Je ziet dat gedrag ook bij kinderen die geestelijk achter zijn.* ” **JULIETTE,** WEEK 54

Eet hij slechter? Veel baby's lijken minder geïnteresseerd in eten en drinken. Ouders vinden dit bijna altijd zorgelijk en ergerlijk. Baby's die nog borstvoeding krijgen, willen vaak aan de borst liggen. Zomaar zonder echt te drinken, maar gewoon om lekker dicht bij mama te zijn.

“Ze heeft de laatste tijd ineens minder aandacht voor het eten. Voorheen was alles binnen een kwartier op. Ze kon nooit genoeg krijgen. Ze zou het rauw allemaal nog gegeten hebben. Nu zit ik soms wel een halfuur.” **ASHLEY,** WEEK 53

“Hij “blaast” al zijn middageten eruit. Alles vol! De eerste dagen vond ik het grappig. Nu niet meer.” **BOB,** WEEK 53

Gedraagt hij zich babyachtiger? Soms steekt een schijnbaar verdwenen babygedrag weer de kop op. Ouders zien dit niet graag. Ze verwachten vooruitgang. Toch is terugvallen tijdens hangerige perioden heel gewoon. Het betekent dat er een vooruitgang op komst is.

“Ze heeft weer enkele keren gekropen, maar waarschijnlijk deed ze dat om aandacht te trekken.” **JETTEKE,** WEEK 55

“Ze stopt weer wat vaker iets in de mond. Net als ze vroeger deed.” **ODINE,** WEEK 51

“Hij wil weer gevoerd worden. Doe ik dat niet, dan duwt hij het eten weg.” **RUDOLF,** WEEK 53

Is hij overdreven lief? Sommige kinderen komen ineens even ‘knuffelen’ en gaan dan weer.

“Hij komt soms echt naar me toe kruipen om lief tegen me te doen. Hij legt dan even heel lief zijn bolletje op mijn knieën bijvoorbeeld.” **BOB,** WEEK 51

“Ze komt vaak even “knuffelen”. Zegt “aai” en dan krijg je ook echt een aaitje.” **ASHLEY,** WEEK 53

Pakt hij wat vaker een knuffel? Veel baby’s knuffelen met wat meer enthousiasme. Ze doen het vooral als ze moe zijn of als papa of mama druk bezig is. Ze knuffelen met knuffels, doekjes, pantoffels en vuile was. Alles wat zacht aanvoelt, kan lekker zijn. Ook aaien en kussen ze hun knuffels. Ouders vinden dit vertederend.

"Als ik bezig ben, knuffelt hij wat af. Hij pakt het oor van zijn olifantje in de ene hand en steekt twee vingers van zijn andere hand in zijn mond. 'n Gezellig tafereeltje."
JAN, WEEK 51

Is hij opvallend ondeugend? Veel baby's trekken je aandacht door ondeugend te zijn. Ze lijken dat vooral te doen als je druk bezig bent en eigenlijk geen tijd voor hen hebt.

"Ik moet steeds maar weer verbieden, want ze doet het erom. Als ik niet reageer, houdt ze vanzelf op. Maar dat kan niet altijd, omdat datgene wat ze hanteert, dan wel eens stuk kan gaan." **JETTEKE,** WEEK 53

"Hij is bewerkelijk op het moment. Hij zit overal aan en luistert slecht. Als hij in bed ligt, kan ik pas wat gaan doen." **DIRK,** WEEK 55

"Ik heb het gevoel dat hij soms bewust niet luistert." **STEVEN,** WEEK 51

Heeft hij opvallend veel driftbuien? Soms raakt een kind volledig over zijn toeren als hij zijn zin niet krijgt. Ook kan het soms lijken of hij 'spontaan' zo'n driftbui krijgt. Vaak wil hij dan dingen waarvan hij bij voorbaat al aanneemt dat hij die niet zal krijgen.

"Hij wil dat ik hem weer op schoot zijn flesje met vruchtensap voer. Als hij maar denkt dat dat niet snel genoeg gebeurt, gooit hij het flesje weg en gaat dan liggen gillen, schreeuwen en trappelen om het terug te krijgen." **THIJS,** WEEK 52

"Als ik niet onmiddellijk reageer als ze aandacht wil, wordt ze heel nijdig. Schreeuwt en knijpt om zich heen. Zo draait ze dan velletjes tussen twee vingers. Ze doet dat heel gemeen, snel en hard." **XARA,** WEEK 53

"Hij wil absoluut niet naar bed. Hij wordt dan zo kwaad, dat hij telkens opnieuw zijn kin stuk springt aan de rand van zijn ledikant. Ik durf hem er daarom bijna niet meer in te leggen." **THIJS,** WEEK 52

"Ik was met haar op bezoek en zat te praten. Ineens pakte zij het kopje en smeet het met thee en al stuk op de grond." LAURA, WEEK 55)

BABY VAN SLAG: HOE KUN JE DAT MERKEN?

- HUILT VAKER. IS VAKER CHAGRIJNIG, MOPPERIG, DREINERIG.
- IS HET ENE MOMENT VROLIJK EN HET VOLGENDE HUILERIG.
- WIL VAKER BEZIGGEHOUDEN WORDEN.
- HANGT VAKER AAN JE OF WIL DICHTER BIJ JE IN DE BUURT BLIJVEN.
- IS 'OVERDREVEN' LIEF.
- IS 'OVERDREVEN' ONDEUGEND.
- KRIJGT (VAKER) DRIFTBUIEN.
- IS JALOERS.
- IS (VAKER) EENKENNIG.
- PROTESTEERT WANNEER JE LICHAAMSCONTACT VERBREEKT.
- SLAAPT SLECHTER.
- HEEFT (VAKER) 'NACHTMERRIES'.
- EET SLECHTER.
- ZIT (VAKER) STILLETJES TE DROMEN.
- ZUIGT (VAKER) OP DE DUIM.
- PAKT (VAKER) EEN KNUFFEL.
- GEDRAAGT ZICH BABYACHTIGER.

ZORGEN[9], IRRITATIES EN RUZIES

Ouders voelen zich onzeker In het begin van de hangerige periode zijn ouders meestal bezorgd. Ze willen begrijpen waarom de baby van slag is. Maar op deze leeftijd gaan zorgen al vrij snel over in ergernis. Ook vragen sommige ouders zich in deze fase wel eens af waarom hun kind niet zo snel loopt als ze hadden verwacht. Ze zijn bang dat er lichamelijk iets aan de hand is.

9. Vraag bij twijfel altijd advies aan je huisarts of het consultatiebureau

"Ik oefen het lopen regelmatig en ben verwonderd dat ze het nog niet alleen doet. Ze loopt al zó lang aan de hand. Ze had het al lang moeten kunnen. Ik vind trouwens dat een voetje van haar naar binnen staat, waardoor ze eroverheen valt. Heb dat ook laten zien op het consultatiebureau. Ik hoorde toen dat meer ouders op deze leeftijd bezorgd zijn over een "naar binnen staand voetje". Toch zal ik blij zijn als ze loopt." **XARA,** WEEK 53

Ouders ergeren zich en doen er ook wat aan

Tegen het einde van de hangerige periode kunnen ouders zich steeds vaker gaan ergeren aan het hangerige gedrag van de baby. Ook doen ze wat aan het 'expres ondeugend zijn' en aan de driftbuien, die de baby gebruikt om zijn zin door te drijven.

"Ik erger me zo aan die huilbuien als ik de kamer uitga. Ook kan ik het moeilijk hebben dat zij direct achter me aan kruipt en aan mijn been gekluisterd mee kruipt. Ik kan zo niets doen. Als ik er genoeg van heb, gaat ze dan ook het bed in." **JULIETTE,** WEEK 52

"Hij zit voortdurend aan de grote plant om mijn aandacht te krijgen. Afleiden helpt niet. Nu mopper ik en duw hem weg, of ik geef hem een zachte tik op zijn zitvlak." **THIJS,** WEEK 56

"Ze wordt om de haverklap enorm driftig als iets niet mag en als iets niet lukt. Ze smijt het dan weg en gaat vreselijk zitten mopperen. Ik probeer niet te reageren. Maar krijgt ze enkele buien na elkaar, dan gaat ze het bed in. Toen ze hier twee weken geleden mee begon, vond ik het komisch. Nu erger ik me er echt aan. Haar zussen lachen haar uit. Als ze dat ziet, wil de boze bui nogal eens over zijn en lacht ze een beetje verlegen mee. Meestal werkt dat. Niet altijd." **ASHLEY,** WEEK 53

Ruzies

Tijdens deze hangerige periode ontstaan ruzies meestal rond driftbuien.

"Ik voel me nijdig worden als ze zo blèrt als ze haar zin niet krijgt. Deze week werd ze heel driftig toen ik niet meteen met haar mee wilde naar de keuken. Ze heeft toen een flinke tik op haar billen gekregen, waarna haar drift overging in echt huilen. Ik had er ineens genoeg van." **JETTEKE,** WEEK 54

Soms kan het je inderdaad in een keer te veel worden. Maar slaan, of een tik op de billen, lost niets op. Het doet je baby alleen maar onnodig pijn en het beschadigt de vertrouwensband tussen jou en je baby.
Tijdens iedere hangerige periode willen moeders die borstvoeding geven, hiermee stoppen. Tijdens deze periode is dat omdat de baby, bij vlagen, steeds weer aan de borst wil. Of omdat het aan de borst willen wordt begeleid door een driftbui.

> *“Ik ben nu echt gestopt. Hij kreeg al een driftbui als hij aan de borst dacht. Onze hele “verhouding” werd een puinhoop. Hij aan mijn trui trekken, trappelen en schreeuwen en ik boos worden. Misschien verdwijnen die driftbuien nu ook wel wat. Hij heeft de laatste keer gedronken op de avond van zijn eerste verjaardag.”* **THIJS,** WEEK 53

HET NIEUWE VERMOGEN BREEKT DOOR

Rond 55 weken ontdek je dat je baby minder hangerig is. En dat hij dingen doet of probeert die weer helemaal nieuw zijn. Je merkt dat hij 'volwassener' met mensen, speelgoed en andere spulletjes omgaat. Dat hij andere dingen leuk vindt. Deze verandering zie je, omdat op deze leeftijd bij iedere baby het vermogen tot het waarnemen en zelf uitvoeren van 'programma's' doorbreekt. Je kunt dit vermogen vergelijken met een volgende winkel die wordt geopend en waar een uitgebreide schakering van programmakoopwaar ligt. Jouw baby met zijn aanleg, voorkeur en temperament maakt zijn eigen keuze. Hij kan weer uitgebreid winkelen en zich nieuwe dingen eigen maken. En als volwassene kun je hem daarbij helpen.

DE SPRONG: **DE 'WINKEL VAN DE PROGRAMMA'S'**

Als je baby 'programma's' kan waarnemen en zelf kan uitvoeren, weet hij wat dingen betekenen als 'de was doen', 'afwassen', 'tafeldekken', 'eten', 'stoffen', 'opruimen', 'aankleden', 'koffiedrinken', 'toren bouwen', 'telefoneren' en ga zo maar door. Dit zijn allemaal programma's.
Het kenmerk van een programma is dat het geen voorgeschreven volgorde heeft, maar flexibel is. Niet iedere keer als je 'stoft' moet dat per se op dezelfde manier gebeuren. Je kunt immers eerst een poot stoffen en dan de bovenkant of andersom. Je kunt ook eerst vier poten stoffen. Je

kunt eerst de stoel doen en dan de tafel of andersom. Steeds kun je die opeenvolging kiezen, die je het best vindt voor die dag, die kamer, die stoel. Wat je ook kiest, het programma waar je mee bezig bent is en blijft 'stoffen'. Een 'programma' is dus een netwerk van mogelijke opeenvolgingen die niet vastliggen en heel gevarieerd kunnen zijn.

Als je baby met een programma bezig is, kan hij steeds een andere weg bewandelen binnen dat programma. Hij komt immers steeds knooppunten tegen waarop hij moet kiezen hoe hij verdergaat. Zo kan hij tijdens 'eten' na iedere hap de keus maken of hij nog een hap neemt of liever een slok. Of misschien wel drie slokken. Hij kan kiezen of hij de volgende hap met zijn vingers zal eten of met een lepel. Wat hij ook kiest, het is en blijft een 'eetprogramma'.
Je baby 'speelt' met de verschillende keuzes die hij bij ieder knooppunt kan maken. Hij probeert uit. Hij moet nog leren wat de gevolgen zijn van zijn keuzes bij een knooppunt. Hij kan bijvoorbeeld kiezen om de volgende volle lepel boven de grond om te keren in plaats van in zijn mond. Je baby bedenkt ongetwijfeld een hele schakering van mogelijke en onmogelijke keuzes.

Voorbeelden van dagelijkse programma's die jij uitvoert en waar je baby nu in geïnteresseerd is.

layar

Hij kan nu ook zelf 'plannen' om aan een bepaald programma te beginnen. Hij kan de veger uit de kast halen om te gaan vegen. Hij kan zijn jas gaan halen om naar buiten te gaan, of om te gaan winkelen. Misverstanden ontstaan helaas nogal makkelijk. Hij kan immers nog niets uitleggen. Zijn ouders begrijpen hem algauw verkeerd. De baby raakt dan gefrustreerd en kan een driftbui krijgen. Ook kan de ouder nog niet van plan zijn om uit te gaan. Ook dan is de baby snel gefrustreerd. 'Wachten' snapt hij op deze leeftijd nog niet.

Je baby voert niet alleen programma's uit, maar kan nu ook waarnemen welk programma aan de gang is. Hij begrijpt bijvoorbeeld dat je bezig bent om koffie te zetten en dat er dan een koffiepauze volgt. Met of zonder een koekje.

Nu je baby programma's kan waarnemen en zelf kan uitvoeren, heeft hij ook de keus om een bepaald programma te weigeren. Hij wil bijvoorbeeld niet dat je doet wat je doet, is gefrustreerd en krijgt soms zelfs een driftbui. Voor jou lijkt het alsof die bui uit het niets komt.

WAT HEEFT DE 'WINKEL VAN DE PROGRAMMA'S' IN DE AANBIEDING?

Dit zijn voorbeelden van vaardigheden die je baby vanaf dit moment zou kunnen gaan doen.

DE AFDELING 'ZELF HET PROGRAMMA STARTEN'

- HAALT EEN BEZEM OF STOFDOEK EN GAAT VEGEN OF STOFFEN.
- GAAT NAAR DE WC EN MAAKT MET DE BORSTEL DE POT SCHOON.
- KOMT SPULLETJES DIE HIJ OPGERUIMD WIL HEBBEN, NAAR JE TOE BRENGEN.
- PAKT DE KOEKJESDOOS EN VERWACHT THEE- OF KOFFIEPAUZE.
- KOMT MET JAS, MUTS EN TAS OM TE GAAN WINKELEN.
- PAKT JAS, MUTS, SCHEPJE EN EMMER. KLAAR OM NAAR DE ZANDBAK TE GAAN.
- PAKT DE HONDENRIEM EN WIL NAAR BUITEN.
- PAKT ZIJN KLEREN EN WIL DIE AANTREKKEN.

DE AFDELING 'MEEDOEN ALS EEN PROGRAMMA GAANDE IS'

- GOOIT DE KUSSENS ALVAST UIT DE STOEL ALS JE POETST.
- HANGT DE THEEDOEK TERUG ALS JE KLAAR BENT.
- KAN SPULLETJES OF ETENSWAREN IN DE GOEDE KAST OPBERGEN.
- BRENGT EIGEN BORD, BESTEK OF ONDERZETTERS NAAR DE TAFEL ALS JE DE TAFEL DEKT.
- MAAKT DUIDELIJK DAT HET 'TOETJE' MOET KOMEN WANNEER HIJ KLAAR IS MET ZIJN HOOFDGERECHT. ZEGT BIJVOORBEELD 'IJS'.
- DOET DE LEPELTJES IN DE KOPJES. ROERT MEESTAL ALVAST.
- PAKT IETS WAT JE NET HEBT GEKOCHT, WIL DAT ZELF DRAGEN.
- PROBEERT ZELF OOK IETS AAN TE DOEN ALS HIJ AANGEKLEED WORDT. BIJVOORBEELD ZIJN PANTOFFELS. TREKT ZELF ZIJN BROEK OMHOOG WANNEER JE ZIJN BENEN AL IN DE PIJPEN HEBT GEDAAN.
- KIEST EEN PLAAT OF CD EN HELPT BIJ HET OPZETTEN. WEET BIJVOORBEELD PRECIES MET WELK KNOPJE DE RECORDER OPENSPRINGT. MET WELK KNOPJE HIJ START.

DE AFDELING 'ZELF UITVOEREN VAN EEN PROGRAMMA ONDER BEGELEIDING'

- STOPT BLOKKEN VAN VERSCHILLENDE VORMEN DOOR DE GOEDE GATEN VAN DE BLOKKENSTOOF ALS JE AANWIJST WELKE VORM WÁÁRIN MOET.
- PLAST OP DE POT ALS JE DAT VRAAGT EN ALS HIJ OOK MOET PLASSEN. DRAAGT HEM VERVOLGENS ZELF NAAR HET TOILET OF HELPT DAARBIJ (ALS HIJ NIET LOOPT) >>

EN TREKT DOOR.

- PAKT STIFTEN EN PAPIER EN 'TEKENT' ALS JE HEM VERTELT HOE HIJ DAT MOET DOEN.

DE AFDELING 'ZELFSTANDIG UITVOEREN VAN PROGRAMMA'S'

- VOERT POPPEN OF KNUFFELS. IMITEERT DAARBIJ ZIJN EIGEN EETPROGRAMMA.
- DOET POP IN BAD. IMITEERT DAARBIJ ZIJN EIGEN BADRITUEEL.
- ZET DE POP OP HET POTJE, BIJVOORBEELD NADAT HIJ ZELF OP DE POT HEEFT GEPLAST.
- EET ZONDER HULP ZIJN BORD LEEG. VAAK WIL HIJ DAARBIJ NETJES AAN TAFEL ZITTEN, ZOALS 'GROTE MENSEN' DAT DOEN.
- EET ZELFSTANDIG ROZIJNTJES UIT EEN DOOSJE.
- BOUWT EEN TOREN VAN MINSTENS DRIE BLOKKEN.
- BEGINT EN VOERT EEN 'TELEFOONGESPREK'. DRUKT SOMS ZELF EERST OP DE TOETSEN VAN DE TELEFOON. EN ZEGT SOMS 'DAG' AAN HET EINDE VAN HET 'GESPREK'.
- KRUIPT DE KAMER DOOR. VOLGT DAARBIJ 'WEGEN' DIE HIJ ZELF KIEST. WIJST VAAK EERST DE RICHTING AAN VOOR HIJ VAN RICHTING VERANDERT. KIEST AL KRUIPEND EN WIJZEND 'WEGEN' ONDER STOELEN EN TAFELS DOOR, KRUIPT DOOR KLEINE TUNNELTJES.
- KRUIPT MET EEN AUTO OF TREINTJE DE KAMER DOOR EN ZEGT: 'BROEM BROEM.' VOLGT DAARBIJ ALLERLEI 'WEGEN'. GAAT ONDER STOEL EN TAFEL DOOR, OF TUSSEN DE BANK EN DE MUUR.
- KAN IETS VINDEN WAT JE ZO HEBT VERSTOPT, DAT HIJ HET HELEMAAL NIET MEER KAN ZIEN.

DE AFDELING 'TOEKIJKEN BIJ PROGRAMMA'S DIE ANDEREN UITVOEREN'

- KIJKT NAAR EEN PEUTERPROGRAMMA OP TV. HOUDT DAT ZO'N DRIE MINUTEN VOL.
- LUISTERT NAAR EEN KORT VERHAALTJE. HET VERHAALTJE MOET EENVOUDIG ZIJN EN AANGEPAST AAN BABY'S LEVENSSTIJL. HET MAG NIET LANGER DUREN DAN DRIE MINUTEN.
- HIJ LAAT MERKEN DAT HIJ EEN PLAATJE IN EEN BOEK BEGRIJPT. ZEGT BIJVOORBEELD: 'HAP,' ALS HET KIND OF DIER OP HET PLAATJE EET OF ETEN KRIJGT AANGEBODEN.
- BEKIJKT EN BELUISTERT HOE JE ZIJN KNUFFELS OF POPPEN EEN HAPJE ETEN GEEFT, IN BAD DOET, AANKLEEDT, LAAT PRATEN EN TERUGPRATEN.
- BESTUDEERT HOE OUDERE KINDEREN MET HUN SPEELGOED 'EEN PROGRAMMA' SPELEN. BIJVOORBEELD HOE ZE MET EEN THEESERVIESJE, GARAGE MET AUTO'S OF POP MET BEDJE SPELEN.

>>

- BESTUDEERT VADER, MOEDER OF ANDEREN WANNEER ZE MET EEN 'PROGRAMMA' BEZIG ZIJN. BIJVOORBEELD WANNEER ZE ZICH AANKLEDEN, ETEN, KOKEN, KNUTSELEN, TIMMEREN, TELEFONEREN EN GA ZO MAAR DOOR.

LET OP: GEEN ENKEL KIND DOET DEZE PROGRAMMA'S PERFECT. LET OOK OP POGINGEN OF INTERESSE ALS JIJ DEZE PROGRAMMA'S DOET.

HELP, MIJN BABY KAN NIET ALLES!

NEE, NATUURLIJK NIET, DAT KAN OOK NIET

De eerste fase (hangerigheid) van deze sprong is leeftijdsgebonden en voorspelbaar en begint tussen de 49 en 53 weken. De meeste baby's komen 55 weken na uitgerekende datum in de tweede fase van deze sprong terecht (zie kader *'Kwaliteitsuurtjes' zijn onnatuurlijk* op pagina 25). Door het vermogen dat je baby krijgt bij de sprong van programma's wordt een hele reeks vaardigheden en activiteiten in gang gezet. De leeftijd waarop je baby deze vaardigheden en activiteiten voor het eerst laat zien kan enorm verschillen per kind. Zo is kennis van programma's noodzakelijk om te kunnen 'afwassen' of 'stofzuigen'. Deze vaardigheid krijgt hij ergens tussen de 55 weken en vele maanden later onder de knie. Het verschil tussen het mentaal kunnen (vermogen) en het daadwerkelijke doen (vaardigheid) is afhankelijk van de voorkeuren van je baby, zijn behoefte aan experimenteren en van zijn lichamelijke ontwikkeling. Vaardigheden en activiteiten komen in *Oei, ik groei!* aan bod op de vroegst mogelijke leeftijd waarop ze het vermogen krijgen, maar dus niet noodzakelijkerwijze gaan doen, zodat je erop kunt letten en ze kunt herkennen. (Ze kunnen aanvankelijk heel onopvallend zijn.) Zo kun je reageren op de ontwikkeling van je kindje en hem erbij helpen. Alle baby's krijgen dus hetzelfde vermogen op dezelfde tijd, maar wat ze er wanneer mee gaan doen, daarin verschilt iedere baby en dat maakt iedere baby uniek.

WAT KIEST JOUW BABY UIT DE 'WINKEL VAN DE PROGRAMMA'S'?

Alle baby's hebben het vermogen tot het waarnemen en zelf uitvoeren van 'programma's' gekregen. De nieuwe winkel vol met nieuwe mogelijkheden staat voor allemaal open. Jouw baby maakt zijn eigen keus. Hij pakt dat, wat het best past bij zijn aanleg, interesse, lichaamsbouw, gewicht en intelligentie. Vergelijk je baby daarom niet met een andere baby. Iedere baby is uniek.

Kijk goed naar je baby. Stel vast waar zijn interesse naar uitgaat. In het kader 'Wat heeft de "winkel van de programma's" in de aanbieding?' is ruimte om aan te geven wat je baby kiest. Zelf kun je er ook 'winkelen' om te zien of er dingen bij zijn waarvan je denkt dat je baby ze ook leuk zal vinden.

ZO ZIJN BABY'S

Alles wat nieuw is, vindt je baby het leukst. Reageer daarom altijd en vooral op nieuwe vaardigheden en interesses die je baby toont. Hij leert dan prettiger, makkelijker, sneller en meer.

DE UITWERKING VAN DE SPRONG: **HELP JE BABY BIJ HET LEREN**

Geef je baby de gelegenheid om met 'programma's' te spelen. Laat hem kijken als jij met een 'programma' bezig bent. Laat hem je helpen en laat hem zelf bezig zijn met 'programma's'. Alleen op die manier krijgt hij een goed begrip van 'programma's'.

SPELEN MET AANKLEDEN EN VERZORGEN

Als je baby het leuk vindt om bezig te zijn met uitkleden, aankleden en verzorgen, laat hem dan zien hoe jij dat doet. Leg hem ook uit wat je doet en waarom je dat doet. Hij begrijpt meer dan hij kan zeggen. Geef hem ook eens de gelegenheid zichzelf of iemand anders te wassen, af te drogen en aan te kleden. Ook al doet hij dat nog niet perfect, hij weet al wel wat de bedoeling is. En help hem als je merkt dat hij dat fijn vindt.

"Ze probeert zelf haar broek omhoog te trekken of zelf haar pantoffels aan te doen, maar dat lukt nog niet. Toen liep ze ineens op mijn pantoffels." **JETTEKE,** WEEK 55

"Ze vindt het leuk om met een mutsje of hoedje op te lopen. Of dat nu van mij, van haar of van 'n pop is. Alles is goed." **EEFJE,** WEEK 57

"Hij doet de laatste week van alles op zijn hoofd. Dan weer een theedoek of een handdoek. Af en toe een onderbroek van deze of gene. Hij loopt dan stoïcijns door het huis en zijn broer en zus lachen zich naar." **DIRK,** WEEK 59

"Als ze aangekleed is, kruipt ze naar mijn toilettafel en probeert zich met parfum te besproeien." **LAURA,** WEEK 57

"Gisteren stond hij breed lachend in zijn bed toen ik hem wilde halen. Hij had zichzelf al bijna helemaal uitgekleed." **JAN,** WEEK 58

"Ze voert haar poppen, doet ze in bad en in bed en als ze op het potje is geweest, doet ze de poppen ook op de pot." **JETTEKE,** WEEK 56

SPELEN MET ZELF ETEN

Als je baby zelf wil eten, laat hem dat dan eens proberen. Bedenk wel dat hij, creatief als hij is, allerlei manieren van 'eten' kan gaan uitproberen die nogal wat rommel kunnen geven. Leg daarom een groot stuk plastic onder zijn stoel op de grond, zodat je alles makkelijk weer kunt opruimen. Je zult je dan minder ergeren.

"Sinds hij geleerd heeft hoe hij zelf zijn pap of warm eten kan eten met een lepel, wil hij dat ook helemaal alleen doen. Anders eet hij niets. Ook wil hij per se op zijn stoel aan tafel zitten als hij iets eet." **RUDOLF,** WEEK 57

"Ze vond het ineens heel leuk om eerst met 'n lepeltje te roeren en het daarna in haar mond te stoppen." **JETTEKE,** WEEK 56

"Hij vindt het geweldig om zelf rozijntjes uit een doosje te eten." **THIJS,** WEEK 57

“Ze zegt “ijs” als ze klaar is met haar hoofdgerecht. Ze weet dus dat er iets volgt. Is het toetje op, dan moet ze uit de stoel.” **XARA,** WEEK 60

“Hij wilde per se zelf eten en accepteerde geen hulp meer. Hij hamerde, roerde wild met zijn lepel en probeerde van alles. Hij deed dat met een krachtgreep. Kon echter de draai niet maken. Gooide het dan zijn mond in. Hij is wel drieënhalve kilo afgevallen. Misschien komt dat door al dat zelf willen eten en geen hulp willen hebben én misschien ook omdat hij nu kruipt en veel meer energie verbruikt. We moeten dat in de gaten houden. Sinds kort kan hij redelijk zelf eten met zijn lepel. Alle oefening en het afvallen zijn dus niet voor niets geweest. Hij laat zich ook weer wat makkelijker voeren, misschien omdat hij aan de ene kant weet dat hij het zelf mag en kan, maar het aan de andere kant ook wel erg veel moeite vindt om zelf te eten. Trouwens, als het hem met de lepel en het “zelf doen” niet vlug genoeg gaat, zet hij zijn mond aan zijn bord en probeert het eten dan van het bord af te zuigen alsof hij drinkt. Ook steekt hij wel eens zijn andere hand in het eten om het met een knuistje vol in zijn mond te kunnen steken.”
THOMAS, WEEK 56

SPELEN MET ‘SPEELGOED’

Veel baby’s krijgen nu interesse in speeltjes waarmee ze een ‘programma’ kunnen naspelen. Zoals een garage met auto’s, een trein met toebehoren, een boerderij met dieren, poppen met verzorgingsartikelen, serviesjes met potten en pannen of een winkel met pakjes en doosjes. Geef hem de gelegenheid om daarmee bezig te zijn. En help af en toe een handje. Het is nog heel moeilijk voor hem.

“Als ik naast hem op de grond zit en hem aanmoedig, bouwt hij soms torens van acht blokken.” **THIJS,** WEEK 57

“Als ze alleen aan het spelen is en iets lukt niet, roept ze me: “Mama.” En maakt vervolgens duidelijk wat ze wil dat ik doe.” **ODINE,** WEEK 55

“Ze krijgt steeds meer interesse in Duplo, vooral de poppetjes en de auto’s. Ook begint ze met Duplo te bouwen. De stenen blijven ook al vastzitten. Ze kan met dit alles behoorlijk lang bezig zijn.” **XARA,** WEEK 57

"Hij amuseert zich veel beter. Ziet overal veel meer mogelijkheden in en van. Zijn knuffels, treinen en auto's krijgen veel meer leven." **BOB,** WEEK 55

"Wat hij heel leuk vindt nu, is als je met zijn auto's of motor echt over de straten van het speelkleed rijdt. Als je alle bochten volgt. Als je file parkeert. Hij moest dan echt lachen." **THOMAS,** WEEK 56

Laat hem ook eens de 'echte dingen' bekijken. Is je baby geïnteresseerd in garages, neem hem dan mee naar een garage. Wordt hij meer geboeid door paarden, laat hem dan een manege zien. En als zijn tractor of hijskraan favoriet is, zal hij zeker willen bekijken hoe die 'echte' werken.

SPELEN MET 'ECHTE DINGEN'

Tassen, portemonnees met geld, tv, radio, poetsspullen, make-up, alles willen veel baby's gebruiken zoals papa of mama het gebruikt. Sommige baby's laten het eigen speelgoed dan ook in een hoek liggen. Begrijp waar je baby mee bezig is, ook al maakt hij je het niet altijd makkelijk.

"Ik zag hem vandaag voor het eerst aan de telefoon, de hoorn bij zijn oor en druk babbelen. Soms zei hij: "dada". Ook voordat hij neerlegde." **DIRK,** WEEK 56

"Hij telefoneert zelf. Hij drukt een nummer in en zegt: "ajó" of "á". Hij houdt de telefoon wel op de kop." **THOMAS,** WEEK 56

"Hij schrok toen hij de radio heel hard aanzette." **DIRK,** WEEK 56

"Hij is dol op de wc. Gooit er van alles in. Maakt hem om de haverklap schoon met de borstel en zorgt er tevens voor dat de badkamervloer kletsnat wordt." **DIRK,** WEEK 56

"Hij komt me regelmatig kranten, lege pilsflesjes en schoenen brengen. Hij wil die opgeruimd hebben." DIRK, WEEK 56

'DOEN ALSOF'-SPELLETJES

Door middel van fantasiespelletjes kan hij de 'echte dingen' te voorschijn toveren.

"Hij speelt al "doen alsof"-spelletjes, fantasiespelletjes. Hij telefoneert met een dop van een fles of met een Lego-blokje en zegt: "Ja ja"." **THOMAS,** WEEK 56

"Hij speelt "baby" samen met mij. We zijn dan allebei baby. Thomas praat dan met een babyachtige, hoge "lalala-taal". Ik ook. Thomas vindt dat heel leuk. Ik doe dan alsof ik dingen niet kan als baby. Bijvoorbeeld het traphekje openmaken. Ik rammel dan wat aan het hekje. Thomas speelt dan een tijdje mee. Maar op een gegeven moment wordt het hem te gortig en maakt hij met een gewone lage stem duidelijk dat het nu afgelopen moet zijn en dat ik best weet hoe dat hekje open moet." **THOMAS,** WEEK 57

SPELEN MET 'VERHAALTJES'

Als je baby 'programma's' gaat verkennen, wordt hij zeer geboeid door verhaaltjes. Je kunt hem deze laten horen en zien. Je kunt hem naar een vertelling op tv laten kijken, je kunt een bandje laten horen, of je kunt zelf een verhaaltje vertellen, met of zonder een prentenboek. Zorg wel dat de verhaaltjes aansluiten bij datgene wat je baby zelf meemaakt of waar zijn interesse naar uitgaat. Bij het ene kind zullen dat auto's zijn en bij het andere bloemen, water of knuffels. Bedenk ook dat de meeste baby's zich niet langer dan drie minuten kunnen concentreren op één verhaaltje. Elk verhaaltje moet dus kort en eenvoudig zijn.

"Hij kijkt echt naar de tv, naar het programma. Bij een peuterprogramma kan hij echt even "weg" zijn. Heel grappig. Voorheen interesseerde hem dit niet." **RUDOLF,** WEEK 58

Geef je baby ook eens de gelegenheid om zelf een verhaaltje te vertellen als je samen een prentenboek bekijkt.

"Ze begrijpt een plaatje in een boek. Ze zegt wat ze ziet. Bijvoorbeeld: ze ziet dat een kindje op een plaatje een spekje geeft aan een ander kind en ze zegt: "Hap"." **ODINE,** WEEK 57

Hij zal ook graag verhaaltjes uitbeelden, zeker als ze over hemzelf gaan.

"Thomas verstaat alles. Toen ik mijn moeder door de telefoon al zijn nieuwe vaardigheden vertelde, herhaalde hij steeds even al zijn kunsten in de kamer. Zo zei hij woorden na, telefoneerde hij, liet zien hoe groot hij was, hoe mooi hij was, enzovoort. Ik moet zeggen: oma heeft hem in maanden niet zo rustig op de achtergrond horen spelen. Het was best een lang gesprek. Het was mij voor het eerst duidelijk dat Thomas meeluisterde en zich misschien in het middelpunt voelde staan, omdat al zijn kunsten over de tong gingen. Tot slot heeft oma nog even met Thomas kunnen praten en hij kuste zowaar de telefoon tijdens hun gesprek." **THOMAS,** WEEK 56

SPELEN MET 'CONVERSATIES'

Veel baby's zijn gretige babbelaars. Ze vertellen hele 'verhalen', compleet met 'vragen', 'uitroepen' en pauzes. Ze verwachten dan ook antwoord. Probeer zijn verhalen serieus te nemen, ook al versta je nog niet wat hij zegt. En als je goed luistert, ontdek je soms een woordje dat je kunt verstaan.

"Hij kletst je de oren van je hoofd. Hij converseert echt. Hij doet dat soms in vraagvorm. Heel schattig om te horen. Ik zou wel eens willen weten wat hij allemaal te zeggen heeft."
DIRK, WEEK 58

"Hij babbelt enorm veel. Hij converseert echt. Hij houdt zijn mond soms en kijkt me aan tot ik wat terugzeg en vervolgt zijn verhaal weer. Van de week leek het of hij "kusje" zei en toen gaf hij me inderdaad een kusje. Ik luister nu met tien keer zoveel interesse. Heel leuk." **DIRK,** WEEK 59

WEEK 55

SPELEN MET 'MUZIEK'

Veel baby's luisteren graag naar een eenvoudig kinderliedje dat niet langer dan drie minuten duurt. Zo'n liedje is ook een 'programma'. Ze kunnen nu ook leren om daar alle bijbehorende gebaren bij te maken.

"Ze doet zelf "Klap eens in de handjes" compleet met onverstaanbare zang." **JETTEKE,** WEEK 57

Ook vinden sommige baby's het heel leuk om zelf muziek te maken. Vooral trommels, piano's, orgels en fluiten zijn dan erg in trek. Natuurlijk zullen de meeste baby's een voorkeur hebben voor een instrument dat van 'de groten' is. Maar hij kan natuurlijk minder brokken maken met een speelgoedinstrument.

"Ze is gek op haar pianootje. Speelt meestal met één vinger en luistert naar wat ze doet. Ze kijkt ook graag toe als haar vader op zijn piano speelt, loopt naar haar piano en rammelt er dan met twee handen op." **ODINE,** WEEK 58

WEES BLIJ MET BABY'S HULP

Als je merkt dat de baby je wil helpen, laat hem dat dan doen. Hij begrijpt waar je mee bezig bent en kan zijn steentje bijdragen.

"Ze wil altijd helpen. Ze wil de boodschappen dragen. Ze hangt de theedoek terug als ik klaar ben. Ze brengt de onderzetters en haar eigen bestek naar de tafel als ik de tafel dek, en ga zo maar door." **XARA,** WEEK 62

"Ze weet dat appelsap en melk in de koelkast moeten staan en opent alvast de deur. Voor koekjes gaat ze onmiddellijk naar de kast en pakt de trommel." **JETTEKE,** WEEK 57

HIJ KAN ZIJN EIGEN PROGRAMMA STARTEN

Je dreumes kan nu ook zelf 'plannen' om aan een bepaald programma te beginnen.

"Thomas start zijn eigen "programma". Hij pakt bijvoorbeeld de afstandsbediening om tv te gaan kijken. Sinds kort richt hij duidelijk de afstandsbediening op de tv en hij steekt daarbij zijn arm ver naar voren, naar de tv. Een ander voorbeeld: als papa beneden in zijn atelier zit en Thomas wil computeren, rammelt hij met het traphekje. En een laatste voorbeeld, Thomas kiest een computerspelletje en weet hoe papa die op moet zetten. Hij wordt boos als hij merkt dat papa eerst nog even de e-mailknoppen aan wil raken. En dus zijn programma "computerspelletje opzetten" onderbreekt." **THOMAS,** WEEK 58

LEER JE BABY REKENING MET JOU TE HOUDEN

Veel baby's kunnen nu begrijpen dat ook jij met een 'programma' bezig kunt zijn. Bijvoorbeeld dat je bezig bent met afwassen. Of met opruimen. Als je merkt dat je baby zoiets begrijpt, kun je ook van hem vragen rekening met jou te houden, zodat jij jouw 'programma' even af kunt maken. Natuurlijk mag dat nog niet te lang duren.

NOG EVEN DIT

Ook het afleren van oude gewoontes en het aanleren van nieuwe regels horen bij de uitwerking van ieder nieuw vermogen. Dát wat je baby nu begrijpt, kun je ook van hem eisen. Niet meer maar ook niet minder.

LAAT JE BABY NIEUWE OPLOSSINGEN ZOEKEN

Laat hem spelen met de verschillende gedragingen binnen hetzelfde 'programma'. Soms weet een baby wel hoe het eigenlijk hoort, maar vindt hij het toch leuk om het ook eens anders te proberen. Hij probeert uit. Binnen hetzelfde 'programma' kiest hij dan een andere weg naar hetzelfde einddoel. Hij leert hierdoor dat je iets niet altijd op dezelfde manier hoeft te doen. Hij verandert zijn tactiek na 'nee' gezegd te hebben. Doet dan bijvoorbeeld hetzelfde, maar met een voorwerp. Hij is niet meer voor één gat te vangen. Maar hij wordt vindingrijk.

“*Als hij bezig is met iets, bijvoorbeeld bouwen, kan hij ineens "nee" schudden en zeggen en het vervolgens anders gaan doen.*” **RUDOLF,** WEEK 55

“*Ze pakt haar locomotiefje om daarop te gaan staan als ze haar spullen uit de kast wil pakken. Eerst pakte ze altijd haar stoel.*” **JETTEKE,** WEEK 56

“*Als ik vraag: "Moet jij op de pot?" dan gaat ze als ze ook echt moet. Plast, draagt het zelf naar de wc en trekt door. Soms echter zit ze, staat op en plast naast de pot.*” **JETTEKE,** WEEK 54

“*Hij gaat buiten armbereik op de grond liggen als hij zijn zin door wil drijven. Ik moet dan wel naar hem toekomen.*” **THIJS,** WEEK 56

LAAT JE BABY 'ONDERZOEKERTJE' SPELEN

Sommige baby's kunnen eindeloos bezig zijn dingen te onderzoeken. Je kunt hem het volgende programma of experiment zien uitvoeren: hoe komen die speeltjes neer, hoe rollen ze om en hoe ketsen ze? Je kleine Einstein kan daar een eeuwigheid mee doorgaan. Zo kan hij bijvoorbeeld 25 keer verschillende poppetjes oppakken en op de tafel laten vallen, om dit daarna wel 60 keer te herhalen met allerlei bouwblokjes. Als je baby zo bezig is, laat hem dan rustig zijn gang gaan. Hij experimenteert namelijk op die manier heel systematisch met de eigenschappen van dingen. Hij kijkt hoe ze neerkomen, omrollen en stuiteren. En die informatie kan hij later weer goed gebruiken, als hij midden in een 'programma' moet kiezen of hij iets zús zal doen of zó. Wie denkt dat je kleintje alleen maar speelt heeft het mis. Hij werkt eigenlijk heel hard en maakt 'lange dagen'.

“*Thomas kan makkelijk twee blokjes op elkaar zetten, misschien nog wel meer. Hij zou dus best een toren kunnen bouwen. Maar hij heeft er gewoon geen zin in. Op de een of andere manier lijkt het of Thomas de blokjes gewoon "los" wil hebben. Wat hij wel doet, is twee blokken op of aan elkaar zetten en dan bestuderen hoe ze ten opzichte van elkaar draaien. Ik heb eens onderzocht waarom Thomas niet wil dat twee blokken op elkaar gezet worden en wat bleek? Thomas speelt met de zuigkracht! Hij doet dat met één blokje in iedere hand. Die blokjes schuift hij gedeeltelijk in elkaar om ze daarna meteen weer uit elkaar te trekken, in elkaar te schuiven en weer uit elkaar te halen, enzovoort. Ik ontdekte dat als je de blokken te ver over elkaar schuift, die zuigkracht weg is.*”

THOMAS, WEEK 56

“*Heel erg geïnteresseerd in vormen sorteren (in de sorteerdoos) is hij niet. Maar hij doet het wel als het zinvol is. Als het een doel heeft. Hij verzamelde bijvoorbeeld al dagen stukjes papier, etensresten en kleine dunne zaken in de lange gleuf die in de onderkant van de koelkast zit voordat ik zijn geheime plekje ontdekte.*” **JIM,** WEEK 56)

“*Thomas is een echt observeerkind. De hele dag bestudeert hij hoe anderen bezig zijn. Hij doet dat vooral bij zijn vader. Hij bekijkt hoe iedereen doet wat hij doet: hoe ze lopen, draaien, voelen, enzovoort. Hij bekijkt hoe anderen met dingen omgaan: hoe ze bijvoorbeeld met de autootjes rijden en spelen. Vaak doet zijn handje de bewegingen na, die de ander met het voorwerp doet. Later doet hij alles zelf met het voorwerp. Hij bestudeert ook hoe dingen werken. Hij doet dat heel rustig, met beleid, en lijkt er zwaar in op te gaan. Hij hoort je niet als hij echt bezig is.*” **THOMAS,** WEEK 56

GOED OM TE WETEN

Sommige kinderen zijn supercreatief in het bedenken en uitproberen van meerdere wegen naar hetzelfde einddoel. Bijvoorbeeld hoogbegaafde kinderen. Dit is vanzelfsprekend heel vermoeiend voor hun ouders:

- ZIJ PROBEREN STEEDS OF HET OOK ANDERS KAN.
- ZIJ ZOEKEN ALTIJD NAAR EEN OPLOSSING ALS IETS NIET LUKT OF MAG.
- HET LIJKT VOOR HEN EEN UITDAGING OM NOOIT TWEE KEER IETS OP DEZELFDE MANIER TE DOEN. DINGEN HERHALEN VINDEN ZE SAAI.

TOON BEGRIP VOOR 'RARE' ANGSTEN

Als je baby bezig is zijn nieuwe vermogen uit te werken, zal hij ook dingen of situaties tegenkomen die nieuw zijn en die hij maar half begrijpt. Eigenlijk ontdekt hij nieuwe gevaren. Gevaren die voor hem tot nu toe niet bestonden. Hij kan er nog niet over praten. Pas als hij alles beter begrijpt, zal ook zijn angst verdwijnen. Leef met hem mee.

“*Hij was bang voor de scheepslamp als die brandde, waarschijnlijk omdat hij zo scherp is.*” **PAUL,** WEEK 57

“*Ze is wat bang in het donker. Niet om in te slapen, maar om van een lichte naar een donkere kamer te lopen!*” **JETTEKE,** WEEK 58

“*Hij is bang als ik een ballon opblaas. Snapt het niet.*” **THIJS,** WEEK 58

“*Ze schrok van een opblaasbal die leegliep.*” **EEFJE,** WEEK 59

“*Hij schrikt enorm van harde geluiden, bijvoorbeeld van straaljagers. Maar ook van de telefoon en de deurbel.*” **BOB,** WEEK 55

“*Ze schrikt van alles wat haar wat snel nadert. Van de fladderende parkiet rond haar hoofd, van haar broer die haar wil “pakken”, en van een auto op afstandsbediening van een vriendje van haar grote broer. Het ging haar te snel.*” **XARA,** WEEK 56

“*Hij wil absoluut niet in het grote bad. Wel in het kleine badje in het grote bad.*” **DIRK,** WEEK 59

SPELTOPPERS VAN PROGRAMMA'S

Dit zijn spelletjes en oefeningen die inspelen op het nieuwe vermogen en die bij bijna alle baby's tussen 55-60 (plus of minus 1-2) weken oud favoriet zijn.

ZELFSTANDIG EEN KARWEITJE OPKNAPPEN

Veel baby's vinden het heerlijk om helemaal alleen iets heel volwassens te mogen doen. Kliederen met water is het meest in trek. Bovendien worden de meeste kinderen rustig van spelen met water, vooral de drukke kinderen. Probeer het eens.

Pop wassen in bad

Vul een babybadje of teiltje met lauw water. Geef je baby een washand en een stuk zeep en laat hem zijn pop of knuffel eens lekker inzepen. Ook het haren wassen is meestal erg in trek. Geef hem pas de handdoek als hij klaar is met de wasbeurt. Anders belandt deze ook in het water.

Loopfiets of tractor een goede beurt geven

Zet de loopfiets op een plaats waar je kind flink tekeer kan gaan met water. Bijvoorbeeld buiten. Vul een emmer met lauw water en schuim en geef je baby een borstel. Ook kun je hem de tuinslang geven, waaruit een klein straaltje water komt. Hiermee kan hij dan het schuim afspoelen.

Afwas doen

Zet je kind eens met een grote schort voor op een stoel aan het aanrecht. Vul de bak vol lauw water en geef hem je afwasborstel en een variëteit van babyvriendelijke afwas, zoals plastic borden, kopjes, eierdopjes, houten lepels en allerlei zeefjes en trechters. Een lekkere berg schuim zal zijn werklust nog groter maken. Let wel op dat de stoel waarop hij staat, niet glibberig wordt als deze nat wordt, waardoor je baby in zijn enthousiasme uitglijdt.

HELPEN BIJ BELANGRIJKE KARWEITJES

De meeste bezigheden kan je baby nog niet alleen, maar hij kan wel helpen. En doet niets liever! Hij kan helpen bij het eten klaarmaken, het tafeldekken en het boodschappen doen. Natuurlijk schiet je er niet bepaald harder door op. Zelfs kan hij je ineens van de wal in de sloot helpen als hij 'iets nieuws' uitprobeert. Maar hij leert er veel van. En als hij meedoet met iets belangrijks, zal hij zich 'groot' en tevreden voelen.

>>

Boodschappen uitpakken en opruimen

Breng eerst kwetsbare en gevaarlijke spullen in veiligheid en laat je baby dan meehelpen met uitpakken. Je kunt hem de boodschappen een voor een, naar eigen keuze, laten aangeven of brengen. Of je kunt hem vragen: 'Geef de... maar en nu de...' Je kunt hem ook vragen waar hij het zou opbergen. En tot slot kan hij de kastdeuren sluiten als jullie klaar zijn. Laat altijd merken dat je blij bent met zijn hulp als hij zijn best heeft gedaan. Veel baby's vinden het leuk om na gedane arbeid samen iets lekkers te eten en te drinken.

VERSTOPSPELLETJES

Dit soort spelletjes kun je nu 'ingewikkelder' maken dan je voorheen kon. Als je baby in de stemming is, vertoont hij meestal met plezier zijn kunsten. Pas je aan je baby aan. Maak het spelletje niet te moeilijk of te makkelijk voor hem.

Dubbel verstoppen

Zet twee bekers voor je baby neer en stop onder een van de bekers een speeltje. Verwissel hierna de bekers al schuivend over de tafel van plaats. Dus waar beker A stond staat nu beker B, en andersom. Zorg dat de baby toekijkt als je de bekers verschuift. En prijs hem voor elke poging. Dit is echt heel moeilijk voor hem.

Waar komt dat geluid vandaan?

Veel baby's vinden een geluidje zoeken heel leuk. Neem je baby op schoot en laat hem iets zien en horen wat speelt. Bijvoorbeeld een muziekdoosje. Neem vervolgens je baby op schoot en laat iemand anders dat spelende ding verstoppen. Zorg dat je baby niet kan zien waar het verstopt wordt. Als het uit het zicht verdwenen is, moedig hem dan aan het te zoeken.

SPEELGOED EN HUISRAAD DAT HET MEEST BOEIT

Dit zijn speeltjes en spulletjes die inspelen op het nieuwe vermogen en die bij bijna alle baby's tussen 55-60 (plus of minus 1-2) weken oud favoriet zijn:

- POP (DIE OOK IN HET WATER KAN), POPPENWAGEN EN POPPENBEDJE.
- BOERDERIJ, BOERDERIJDIEREN EN HEKKEN.
- GARAGE EN AUTO'S.
- TREIN, RAILS, TUNNEL.
- ONBREEKBAAR THEESERVIESJE.
- POTTEN, PANNEN EN HOUTEN LEPELS.

>>

- TELEFOON.
- DUPLO-STENEN.
- FIETS, AUTO, TRACTOR, PAARD OF LOCOMOTIEF WAAR HIJ ZELF OP KAN ZITTEN.
- DUWKAR WAARIN HIJ VAN ALLES KAN VERVOEREN.
- HOBBELPAARD, SCHOMMELSTOEL.
- BLOKKENSTOOF MET EEN DEKSEL MET GATEN, WAARIN VERSCHILLEND GEVORMDE BLOKKEN PASSEN.
- STAPELBAKJES.
- RINGENPIRAMIDE.
- ZWABBER, BORSTEL, HANDVEGER EN BLIK.
- ALLERLEI SOORTEN EN KLEUREN SPONZEN OM TE 'POETSEN' OF OM IN BAD MEE TE SPELEN.
- GROTE VELLEN PAPIER EN DIKKE STIFTEN.
- BOEKJES MET DIEREN EN HUN JONGEN, MET KINDEREN DIE BEKENDE DINGEN DOEN, MET AUTO'S, VRACHTWAGENS EN TRACTOREN.
- MUZIEKINSTRUMENTEN, ZOALS EEN TROMMEL, PIANO EN ORGEL.
- CD MET EENVOUDIGE, KORTE VERHAALTJES.
- EENVOUDIGE, KORTE TELEVISIEPROGRAMMA'S VOOR DE ALLERKLEINSTEN, ZOALS *TIK-TAK* EN *SESAMSTRAAT*.

LET OP! ZET WEG OF BEVEILIG:

- ALLE KASTEN EN LAATJES, ZOLANG ZE VAN IEMAND ANDERS ZIJN.
- DE KNOPJES AAN KIJK- EN GELUIDSAPPARATUUR, AAN ELEKTRISCHE APPARATEN EN AAN HET GASFORNUIS.
- LICHT EN STOPCONTACTEN.

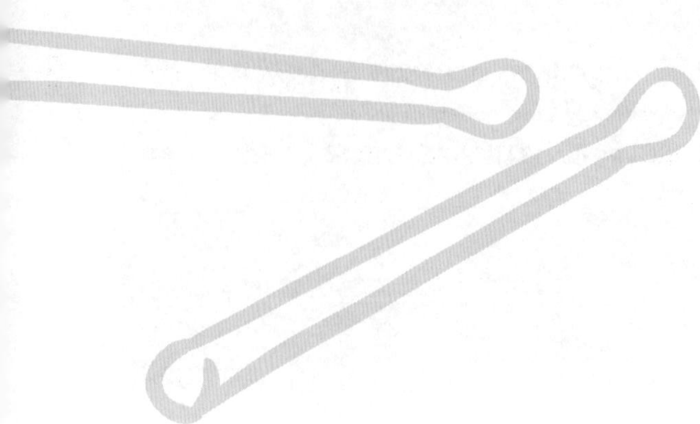

DE SPRONG IS GENOMEN

Rond 59 weken zijn de meeste baby's weer wat makkelijker dan zij waren. Sommigen worden vooral geprezen om hun gezellige babbelkunst. Anderen om hun bereidheid 'het huishouden over te nemen'. Ook maken de meeste baby's wat minder gebruik van driftbuien als ze hun zin willen doordrijven. Kortom, hun zelfstandigheid en vrolijkheid komen weer iets boven drijven. Toch blijven veel ouders hun kind wat bewerkelijk vinden.

“*Ze is puntje precies. Alles heeft een eigen plekje. Als ik iets veranderd heb, merkt ze het en zet het weer terug. Ook houdt ze zich nergens meer aan vast als ze loopt. En ze loopt rustig de hele kamer door te wandelen. Heb me dus zorgen gemaakt voor niets .*”
XARA, WEEK 60

“*Nu hij als een kievit door het hele huis loopt, doet hij ook vaak dingen die niet kunnen. Hij loopt voortdurend kopjes, bierflesjes en schoenen op te ruimen en kan daarin zeer creatief zijn. Als ik even niet oplet, belanden die dingen in de vuilnisbak of wc-pot. Als hij dan een standje krijgt, is hij heel verdrietig.*” **DIRK,** WEEK 59

“*Ze speelt niet meer met speelgoed, kijkt het niet meer aan. Het bekijken, nadoen en meedoen met ons is nu veel boeiender. Ze neemt ook initiatieven. Pakt haar jas en tas als ze naar buiten wil. Pakt de bezem als er gepoetst moet worden. Heel groot.*”
NINA, WEEK 58

“*Hij amuseert zich weer opperbest in de box. Wil er soms niet meer uit. Ik hoef ook niet meer met hem mee te spelen. Hij vermaakt zichzelf, vooral met zijn auto's, blokkenstoof en puzzel. Is veel vrolijker.*” **PAUL,** WEEK 60

“*Het is een heerlijk meidje. Ze kan zo heerlijk “keuvelend” zitten spelen. En ze is vaak zo ontzettend blij, bijvoorbeeld als je binnenkomt. Ook die ergerlijke driftbuien lijken verleden tijd. Maar misschien kan ik dat beter afkloppen.*” **ASHLEY,** WEEK 59

HOOFDSTUK

11

SPRONG 9

LIEF EN LEED
ROND 64 WEKEN
OFWEL BIJNA 15 MAANDEN

Na het vorige sprongetje begon je dreumes te begrijpen wat een programma is. Jouw eet-, winkel-, wandel-, speel- of afwasprogramma komt hem al niet meer onbekend voor. De ene keer krijg je de indruk dat hij zich wat meer aan jouw bezigheden aanpast, een andere keer zie je hem vol overgave bezig met een eigen programma. Misschien is het je ook opgevallen dat je kleintje zijn werkjes nog niet zo uitvoert zoals jij dat zou doen. Hij 'stofzuigt' met een stukje touw, 'dweilt' met een doekje waaraan hij steeds even moet likken en 'ruimt op' door als een volleerd goochelaar je huisraad in een zelf bedacht opruimplekje te laten verdwijnen: de wc, de prullenbak of, hup, over het balkon. Opgeruimd staat netjes. Je hulp in de huishouding zit nog gevangen in vaste routines. Zijn programma's hebben daardoor nog iets robotachtigs. Hij is dan ook nog een beginner in die ingewikkelde programmawereld. Je uk is nog niet in staat om het programma dat hij uitvoert aan te passen aan allerlei wisselende omstandigheden. Om daarin net zo bedreven te worden als wij, heeft hij jaren ervaring nodig. Wij hebben die ervaring als volwassenen al.

Wij zijn in staat om ons steeds weer aan te passen aan de omstandigheden. We spelen met de volgorde waarin we een programma afhandelen. Zien we tijdens het winkelen dat het druk is bij 'het brood' en er bij 'het vlees' niemand staat, dan kunnen we besluiten om eerst het vlees in te slaan. Misschien doe je dat omdat je zo snel mogelijk van het winkelen af wilt zijn, of omdat je hoopt dat je eens rustig kunt vragen hoe je een marinade klaarmaakt. Of om andere redenen. Ook passen we onze programma's aan de mensen aan met wie we omgaan. Als iemand onze mening ergens over vraagt, passen we deze en de woorden die we gebruiken aan de vrager aan. We houden rekening met zijn status en zijn leeftijd. Wij zijn ook in staat om ons aan te passen aan onze stemming of aan de stemming die we willen creëren. Je kookt andere dingen en dekt de tafel op een andere manier als je snel naar een vergadering moet dan wanneer je een gezellig dinertje voorbereidt. Je speelt in op alles wat er om je heen of met je gebeurt. Je weet wat je wilt en hoe je er het best kunt komen. Je zorgt dat je je doel bereikt. Onze programma's komen daardoor soepel en natuurlijk over.

Je dreumes begint te leren hoe hij beter in kan spelen op allerlei situaties zodra hij het volgende sprongetje maakt. Hij belandt dan in de wereld van 'principes'. Rond 64 weken – bijna 15 maanden – merk je

meestal dat je kleintje dingen uitprobeert die nieuw zijn. Je dreumes voelde dit sprongetje zelf al eerder aankomen.
Rond 61 (59-63) weken – 14 maanden – merkt je dreumes dat zijn wereld verandert. Een wirwar van nieuwe indrukken zet zijn vertrouwde belevingswereld op zijn kop. Hij kan al die nieuwigheden niet meteen verwerken. Eerst moet hij orde in de chaos scheppen. Hij gaat terug naar iets ouds en bekends. Hij wordt hangerig. Hij moet weer even 'tanken'.

OM TE ONTHOUDEN

Als je dreumes 'hangerig' is, let dan alvast op nieuwe vaardigheden of pogingen daartoe.

DE SPRONG KONDIGT ZICH AAN: **TERUG NAAR PAPA EN MAMA**

Huilt jouw kleintje ook sneller? Veel ouders klagen dat ze hun kind bijna nooit meer horen lachen. Ze noemen hun dreumes 'vaker ernstig' of 'vaker verdrietig'. En die treurige momenten komen vaak onverwacht, duren meestal kort en hebben ook geen duidelijke reden.

"*Deze week huilde hij vaak. Waarom? Ik weet het niet. Op onverwachte momenten zat hij daar zomaar in dikke tranen.*" **GREGOOR,** WEEK 64, OFWEL 14 ½ MAAND

Ook kan je kleintje sneller prikkelbaar, ongeduldig, gefrustreerd of boos zijn, bijvoorbeeld als hij maar even denkt dat je niet meteen klaarstaat om hem op zijn wenken te bedienen, als je niet snel genoeg begrijpt wat hij wil of zegt, of als je iets afpakt of verbiedt. Hij kan dat zelfs zijn als een slordig gebouwde toren instort, de stoel niet onmiddellijk verschuift of hij tegen de tafel aanloopt.

"*Als ik niet meteen tijd voor haar heb, gaat ze theatraal op de grond liggen en zet ze een enorme keel op.*" **JOOSJE,** WEEK 62, OFWEL 14 MAANDEN

"Ze is iets sneller prikkelbaar, boos en ongeduldig dan ze was. Als ze iets wil zeggen en ik haar niet of maar half begrijp, gaat ze steeds harder tegen me jammeren en schreeuwen."
EEFJE, WEEK 64, OFWEL 14 ½ MAAND

"Hij was heel dreinerig deze week. Hij ging steeds feller en drammeriger huilen als hij zijn zin niet kreeg of als hij iets niet snel genoeg kreeg. En dezelfde scènes deden zich voor als ik hem even niet op kon tillen omdat ik druk bezig was." **RUDOLF,** WEEK 65, OFWEL BIJNA 15 MAANDEN

"Hij heeft het erg moeilijk met zichzelf. Als hij iets wil maken of doen en het lukt niet onmiddellijk, begint hij meteen te simmen en te smijten." **GREGOOR,** WEEK 66, OFWEL 15 MAANDEN

HOE MERK JE DAT JE DREUMES 'BIJ PAPA OF MAMA WIL BLIJVEN'?

Hangt hij vaker aan je? De meeste dreumesen hebben er alles voor over om wat vaker dichter bij papa of mama in de buurt te zijn. Maar... kleine kinderen worden groot. Heel soms is een enkeling al tevreden als hij zijn vader of moeder kan uitlokken tot een spelletje 'even oogcontact op afstand'. Een hele stap op weg naar zelfstandigheid. Maar meestal is de dreumes weer vaak een kleine baby. Dan is hij alleen maar tevreden als hij op schoot kan zitten of rondgedragen kan worden. Soms wil hij zoveel klitcontact dat je besluit je drammertje dan maar in een rugzak door het huis te sjouwen – iets wat het kleintje zich prinsheerlijk laat welgevallen.

"Hij sjouwde me steeds achterna met zijn speelgoed. Als ik even stond of zat, speelde hij voor mijn voeten of hing hij tegen me aan te spelen. Ik werd er wel een beetje moe van."
RUDOLF, WEEK 62, OFWEL 14 MAANDEN

“*Ze wilde steeds op schoot klimmen, maar ik was aan het strijken dus dat kwam niet uit. Ik had haar al een paar keer midden in de kamer gezet bij haar speelgoed, maar nee, ze moest en zou op schoot. Bij de volgende schootaanval bleef ze achter het snoer van het strijkijzer hangen waardoor dat op mijn been viel. Maar toen kon ik niet meteen het strijkijzer van mijn been halen omdat ze in het snoer verstrikt zat en zij zich door mijn pijnkreet aan me vastzoog en een enorme keel opzette. Toen ik me eindelijk bevrijd had, was ze zo overstuur dat ik haar mee naar de badkamer moest slepen, waar ik met de andere hand de koude straal op mijn been heb kunnen zetten. Eén les heb ik geleerd: nooit meer strijken in haar aanwezigheid.*” **GIULIA,** WEEK 63, OFWEL 14 MAANDEN EN 1 WEEK

“*Hij vindt het heerlijk om over een afstand even contact met me te hebben en even naar elkaar te kijken. Hij straalt bij zo'n wederzijdse verstandhouding.*” **LODEWIJK,** WEEK 63, OFWEL 14 MAANDEN EN 1 WEEK

“*Hij hing deze week aan me. Letterlijk. Hij klom op mijn rug. Hing aan mijn haar. Kroop tegen me aan. Zat tussen mijn benen op de grond terwijl hij ze beide zo stevig vasthield dat ik geen stap meer kon zetten. Steeds maakte hij er een lolletje van zodat ik moeilijk boos kon worden. En intussen had hij toch zijn zin.*” **THIJS,** WEEK 65, OFWEL BIJNA 15 MAANDEN

“*Hij kruipt vaker even op schoot, maar gaat er meteen weer af. Ook als hij rondloopt, vraagt hij iedere keer om even opgetild te worden.*” **DIRK,** WEEK 66, OFWEL 15 MAANDEN

Is hij eenkennig? De meeste kinderen wijken niet van hun ouders zijde als er vreemden in de buurt zijn. Sommige willen het liefst ín je kruipen. Ze willen absoluut niet door anderen opgetild worden. Hun papa of mama is de enige die hen mag aanraken, soms zelfs de enige die tegen hen mag praten. Zelfs papa is wel eens te veel. Meestal lijken ze bang te zijn. Soms denk je dat ze verlegen worden.

“*Als we bij anderen op bezoek zijn of als er mensen bij ons zijn, blijft hij eerst een poosje bij mij in de buurt en gaat dan langzaam wat verder weg. Maar zodra hij even denkt dat anderen hem op willen pakken, dan spoedt hij zich naar mij toe en klit hij weer een tijdje aan me.*” **GREGOOR,** WEEK 64, OFWEL 14 ½ MAAND

"Op vreemden reageert hij nu verlegen. Als er meer vreemden zijn, kruipt hij zelfs met zijn hoofd tussen mijn benen en blijft zo een tijdje staan." **RUDOLF,** WEEK 63, OFWEL 14 MAANDEN EN 1 WEEK

"Zodra ik de kamer uitloop en hem even bij anderen achterlaat, huilt hij. Hij moet en zal met mij mee de keuken in. Met name vandaag week hij niet van mijn zijde, en dat terwijl zijn oma in de kamer zat. Hij kent haar toch heel goed en ziet haar elke dag." **DIRK,** WEEK 63, OFWEL 14 MAANDEN EN 1 WEEK

"Ook als haar vader haar aandacht vraagt, draait ze haar hoofd af. En als hij haar in bad wil doen, begint ze te brullen. Ze wil alleen maar bij mij zijn." **JOOSJE,** WEEK 64, OFWEL 14 ½ MAAND

Wil hij niet dat je lichaamscontact verbreekt? Vaak wil een kleintje niet dat zijn vader of moeder de afstand tussen hen vergroot. Als er al íémand op pad gaat, wil de dreumes diegene zijn. Papa of mama moet blijven op de plaats waar ze staat, zit of ligt.

"Ze vindt het vreselijk als ik wegga. Ik mag niet eens opstaan om te douchen. Als ik 's morgens het bed uitga en zij nog even bij haar vader moet blijven liggen, begint ze al te krijsen. Ik mag gewoon het bed niet uit zonder haar. Dat was eerst nooit." **LAURA,** WEEK 62, OFWEL 14 MAANDEN

"Als ik haar op de kinderopvang achterlaat en wegloop, huilt ze vreselijk. Dat heeft ze verder alleen in het begin gedaan." **ASHLEY,** WEEK 65, OFWEL BIJNA 15 MAANDEN

"Hij is boos als ik hem op de kinderopvang achterlaat en dat laat hij merken als ik hem ophaal. Hij ziet me een tijdje niet staan. Ik ben gewoon lucht voor hem. Maar als hij na een tijdje klaar is met me te negeren, kan hij zo lief zijn hoofd op mijn schouder leggen en knuffelen." **MARC,** WEEK 66, OFWEL 15 MAANDEN

Wil hij vaker beziggehouden worden? De meeste dreumesen willen niet graag in hun eentje spelen. Ze willen dat papa of mama meedoet, ze willen zich niet alleen voelen. Daarom kruipt of loopt zo'n kleintje je achterna als je wegloopt. Hij zegt eigenlijk: 'Als jij geen zin hebt in mijn spel, houd ik jou wel gezelschap.' En omdat jouw bezigheden meestal huishoudelijk zijn, lijkt het alsof het huishouden nu erg in trek is. Soms is dat ook wel zo, maar zeker niet altijd of bij ieder kind. Af en toe bedenkt een slimmerikje een nieuwe strategie om je tot spel te verleiden met een speelse smoes of een grap en grol. Zo'n initiatief is moeilijk te weerstaan. En dat je dan niet opschiet met je werk neem je voor lief. Je dreumes wordt al groot.

“*Hij wil ineens op elk ongelegen moment samen naar een kinder-cd luisteren. Ik moet dan tegen hem aan schurken, nietsdoen en genieten. Stiekem even in een tijdschrift gluren is uit den boze.*” **ROBIN,** WEEK 63, OFWEL 14 MAANDEN EN 1 WEEK

“*Ze speelt bijna niet meer, ze loopt me voortdurend achterna. Wil alleen maar zien wat ik in het huishouden doe en daar met haar neus bovenop hangen.*” **JETTEKE,** WEEK 64, OFWEL 14 ½ MAAND

“*Hij wilde bijna nooit alleen spelen. De hele dag was het paardjerijden en mama was paard. Met een grapachtig smoesje zorgde hij er elke keer weer voor dat ik met hem bezig was en hij dacht ook nog dat ik hem niet doorhad.*” **THIJS,** WEEK 65, OFWEL BIJNA 15 MAANDEN

Is hij jaloers? Soms vragen dreumesen een dosis extra aandacht van hun ouders als zij bezig zijn met anderen – vooral als die anderen kinderen zijn. Ze worden onzeker. Ze willen papa of mama voor zichzelf, hun aandacht mag alleen op hen gericht zijn.

“*Hij wil vooral aandacht als ik met andere mensen bezig ben. En helemaal veel als die anderen kinderen zijn. Hij is dan jaloers. Toch luistert hij wel als ik op een gegeven moment zeg dat hij zelf moet gaan spelen, maar hij blijft wel in mijn buurt.*” **THOMAS,** WEEK 61, OFWEL 14 MAANDEN

“*Soms is hij jaloers als er een ander kind bij mij op schoot zit. Dit heb ik nog nooit bij hem gemerkt.*” **TIES,** WEEK 62, OFWEL 14 MAANDEN

Heeft hij een sterk wisselend humeur? Soms zien ouders dat de stemming van hun kleintje in snel tempo volledig kan veranderen. Het ene moment is zo'n kleine kameleon het chagrijn zelve, het andere moment is hij een en al vrolijkheid. Of hij is erg kusserig, dan weer zo boos dat hij met een driftige zwaai de kopjes van tafel smijt, en vervolgens heel triest waarbij er grote tranen uit zijn ogen wellen, en ga zo maar door. Je zou kunnen zeggen: je dreumes oefent alvast in het puberen. Kleintjes van deze leeftijd hebben al veel gedragingen tot hun beschikking waarmee ze uiting kunnen geven aan hun gevoelens. En een kind dat met zichzelf in de knoop zit, probeert ze allemaal uit.

“*Ze was afwisselend chagrijnig en vrolijk, hangerig en zelfstandig, ernstig en melig, tegendraads en meegaand. En al die stemmingen wisselden elkaar af alsof het de normaalste zaak van de wereld was. Ik had er mijn handen vol aan.*” **JULIETTE,** WEEK 62, OFWEL 14 MAANDEN

“*Het ene moment haalt hij kattenkwaad uit, het volgende moment is hij een toonbeeld van gehoorzaamheid. Het ene moment slaat hij me, het volgende moment kust hij me. Het ene moment is hij heel zelfstandig en mag ik nergens bij helpen en het volgende moment is hij superzielig en zeer hulpbehoevend.*” **MARC,** WEEK 65, OFWEL BIJNA 15 MAANDEN

Slaapt hij slechter? Veel kleintjes slapen minder. Ze willen niet naar bed en huilen als het zover is, ook overdag. Soms zeggen ouders dat het hele slaappatroon van hun kind lijkt te veranderen. Ze vermoeden dat hun kind op het punt staat over te gaan van twee slaapjes overdag naar één middagslaapje. Ook als de kinderen eenmaal slapen, hebben veel ouders geen rust: de slechte slapertjes huilen in hun slaap, of ze worden geregeld wakker en kunnen dan heel zielig zijn. Ze zijn duidelijk bang voor iets. Soms slapen ze weer in als ze even getroost worden. Maar er zijn ook kleintjes die alleen nog maar verder willen slapen als je bij hen blijft of als ze prinsheerlijk tussen papa en mama in het grote bed liggen.

“Omdat ze overdag niet meer wil slapen, heb ik haar overdag maar bij mij in bed genomen. Misschien dat dat zou helpen. Nee dus. Toen zijn we maar weer opgestaan. Resultaat: ikzelf en zij doodmoe! Ik denk dat ze op de grens zit van twee slaapjes naar één slaapje 's middags.” **JOOS,** WEEK 62, OFWEL 14 MAANDEN

“Als ze 's avonds en 's nachts wakker wordt, klampt ze zich helemaal aan mij vast. Net of ze bang is.” **JETTEKE,** WEEK 62, OFWEL 14 MAANDEN

“Slapen was hopeloos. Hij sliep wel veel, maar zo woelig. Steeds hoorde ik huilkreetjes. Het leek dan ook alsof hij er niet van uitrustte.” **MARC,** WEEK 63, OFWEL 14 MAANDEN EN 1 WEEK

“Ze wordt heel druk, klierig en bijterig als het bedtijd wordt. Op de een of andere manier wil ze niet alléén slapen. Als ik doorzet, slaapt ze wel na veel gedoe en gehuil, maar dan ben ik zelf mentaal uitgeput. Vannacht heeft ze tussen ons in geslapen. Ze ligt dan heel breed, met een arm en een been bij papa en een arm en een been bij mama.” **XARA,** WEEK 64, OFWEL 14 ½ MAAND

“Het lijkt of hij minder slaap nodig heeft. Hij gaat later naar bed. Ook is hij elke nacht een halfuur wakker. Hij wil dan spelen.” **GREGOOR,** WEEK 65, OFWEL BIJNA 15 MAANDEN

Heeft hij 'nachtmerries'? Veel dreumesen hebben vaker een nachtmerrie. Soms worden ze zielig wakker, soms angstig of in paniek. En andere keren heel gefrustreerd, boos of driftig.

“Twee keer werd hij deze week wakker, krijsend, badend in het zweet en helemaal in paniek. Hij heeft toen nog een halfuur nagehuild. Hij was bijna ontroostbaar. Dit is nog nooit voorgekomen. Ik merkte ook dat hij daarna nog een hele poos van slag was.” **GREGOOR,** WEEK 62, OFWEL 14 MAANDEN

“Hij werd 's nachts vaak wakker. Hij was dan erg zielig of juist in paniek. Eén nacht heeft hij bij mij geslapen omdat hij zo angstig bleef. Naast mij wordt hij rustig.” **THOMAS,** WEEK 62, OFWEL 14 MAANDEN

"Ik zag dat ze vast sliep, liep naar beneden en hoorde ineens een doffe dreun en een hard gegil. Ik rende terug en toen ik haar oppakte om haar te troosten, bleek dat ze een enorme driftbui had. Ze rolde over de grond, gooide haar buik omhoog en schopte alle kanten op. Ik probeerde haar dicht tegen me aan te drukken, maar daar verzette ze zich met man en macht tegen. Ze moest eenvoudigweg uitwoeden en dat duurde heel lang."
GIULIA, WEEK 64, OFWEL 14 ½ MAAND

Zit hij wel eens stilletjes te dromen? Soms zit of ligt een kleintje even opvallend stil en dromerig voor zich uit te staren. Hij is even helemaal in zichzelf gekeerd.

"Het viel me op dat hij soms zo stil was. Hij zat dan en staarde wat voor zich uit. Dat deed hij eigenlijk nooit." **THOMAS,** WEEK 63, OFWEL 14 MAANDEN EN 1 WEEK

"Deze week was hij vaak opvallend dromerig. Hij ging dan languit op de grond liggen en lag zo'n beetje voor zich uit te staren." **GREGOOR,** WEEK 65, OFWEL BIJNA 15 MAANDEN

Eet hij slechter? Veel dreumesen zijn lastige etertjes. Soms slaan ze vastberaden een maaltijd over. Ouders vinden het altijd vervelend als hun kind slecht eet, en hierdoor krijgt het slechte etertje de aandacht die hij nu zo nodig heeft. Borstdreumesen willen weer vaak drinken, tenminste, zo lijkt het. Maar zodra ze een slokje hebben genomen, laten ze de tepel weer los en kijken rond. Of ze houden de tepel stevig vast zonder te drinken. Ze zijn tenslotte waar ze willen zijn: bij mama.

"Hij heeft deze week slecht gegeten. Vooral 's avonds. Bij de eerste hap draaide hij zijn hoofd al af, ongeacht wat ik hem voorzette." **DIRK,** WEEK 64, OFWEL 14 ½ MAAND

"Hij wordt 's nachts weer vaker wakker en wil dan aan de borst. Uit gewoonte of omdat hij dat nodig heeft? Als hij zo vaak komt, vraag ik me dat wel eens af. Ook vraag ik me af of ik hem niet te veel aan me bind." **BOB,** WEEK 63, OFWEL 14 MAANDEN EN 1 WEEK

Gedraagt hij zich babyachtiger? Misschien lijkt het soms of je dreumes weer 'baby' is. Toch is dat niet zo. Terugvallen tijdens een hangerige periode betekent dat er vooruitgang op komst is. En omdat kinderen op deze leeftijd al zoveel meer kunnen, zijn terugvallen duidelijker.

"*Ze zegt de woordjes die ze kende niet meer! Alle dieren noemt ze ineens "am".*" **GIULIA,** WEEK 61, OFWEL 14 MAANDEN

"*Hij kruipt weer vaker.*" **LODEWIJK,** WEEK 63, OFWEL 14 MAANDEN EN 1 WEEK

"*Ze wil weer de box in, compleet met het babyspeelgoed!*" **ODINE,** WEEK 63, OFWEL 14 MAANDEN EN 1 WEEK

"*Als we op het juiste moment vroegen of ze moest plassen, ging ze vaak naar het potje en plaste erin, maar nu gaat alles weer in de luier. Net of ze het niet meer weet.*" **JETTEKE,** WEEK 62, OFWEL 14 MAANDEN

"*Ik moet haar weer de fles geven alsof ze een baby is. Ze raakt hem zelf niet meer aan.*" **XARA,** WEEK 62, OFWEL 14 MAANDEN

Is hij overdreven lief? Sommige ouders vallen vaker ten prooi aan een stevige knuffel-, kus- of aaiaanval van hun kinderen. De kleintjes hebben beslist gemerkt dat papa of mama al die liefdesbetuigingen moeilijker kan weerstaan dan dreinen, klitten en lastig zijn. En zo kunnen ze toch lekker 'tanken' als de behoefte groot is.

"*Hij klimt weer vaker achter me op de stoel en daarna via mijn rug mijn nek in, alwaar hij zich vastklampt in een omhelzing.*" **THIJS,** WEEK 63, OFWEL 14 MAANDEN EN 1 WEEK

"*Soms is ze echt heel aanhalig. Ze komt dan knuffelen, slaat een arm om mijn nek en drukt haar wang tegen mijn wang, aait mijn gezicht en geeft me kusjes. Aait en kust zelfs het bontkraagje van mijn jasje. Zo aanhankelijk is ze nog nooit geweest.*" **NINA,** WEEK 65, OFWEL BIJNA 15 MAANDEN

Pakt hij wat vaker een knuffel? Sommige dreumesen zitten vaker te knuffelen met doekjes, knuffels en alles wat lekker en zacht is. Ze doen het vooral als je druk bezig bent.

"Hij knuffelt veel met zijn speelgoedbeesten." **THIJS,** WEEK 65, OFWEL BIJNA 15 MAANDEN

Is hij opvallend ondeugend? Veel dreumesen zijn expres ondeugend. Ondeugend zijn is een perfecte manier om aandacht te krijgen. Immers, als iets kapot kan gaan, vies of gevaarlijk is, of als het huis overhoop gehaald wordt, móét je wel naar de ondeugd toekomen en hem toespreken. Ongemerkt 'tankt' hij dan bij je.

"Ze moet van de cd-speler, video en andere apparaten afblijven. Dat doet ze dus expres niet! Na een waarschuwing krijgt ze nou een tik op haar vingers." **VERA,** WEEK 62, OFWEL 14 MAANDEN

"Ik was echt boos toen hij expres spullen over het balkon naar beneden gooide. Ik ben die dan kwijt omdat ze in het water terechtkomen. Bij iedere volgende weggooipoging heb ik hem opgepakt, meteen in de box gezet en omstandig uitgelegd dat zoiets niet kan." **LODEWIJK,** WEEK 62, OFWEL 14 MAANDEN

"Ze is bewust ondeugend. Komt aan alles wat niet mag en wat ze goed weet. Ze rammelt met traphekjes (liggen nu uit elkaar), haalt de breipennen uit het breiwerk en ga zo maar door. Ik word er helemaal onrustig van." **VERA,** WEEK 65, OFWEL BIJNA 15 MAANDEN

"Hij heeft voortdurend periodes dat hij alleen dingen doet die niet mogen. Ik doe dan niets anders dan verbieden en hem in de gaten houden." **GREGOOR,** WEEK 66, OFWEL 15 MAANDEN

Heeft hij opvallend veel driftbuien? Veel dreumesen zijn sneller geprikkeld, bozer en vaker buiten zinnen dan ouders van hen gewend zijn. Zo'n kleintje rolt krijsend, slaand en stampend over de grond als hem iets niet zint, als iets niet meteen lukt, als hij niet snel genoeg begrepen wordt, of zomaar zonder duidelijke aanleiding.

"Ze had de eerste driftbuien. Die zijn helemaal nieuw. Bij de eerste dachten we dat het kramp door kiespijn was, ze zakte namelijk door haar knieën en begon te krijsen. Het blijken echter driftbuien te zijn. Niet makkelijk!" **JOOSJE,** WEEK 63, OFWEL 14 MAANDEN EN 1 WEEK

"Toen zijn vader hem 's ochtends om halfzes weer in bed legde, werd hij ongelooflijk driftig. Hij had duidelijk andere plannen dan wij." **DIRK,** WEEK 62, OFWEL 14 MAANDEN

"Ze wilde zelf eten en wij begrepen haar eerst niet. Ze gilde, sloeg en stampte zowat haar stoel uit elkaar. Dat ze zo'n kattenkop kon zijn wist ik niet. Een drama!" **NINA,** WEEK 62, OFWEL 14 MAANDEN

"Ik moet in vreemd gezelschap geen stap verzetten want dan rolt hij meteen heel boos over de grond." **DIRK,** WEEK 63, OFWEL 14 MAANDEN EN 1 WEEK

"Als ze haar zin niet krijgt, gooit ze zich krijsend op de grond en wil ze niet meer zitten of staan. Ik til haar dan op en leid haar af." **GIULIA,** WEEK 62, OFWEL 14 MAANDEN

BABY VAN SLAG: HOE KUN JE DAT MERKEN?

- HUILT VAKER, IS VAKER CHAGRIJNIG, MOPPERIG, DREINERIG.
- IS HET ENE MOMENT VROLIJK EN HET VOLGENDE MOMENT HUILERIG.
- WIL VAKER BEZIGGEHOUDEN WORDEN.
- HANGT VAKER AAN JE OF WIL DICHTER BIJ JE IN DE BUURT ZIJN.
- IS 'OVERDREVEN' LIEF.
- IS 'OVERDREVEN' ONDEUGEND.
- KRIJGT (VAKER) DRIFTBUIEN.
- IS JALOERS.
- IS (VAKER) EENKENNIG.
- PROTESTEERT WANNEER JE LICHAAMSCONTACT VERBREEKT.
- SLAAPT SLECHTER.
- HEEFT (VAKER) 'NACHTMERRIES'.
- EET SLECHTER.
- ZIT (VAKER) STILLETJES TE DROMEN.
- PAKT (VAKER) EEN KNUFFEL.
- GEDRAAGT ZICH BABYACHTIGER.
- GEDRAAGT ZICH OPSTANDIG BIJ HET AANKLEDEN.

ERGERNISSEN EN RUZIES

Ouders ergeren zich en doen er ook wat aan Alle ouders hebben duidelijk minder geduld met het gehang, gedrein en geprovoceer van een kind van deze leeftijd. Toen de dreumes nog een kleine baby was, lokte het hangerige gedrag vooral zorgen uit, nu vooral ergernis.

"Nog nooit heeft ze problemen met slapen gehad. Nu wel, een paar avonden alleen maar huilen. Ik erger me er vreselijk aan. 's Avonds is mijn tijd en ook die wordt nu bepaald door haar. Hoop maar dat dit geen gewoonte wordt." **MARIJE,** WEEK 69, OFWEL BIJNA 16 MAANDEN

Zodra ouders zich ergeren, laten ze dat duidelijk merken. Op deze leeftijd krijgt een drammende dreumes duidelijk te horen dat papa en mama zijn gedrag afkeuren. Met woorden die hij begrijpt, leggen ze hem uit wat hun niet bevalt. Taal gaat nu een veel grotere rol spelen. En een dreinend doorzettertje belandt sneller in de box of in bed dan toen hij jonger was. Het geduld van ouders is eerder op. Ze vinden nu dat hun kind groot genoeg is om zich beter te gedragen. Bovendien vinden ze dat hun dreumes kan leren beter rekening met hen te houden.

"Ik heb een gastgezin voor haar geregeld. Ik erger me zo vreselijk aan het feit dat ze zich zo aan me vastklampt als we ergens zijn. Alle andere kinderen gaan rondlopen, met elkaar en met het speelgoed spelen. Zij doet dat nauwelijks. Alleen als ze voldoende lang de kat uit de boom heeft gekeken, laat ze moeder een beetje los. Ik hoop maar dat dat geklit zal verbeteren als ze naar het gastgezin gaat." **GIULIA,** WEEK 64, OFWEL 14 ½ MAAND

"Bij het eten koken gaat hij vaak voor mijn voeten zitten. Wordt het me te veel en wil hij maar niet aan de kant gaan als ik het vraag, dan gaat hij in de box. Dan is mijn geduld op." **DIRK,** WEEK 64, OFWEL 14 ½ MAAND

"Hij wil constant op schoot en beter nog, aan de borst hangen. Liefst van 's morgens vroeg tot 's avonds laat. Ik erger me dan behoorlijk. Eerst probeer ik of ik hem verder van me af krijg door hem al spelende af te leiden. Maar als hij steeds opnieuw aan me komt sjorren, heeft hij een grote kans dat hij in bed belandt. Dan kan ik er niet meer tegen." **ROBIN,** WEEK 65, OFWEL BIJNA 15 MAANDEN

"Soms wil hij net opgepakt worden als ik bezig ben en dan erger ik me wel eens. Ik probeer dan op een simpele manier uit te leggen waarom ik hem niet kan oppakken. En uitleggen helpt!" **GREGOOR,** WEEK 65, OFWEL BIJNA 15 MAANDEN

"Ik voel me behoorlijk nijdig worden als hij doet alsof hij niet hoort wat ik zeg. Ik pak hem dan vast en draai hem naar me toe, zodat hij wel naar me móét kijken en móét luisteren als ik iets zeg." **TIES,** WEEK 65, OFWEL BIJNA 15 MAANDEN

"Als hij steeds opnieuw ondeugend is, niet weet wat hij wil, om elk miezertje huilt en niet luistert naar wat ik zeg, ga ik ervan uit dat hij erg moe is en vind ik dat het bedtijd is. Ik moet dan even stoom afblazen, want opeens is mijn geduld op." **TIES,** WEEK 67, OFWEL 15 MAANDEN EN 1 WEEK

Ruzies De dreumes wordt groot. Steeds vaker is hij het niet eens met papa of mama. Als deze hem verbiedt te drammen, te klitten of tegendraads te zijn, komt hij daar fel tegen in opstand. Echte ruzies zijn dan het gevolg. De meeste kans op zo'n uitbarsting heb je aan het einde van de hangerige periode. Dan is voor ouder en kind eerder de maat vol.

"We hebben echt ruzie gehad! Hij pakte telkens weer de jonge katjes en schoof ze als auto's heen en weer. Hij was anders niet te stoppen." **MARC,** WEEK 63, OFWEL 14 MAANDEN EN 1 WEEK

"Hij gaat juist harder huilen als hij zijn zin niet krijgt in plaats van op te houden met drammen. Als dat niet snel ophoudt, gaat hij - voor "straf" - de box in. Maar dat zint meneer totaal niet. Hij krijgt er een enorme driftaanval van. Ik laat hem dan uitrazen, maar leuk is anders." **LODEWIJK,** WEEK 63, OFWEL 14 MAANDEN EN 1 WEEK

"We worden stapelgek van haar. Ze huilt erg veel en wil constant aandacht van 's morgens zeven uur tot 's avonds halfelf. Tikken op de billen zijn soms echt wel eens nodig. Ze luistert voor geen cent. Tussendoor slaapt ze maar anderhalf uur. Tijd voor onszelf en elkaar hebben we niet meer omdat zij ons leven eigenlijk een beetje dirigeert. Misschien moeten we haar wat minder aandacht geven. Ik zou wel eens willen weten of alle kinderen op deze leeftijd zo moeilijk zijn. We horen andere ouders nooit klagen. Wij weten het niet meer. Op dit moment vinden we het een ondankbare taak om ouders te zijn." **JETTEKE,** WEEK 65, OFWEL BIJNA 15 MAANDEN

Als je baby zo heftig om aandacht vraagt, kun je daar inderdaad wanhopig van worden. Dat is heel normaal. Je mag alleen nooit reageren op die gevoelens van wanhoop. Je baby, of kind, pijn doen is nooit een manier om hem regels te leren.

“*Als hij zijn zin niet krijgt, wordt hij razend en slaat hij me. Dat zit me al een tijdje dwars en nu was mijn geduld op. Ik heb een tik teruggegeven zodat het net pijn deed. Daarna heb ik hem uitvoerig uitgelegd dat dat slaan afgelopen moet zijn.*” **MARC,** WEEK 65, OFWEL BIJNA 15 MAANDEN

Je kindje doet jou na. Als je zelf niet geslagen moet worden, moet je dat ook niet bij je baby doen. Als je eerst een tik uitdeelt, heeft het ook geen zin om te zeggen dat dat niet mag. Je woorden moeten bij je handelingen passen. Slaan lost niets op en is niet goed voor je kleintje.

“*Ze vertikt het om te luisteren en dat is best wel eens vervelend of gevaarlijk. Soms is het echt nodig dat ze een tik krijgt. Maar zo'n tik werkt ook niet altijd. Deze week zei ik in het vuur van de strijd: "Mama vindt je zo niet lief, ga maar weg," en ik schrok van de reactie. Ze begon meteen onbedaarlijk te huilen. Dat vond ze dus echt verschrikkelijk, erger dan een tik. Ik hoop toch dat ik het in mijn radeloosheid nooit meer zeg. Zo letterlijk had ik het immers niet bedoeld.*” **JETTEKE,** WEEK 66, OFWEL 15 MAANDEN

HET NIEUWE VERMOGEN BREEKT DOOR

Rond 64 weken – bijna 15 maanden – merk je dat veel hangerigheid weer gaat verdwijnen. Je dreumes is weer wat ondernemender. Misschien zie je al dat hij anders is, zich anders gedraagt. Dat hij een sterke eigen wil krijgt. Dat hij anders denkt. Anders met speelgoed en spullen omgaat. Hij heeft een andere humor. Deze verandering zie je, omdat op deze leeftijd bij je dreumes het vermogen tot het waarnemen en het zelf toepassen van 'principes' doorbreekt. Dit vermogen kun je vergelijken met een nieuwe wereld die opengaat. En in die wereld is weer een volgende winkel die wordt geopend en waar een uitgebreide schakering van 'principeskoopwaar' ligt. Jouw dreumes met zijn aanleg, voorkeur en temperament kiest waaraan hij als eerste wil werken. Begrijp waar hij mee bezig is en help hem. Het nieuwe vermogen dat hij nu krijgt, bezorgt hem soms kopzorgen.

“Hij wil niet meer zo vaak op schoot, is weer ondernemender.” **THOMAS,** WEEK 67, OFWEL 15 MAANDEN EN 1 WEEK

“Alle hangerigheid en kwade buien zijn voorbij. Ook ging ze weer vrolijk naar de kinderopvang. De moeilijke periode is weer voorbij.” **JOOSJE,** WEEK 66, OFWEL 15 MAANDEN

“Soms maak ik me wel eens bezorgd. Ik heb het gevoel dat hij vanbinnen ergens mee bezig is. Hij is op een bepaalde manier meer op zichzelf. Tegelijkertijd zoekt hij vaker mijn nabijheid. Niet om iets samen te doen, maar gewoon om meer bij mij te zijn.” **LODEWIJK,** WEEK 67, OFWEL 15 MAANDEN EN 1 WEEK

Hij speelt weer wat langer alleen en is rustiger, ernstiger, meer in zichzelf, ondernemend, bestuderend, observerend, zelfstandig in de betekenis van alles zelf doen. Hij heeft minder interesse in speelgoed. Zijn belangstelling richt zich meer op het huishoudelijke. Verder vindt hij buiten rondstruinen, zomaar wat rondscharrelen en de boel verkennen vaak het allerfijnst. Hij heeft jou wel eindeloos in zijn nabijheid nodig.

DE SPRONG: **DE WERELD VAN DE PRINCIPES**

Nu je dreumes zijn eerste stapjes in de wereld van de 'principes' zet, merk je dat hij allerlei 'programma's' soepeler, natuurlijker en duidelijker afwerkt. Je snapt ineens beter waar hij mee bezig is of wat hij wil. Dat komt doordat je uk anders gaat denken, ingewikkelder, meer zoals wij. Principes gaan zijn denkwerk beïnvloeden. Hij komt als het ware een beetje 'boven de stof' te staan, net als een leraar boven de stof moet staan om het goed te kunnen uitleggen. Je uk zit niet meer 'gevangen' in een programma, maar kan dat 'scheppen' of veranderen en er zelfs de waarde van afwegen. Hij begint na te denken over programma's. En aangezien hij bij het uitvoeren van programma's bij elke handeling al nadenkt en beslist of hij het zus of zo zal gaan doen, begint je uk in de wereld van principes na te denken over dat nadenken. Hij is meer met zijn hoofd bezig. En dat voelt hij.

“Hij tast de wereld af met zijn hoofd. Letterlijk. Allerlei zaken raakt hij met zijn voorhoofd aan: de grond, de tafelpoot, een boek, zijn bord en ga zo maar door. Hij roept me ook om dat te laten zien. Ik weet niet wat hij bedoelt. De ene keer denk ik dat hij wil zeggen dat je je aan alles kunt stoten. De andere keer denk ik dat dit het begin is van een bepaald soort denken, alsof hij voelt dat hij met zijn hoofd de wereld kan bevatten.”
LODEWIJK, WEEK 67, OFWEL 15 MAANDEN EN 1 WEEK

In de wereld van ‘principes’ gaat je kleintje vooruitdenken, nadenken, de gevolgen van zijn daden overwegen, plannen maken en deze wikken en wegen. Hij gaat strategieën bedenken: ‘Zal ik papa of oma inschakelen om dat snoepje te pakken?’ ‘Hoe kan ik het onopvallendst treuzelen?’ Natuurlijk beraamt je dreumes zijn plannetjes nog niet zo handig, vanzelfsprekend en ingewikkeld als wij. Daar hebben wij jaren voor nodig gehad. Al doende heeft ieder van ons zich een principe eigen gemaakt door programma's uit te voeren en te controleren in vele duizenden verschillende situaties. Jouw kleine beginner kan de betekenis van al dat nieuwe nog niet volledig vatten. Als een ‘Alice in Wonderland’ stapt hij rond in de ingewikkelde wereld van principes. Het dringt al wel tot hem door dat hij van 's morgens vroeg tot 's avonds laat voor keuzes gesteld wordt. Ja, hij merkt dat hij er zelfs niet onderuit komt: hij moet kiezen, kiezen en nog eens kiezen. Misschien is het je wel eens opgevallen dat je kleintje soms eindeloos staat te twijfelen wat hij wil of zal doen. Zijn denkwerk is een dagtaak.

“Hij beseft nu dat hij de hele dag door voor allerlei keuzes gesteld wordt. Hij kiest heel bewust en neemt er de tijd voor. Hij staat dan eindeloos te twijfelen of hij de tv zal aanzetten, of toch maar niet. Of hij iets over de rand van het balkon zal gooien, of toch maar niet. Of hij in het grote of in het kleine bed zal gaan slapen, en of hij bij zijn vader of bij mij zal gaan zitten. En ga zo maar door.” **LODEWIJK,** WEEK 67, OFWEL 15 MAANDEN EN 1 WEEK

In de wereld van ‘principes’ moet je kind niet alleen kiezen wát hij zal gaan doen, maar terwijl hij bezig is blijft hij voor keuzes gesteld worden: ‘Zal ik mijn toren omgooien, gewoon laten staan of nog hoger maken?’ En als hij dat laatste kiest, moet hij weer kiezen hóé hij dat wil doen: ‘Zal ik op mijn toren een volgend blok zetten of deze keer eens een popje?’ Bovendien moet hij bij alles wat hij doet steeds weer kiezen: ‘Zal ik zorgvuldig, slordig, roekeloos, snel, wild, gevaarlijk of voorzichtig te werk gaan?' En als papa of mama vindt dat het bedtijd is, moet hij kiezen of hij zich daar lief en behulpzaam bij neer wil leggen of liever wat tijd wil rekken. En weer moet hij kiezen: 'Welke strategie houdt mij het langst uit bed? Zo snel mogelijk wegkruipen of -lopen? Een plant uit de pot trekken? Of een grapje uithalen?' En als hij deksels goed weet dat iets niet mag, moet hij kiezen of hij manmoedig het verbodene zal doen of dat hij liever wacht tot de kust vrij is. Hij wikt en weegt, kiest, probeert uit en maakt papa en mama wanhopig.

Door al dat kiezen dringt het tot je dreumes door dat ook hij de regie kan voeren, net zoals mama, papa en ieder ander. Hij wordt ook bezitterig. Speeltjes die van hem zijn, geeft hij niet graag meer uit handen, zeker niet aan een ander kindje. Zijn persoontje telt mee. Zijn haan kraait koning. Zijn 'eigen willetje' maakt overuren. Het ene moment besluit hij om zijn volle beker zorgvuldig op tafel neer te zetten en een volgend moment smijt hij hem erop zodat de inhoud over tafel spat. Het ene moment probeert hij je een koekje te ontfutselen door je met kusjes en aaitjes te overladen. Een andere keer overvalt hij je met een drambui. En je weet niet eens dat het om een koekje gaat!

Je dreumes zit vol verrassingen. Door al zijn probeersels in de strijd te gooien en jouw reactie en de reacties van andere mensen te bestuderen, ontdekt je uk dat de verschillende strategieën die hij inzet verschillende uitkomsten hebben. Zo ontdekt je dreumes wanneer hij het best vriendelijk, behulpzaam, agressief, drammerig, zorgvuldig of beleefd kan zijn. En ga zo maar door. Sommige van die strategieën bedenkt je kind zelf, andere imiteert hij: 'O, dat kindje geeft mama een klap, zal ik ook eens proberen.' Je dreumes dwaalt rond in de wereld van 'principes' en hij heeft papa en mama en anderen hard nodig bij zijn leerproces.

Wij volwassenen hebben al jaren ervaring in de wereld van 'principes'. Met vallen en opstaan zijn we bedreven geworden in deze wereld. We weten bijvoorbeeld wat rechtvaardigheid, vriendelijkheid, medemenselijkheid, behulpzaamheid, vindingrijkheid, matigheid, zuinigheid, trouw, soberheid, voorzichtigheid, samenwerking, zorgvuldigheid, mondigheid, assertiviteit, geduld en zorgzaamheid voor ons inhouden. We weten wat het betekent om met anderen rekening te houden, efficiënt te zijn, samen te werken, liefdevol te zijn, respectvol te zijn, en we weten hoe we anderen op hun gemak kunnen stellen. Toch vult niet iedereen van ons al die principes op dezelfde manier in. Iedereen doet dat op zijn eigen manier. We weten bijvoorbeeld dat we beleefd moeten zijn en daarom geven we iemand een hand als we ons voorstellen. Tenminste, in Nederland. In Engeland heeft men die hand echter liever niet. Daar vindt men een knikje en een groet ver genoeg gaan. En in Tanzania verwacht men beide handen. Geef je daar maar één hand, dan geef je je maar half. Je houdt immers een hand in de aanslag om de andere mee terug te trekken, en dat is onbeleefd. Afhankelijk van onze persoonlijkheid, het gezin en de cultuur waarin we zijn opgegroeid vullen we al onze principes anders in.

In het algemeen kun je zeggen dat als we een bepaald doel nastreven, een principe een algemene strategie kan zijn die we toepassen zonder dat daarbij alle specifieke stappen op weg naar dat doel concreet uitgewerkt worden. De voorbeelden die tot nu toe gegeven zijn, komen hoofdzakelijk uit de hoek van de morele principes. Die hebben te maken met waarden en normen. Maar er zijn ook heel andere soorten principes. Een principe bij het schaakspel kan bijvoorbeeld zijn om 'controle te houden over het centrum' van het bord. Je houdt dan de mogelijkheid open om met je stukken naar het centrum op te rukken. Dat maakt veel meer vervolgzetten mogelijk dan vanaf de zijkanten van het bord. Een ander voorbeeld is het principe om een reis van een paar dagen comfortabel te maken door voldoende slaaptijd in te plannen. Weer een ander principe is bij het schrijven van een artikel dat je rekening houdt met de doelgroep waar je voor schrijft. Of het principe van een dubbele boekhouding bijhouden, of het ontwikkelen van een muzikaal 'thema'. Om maar niet te spreken van de natuurkundige 'wetten' die beschrijven hoe dingen bewegen, de scheikundige vergelijkingen die beschrijven hoe ingewikkelde stoffen uit simpele elementen kunnen worden opgebouwd, of de aardkunde die de effecten beschrijft van de bewegingen van de aardkorst. Dat heeft allemaal met principes te maken.

Je dreumes is natuurlijk nog lang niet toe aan dergelijke volwassen uitwerkingen van principes, zoals een schaakstrategie, natuurkundige wetten of volwassen waarden en normen. Dat zijn allemaal heel zware woorden die normaal niet bij ons opkomen bij dreumesen. Maar op zijn eigen, primitieve manier maakt je uk een begin in die wereld van principes. Hij heeft al wel zijn strategieën om soms wat langer op te mogen blijven! En sommige dreumesen liggen eindeloos op de grond te spelen met hellinkjes en kijken hoe autootjes daar vanaf rijden.

De vorm waarin een principe in de dagelijkse praktijk van volwassenen concreet wordt uitgewerkt, kan sterk verschillen. We spelen constant in op de wisselende omstandigheden die zich voordoen. Zo zijn we niet onder alle omstandigheden even geduldig, zorgvuldig of zuinig, en tegen iedereen altijd en op dezelfde manier even zorgzaam, voorzichtig en respectvol. Dat zou ook niet goed zijn. Soms vinden we het bijvoorbeeld minder belangrijk om eerlijk tegen iemand te zijn, dan vinden we het belangrijker om met de omstandigheden of leeftijd van een ander rekening te houden. Stel, je partner en je dreumes geven je een tekening van een aap en kijken je hoopvol aan. Waarschijnlijk ben je tegen je partner eerlijker. Misschien zeg je hem zelfs ongezouten dat je zijn aap niets vindt. De kleine krabbelaar daarentegen prijs je voor zijn product. Ook al staren de krassen je aan, je vertelt hem dat dit de mooiste aap is die je ooit hebt gezien. En als blijk van waardering spijker je zijn aap aan de muur. Zonder erbij na te denken hield je rekening met de leeftijd van de maker. Het zou ook niet goed zijn geweest als je echt eerlijk was geweest tegen je kindje. Misschien had hij zelfs nooit meer willen tekenen.

Op deze leeftijd kan je dreumes nog niet inspelen op allerlei wisselende omstandigheden. Hij heeft die souplesse nog niet. Hij zit nog vast aan de strategieën die het eerst zijn opgeweld. Dat komt doordat hij nog maar net aan principes begint te rúíken en hij die alleen nog star kan toepassen. Pas als hij het volgende sprongetje gemaakt heeft, merk je dat je kind soepeler begint in te spelen op zijn omgeving. Hij past zijn strategie aan. Net zoals je uk boven de stof van de programma's kwam te staan nadat hij de sprong in de wereld van 'principes' had gemaakt, zo begint je dreumes ook pas na de volgende sprong te snappen dat hij kan kiezen wat hij wil zijn: eerlijk, vriendelijk, behulpzaam, voorzichtig, geduldig, vindingrijk, efficiënt, rechtvaardig, zorgzaam of zuinig. En dat hij er ook voor kan kiezen om dat juist niet te zijn. Hij begint te begrijpen dat hij met opa rekening kan houden, of juist niet. Dat hij een vriendje op zijn gemak kan stellen, of juist niet. Dat hij respect voor de hond kan hebben, of juist niet. Dat hij beleefd kan zijn tegen de buurvrouw en kan samenwerken met papa of mama, of juist niet...

"Noa is stiekem aan de wandel gegaan! Oma was aan het koken en ze speelde lief met haar pop en toebehoren. Langzaam verlegde ze haar speelterrein naar de gang. Maar ze was niet van plan daar lief te spelen. Heel zachtjes moet ze toen de tussendeur gesloten hebben en heel zacht de voordeur geopend hebben. Al snel vond oma het erg rustig in de gang. Ze keek om en de dichte tussendeur deed haar het ergste vermoeden. In alle staten rende ze naar buiten. Twee straten verder zag ze haar. Als een haas snelde ze achter haar buggy met poppenkind aan de wijde wereld in, ver weg van oma's huis. Toen ze oma zag, schrok ze enorm en protesteerde onmiddellijk hevig: "Noa vindt dit niet leuk, Noa vindt dit niet leuk." Ze wilde in haar eentje en ongestoord verder wandelen. Baalde ze even dat ze betrapt was. Voortaan zit er een slot op oma's voordeur."

NOA, WEEK 87, OFWEL 20 MAANDEN

"Ze heeft al vaker de wc een goede beurt willen geven, wat niet gelukt was. En toen ineens was ze ons te slim af. Ze had een oplossing voor haar poetsmanie gevonden. Plotseling hoorden we de wc-deur in het slot gaan en een enorm poetslawaai steeg op uit het kleinste kamertje. Er werd geschuurd, doorgetrokken, gerommeld met iets wat op emmerlawaai leek. En weer doorgetrokken, en weer en weer. Het geklots van water maakte dat de hele familie aan de deur stond te kloppen en te roepen. Maar hoe opa, oma en ik ook smeekten, de deur bleef op slot en het gekletter ging onverstoord door. Langzaam siepelde het water onder de deur door. Maar de deur bleef dicht. Zo'n twintig minuten later ging de deur open en kwam de schoonmaakster naar buiten. Kletsnat, trots en voldaan: "Klaar," zei ze en ze liep weg. Alles was nat, de muren, de pot, de grond. De wc-rollen lagen in de pot en losse stukken kleefden aan de muur. En op de grond lagen een pan, de afwasborstel en de theedoek. Ze had haar werkzaamheden gedegen voorbereid." **ANGELIQUE,** WEEK 92, OFWEL 21 MAANDEN

HERSENWERK

Uit Amerikaans onderzoek onder 408 identieke tweelingen bleek dat er rond 14 maanden een duidelijke erfelijke invloed was op de mentale ontwikkeling. De ontwikkeling betrof zowel non-verbale vaardigheden als het begrijpen van de spraak van anderen.

WAT HEEFT DE 'WINKEL VAN PRINCIPES' IN DE AANBIEDING?

Dit zijn voorbeelden van vaardigheden die je dreumes vanaf dit moment zou kunnen gaan doen.

DE AFDELING 'EIGEN WILLETJE'

- KIEST BEWUST.
- NEEMT INITIATIEVEN.
- WIL INSPRAAK ALS ANDEREN BEZIG ZIJN.
- HEEFT EEN GROTERE BEHOEFTE OM ERBIJ TE HOREN, OM GEACCEPTEERD TE WORDEN.
- WORDT BEZITTERIG MET ZIJN SPEELGOED.

DE AFDELING 'AFKIJKEN EN NADOEN'

- OBSERVEERT GROTE MENSEN.
- OBSERVEERT ANDERE KINDEREN.
- IMITEERT LIEF GEDRAG.
- IMITEERT AGRESSIEF GEDRAG.
- IMITEERT GROF MOTORISCHE CAPRIOLEN, ZOALS KOPROL, KLIMMEN.
- IMITEERT FIJN MOTORISCHE VAARDIGHEDEN, ZOALS POTLOOD VASTHOUDEN.
- IMITEERT 'RARITEITEN', ZOALS MANK LOPEN, KROM LOPEN.
- IMITEERT WAT HIJ OP TV OF IN EEN BOEKJE ZAG.

DE AFDELING 'STRATEGIEËN OEFENEN, GRENZEN VERKENNEN EN VINDINGRIJK WORDEN'

- EXPERIMENTEERT MET MOTORISCHE CAPRIOLEN.
- EXPERIMENTEERT MET VOORWERPEN VERSTOPPEN EN TERUGHALEN.
- EXPERIMENTEERT MET ERGENS IN- OF ACHTERKRUIPEN EN ER WEER UIT ZIEN TE KOMEN.
- EXPERIMENTEERT MET VOORZICHTIG OF ZORGVULDIG MET DINGEN OMGAAN.
- EXPERIMENTEERT MET KEUZES MAKEN: WAT ZAL IK KIEZEN?
- EXPERIMENTEERT MET DE MENING VAN 'JA' EN 'NEE'.
- EXPERIMENTEERT MET JE VOOR DE GEK HOUDEN. DOET BIJVOORBEELD OF HIJ ON-GEHOORZAAM IS.
- EXPERIMENTEERT MET HELLINKJES EN VERHOGINKJES. BEVOELT EN BESTUDEERT ZE MET ZIJN VINGERTJE OF LAAT ER BIJVOORBEELD AUTO'S OVER EN VANAF RIJDEN.

>>

DE AFDELING 'STRATEGIEËN EN TACTIEKEN INZETTEN'

- IS (VAKER) BEHULPZAAM OF PROBEERT DAT TE ZIJN.
- IS (VAKER) GEHOORZAAM OF DOET ZIJN BEST DAT TE ZIJN.
- IS (VAKER) VOORZICHTIG OF ZORGVULDIG OF PROBEERT DAT TE ZIJN.
- ACCEPTEERT (VAKER) DAT HIJ NOG KLEIN IS, HULP NODIG HEEFT EN DAAROM MOET GEHOORZAMEN. SNAPT BIJVOORBEELD DAT HET OP STRAAT GEVAARLIJK IS EN HIJ DAAROM AAN DE HAND MOET BLIJVEN LOPEN.
- MAAKT GRAPJES OM IETS TE KRIJGEN OF GEDAAN TE KRIJGEN BIJ ANDEREN.
- IS (VAKER) EXTRA LIEF OM ZIJN ZIN TE KRIJGEN.
- PROBEERT (VAKER) ZIJN ZIN TE KRIJGEN DOOR MIDDEL VAN EEN DRAMBUI.
- GEEFT (VAKER) UITING AAN ZIJN GEVOELENS DOOR EEN DRAMBUI TE KRIJGEN.
- DOET (VAKER) GEWOON WAAR HIJ ZIN IN HEEFT, GAAT ZIJN EIGEN GANG.
- SCHAKELT ANDEREN IN OM IETS GEDAAN TE KRIJGEN WAT HEMZELF NIET LUKT EN WAT MAMA NIET GOED VOND. BIJVOORBEELD: PAPA PAKT DAT KOEKJE MISSCHIEN WEL.

HELP, MIJN DREUMES KAN NIET ALLES!

NEE, NATUURLIJK NIET, DAT KAN OOK NIET

De eerste fase (hangerigheid) van deze sprong is leeftijdsgebonden en voorspelbaar en begint tussen de 59 en 63 weken. De meeste kinderen komen 64 weken na uitgerekende datum in de tweede fase van deze sprong terecht (zie kader *'Kwaliteitsuurtjes' zijn onnatuurlijk* op pagina 25). Het vermogen dat je kindje krijgt bij de sprong van principes zet een hele reeks vaardigheden en activiteiten in gang. De leeftijd waarop je kindje deze vaardigheden en activiteiten voor het eerst laat zien kan enorm verschillen per kind. Zo is kennis van principes bijvoorbeeld noodzakelijk om te kunnen 'koken voor de poppen'. Deze vaardigheid krijgt hij ergens tussen de 64 weken tot vele maanden later onder de knie. Het verschil tussen het mentaal kunnen (vermogen) en het daadwerkelijke doen (vaardigheid) is afhankelijk van de voorkeuren van je kindje, zijn behoefte aan experimenteren en van zijn lichamelijke ontwikkeling. Vaardigheden en activiteiten komen in *Oei, ik groei!* aan bod op de vroegst mogelijke leeftijd waarop ze het vermogen krijgen, maar dus niet noodzakelijkerwijze gaan doen, zodat je erop kunt letten en ze kunt herkennen. (Ze kunnen aanvankelijk heel onopvallend zijn.) Zo kun je reageren op de ontwikkeling van je kindje en hem erbij helpen. Alle kindjes krijgen dus hetzelfde vermogen op dezelfde tijd, maar wat ze er wanneer mee gaan doen, daarin verschilt ieder kind en dat maakt ieder kindje uniek.

WAT KIEST JOUW DREUMES UIT DE 'WINKEL VAN PRINCIPES'?

Alle dreumesen hebben het vermogen gekregen om 'principes' waar te nemen en ze zelf te hanteren. Ze hebben jaren nodig om zich die 'principes' helemaal eigen te maken, maar als dreumesen krijgen ze al toegang tot de winkel. Ze zetten hierin hun eerste, prille stapjes.
Op deze leeftijd kiest de dreumes bijvoorbeeld hoe hij te werk wil gaan: voorzichtig of roekeloos. En hij kiest of hij rekening wil houden met jou of zijn zin wil doordrijven met een drambui. Kortom, hij kiest welke strategie hij wil inzetten om het doel te bereiken dat hij zich heeft gesteld. En zoals elke dreumes kiest hij als eerste dát wat het best past bij zijn aanleg, mobiliteit, voorkeur en de omstandigheden waarin hij zit. Voor de winkel van 'principes' begint hij daarmee als hij 64 weken ofwel bijna 15 maanden oud is. Vergelijk jouw kind niet met een andere dreumes. Ieder kind is uniek en zal andere dingen kiezen.

Kijk goed naar je dreumes. Stel vast waar zijn belangstelling naar uitgaat. In het kader 'Wat heeft de "winkel van principes" in de aanbieding?' is ruimte om aan te geven wat je dreumes kiest. Zelf kun je er ook 'winkelen' om te zien of er strategieën bij zijn waarvan je denkt dat je kind die ook zou kunnen gebruiken of leren. Stop met invullen als je dreumes aan het volgende sprongetje begint. Dat is meestal als hij zo'n 71 weken ofwel 16 ½ maand oud is.

ZO ZIJN DREUMESEN

Alles wat nieuw is, vindt je dreumes het leukst. Reageer daarom altijd en vooral op nieuwe vaardigheden en interesses die je dreumes toont. Hij leert dan prettiger, makkelijker, sneller en meer.

DE UITWERKING VAN DE SPRONG: **HELP JE DREUMES BIJ HET LEREN**

In de wereld van 'principes' gaat je dreumes ontdekken dat er meerdere manieren zijn om een doel te bereiken. Strategieën die hij allemaal kan inzetten: 'Zal ik zorgvuldig, roekeloos, drammerig of kusserig te werk gaan? Of zal ik eens een grapje uitproberen?' Je uk wordt steeds vindingrijker. Dat komt doordat hij op allerlei gebieden al snel gewiekster wordt. Hij gaat beter lopen en kan er sneller vandoor. Hij begrijpt beter wat je zegt en kan soms zelfs antwoorden. Hij kan spelen met emoties en oefent ze soms stiekem. Hij kan vooruitdenken en weet dat zijn persoontje meetelt. Hij wordt steeds handiger met zelf eten en drinken, met opruimen, torens stapelen, dingen in elkaar zetten, andere kindjes schoppen en duwen. Hij kan gerichter met spullen gooien en ga zo maar door.

Alles gaat hem de komende weken beter af. En steeds weer zal hij elke nieuw verworven kunst inzetten om een nieuwe strategie uit te proberen die naar zijn doel leidt. Dat wil natuurlijk niet zeggen dat elke strategie die je kind bedenkt, zijn gewenste doel bereikt. Daar zijn tijd en oefening voor nodig. Al uitproberend merkt je dreumes dat verschillende strategieën verschillende uitkomsten hebben. Sommige zijn heel succesvol, andere hebben het tegenovergestelde effect en de meeste zijn maar zozo.
Geef je kind de gelegenheid om met allerlei strategieën te experimenteren, ze uit te proberen en reageer erop. Alleen door zijn vindingrijkheid, jouw reactie en heel veel oefening leert hij hoe hij zich in een bepaalde situatie het best kan gedragen.

BEHENDIGHEID

Capriolen oefenen Als je dreumes in de wereld van 'principes' zijn weg probeert te vinden, wil hij ook weten welke dingen hij met zijn lijf kan doen. Met andere woorden: hoe hij zijn lichaam kan gebruiken als hij snel, langzaam, voorzichtig, grappig of slim wil zijn. Je kleintje gaat met zijn lijfje experimenteren. Hij probeert de mogelijkheden ervan uit. Welke capriolen kan mijn lichaam uithalen? Pas ik daartussen? Hoe ga ik de trap op? Hoe ga ik eraf? En hoe ga ik de glijbaan af? Kan ik lekker liggen op al dat huisraad en speelgoed? En wat ligt niet lekker of waar pas ik niet in? Hoe sterk ben ik? Kortom, je uk wordt vindingrijk met zijn lichaam. Soms lijkt hij roekeloos en dat maakt papa en mama bang.

“*Ze gaat met losse handen en rechtop lopend een traptree op en af of een opstapje op. Ze oefent dat de hele dag door. Ik zoek nu steeds naar objecten van verschillende hoogte waarop ze deze vaardigheid kan trainen.*” **ODINE,** WEEK 67, OFWEL 15 MAANDEN EN 1 WEEK

"Ze gymnastiekt op een matras die we voor die gelegenheid op de grond gelegd hebben. Met een enorme lol galoppeert ze eroverheen, ze laat zich erop vallen en ze probeert kopje te duikelen. Ze blijft maar uitproberen wat ze op die zachte ondergrond kan doen."
JOOSJE, WEEK 66, OFWEL 15 MAANDEN

"Thomas wil de hele dag op de bank zijn. Hij wil dan op de rugleuning klimmen en tegen de muur omhoog." **THOMAS,** WEEK 66, OFWEL 15 MAANDEN

"Hij ontdekt elke dag nieuwe spelletjes. Hij heeft het smalle tunneltje achter zijn commode en bed ontdekt en loopt er met veel plezier telkens weer doorheen. Hij schuift liggend onder de bank en bestudeert onderwijl in welke positie hij klem komt te zitten. En hij vindt het heel grappig om niet meer op zijn voeten te lopen maar op zijn knieën de kamer rond te schuiven." **THIJS,** WEEK 70, OFWEL 16 MAANDEN

"Ze oefent verschillende manieren van lopen. Achteruit lopen, rondjes draaien, snel lopen, langzaam lopen. Heel bestuderend is ze met al die kunsten bezig."
EEFJE, WEEK 64, OFWEL 14 ½ MAAND

"Ze gaat overal in liggen en op liggen: in het poppenbadje, in het poppenbedje en op dekens en kussens die op de grond verspreid liggen." **ASHLEY,** WEEK 64, OFWEL 14 ½ MAAND

"Hij rolt zich in de gordijnen en moet dan erg lachen." **THIJS,** WEEK 69, OFWEL BIJNA 16 MAANDEN

"Hij gaat ineens ook grote dingen, zoals stoelen en krukken, rondsjouwen."
RUDOLF, WEEK 70, OFWEL 16 MAANDEN

Het buitenleven leren kennen Veel dreumesen vinden het heerlijk om in de natuur rond te struinen. Ze lijken zomaar wat rond te scharrelen maar in feite verkennen ze de boel. Dat wil niet zeggen dat ze je niet nodig hebben: juist wel! Velen vragen immers eindeloos bij alles wat het is en hoe het heet. En alle kinderen nemen dat wat je zegt en dat wat ze zien ook heel geconcentreerd in zich op.

"Ze schrok toen ze door een plas liep en nat werd. Ze liep terug om de plas te bekijken en te onderzoeken." **ASHLEY,** WEEK 64, OFWEL 14 ½ MAAND

"Hij vindt het interessant om buiten in de plassen te trappen. Hij doet het met plezier." **THIJS,** WEEK 71, OFWEL 16 MAANDEN EN 1 WEEK

"Ze stond oog in oog met een levensgrote koe en wist niet wat ze zag. Dat was bij de kinderboerderij. Aaien durfde ze het dier niet. Ook niet toen ze op papa's arm zat. Op weg naar huis was ze nog stil en denkerig. Zo was ze onder de indruk van de grote boekjeskoe in levenden lijve." **VICTORIA,** WEEK 61, OFWEL 14 MAANDEN

Behendig worden met spullen Je kind gaat in de wereld van 'principes' steeds vindingrijker met speeltjes en spullen om. Zijn eten eet hij alleen braaf op als hij het zelf in zijn mond mag stoppen. Help je per ongeluk, dan heb je grote kans dat alles op de grond belandt. Bouwen, het ringenspel en puzzelen lukken soms al heel aardig. Maar let op! Ook kranen, flessen en potjes met een schroefdeksel probeert hij nu geregeld open te krijgen. Dat komt doordat je dreumes in deze wereld vooral geïnteresseerd is in 'uitproberen' welke strategie het succesvolst is als hij iets wil bereiken. Hij wikt, weegt en experimenteert. Wat gebeurt er als ik de sleutelbos achter de kast laat vallen? En wat als ik die onder het bed stop? En wat gebeurt er met de sleutelbos als ik die tussen de muur en de bank laat glijden? En hoe tover ik die sleutelbos weer tevoorschijn? En als ik er zelf niet meer bij kan, lukt het me dan wel met een stok?

Kortom, hij leert nu hoe hij iets moet verstoppen, opbergen en terughalen. Straks, als hij behendig is of denkt te zijn, gebruikt hij zijn kunsten misschien als grapje om jou te amuseren. Ook kan hij dan een speeltje verstoppen als hij bijvoorbeeld niet wil dat een vriendje ermee speelt. Snap waar je uk mee bezig is, zet gevaarlijke spullen weg en houd je onderzoekertje in de gaten.

"We puzzelen samen. Hij vindt het nu leuk en doet enthousiast mee. Niet dat het altijd goed gaat, maar het begin is er." **RUDOLF,** WEEK 65, OFWEL BIJNA 15 MAANDEN

"Zijn ringenspel is nu erg in trek. Hij ziet het duidelijk als hij de verkeerde ring om de staaf gedaan heeft en zegt dan: "Nee." Als het wel de goede is, is hij heel trots, kijkt me aan en verwacht applaus." **HARRIE,** WEEK 64, OFWEL 14 ½ MAAND

“*Hij stopt de bal en de ballon steeds goed diep ergens achter. Het gevolg is dat hij er zelf niet meer bij kan.*” **LODEWIJK,** WEEK 66, OFWEL 15 MAANDEN

“*Ze gooit op elk onverwacht ogenblik spullen op de grond. Ze bestudeert dan het effect dat haar worp op die dingen heeft.*” **JOOSJE,** WEEK 64, OFWEL 14 ½ MAAND

“*Hij speelt graag met zijn auto's. Deze week probeerde hij erachter te komen of ze ook stapelbaar zijn.*” **ROBIN,** WEEK 72, OFWEL 16 ½ MAAND

“*Als ze met haar stofzuiger op batterijen zuigt, gaat haar werkvoorkeur vooral uit naar de meest onmogelijke plaatsjes. Ze poetst daar als een bezetene: onder de kast, tussen stoel- en tafelpoten, in open kasten. De makkelijke, grote ruimte laat ze links liggen.*” **VICTORIA,** WEEK 61, OFWEL 14 MAANDEN

“*Ze trok telkens weer een la van mijn bureau open, dus heb ik die maar op slot gedaan. Toen probeerde ze op verschillende manieren de la open te trekken. Zat op haar hurken en trekken, zitten en trekken, staan en trekken. Helemaal gefrustreerd werd ze ervan.*” **LAURA,** WEEK 65, OFWEL BIJNA 15 MAANDEN

“*Ze wilde snoepjes die op de schoorsteenmantel lagen. Van mij mocht dat niet. Prompt kreeg ze een drambui. Toen dat niet ophield, zette ik haar op de gang om af te koelen. Ik hoopte dat ze de snoepjes zou vergeten, maar ho maar. Zodra ze weer terug was in de kamer, sleepte ze een stoel van de eetkamer naar de zitkamer. Daar was ze een kwartier mee bezig. Toen de stoel bij de schoorsteenmantel stond, vroeg ze haar broer om haar op de stoel te tillen. Die wist wel hoe laat het was en lachte haar uit. Toen gaf ze op. 's Avonds was opa op bezoek en hij speelde met haar. Hij is zelf een kampioen snoeper en toen hij de snoepjes zag, kon hij er niet afblijven. Zij kreeg er ook een. Toen ik even later de kamer binnenkwam, kwam ze triomfantelijk op me af en liet het snoepje zien. Had ze toch nog haar zin!*” **VICTORIA,** WEEK 61, OFWEL 14 MAANDEN

“*Ze kreeg iets niet uit de lectuurbak. Toen ze het na veel vijven en zessen, trekken en buigen toch te pakken had, lachte ze vergenoegd in zichzelf. Dit heeft ze nooit eerder gedaan.*” **XARA,** WEEK 68, OFWEL 15 ½ MAAND

Behendig worden met taal In de wereld van de 'principes' snapt je dreumes steeds beter wat de grote mensen om hem heen tegen elkaar en tegen hem zeggen. Hij kan ook steeds beter korte opdrachtjes begrijpen en voert ze vaak met veel enthousiasme uit. Hij voelt dan dat hij meetelt. Ook wijst hij met plezier lichaamsdelen aan als jij die benoemt. Hetzelfde gebeurt met huisraad op de grond, aan de muur en aan het plafond. Veel moeders denken dat hun kleintje al veel meer zou moeten praten dan hij doet omdat hij al zoveel weet. Maar dat is niet zo. Pas als het volgende sprongetje genomen is, begint het 'zelf praten' aan zijn vliegende start. Je kind is dan zo'n 21 maanden oud. In de wereld van de 'principes' nemen de meeste kinderen genoegen met het uitspreken van losse woordjes, het imiteren van dierengeluiden en het nabootsen van allerlei andere klanken.

Daag je kleintje eens uit om samen een aanwijsspelletje te spelen. Zeg zelf het woord en laat je kind aanwijzen waar het ding, speeltje of lichaamsdeel zich bevindt. En probeer ook eens wat je kind vindt van een roepspelletje. Het best kun je beginnen als je kind jou roept. Roep dan zijn naam en daag hem uit jou weer te roepen. Roep dan zijn naam weer. Veel kinderen voelen zich trots en belangrijk bij zoveel erkenning van hun ikje dat meetelt.

“Hij verstaat steeds meer. Ongelooflijk hoe snel zo'n kind nieuwe woorden oppikt. Toch kiest hij slechts enkele woorden uit bij het spreken. Bij voorkeur is dat een woord dat met een b begint, maar deze woorden betreffen ook zijn lievelingsdingen: bloemen en bal. Hij heeft deze woorden heel correct en vol uitgesproken. Het lijkt of hij al weet hoe hij ze moet uitspreken maar er geen controle over heeft.” **HARRIE,** WEEK 69, OFWEL BIJNA 16 MAANDEN

“Heel parmantig wijst ze haar voet, teen, oog, oor, neus, buik, hand en haren aan. Ze weet ook dat je je haar met shampoo wast en in welke fles dat zit.” **JULIETTE,** WEEK 69, OFWEL BIJNA 16 MAANDEN

“Ze riep "papa" toen haar vader in de keuken bezig was. Automatisch ging dat geroep over in een taalspelletje. Om de beurt riepen de twee elkaars naam: "Anna"... "papa"... "Anna"... "papa". Eindeloos. Nu gebeurt dat om de haverklap als er één even uit het zicht verdwijnt.” **ANNA,** WEEK 70, OFWEL 16 MAANDEN

Imiteren van anderen In de wereld van 'principes' gaat je dreumes observeren hoe volwassenen of andere kinderen te werk gaan en welk effect hun daden hebben. 'Hoe doet hij dat zo handig?' 'Dat kindje krijgt ineens van iedereen aandacht als ze oma bijt.' 'Mama en papa zitten

geregeld op de wc, dat hoort zeker bij het "groot" zijn'. 'Hij schopt steeds tegen de benen van de buurvrouw, zeker grappig zo'n schop want ze lacht.' En ga zo maar door. Hij kijkt af, imiteert en probeert op die manier uit wat hij ziet. De mensen om hem heen zijn zijn voorbeeld. Ook de gedragingen die hij in boekjes of op tv ziet, zijn voor hem een onuitputtelijke bron van ideeën.
Reageer op het gedrag van je uk. Laat hem merken wat je van zijn gedrag vindt. Alleen op deze manier leert je dreumes wat wel en niet is toegestaan, en of hij iets nog beter, sneller, efficiënter of leuker kan doen.

“*Imiteren is nu echt datgene wat hem bezighoudt. Hij imiteert elk gedrag dat hij ziet: een ander stampt, hij stampt, een ander slaat, hij slaat, een ander valt, hij valt, een ander gooit, hij gooit, een ander bijt, hij bijt.*” **THOMAS,** WEEK 63, OFWEL 14 MAANDEN EN 1 WEEK

“*Alles wat ik doe, wil hij ook doen. Ook wat andere kinderen doen, neemt hij meteen op. Hij hoeft het maar één keer te zien en hij pikt het al op. Leuk en minder leuk gedrag doet hij na.*” **PAUL,** WEEK 64, OFWEL 14 ½ MAAND

“*Ze kijkt steeds vaker, langer en aandachtiger in boekjes en naar tv. Op de tv stak een kind de tong uit naar een ander kind en zij deed het meteen na.*” **JOOSJE,** WEEK 64, OFWEL 14 ½ MAAND

“*Als een van ons op de wc zit, gaat zij ernaast staan en drukt ook met veel kabaal. Daarna heeft ze daadwerkelijk haar luier vol. Dat is deze week drie keer gebeurd.*” **VICTORIA,** WEEK 61, OFWEL 14 MAANDEN

“*Ze poetst haar acht tanden graag zelf. Ze schuift de borstel een keer op en neer in haar mond en tikt er vervolgens, tik tik tik, mee op de rand van de wasbak. Schuift de borstel weer op en neer in haar mond en tikt weer, tik tik tik, op de wasbak. En zo gaat het poetsen door. Het gekke is dat ze mij eigenlijk nadoet. Ik doe dat tikken ook, maar alleen als ik helemaal klaar ben en de tandenborstel gespoeld heb. Ik doe dat om de borstel droog te kloppen.*” **VICTORIA,** WEEK 61, OFWEL 14 MAANDEN

“*Eerst duwde ze steeds met haar vinger op de knop van haar stofzuigertje om die aan te zetten. Toen zag ze ineens dat ik de mijne met mijn voet aanzette. Sindsdien zet zij die van haar ook met een stamp van haar voet in werking.*” **VICTORIA,** WEEK 61, OFWEL 14 MAANDEN

Naspelen In de wereld van 'principes' speelt je kind de dagelijkse gang van zaken in de huishouding en buiten na. Hij 'kookt', 'winkelt', 'wandelt', 'neemt afscheid' en 'verzorgt zijn poppenkinderen'. Natuurlijk doet hij dat alles nog op zijn dreumesmanier. Toch ga je zijn bedoelingen steeds beter herkennen. Je ziet bovendien of hij zijn best doet om voorzichtig of behulpzaam te zijn of dat hij juist een bazige toon aanslaat, of superlief 'slijmt'. Misschien doet hij dat gewoon omdat hij vindt dat het bij zijn rol hoort of omdat hij de mensen in zijn omgeving naspeelt. Geef je kind de gelegenheid om zich in te leven in zijn rol. Speel ook eens mee. Je uk voelt dan dat hij meetelt en dat het belangrijk is wat hij doet. Veel dreumesen op deze leeftijd zijn heel gevoelig voor een blijk van waardering. Zij willen graag begrepen worden.

“*Zij “kookt” zelf voor haar pop. Ik zet dan wat echte etenswaren klaar, want dat wil ze. Ze doet alles in een bakje, voert haar pop en haalt het eten er weer uit.*” **XARA,** WEEK 68, OFWEL 15 ½ MAAND

“*Hij bakt zandtaartjes: schept en schept emmers vol en draait ze om. Hij vindt het hele gebeuren heel interessant.*” **THOMAS,** WEEK 66, OFWEL 15 MAANDEN

“*Sinds een paar dagen giet hij water van het ene bakje in het andere. Hij is daar heel druk mee. Zo nu en dan krijg ik het verzoek weer wat water in een bakje te doen. Verder lijkt hij mij vergeten te zijn en gaat hij geheel op in het “kokkerellen”.*” **STEVEN,** WEEK 63, OFWEL 14 MAANDEN EN 1 WEEK

“*Ze duwde trots haar poppenwagen over het erf van de kinderboerderij. Een geit versperde haar pad en toen startte zij een uitgebreide discussie met het onoplettende dier. Helaas onverstaanbaar. Het klonk alsof ze hem terechtwees.*” **ODINE,** WEEK 64, OFWEL 14 ½ MAAND

“*Hij speelt vaak “afscheid nemen”. Hij pakt dan een tasje, loopt naar de deur en zegt: “Dada.” Hij zwaait daar ook bij.*” **DIRK,** WEEK 64, OFWEL 14 ½ MAAND

“*Hij knuffelt, kust, troost en aait zijn poppen en beren vaak. Ook legt hij ze te slapen. Echt met liefde.*” **LODEWIJK,** WEEK 66, OFWEL 15 MAANDEN

Soms imiteert een kind het vader of moeder zijn. Hij bestudeert daarmee hoe het is om papa of mama te zijn. Als een meisje mama wil zijn, loopt de echte mama eigenlijk in de weg. Dan lijken ze concurrenten. Natuurlijk gebeurt hetzelfde als vader thuis is en zoonlief in papa's schoenen wil staan. En als een jongetje papa speelt, wil hij weten hoe mama op deze nieuwe papa reageert. Snap waar je kind mee bezig is. Geef hem de gelegenheid zich in te leven in zijn rol en speel het even mee. Je kleintje leert er veel van. Hij heeft er behoefte aan zich zo te uiten en even te voelen hoe het is om papa of mama te zijn.

“*Hij gaat uitgebreid op zijn vaders bed zitten en kijkt rond alsof het zijn bezit is. Ook gaat hij net als zijn vader in zijn stoel de krant lezen. Dat papa nadoen vindt hij heel belangrijk. Hij wil ook dat ik daarop reageer.*” **JIM,** WEEK 66, OFWEL 15 MAANDEN

“*Zodra ik mijn schoenen uitdoe, stapt zij erin. En dan volgt een rondje huis op mijn schoenen. Ook wil ze geregeld in mijn stoel zitten. Ik moet er dan uit. Ze begint aan mij te trekken en te sjorren en als ik dan niet meegeef, krijgt ze een driftbui.*” **NINA,** WEEK 69, OFWEL BIJNA 16 MAANDEN

Oefenen met emoties In de wereld van de 'principes' experimenteren veel dreumesen met hun emoties. Hoe voelt het aan als ik blij, treurig, verlegen, boos, grappig of driftig ben? En hoe als ik iemand begroet? Hoe staat mijn gezicht dan? Hoe beweegt mijn lichaam? En hoe kan ik die emoties inzetten als ik anderen duidelijk wil maken hoe ik me voel? En hoe moet ik me gedragen als ik iets erg graag wil hebben of doen?

Staat je uk voor de spiegel zichzelf te bestuderen? Dat is met een reden...

layar

“*Hij loopt soms heel kunstmatig te lachen alsof hij experimenteert hoe lachen voelt. Hetzelfde doet hij met huilen.*” **BOB,** WEEK 63, OFWEL 14 MAANDEN EN 1 WEEK

“*Ze begroette opa ineens heel anders dan ze het tot nu toe deed. Normaal vlijde ze zich tegen hem aan en legde haar hoofdje zijdelings tegen zijn nek en schouder. Als ze dan een tijdje stil gelegen had, was de begroeting voorbij en begon ze met hem te spelen. Maar deze keer ging ze rechtop staan en keek hem aan, om zich daarna opnieuw tegen hem aan te vlijen. Dit alles herhaalde ze een aantal keren. Toen gaf ze hem een voorzichtig kusje en keek hem weer aan. Ook dit herhaalde ze een aantal keren. Nog nooit had ze opa zo bestuderend begroet. Ze experimenteerde duidelijk met een begroeting.*”
VICTORIA, WEEK 61, OFWEL 14 MAANDEN

"Ze wilde voor de achtste keer hetzelfde boekje lezen en merkte dat ik er langzaam genoeg van kreeg. Even zat ze daar, met haar hoofd naar beneden. Heel stiekempjes oefende ze een pruillip. Toen ze vond dat haar gezicht de juiste stand had, keek ze me met een perfecte pruillip aan en stak ze het boekje weer naar me uit." **JOOSJE,** WEEK 65, OFWEL BIJNA 15 MAANDEN

"Hij wordt ineens verlegen. Als ik over hem opschep bijvoorbeeld, toont hij een soort verlegen schaamte. Dat heb ik nooit eerder gezien. Toch heeft hij het al wel een tijdje in de gaten als ik het over hem heb." **LODEWIJK,** WEEK 68, OFWEL 15 ½ MAAND

Het vooruitdenken is begonnen In de wereld van de 'principes' kan je dreumes vooruitdenken, wikken, wegen en plannen maken. Hij kan nu ook begrijpen dat papa of mama dat kan en doet. Dit merk je weldra aan de reactie van je uk. Hij beseft wat de gevolgen zijn van iets wat jij wil, doet of wil dat hij doet. En plotseling geeft hij commentaar op iets wat hij vroeger heel normaal, of zelfs leuk vond. Maar bedenk wel dat hij niet tegendraads is. Zijn ontwikkeling maakt een sprongetje. Het is vooruitgang!

"Ze vindt het ineens moeilijk als ik naar mijn werk ga. Tot voor kort rende ze vrolijk vooruit naar de deur om me uit te zwaaien. Nu protesteert ze en trekt me terug. Ik denk dat dat komt doordat ze de gevolgen beseft. Uitzwaaien is misschien wel leuk, maar als mama weg is, komt ze de eerste uren niet meer terug. En dat is minder leuk." **EEFJE,** WEEK 67, OFWEL 15 MAANDEN EN 1 WEEK

"Het vooruitdenken is begonnen! Ik poets haar tanden altijd nadat ze het eerst zelf heeft gedaan. Dat is tegenwoordig altijd aanleiding tot vreselijke schreeuwpartijen. Tot voor kort bleef ze bij de mededeling "tandenpoetsen" vrolijk op haar tandenborstel afrennen. Nu smijt ze de borstel in de hoek als ik hem aanreik, omdat ze weet wat er na het "vreugdevolle zelfdoen" volgt." **LAURA,** WEEK 67, OFWEL 15 MAANDEN EN 1 WEEK

"Soms loopt ze weg en vergeet haar speen mee te nemen. Ze zegt dan: "O, speen," draait zich om en haalt hem op." **ASHLEY,** WEEK 69, OFWEL BIJNA 16 MAANDEN

"Hij herinnert zich nu waar hij dingen heeft verstopt of achtergelaten, zelfs als dat gisteren was." **LODEWIJK,** WEEK 63, OFWEL 14 MAANDEN EN 1 WEEK

“Toen hij merkte dat hij voor de tweede keer die dag in de vrieskou op de fiets moest, werd hij heel nijdig. Hij herinnerde zich de kou duidelijk en zag een herhaling van een uitje in die barre weersomstandigheden niet zitten.” **HEIN,** WEEK 67, OFWEL 15 MAANDEN EN 1 WEEK

“Voor het eerst kon ik merken dat ze een duidelijke verwachting had. We hadden met vingerverf gewerkt en ze had de spiegel ermee versierd. Toen ze in bad zat, had ik de spiegel stiekem schoongemaakt. Dat had ik beter niet kunnen doen. Toen ze uit bad kwam, liep ze regelrecht naar de spiegel en zocht haar versiering. Zielig.”
JOOSJE, WEEK 65, OFWEL BIJNA 15 MAANDEN

DRAMMEN EN ZIN DOORDRIJVEN

Het dramtoneelstuk Probeert je kleintje vaak krijsend, rollend, stampend en spullen rondgooiend zijn zin door te drijven? Gaat hij om het minste of geringste door het lint? Bijvoorbeeld als hij niet snel genoeg aandacht krijgt, als hij iets niet mag, als je zijn spel onderbreekt om te gaan eten, als de toren die hij bouwt voortijdig valt of zomaar zonder dat je ook maar vermoedt dat iets hem dwars kan zitten? Waarom geeft een dreumes zo'n toneelstuk weg? Gewoon: jij en speeltjes reageren niet zoals hij vindt dat ze móéten reageren. Hij is gefrustreerd en moet dat uiten. Dat doet hij ook en wel met de meest voor de hand liggende strategie: zo boos mogelijk worden en zo veel mogelijk stampij maken. Succesvollere, snellere, lievere strategieën moet hij nog ontdekken en oefenen om jou over te halen te doen wat hij wil, of om een betere toren te bouwen. Je drammende dreumes kan alleen maar zijn eigen willetje kenbaar maken door te reageren zoals hij doet.

Snap de frustratie van je dreumes. Laat hem uitrazen als hij daar behoefte aan heeft. En help hem te ontdekken dat er andere en betere strategieën zijn die hij kan gebruiken als hij iets voor elkaar wenst te krijgen, manieren die beter aanslaan en meer succes hebben. Laat je kind ook merken dat je heus wel rekening met hem wilt houden, als hij maar duidelijk maakt wat hij precies wil.

“Ze wil alleen eten als ze het zelf in haar mond kan stoppen. Een drama toen wij dat niet begrepen! Alles vloog door de lucht.” **JULIETTE,** WEEK 65, OFWEL BIJNA 15 MAANDEN

“*Bij het minste of geringste of als iets niet zo gaat als zij het voor ogen heeft, gooit ze zich tegen de vlakte. Met een doffe dreun komt ze dan op haar achterhoofd terecht en blijft zo liggen stampen en brullen. Ik probeer haar te negeren en vaak houdt ze er dan ook mee op. En zodra dat gebeurt, geef ik haar weer positieve aandacht.*”
GIULIA, WEEK 64, OFWEL 14 ½ MAAND

“*Hij heeft opvallend veel driftbuien. Hij schreeuwt, gooit met speeltjes en stampt tegen meubilair als hij iets niet mag of als iets niet lukt, of als hij meegenomen wordt terwijl hij ergens mee bezig is. Als ik hem dan snel afleid, komen er geen echte tranen. Wel als het te lang duurt. Dan gaat zijn drift over in een trieste huilbui.*” **THIJS,** WEEK 68, OFWEL 15 ½ MAAND

“*Hij heeft deze week heel wat driftbuien gehad. Bij een ervan werd hij zelfs helemaal slap. Als hij zijn zin niet krijgt, wordt hij heel erg kwaad en moet ik al echt strijd met hem voeren. Hij is een echte eigenheimer!! Hij luistert op het moment heel slecht.*”
HEIN, WEEK 67, OFWEL 15 MAANDEN EN 1 WEEK

“*Ze krijgt steeds meer driftbuien. Gisteren haalde ik haar uit bed en ze kreeg zomaar een driftbui. Het duurde echt heel lang, met rollen over de grond, met haar hoofd overal tegenaan bonzen, trappen en schoppen, mij wegduwen en worstelen. En onderwijl krijsen! Niets wat ik probeerde hielp, knuffelen niet, afleiden niet en streng toespreken niet. Op een gegeven moment ben ik helemaal radeloos op de bank neergestreken en heb volkomen machteloos toegekeken hoe ze op de grond tekeerging. Daarna ben ik de keuken ingegaan en heb ik een appeltje geraspt. Langzaam werd ze rustig, kwam naar de keuken en ging naast me staan.*” **GIULIA,** WEEK 65, OFWEL BIJNA 15 MAANDEN

ZO ZIJN JONGENS, ZO ZIJN MEISJES EN ZO ZIJN OUDERS

Jongens leven hun gevoel van onmacht en ongenoegen sterker uit dan meisjes dat doen. Dat komt doordat ouders dergelijke uitingen makkelijker van een zoon dan van een dochter accepteren. Een meisje moet zich vaker braaf en aangepast gedragen. Daarom slaan bij meisjes gevoelens van onmacht en ongenoegen makkelijker naar binnen. Ze worden eerder depressief.

Hij wil inspraak In de wereld van 'principes' ontdekt je kleintje dat ook zijn haan koning kan kraaien. Net als die van alle grote mensen. Hij wordt mondiger. En soms slaat hij door: zijn wil is dan wet en onverstoord gaat hij zijn gang. Dat komt doordat het steeds helderder tot hem doordringt dat hij zelf de oorzaak kan zijn van iets wat hij zelf in gang kan zetten. Zijn persoontje telt mee! Hij beseft dat hij zelf, net als papa of mama, kan beslissen of, waar en wanneer hij ergens aan begint, hoe hij het zal doen en wanneer hij ermee stopt. Bovendien wil hij een duidelijke vinger in de pap als papa of mama iets wil doen. Hij wil ook dan meebeslissen hoe het gebeurt. En als hij zijn zin niet krijgt, of als iets niet gaat zoals hij verwacht, wordt hij boos, teleurgesteld of verdrietig. Heb begrip voor je kleintje. Hij moet nog leren dat dingen die hij wil doen niet altijd meteen mogen of kunnen. En hij moet nog leren dat hij rekening moet houden met de mensen om hem heen. Zelfs als hij assertief wil zijn en voor zichzelf op wil komen.

“*Ze wil heel nadrukkelijk zelf bepalen aan welke borst ze zal gaan. Ze twijfelt een tijdje, kijkt van de ene naar de andere borst, wijst de winnaar aan en zegt dan "da". Soms lijkt het of het om twee heel verschillende smaken gaat.*” **JULIETTE,** WEEK 65, OFWEL BIJNA 15 MAANDEN

“*Als hij iets in zijn hoofd heeft, is hij niet meer op andere gedachten te brengen. Hij luistert dan voor geen meter. Hij loopt gewoon naar de andere kamer en haalt daar zijn kattenkwaad uit. De laatjes van zijn broer en zus, die vol zitten met speelgoed waar hij niet aan mag komen, vielen deze week in de prijzen. Hij had vooral zijn zinnen gezet op de kleipot. Hij weet heel goed wat wel en wat niet mag, maar wat ik vind, is voor hem van minder belang.*” **DIRK,** WEEK 65, OFWEL BIJNA 15 MAANDEN

“*Als meneer niet wenst te luisteren, schudt hij "nee". Tegenwoordig loopt hij de hele dag nee-schuddend rond en onderwijl gaat hij gewoon zijn eigen weg. Toen hij laatst over de vuilnisbakrand in de smurrie hing te hengelen, werd ik boos op hem. Even later zag ik hem in een hoekje verdrietig zitten huilen.*” **JAN,** WEEK 70, OFWEL 16 MAANDEN

“Ze krijgt ineens een eigen willetje! We hadden in de kinderboekwinkel een boekje uitgezocht. Supergezellig was het. Toen ik het tijd vond om weg te gaan, was zij het daar niet mee eens. Ze brulde eerst de hele winkel bij elkaar en toen de hele straat. Eenmaal op de fiets ging ze steeds in het fietsstoeltje staan en moest ik haar steeds weer naar beneden drukken. We hadden bijna echt ruzie. Zij wilde in de winkel blijven en ik had gewoon niets in te brengen. Ik sta er nog versteld van.” **JOOSJE,** WEEK 68, OFWEL 15 ½ MAAND

“Drie weken geleden gingen we vanwege een feestelijke gelegenheid winkelen om voor Thomas een grotemannenpak te kopen. Toen het pak gekozen was, kwam hij aangedribbeld met een paar schoenen: delicate, glimmende lakschoentjes. En met die schoentjes in de hand probeerde hij papa ervan te overtuigen dat die erbij moesten. Maar papa zag dat niet zo zitten en de schoentjes werden teruggezet. Een week later ging ik alleen met Thomas naar de schoenwinkel. Hij zou zijn eerste paar schoenen krijgen. Ik liep onmiddellijk richting stoere mannenstappers. Als vanzelfsprekend ging ik ervan uit dat mijn flinke vent die ook mooi zou vinden. Maar die vent had andere ideeën. In het meisjesrek zag hij een paar glimmende lakrijglaarsjes met vetertjes. Díé vond hij prachtig. Díé wilde hij. Met zijn buit in de hand kwam hij op me afgewaggeld. Ik stond versteld. Daar stond mijn uit de kluiten gewassen Thomas met een paar superverfijnde lakschoentjes in zijn “te grove” handen en glunderde. Het waren weliswaar precies de prinsessenlaarsjes die ik als kind zo mooi had gevonden, maar dat mijn kerel daarvoor zou vallen was verbijsterend. Snel prees ik een serie mannelijke stappers aan en achter Thomas’ rug moffelde ik de laklaarsjes geruisloos naar het meisjesrek. Thomas bekeek het mannenrek en zag al snel iets wat hem ook erg beviel. “Broem, broem,” juichte hij en hij greep een paar schoenen met zestien kleine rolletjes spekzool, die zichtbaar waren aan de buitenkanten van beide schoenzolen. Daardoor waren de schoenen gepromoveerd tot schoenen-op-wielen. Als echte autoliefhebber viel hij hierop. Deze moesten het worden. En Thomas was zeer tevreden. Ik ook. Maar toen ik bij de kassa de schoenen-op-wielen afrekende, tikte hij me aan. Daar stond hij en hij probeerde iets op de toonbank te leggen. Het waren de laklaarsjes!” **THOMAS,** WEEK 69, OFWEL BIJNA 16 MAANDEN

“Ze drijft steeds vaker haar zin door. Als ze met niks mee wil werken, krijgen we tegenwoordig ruzie. Bij het aankleden, eten en als ik weinig tijd heb. Gisteren was het weer zover. Ik heb toen mijn zelfbeheersing verloren en heb hartgrondig lopen vloeken en schreeuwen.” **GIULIA,** WEEK 66, OFWEL 15 MAANDEN

“Soms wil ze per se iets vasthouden wat ik in mijn hand heb, een mes bijvoorbeeld. Dan heb ik wel eens echt ruzie met haar.” **NINA,** WEEK 67, OFWEL 15 MAANDEN

Agressie Veel ouders zeggen dat hun lieve dreumes soms ineens een echt agressief katje wordt. Ze vinden dat niet leuk. Toch is die verandering heel begrijpelijk. In de wereld van de 'principes' onderzoekt je kind alle sociale gedrag. Agressief zijn hoort daar ook bij. Je dreumes bestudeert hoe papa of mama, andere volwassenen en kinderen reageren als hij slaat, bijt, duwt of schopt. Of als hij bewust iets vernielt of kapot gooit. Laat je kind merken wat je van zijn gedrag vindt. Alleen op die manier leert hij dat agressief zijn niet lief, interessant of grappig is. Hij leert zo dat het pijn doet en dat volwassenen agressief gedrag en dingen kapotmaken niet leuk vinden.

"Ze sloeg me in mijn gezicht. Toen ik zei: "Niet doen," deed ze het weer en begon te lachen. Ik was er echt van slag van. Duidelijk grenzen stellen is moeilijk hoor."

ODINE, WEEK 70, OFWEL 16 MAANDEN

"Op de kinderopvang heeft hij een kind gebeten. Zomaar zonder aanleiding."

MARC, WEEK 70, OFWEL 16 MAANDEN

AGRESSIEWEETJES

Het volgende blijkt uit onderzoek. Kort na de eerste verjaardag rapporteren ouders de eerste fysieke agressie. Van 17 maanden oude kinderen rapporteert 90 procent van de ouders dat hun kind wel eens agressief is. Fysieke agressie piekt vlak voor de tweede verjaardag. Daarna neemt dit gedrag gestaag af. En als kinderen de basisschoolleeftijd bereiken, is het grotendeels verdwenen. Tenminste, onder normale omstandigheden. Natuurlijk heeft het ene kind meer aanleg om agressief te worden dan het andere. Toch is de omgeving van het kind ook heel belangrijk. Deze bepaalt mede hoelang een kind agressief blijft. Als kleintjes leven tussen volwassenen en kinderen die agressief zijn, dan is het niet verwonderlijk dat ze gaan denken dat 'agressief zijn' normaal sociaal gedrag is. Maar een kind kan ook in een omgeving leven waar agressie niet wordt getolereerd en waar lief en vriendelijk gedrag wordt beloond. Het gevolg is dan dat het kind niet meteen zal beginnen te schoppen en te slaan als het gefrustreerd is, iets wil hebben of terechtgewezen wordt, maar dat het 'lievere' manieren kent om zich te uiten.

Het mijn en dijn In de wereld van 'principes' ontdekt je kleintje dat sommige speeltjes in huis van hem en van hem alleen zijn. Net als grote mensen is hij plotseling de trotse eigenaar van eigen bezittingen. Een hele ontdekking voor een dreumes. Hij moet dan ook tijd krijgen om te snappen wat het mijn en het dijn eigenlijk inhoudt. En terwijl hij voor die taak staat, gaat zijn pad niet altijd over rozen. Sommige kleintjes raken aardig van slag als een ander kind hun spullen uit hun handen grist. Zomaar, zonder hen als eigenaar te erkennen. Bij zoveel onbegrip beginnen ze triest te huilen. Andere voorkómen de afpakkerij: ze worden heel bezitterig. Ze beschermen hun territorium naar beste kunnen. Ze bedenken allerlei strategieën om te voorkomen dat anderen in de buurt van die eigendommen kunnen komen of, erger nog, met hun vingers aan hun spullen kunnen zitten. Zeker kinderen vertrouwen ze niet. Je dreumes moet nog leren uitlenen, delen en samenspelen.

“*Ze ontwikkelt een zekere bezitsdrang. Als er iemand bij ons op bezoek komt, “showt” ze vol trots haar bezittingen. En als we bij een vriendinnetje gaan spelen, graait ze snel de dingen van zichzelf bij elkaar om ze bij mij in bewaring te geven. Ze wil zo voorkomen dat haar vriendinnetje ermee speelt.*” **EEFJE,** WEEK 64, OFWEL 14 ½ MAAND

“*Hij is plotseling bezitterig geworden wat mijn borst betreft. Als zijn vader doet alsof hij ook een slokje wil, beschermt hij razendsnel zijn territorium. Hij klemt zijn lippen stijf om de ene tepel en gooit zijn hand om de andere borst zodat papa er niet bij kan.*”
THOMAS, WEEK 65, OFWEL BIJNA 15 MAANDEN

“*Iedere keer als zijn vriendje een speeltje van hem afpakt, huilt hij bittere tranen.*”
ROBIN, WEEK 68, OFWEL 15 ½ MAAND

“*Hij laat zich niets afpakken. Je kunt hem ook niet verleiden met een “prima ruil”. Wat hij in zijn handen heeft, blijft in zijn handen. Hij pakt wel vlot de spullen van een ander af. Heeft dan totaal geen scrupules.*” **RUDOLF,** WEEK 65, OFWEL BIJNA 15 MAANDEN

AARDIG ZIJN EN PAAIEN

Grapje als strategie In de wereld van de 'principes' gaan grappen en grollen een steeds belangrijkere rol spelen. Misschien maakt je dreumes nu zelf zijn eerste grapjes en lacht hij er zelf het hardst om. Of je merkt dat hij het kan waarderen als anderen een grapje uithalen. Veel

kinderen doen dat. Ze genieten van grapjes. Of van mensen en dieren die onverwachte bewegingen maken of dingen doen, zomaar in het dagelijks leven of op tv. Ze lachen erom. Ze vinden het ook spannend. Ook zijn er ukken die grapjes uithalen om zo de regels om te buigen of ermee te spelen.
Misschien merk je zelf ook dat 'grappig zijn' als een strategie wordt gebruikt om iets gedaan te krijgen wat anders niet zou lukken. Iets onverwachts en leuks is immers succesvoller om papa of mama goed te stemmen dan een drambui. Geef je kind de gelegenheid om creatief met grappen en grollen om te gaan. En laat ook duidelijk merken waar hij een grens overschrijdt. Uit zichzelf kan hij dat niet weten.

“*Hij maakt zelf steeds grapjes en heeft dan een enorme lol. Ook als hij met zijn vriendjes gekke spelletjes doet, moet hij erg lachen. En dieren die iets geks of verrassends doen, vindt hij het einde. Hij ligt dan krom.*” **ROBIN,** WEEK 68, OFWEL 15 ½ MAAND

“*Gewoon gek doen vindt hij prachtig. Hij schatert dan. En als zijn zus gek doet, ligt hij dubbel van het lachen.*” **HEIN,** WEEK 69, OFWEL BIJNA 16 MAANDEN

“*Hij moet erg lachen om tekenfilms, vooral als er plotseling iets gebeurt wat hij niet verwacht. Ook de monsters in* Sesamstraat *vindt hij prachtig. Als ze praten of bewegen schatert hij het uit.*” **ROBIN,** WEEK 70, OFWEL 16 MAANDEN

“*Hij vindt het prachtig als ik achter hem aanhol met: “Ik zal je pakken.” Dus als ik zijn jas aan wil doen, rent hij al gillend weg en maakt een lolletje van dat hele gebeuren.*” **HEIN,** WEEK 70, OFWEL 16 MAANDEN

“*Ze moet hard lachen als ze bewust niet luistert, ongehoorzaam is of me voor de gek houdt, me eigenlijk beduvelt. En als ze voorwerpen ver weg stopt, zodat ik er bijna niet meer bij kan. Ze vindt zichzelf dan erg gevat.*” **LAURA,** WEEK 66, OFWEL 15 MAANDEN

“*Ze haalt graag een grapje uit. Als we bij de voordeur aankomen, wacht ze niet tot ik de sleutel in het slot heb gestoken, maar loopt snel nog een trap op naar de volgende verdieping. Ze vindt zichzelf dan erg leuk.*” **ASHLEY,** WEEK 70, OFWEL 16 MAANDEN

Onderhandelen en aftasten Vroeger was de wil van de ouders wet. Kinderen moesten gehoorzamen. Een weerwoord werd door volwassenen niet bijzonder gewaardeerd. Tegenwoordig is dat anders. Dat komt doordat men er nu van uitgaat dat kinderen opgroeien tot betere, zelfstandig denkende mensen als ze hebben geleerd te onderhandelen. Als je dreumes in de wereld van 'principes' belandt, zie je dat onderhandelen ontkiemen.

Experimenteert je dreumes wel eens met de woordjes 'ja' en 'nee'? Soms doet een kleintje dat met knikken en schudden. Een andere keer met het uitspreken van de woordjes zelf. De ene keer gebruikt hij de ja's en nee's in hun goede betekenis en een andere keer doet hij het expres fout. Hij vindt zichzelf dan erg grappig. Soms keuvelt hij zijn ja's en nee's tegen zijn knuffels. Een andere keer gewoon in zichzelf, bijvoorbeeld als hij bouwt, past en meet, of als hij door het huis struint op weg naar kattenkwaad. Maar het meest oefent hij zijn ja's en nee's toch met zijn ouders. Met jullie kan hij zelfs grapjes oefenen.

Geef je kind de gelegenheid om vindingrijk om te gaan met de begrippen ja en nee. Door ermee bezig te zijn, tast hij af hoe hij zijn ja's en nee's moet laten klinken als hij een bepaald doel wil bereiken. En hoe jij dat doet. Dus welke ja-en-neestrategie het best, soepelst en natuurlijkst past in een bepaalde situatie. Hij ontdekt zo ook welke strategie hem de gewenste vruchten oplevert.

“*Hij kan allerlei vragen gewoon met ja en nee beantwoorden. Soms maakt hij nog een vergissing. Hij zegt dan "ja" als hij "nee" bedoelt, en als ik dan daarnaar handel, begint hij te lachen en zegt snel "nee", op een toon van "toch maar niet".*” **LODEWIJK,** WEEK 65, OFWEL BIJNA 15 MAANDEN

“*Ze zegt steeds gerichter "ja" en "nee", maar ze vindt het leuk om mij te beduvelen met het door elkaar gebruiken van ja en nee.*” **JULIETTE,** WEEK 66, OFWEL 15 MAANDEN

“*Ze test de woorden ja en nee steeds op mij uit: is haar "ja" echt ja en blijft haar "nee" ook nee? Of valt er door mij nog wat te sjoemelen? Ze tast af hoever ze met mij kan gaan.*” **NINA,** WEEK 70, OFWEL 16 MAANDEN

"Hij weet heel goed wat hij wil en kan steeds meer vragen met een duidelijk "ja" of "nee" beantwoorden. Hij heeft ook verschillende ja's en nee's. Sommige ervan hebben heel duidelijke, absolute grenzen. Als hij die uitspreekt, weet ik dat ik hem niet op andere gedachten kan brengen. Maar zijn andere ja's en nee's hebben die grenzen niet. Daarop valt door mij nog wat af te dingen. Dan kan ik gaan onderhandelen." **PAUL,** WEEK 71, OFWEL 16 MAANDEN EN 1 WEEK

Hulp vragen Je dreumes kan heel vindingrijk proberen om een ander voor zijn karretje te spannen. Hij kan dat snugger, gewiekst, bevelend of lief doen. Hij moet nog leren hoe hij dat het best kan doen.
Kijk eens hoe jouw kleintje te werk gaat om jou of een ander in te schakelen als hij iets wil hebben of doen. En reageer. Je kind is nog zoekende in de wereld van de 'principes'. Hij leert van jouw reacties.

"Als hij me vraagt iets te pakken en ik vraag waar ik het neer moet zetten, loopt hij naar een plekje en wijst aan wat ik moet doen. Hij is dan uiterst vriendelijk en meegaand." **STEVEN,** WEEK 65, OFWEL BIJNA 15 MAANDEN

"Ze weet steeds duidelijker te maken wat ze wil. Ze trekt me mee als ze een schone luier wil. Ze pakt mijn vinger als ze wil dat die vinger iets moet doen, bijvoorbeeld als die voor haar een knopje in moet drukken. En ze trekt me mee naar situaties waar ze zelf niet alleen op af durft te gaan. Of ik nou bezig ben of niet, dat is voor haar niet belangrijk. Zij wil iets en ze wil het op dát moment." **JOOSJE,** WEEK 67, OFWEL 15 MAANDEN EN 1 WEEK

"Hij gaat steeds meer naar dingen wijzen. Hij wijst ook de dingen aan die je voor hem moet pakken. Deze week lokte hij zijn oma naar de keuken, liep naar de kast waar de koekjes liggen en wees naar de bovenste plank." **DIRK,** WEEK 63, OFWEL 14 MAANDEN EN 1 WEEK

"Met een olijk gezicht wees ze op een ei en daarna op haar bord. Ze bedoelde "leg een stukje ei op mijn bord". Ze deed het zo koddig dat dat ook meteen gebeurde." **ODINE,** WEEK 62, OFWEL 14 MAANDEN

“*De laatste weken zit hij als een generaal te commanderen. Hij roept steeds op een heel harde en bevelende toon: “Mama! Mama!” als hij iets wil hebben. Als ik dan naar hem kijk, zit hij met een uitgestrekte arm te wijzen naar de gewenste speeltjes of auto's. Hij wil ze dan gebracht krijgen en als dat ook gebeurt, gaat zijn arm uit de wijsstand en speelt hij verder. Dat bevelen is voor hem (en mij) langzaamaan de gewoonste zaak van de wereld geworden. Eigenlijk drong dat deze week pas goed tot me door.*”
THIJS, WEEK 68, OFWEL 15 ½ MAAND

“*Vandaag maakte ze duidelijk dat ze weg wilde toen we op bezoek waren. Ze pakte mijn hand en liep naar de deur waarachter de jassen hingen, opende die, ging naar onze jassen en wees ernaar terwijl ze me vragend aankeek. Ik wist gewoon niet wat me overkwam.*” **XARA,** WEEK 67, OFWEL 15 MAANDEN EN 1 WEEK

Samenwerken In de wereld van de 'principes' kan je kind kiezen: 'Ben ik tegendraads of werk ik mee?' 'Heb ik lak aan papa's of mama's wensen of pas ik me aan?' Bovendien wordt je dreumes elke dag mondiger en kundiger. Korte opdrachtjes begrijpt hij steeds beter, zoals: 'Pak je schoenen,' 'Haal je fles,' 'Gooi maar in de prullenbak,' 'Geef maar aan papa,' 'Breng maar naar de gang' of: 'Doe maar in de wasmand.' Misschien heb je al gemerkt dat je soms niet meer hoeft te zeggen wat er moet gebeuren. Je kleintje snapt dan al wat je van plan bent en werkt mee. Het wordt steeds makkelijker om een soort afspraken met hem te maken.
Probeer je kind te betrekken in de beslommeringen van elke dag. En laat je ook betrekken in zijn gedoe. Hij voelt zich dan begrepen, gewaardeerd en belangrijk. Zijn ikje groeit. En prijs hem als hij al vooruitloopt op iets wat je al van plan was te doen. Hij laat dan immers weten dat hij weet wat er gaat gebeuren.

“*Elke keer als we weggaan, haalt ze zelf haar jas.*” **JOOSJE,** WEEK 65, OFWEL BIJNA 15 MAANDEN

“*Hij begrijpt beter dat hij op straat met me mee moet lopen.*” **LODEWIJK,** WEEK 66, OFWEL 15 MAANDEN

“*Ze koppelt begrippen. Als ik zeg: “Ga je fles maar zoeken,” komt ze terug na het zoeken en maakt het gebaar van “weg”.*” **EEFJE,** WEEK 72, OFWEL 16 ½ MAAND

"Ze loopt nu meteen mee naar haar aankleedkussen als ze verschoond moet worden. Ze blijft ook stiller liggen en werkt zowaar mee." **LAURA,** WEEK 63, OFWEL 14 MAANDEN EN 1 WEEK

"Ze weet dat ze geen nootjes uit de bakjes van tafel mag pakken. Dus bedacht ze een truc, zodat ze wel nootjes kon eten en zich toch aan de regels kon houden. Ze haalde haar eigen etensbordje en lepeltje en schepte met dat lepeltje wat nootjes op het bord. Daarna at ze haar buit met haar lepel op. In haar filosofie mocht ze de nootjes zo wel eten." **ASHLEY,** WEEK 68, OFWEL 15 ½ MAAND

"Als we een discussie hebben over praktische zaken, volgt hij die intens geconcentreerd. En als die gevoerd is, lacht hij uitbundig en laat merken dat hij dingen die gezegd werden (niet speciaal tegen hem) begrepen heeft. Vervolgens laat hij dat ook graag in daden zien. Het is dan net of ik met hem kan praten. Hij vindt het heerlijk als we elkaar zo goed begrijpen." **JAN,** WEEK 63, OFWEL 14 MAANDEN EN 1 WEEK

"Ze probeert steeds vaker een van ons bij haar spelletjes te betrekken." **JETTEKE,** WEEK 72, OFWEL 16 ½ MAAND

Behulpzaam zijn Als dreumesen in de wereld van de 'principes' belanden, blijven de meesten bijzonder geïnteresseerd in alles wat zich rond het huishoudelijke gebeuren afspeelt. Alleen heb je nu grote kans dat je kleintje niet meer tevreden is met alleen kijken naar wat je doet. Hij wil helpen. Hij wil je werk uit handen nemen.
Laat je kind zijn steentje bijdragen. Hij wil dolgraag geloven dat hij een grote hulp is. Dat het zonder hem een puinhoop zou worden of het eten niet zo lekker zou zijn. Geef hem dan ook zijn welverdiende pluim.

"Hij neemt voortdurend initiatieven om mij te helpen. Of het nou is om op te ruimen, schoon te maken, naar bed of naar buiten te gaan, dat doet er niet toe. Hij wil graag aan het dagelijks leven deelnemen, helemaal vanuit zichzelf. Als hij daarin serieus genomen wordt, is hij innig tevreden. Elkaar begrijpen staat tegenwoordig centraal." **JIM,** WEEK 64, OFWEL 14 ½ MAAND

"Ze helpt met tafeldekken en afruimen. En ze helpt met stofzuigen. Ze is daar helemaal uit zichzelf mee begonnen en is erg teleurgesteld als ik haar niet alle ruimte en tijd geef om creatief te zijn." **JOOSJE,** WEEK 62, OFWEL 14 MAANDEN

"Ze wil bijna altijd helpen met drankjes maken. Soms laat ik haar haar eigen drankje mixen, ze doet er dan allerlei ingrediënten in. Als ze dat dan opdrinkt, loopt ze uitgebreid te "mummen"." **JULIETTE,** WEEK 68, OFWEL 15 ½ MAAND

"Zodra ik mijn stofzuiger pak, pakt zij die van haar op batterijen. Ze wil o zo graag helpen. Maar wat blijkt? De stofzuiger waar ik mee begin, is die waar zij mee wil werken. Die is blijkbaar het best. Daarom begin ik met haar stofzuiger en zodra die uit mijn handen gegrist wordt, kan ik rustig met die van mij doorgaan." **VICTORIA,** WEEK 61, OFWEL 14 MAANDEN

"Vroeger keek ze graag toe als we bezig waren. Nu wil ze meteen helpen. Als ze een halve citroen ziet, rent ze naar het aanrecht om opgepakt te worden en de citroen op de citroenpers te zetten. En als ze afwas ziet, spoedt ze zich naar het aanrecht om de afwas te doen." **NINA,** WEEK 64, OFWEL 14 ½ MAAND

Zorgvuldig zijn Experimenteert je dreumes met 'onbezonnen' en 'zorgvuldig' zijn? 'Smijt ik mijn beker op de grond of zet ik die voorzichtig op de tafel?' Vooral het roekeloze gedrag lijkt erg in trek. Hard rennen, hoog klimmen, wilde spelletjes en roekeloos omgaan met spullen lijken dan ook favoriete bezigheden. Maar bedenk wel: door zo te experimenteren en jouw reactie erop te krijgen, leert je kleintje wat het betekent om roekeloos of zorgvuldig te zijn.

"Hij doet evenwichtsoefeningen. Buiten reikt hij naar de hemel, binnen naar het plafond. Hij klimt op stoelen en tafels om hoger te reiken, terwijl hij tegelijkertijd lijkt te weten dat de ruimte onbereikbaar is. In deze reikende beweging kan hij zich dan opeens, heel overmoedig, laten vallen." **LODEWIJK,** WEEK 64, OFWEL 14 ½ MAAND

"Ze gooit op alle mogelijke en onmogelijke momenten haar fles weg, bijvoorbeeld als we fietsen, en bestudeert vervolgens uit haar ooghoeken hoe wij reageren op haar wegwerpgedrag." **ODINE,** WEEK 64, OFWEL 14 ½ MAAND

"Hij is een enorme klimgeit. Hij klimt overal op. Hij klimt erg veel op stoelen. Ook vind ik hem voortdurend boven op de eettafel, waar hij natuurlijk niet meer vanaf kan! Hij is wel voorzichtig. Hij is zich van gevaar bewust, maar soms kan hij aardig vallen." **DIRK,** WEEK 66, OFWEL 15 MAANDEN

"Stoeien met zijn broer vindt hij nu erg interessant. Soms kan het niet wild genoeg gaan."
RUDOLF, WEEK 69, OFWEL BIJNA 16 MAANDEN

"Ze had wat druppels op de grond geknoeid met haar drinken. Ik pakte snel een vieze sok die in de buurt lag en dweilde het op. Verbijsterd en verontwaardigd keek ze me aan, stapte demonstratief naar de babydoekjes, pakte er een uit de doos en deed het dweilen nog eens over. Toen ze klaar was keek ze me aan alsof ze wilde zeggen: "Zo hoort het." Ik was beduusd over zoveel netheid, maar ik heb haar wel de hemel in geprezen."
VICTORIA, WEEK 61, OFWEL 14 MAANDEN

"Ze weet heel goed duidelijk te maken dat ze iets vies vindt. Zo zegt ze steeds "bah" tegen het kleinste viezigheidje in bed. Ik hoop maar dat dit van voorbijgaande aard is en dat ze niet zo keurig netjes wordt." **JOOSJE,** WEEK 64, OFWEL 14 ½ MAAND

"Toen haar broer in de poppendoos zocht naar een speciale "bionicle", vlogen al de andere poppen met een zwaai op de grond. Ook de babypop van Elisabeth. Onmiddellijk rende ze op haar gevallen kind af, pakte dat op, haastte zich naar me toe en duwde de pop aan mijn borst. Toen keek ze haar broer boos aan." **ELISABETH,** WEEK 63, OFWEL14 MAANDEN EN 1 WEEK

TOON BEGRIP VOOR 'RARE' ANGSTEN

Als je dreumes bezig is zijn nieuwe vermogen uit te werken, zal hij ook dingen of situaties tegenkomen die nieuw zijn en die hij maar half begrijpt. Eigenlijk ontdekt hij nieuwe gevaren, gevaren die voor hem tot nu toe niet bestonden. Hij kan er nog niet over praten. Pas als hij alles beter begrijpt, zal ook zijn angst verdwijnen. Leef met hem mee.

"Hij was helemaal gek van batterijen en wij van de weeromstuit dus ook. Overal moesten ze uit en dan weer erin, eruit en erin, eindeloos." **STEVEN,** WEEK 61, OFWEL 14 MAANDEN

"Hein is bang voor een friemeleendje van zijn zus. Hij loopt er met een bocht omheen als het op de grond ligt. Als hij het vastpakt, laat hij het meteen weer vallen." **HEIN,** WEEK 66, OFWEL 15 MAANDEN

"Het lijkt alsof ze bang is om alleen in het grote bad te zitten. Gillen, krijsen. De reden is voor ons onbekend. Ze wil er wel in als een van ons er ook in gaat. Ook in het zwembad is ze niet bang. Daar gaat ze graag het water in." **JOOSJE,** WEEK 67, OFWEL 15 MAANDEN EN 1 WEEK

"Ze gaat op alles af, maar je merkt dat dat soms wat angstig maakt." **JOOSJE,** WEEK 68, OFWEL 15 ½ MAAND

REGELS LEREN

Dreinen en piepen om de zin door te drijven, kinderachtig gedrag zoals het constant geamuseerd moeten worden en het altijd maar die speen willen hebben, slordig zijn als het eigenlijk al netjes kan, onvoorzichtig zijn en een ander expres pijn doen, expres stoute dingen doen – je vraagt je misschien af of je de enige bent die zich zo ergert aan dit soort gedrag. Nee, natuurlijk niet. Je dreumes is geen baby meer. De tijd is nu gekomen om grenzen te gaan stellen. Je dreumes is eraan toe en dan kun je ook steeds meer van hem eisen. Sterker nog: hij is op zoek naar grenzen. Nu hij de wereld van de principes is binnengegaan, hunkert hij naar regels. Hij varieert eindeloos om die te leren kennen. Net zoals hij honger heeft en recht op dagelijks eten, zo heeft hij ook recht op regels. En de meeste regels kan hij alleen maar ontdekken door ze van jou aangereikt te krijgen. Vooral als het om sociale regels gaat: jij moet hem duidelijk maken wat hoort en wat niet hoort. Daarmee doe je hem echt geen geweld aan. Integendeel, je bent het aan hem verplicht. En wie kan het hem beter leren dan iemand die van hem houdt?

"Ik vind dat hij nu kan leren om dingen "netjes" op tafel te zetten. Ik erger me er nu aan als hij zijn brood en fles weggooit als hij geen trek meer heeft. Dat hoeft niet meer. Hij kan het netjes neerleggen." **THOMAS,** WEEK 67, OFWEL 15 MAANDEN EN 1 WEEK

"Ze blijft dreinen en piepen om haar zin door te drijven. Maar het is zo moeilijk om consequent te blijven. Ik heb het gevoel dat ik nu echt met opvoeden moet beginnen. Het is veel makkelijker om toe te geven, want dan ben ik van het dreinen af. Geef ik haar niet haar zin, dan hebben we oorlog. Dan volgt een machtsstrijd, die zo'n kleine dreumes met gemak van me wint. Ik ben me nog nooit zo bewust geweest van macht als in dit geval." **JOOSJE,** WEEK 68, OFWEL 15 ½ MAAND

"Soms doet hij expres iets wat echt niet mag. Hij gaat dan met stenen gooien, of steekt batterijen in zijn mond of smeert zijn eten over de grond. Ik spreek hem dan boos toe. Ondertussen pak ik alles af wat hij in zijn handen heeft en leg het buiten zijn bereik. Soms eindigt dit in ruzie." **PAUL,** WEEK 69, OFWEL BIJNA 16 MAANDEN

"Hij moet voortdurend gecorrigeerd en gedisciplineerd worden. Ik vind dat eigenlijk heel naar. Ik vind het moeilijk om daarin de juiste toon te vinden. Als hij dingen doet die niet mogen, dwing ik hem om zelf "nee, nee" te zeggen. Als hij het zelf heeft gezegd, kan ik ervan op aan dat hij het stoute gedrag enige tijd niet vertoont. Dat geeft weer een rustig gevoel." **LODEWIJK,** WEEK 70, OFWEL 16 MAANDEN

"Is mijn kind het enige kind dat op de grond gaat liggen krijsen als het niet gaat zoals zij het wil? Andere ouders hoor ik zo weinig klagen. Sta ik te veel toe? Geef ik te veel aandacht? Komt het doordat ze nu vaker naar de kinderopvang gaat? Wat moet ik er toch aan doen? Ja, duidelijk grenzen stellen en dat ga ik dan ook doen." **VERA,** WEEK 70, OFWEL 16 MAANDEN

"Ik leer hem nu dat afpakken niet mag." **THOMAS,** WEEK 70, OFWEL 16 MAANDEN

SPELTOPPERS VAN PRINCIPES

Dit zijn spelletjes en oefeningen die inspelen op het nieuwe vermogen en die bij bijna alle 15-16 maanden oude dreumesen favoriet zijn.

BEHENDIGHEID

Dreumesen zijn in de wereld van 'principes' een stapje boven 'programma's' komen te staan en vinden het heerlijk om die eindeloos te herhalen terwijl ze variëren en experimenteren. Al doende worden ze behendig en ontdekken ze hoe ze wanneer iets op de beste manier kunnen doen. Ze kijken het ook graag van anderen af.

Capriolen oefenen

Je dreumes zal graag rennen, klimmen, achter andere kinderen aanhollen, lopen op een dikke matras of op een waterbed, op de matras vallen, koppeltje duiken, rollebollen over de grond, stoeien met andere kinderen, 'ik zal je pakken' spelen, met losse handen rechtop lopend een traptree op en af of een opstapje op, over een muurtje lopen, van dat muurtje afspringen, en ga zo maar door. Neem er eens de tijd voor en geef hem de gelegenheid.

Buitenleven verkennen

Buiten rondstruinen, zomaar wat rondscharrelen en de boel verkennen vinden ze vaak het allerfijnst: op de kinderboerderij, in de speeltuin of in de dierentuin. Ook gewoon >>

rondkijken vanuit een draagzak op de rug van papa of mama bij een groot feest kan uren volgehouden worden.

Aanwijsspelletjes

Daag je kleintje eens uit om samen een aanwijsspelletje te spelen. Zeg zelf het woord en laat je kind aanwijzen waar het ding, speeltje of lichaamsdeel zich bevindt.

Spelletjes met handen en voeten in rijmpjes en liedjes

Zeg eens rijmpjes of zing liedjes waarin van alles met de handen en voeten gedaan moet worden; dat vinden ze prachtig, bijvoorbeeld: 'Olleke bolleke', 'Schuitje varen, theetje drinken', Hansje, pansje kevertje', 'De wielen van de bus' of 'Klap eens in je handjes'.

Roepspelletjes

Probeer ook eens wat je kind vindt van een roepspelletje. Het best kun je beginnen als je kind jou roept. Roep dan zijn naam en daag hem uit jou weer te roepen. Roep dan zíjn naam weer. Veel kinderen voelen zich trots en belangrijk bij zoveel erkenning van hun ikje dat meetelt.

GRAPJES

In de wereld van 'principes' gaan grappen en grollen een steeds belangrijkere rol spelen. Intussen weet je dreumes hoe een en ander gewoonlijk gaat. Als de loop der gebeurtenissen dan afwijkt van normaal, kan de lol niet op, of het nu gaat om afwijkende bewegingspatronen of regels die geschonden worden.

Gewoon gek doen

Gewoon gek doen vindt je dreumes prachtig: gekke gezichten, gekke passen of gekke geluiden. Vooral als er plotseling iets gebeurt wat hij niet verwacht. Kinderen onder elkaar maken er een potje van. Hij ligt in een deuk als zijn oudere broer of zus gek doet. Ook moet hij erg lachen als hij met zijn vriendjes gekke spelletjes doet.

Grapje als strategie

Je dreumes maakt grapjes om iets te krijgen van of gedaan te krijgen bij anderen. Iets onverwachts en leuks is immers succesvoller om papa of mama gunstig te stemmen dan een drambui. Ook zijn er ukken die grapjes uithalen om zo de regels om te buigen of ermee te spelen. Hij heeft veel lol als hij bewust niet luistert, ongehoorzaam is of je voor de gek houdt. Geef je kind de gelegenheid om de clown úit te hangen. En laat ook duidelijk weten wanneer hij echt te ver gaat. Uit zichzelf weet hij dat nog niet altijd.

>>

Tekenfilms, monsters en beesten

Dieren die iets geks of verrassends doen vindt je dreumes het einde. Ook de monsters in *Sesamstraat* vindt hij prachtig. Hij kan erg lachen om tekenfilms, vooral als er iets gebeurt wat hij niet verwacht.

HUISHOUDELIJKE SPELLETJES

In de wereld van 'principes' speelt je kind de dagelijkse gang van zaken na, zowel in de huishouding als daarbuiten. Geef hem de gelegenheid en speel ook eens mee. Je dreumes voelt dan dat hij meetelt. Het mooiste is natuurlijk als hij kan helpen met het echte werk. Hieronder volgen een paar voorbeelden, maar je kunt natuurlijk nog veel meer verzinnen.

Kokkerellen

Geef hem wat bakjes, wat echte etenswaren en een bakje met water. Dan gaat hij bijvoorbeeld 'koken' voor zijn pop en zijn pop voeren.

Stofzuigen

Er zijn speelgoedstofzuigers die een exacte replica zijn van de echte. Samen stofzuigen, ja, gezellig!

Afwassen

Het geeft wel wat wateroverlast, maar dat is zo opgedweild.

Alles doen wat mama doet

Laat je schoenen eens slingeren, zodat zij ze aan kan trekken.

SPELLETJES MET EMOTIES

Je dreumes gaat nu ook experimenteren met emoties, bijvoorbeeld bij een begroeting of als hij iets gedaan wil krijgen. Speel mee door bijvoorbeeld de tijd te nemen voor zo'n begroeting. Of je kunt een beetje de draak steken met zijn gespeelde emotie door die na te doen en te spelen dat jij ook erg zielig bent. Meestal moet hij dan lachen.

VERSTOPSPELLETJES

Kiekeboe: Kiekeboe is een klassieker die het nog heel goed doet.

Verstoppertje spelen

Met elke sprong wordt het verstoppertje spelen een beetje geavanceerder. Op deze leeftijd blijft je dreumes al heel goed op een verstopplaatsje staan.

SPEELGOED EN HUISRAAD DAT HET MEEST BOEIT

Dit zijn speeltjes en spulletjes die inspelen op het nieuwe vermogen en die bij bijna alle dreumesen tussen 15-16 maanden oud favoriet zijn:

- KLIMTOESTEL, GLIJBAAN MET TRAP.
- BALLEN.
- BOEKJES.
- ZANDBAK.
- THEESTELLETJE: WATER OF KOUDE THEE IN KOPJES EN BAKJES.
- PUZZELS.
- PLASTIC FLESSEN.
- HUISHOUDELIJKE SPULLEN.
- SPEELGOEDSTOFZUIGER.
- SPEELTJE AAN EEN TOUWTJE.
- *SESAMSTRAAT.*
- TEKENFILMS.

LET OP! ZET WEG OF BEVEILIG:

- VUILNISBAK;
- WC;
- GEVAARLIJKE STOKKEN, ZOALS EEN HOCKEYSTICK IN DE GANG.

DE SPRONG IS GENOMEN

Rond 68 weken – bijna 16 maanden – zijn de meeste dreumesen weer wat makkelijker dan ze waren. Ze zijn groter en wijzer geworden en leven het leven gewoon mee. Je zou bijna vergeten dat ze nog maar heel klein zijn.

“*Hij lijkt slanker, minder gedrongen, zijn gezicht is smaller, hij is ouder geworden. Hij kan bijvoorbeeld soms heel rustig geconcentreerd zitten eten. Dan lijkt hij wel erg groot.*”
LODEWIJK, WEEK 66, OFWEL 15 MAANDEN

“*Alles gaat haar makkelijker af, van zelf eten tot opruimen. Ze leeft het leven gewoon mee. Ik vergeet steeds vaker dat ze nog maar een heel klein kindje is.*” **EEFJE,** WEEK 67, OFWEL 15 MAANDEN EN 1 WEEK

HOOFDSTUK

12

SPRONG 10

LIEF EN LEED
ROND 75 WEKEN
OFWEL RUIM 17 MAANDEN

Na het vorige sprongetje begon je dreumes te begrijpen wat principes zijn. Doordat hij als het ware 'boven de stof' kwam te staan, verloren zijn programma's hun robotachtige karakter. Hij was nu voor het eerst in staat om bestaande programma's te beoordelen en eventueel te veranderen. Je kon hem een programma eindeloos zien variëren, om daarna de gevolgen te bestuderen. Je kon zien hoe hij capriolen oefende, het buitenleven leerde kennen, behendiger werd met spullen en met taal, anderen imiteerde, de dagelijkse gang van zaken naspeelde, met emoties oefende, vooruit begon te denken, dramtoneelstukjes begon op te voeren, inspraak opeiste, agressief kon zijn, onderscheid begon te maken tussen het mijn en dijn, grapjes begon te gebruiken als strategie om iets gedaan te krijgen, begon te experimenteren met 'ja' en 'nee', vindingrijk werd om een ander voor zijn karretje te spannen, leerde samenwerken, behulpzaam wilde zijn in het huishouden en experimenteerde met 'onbezonnen' en 'zorgvuldig'.

Evenals zijn programma's iets 'robotachtigs' hadden voordat hij 'boven die stof kwam te staan', zo hadden ook zijn principes nog geen souplesse. Hij kon ze alleen nog maar star toepassen, altijd op dezelfde manier, ongeacht de omstandigheden.
Wij volwassenen zijn wel in staat om onze principes aan te passen aan de steeds wisselende omstandigheden. Wij hebben overzicht. Wij kunnen zien hoe bepaalde principes samenhangen en een geheel vormen, een systeem. Het begrip 'systeem' is het overkoepelende idee dat men heeft van een georganiseerde eenheid. We noemen iets een systeem als het als een geheel werkt doordat de onderdelen waaruit het opgebouwd is van elkaar afhankelijk zijn. Er zijn heel tastbare voorbeelden, zoals een ouderwetse klok die opgewonden moet worden, een elektriciteitsnetwerk of het menselijke spiersysteem. Die systemen vormen een samenhangend geheel van principes betreffende – achtereenvolgens – tandwieloverbrenging, elektrische potentialen en weerstanden, en uitgebalanceerde spierspanningen.

Er zijn ook veel minder tastbare voorbeelden. Denk maar eens aan menselijke organisaties: die hangen aan elkaar van principes die niet onmiddellijk aanwijsbaar zijn. Er zijn regels (ofwel overeenkomsten) vóór de taken die bij een bepaalde positie horen, regels voor sociaal gedrag zoals op tijd komen, en regels voor het je eigen maken van de doelen die de baas bedacht heeft. Zo heb je de banketbakkerij, de

kapperswinkel, de scouting, het gezin, de toneelvereniging, het politie-bureau, de katholieke Kerk, onze samenleving, onze cultuur en de wet, om er maar een paar te noemen.
Als je dreumes het volgende sprongetje maakt, belandt hij in die wereld van systemen. Voor het eerst in zijn leven kan hij systemen waarnemen. Natuurlijk komt hij nog maar net kijken. Het zal nog heel wat jaren duren voordat hij heeft geleerd wat onze samenleving, onze cultuur of de wet inhoudt. Hij begint heel simpel en dicht bij huis. Hij krijgt een idee van zichzelf als systeem. En samen met papa en mama vormt hij een gezin. En zijn gezin is niet hetzelfde gezin als dat van zijn vriendinnetje. En zijn huis is niet hetzelfde huis als dat van de buren.

Net zoals je uk boven de stof van de programma's kwam te staan toen hij eenmaal de sprong in de wereld van de principes had gemaakt, zo ook begint je dreumes pas na deze sprong in de wereld van systemen souplesse te tonen in het toepassen van principes. Nu begint hij te snappen dat hij kan kiezen wat hij wil zijn: eerlijk, behulpzaam, voorzichtig, geduldig, enzovoort. Of juist niet. Hij past de principes minder star toe en begint te leren hoe hij verfijnder in kan spelen op allerlei veranderende omstandigheden.
Rond 75 weken – 17 maanden en een dikke week – merk je meestal dat je kleintje dingen uitprobeert die nieuw zijn. Maar hij voelde de sprong in de wereld van de systemen al eerder aankomen. Vanaf week 71 – ruim 16 maanden – merkt je dreumes dat zijn wereld verandert. Een wirwar van nieuwe indrukken zet zijn vertrouwde belevingswereld op zijn kop. Hij kan al die nieuwigheden niet meteen verwerken. Eerst moet hij orde in de chaos scheppen. Hij gaat terug naar iets ouds en bekends. Hij wordt hangerig. Hij moet weer even 'papa of mama tanken'.

OM TE ONTHOUDEN

Als jouw dreumes 'hangerig' is, let dan alvast op nieuwe vaardigheden of pogingen daartoe.

DE SPRONG KONDIGT ZICH AAN: **TERUG NAAR PAPA OF MAMA**

In dit laatste hoofdstuk beschrijven we niet meer in detail hoe je kunt herkennen dat de sprong zich aankondigt. Dat weet je nu ondertussen wel. Daarom geven we alleen maar het kader hieronder als geheugensteuntje. Een handig ezelsbruggetje is dat van de drie **H's: HUILERIGHEID, HANGERIGHEID** en **HUMEURIGHEID**. Bedenk daarbij dat het je dreumes uiteindelijk alleen maar gaat om jouw onverdeelde aandacht en nabijheid. En hij is inmiddels zoveel groter en slimmer geworden dat hij vele wegen naar Rome weet te vinden.

HOE MERK JE DAT JE DREUMES 'BIJ PAPA OF MAMA WIL BLIJVEN'?

Hier kun je aangeven hoe je merkte dat jouw dreumes aan deze sprong begon.

BABY VAN SLAG: HOE KUN JE DAT MERKEN?

- HUILT VAKER. IS VAKER CHAGRIJNIG, MOPPERIG, DREINERIG.
- IS HET ENE MOMENT VROLIJK EN HET VOLGENDE HUILERIG.
- WIL VAKER BEZIGGEHOUDEN WORDEN.
- HANGT VAKER AAN JE OF WIL DICHTER BIJ JE IN DE BUURT ZIJN.
- IS 'OVERDREVEN' LIEF.
- IS 'OVERDREVEN' ONDEUGEND.
- KRIJGT (VAKER) DRIFTBUIEN.
- IS JALOERS.
- IS (VAKER) EENKENNIG.
- PROTESTEERT WANNEER JE LICHAAMSCONTACT VERBREEKT.
- SLAAPT SLECHTER.
- HEEFT (VAKER) 'NACHTMERRIES'.
- EET SLECHTER.
- ZIT (VAKER) STILLETJES TE DROMEN.
- PAKT (VAKER) EEN KNUFFEL.
- GEDRAAGT ZICH BABYACHTIGER.

ERGERNISSEN EN RUZIES

In het begin was je alleen maar bezorgd dat er iets mis was als je baby weer zo hangerig, huilerig en humeurig was. Toen hij een halfjaar was, begon je je steeds vaker te ergeren als je merkte dat er echt niets aan de hand was, maar meestal hield je die gevoelens voor je. Hij was toch ook nog zo klein. In het tweede jaar liet je de dingen niet op hun beloop als je je ergerde en ging je er wat aan doen. En je kreeg ook wel ruzie. Je mocht van de echte geneugten van het ouderschap genieten! Bij deze sprong rapporteren alle ouders dat ze ruzie hebben met hun puberende dreumes. Pubers hebben de naam dat ze het leven van hun ouders aardig belabberd kunnen maken. Maar dreumesen kunnen er ook wat van. Dat geeft je alvast een voorproefje van wat je later te wachten staat. Het hoort er allemaal bij.

Ouders ergeren zich en doen er ook wat aan

“*Als ze heel dreinerig vraagt of ik iets wil doen, zeg ik heel vriendelijk: “Ja, mama wil je...” Dan herhaalt ze heel lief: “Mama, wil je...”.*” **ANNA,** WEEK 71, OFWEL RUIM 16 MAANDEN

“*Deze week heb ik me echt geërgerd. Hij wilde overdag niet slapen. Het hoeft niet meer als hij niet wil. Dat geeft me meer rust en het scheelt onnodige energie. Ook wil hij geen luier meer aan. Ik laat hem vaak zonder luier lopen.*” **TIES,** WEEK 73, OFWEL BIJNA 17 MAANDEN

“*Ik vond het moeilijk om door haar zo volledig in beslag genomen te worden. Ze bracht me soms tot wanhoop: “Doe ik het wel goed?” Ik probeer me te ontspannen. Mijn plannen op te geven. Laten komen wat komt, maar het valt niet mee.*” **ASHLEY,** WEEK 73, OFWEL BIJNA 17 MAANDEN

“*Ik heb hem deze week zo nu en dan dreinend en wel even weggezet. Hij was zo dwingend, ongedurig. Hij wilde steeds zijn zin hebben.*” **DIRK,** WEEK 74, OFWEL 17 MAANDEN

“*Ik was weer eens erg bang een vreselijk verwend secreetje gecreëerd te hebben.*” **ELISABETH,** WEEK 74, OFWEL 17 MAANDEN

“*Ik heb me steeds maar weer proberen over te geven. Dan toch maar weer op schoot met haar.*” **JOOSJE,** WEEK 74, OFWEL 17 MAANDEN

Ruzies

"Ik heb regelmatig ruzie met haar gehad. Ze wil vaak snoep als ze het ziet en dat krijgt ze niet altijd. Maar ze houdt op als ze beseft dat het niet anders kan. Ik heb niet het idee dat ze dan boos is op mij." **GIULIA,** WEEK 72-74, OFWEL 16-17 MAANDEN

"Ik heb verscheidene keren echt ruzie met hem gehad. Hij mag in het vakantiehuisje niet op dezelfde manier de keuken overhoop halen als thuis. Vorige week ging dat redelijk goed. Nu was hij steeds ongehoorzaam. Ik heb hem zo nu en dan buiten gezet met de deur open. Dus hij kon er zo weer in, maar het maakte hem zeer ongelukkig." **LODEWIJK,** WEEK 74, OFWEL 17 MAANDEN

HET NIEUWE VERMOGEN BREEKT DOOR

Rond 75 weken – 17 maanden en een dikke week – merk je dat veel hangerigheid weer gaat verdwijnen. De driftbuien en de ruzies met je puberende dreumes nemen af. Hij is weer wat ondernemender. Misschien zie je al dat hij anders is, zich anders gedraagt. Dat hij zich heel sterk van zichzelf bewust wordt. Dat hij anders denkt. Een beter tijdsbegrip krijgt. Anders met speelgoed en spullen omgaat. Zijn fantasiespel neemt een grote vlucht. Hij heeft een andere humor. Deze verandering zie je, omdat op deze leeftijd bij je dreumes het vermogen tot het waarnemen van systemen en het zelf toepassen van het 'systeembegrip' doorbreekt. Dit vermogen kun je vergelijken met een nieuwe wereld die opengaat. En in die wereld is weer een volgende winkel die wordt geopend en waar een uitgebreide schakering aan 'systeemkoopwaar' ligt. Jouw dreumes met zijn aanleg, voorkeur en temperament kiest waaraan hij als eerste wil werken. Begrijp waar hij mee bezig is en help hem. Maar pas op! Hij wil het absoluut allemaal zelf doen

"Volgens zijn vader kan hij uitstel beter verduren." **GREGOOR,** WEEK 74, OFWEL BIJNA 17 MAANDEN

"Het ging weer veel soepeler met haar, hoewel ze zeer eigenwijs is en veel aandacht vraagt." **JULIETTE,** WEEK 75, OFWEL 17 MAANDEN

DE SPRONG: **DE WERELD VAN SYSTEMEN**

Als je kindje de wereld van de systemen binnengaat, komt hij 'boven de stof' van principes te staan. Dan past hij principes niet meer star, maar juist soepel toe. Hij kan het gebruik van principes aanpassen aan de wisselende omstandigheden. Hij kan er nu bijvoorbeeld voor kiezen om een moreel principe toe te passen, of juist niet. Vanaf deze leeftijd kun je het prille begin van gewetensvorming zien, van het systematisch hanteren van waarden en normen.

"Ze schrikt als wij haar betrappen met iets wat ze niet mag en ze zegt dan hard "nee"."
JETTEKE, WEEK 73, OFWEL RUIM 16 ½ MAAND

Het systeem waar je kindje dag in, dag uit mee leeft en dat hij het best kan leren kennen, is zichzelf. Zijn eigen ik. Als de wereld van de systemen voor hem opengaat, dan komt zijn zelfbegrip, zijn zelfbewustzijn tot ontwikkeling. Dat heeft allerlei gevolgen. Zo ontdekt je kindje dat hij de bezitter is van zijn eigen lichaam en dat hij controle heeft over zijn eigen lichaam. Ook ontdekt hij dat hij gebeurtenissen kan laten plaatsvinden, dat hij zélf iets kan doen, dat hij macht heeft over dingen, dat hij zijn eigen wil kan laten zien, dat hij beslissingen kan nemen. Allemaal zaken die te maken hebben met zijn groeiende zelfbegrip.

"Hij doet nu expres dingen anders dan er van hem verwacht of gevraagd wordt. Als je bijvoorbeeld vraagt: "Geef mama eens een kusje?" dan geeft hij iedereen een kusje, loopt dan naar mij en zegt: "Hihihihihi," en geeft me geen kus. Volgens mij laat hij hiermee duidelijk zien dat hij "híj" is. Dat hij niet meer één is met mij, maar een apart persoon. Dat is het eigenlijk." **THOMAS,** WEEK 80, OFWEL RUIM 18 MAANDEN

Je dreumes gaat nu ook begrijpen dat mama een aparte persoon is en papa ook. Hij gaat begrippen als 'jij' en 'ik' hanteren en is zeer geïnteresseerd in het lichaam van papa en dat van mama. Hij ontdekt dat hij een piemel heeft en papa ook, maar mama niet. En dat die van papa veel groter is dan die van hem. Dat vindt hij niet leuk. Hij brengt alle overeenkomsten en verschillen feilloos in kaart. Voor het eerst in zijn leven kan je dreumes zich verplaatsen in een ander nu hij beseft dat hij een aparte persoon is en dat een ander ook een aparte persoon is. Voor het eerst heeft hij bijvoorbeeld in de gaten dat een andere persoon niet dezelfde voorkeur hoeft te hebben als hijzelf. Dat kwam op een eerdere leeftijd absoluut niet in hem op. Met een mooi woord zeggen we dat hij minder egocentrisch is geworden. Dat heeft allerlei gevolgen. Hij kan nu echt iemand troosten. Zijn pantomime bereikt een hoogtepunt. Hij aapt alles na wat los- en vastzit, de hele dag. Zijn fantasiespel komt nu van de grond.

Je ontdekkingsreiziger is ook gefascineerd door andere levende wezens, van mieren tot honden. Het zijn immers allemaal 'systemen'.
Je puberende dreumes gaat beseffen dat hij in een gezin leeft. En dat zijn gezin anders is dan het gezin van zijn vriendinnetje, waar hij twee dagen in de week naartoe gaat. Per slot van rekening is zijn gezin de eerste menselijke organisatie die hij van binnenuit leert kennen. En hij heeft feilloos in de gaten dat je in het gezin van zijn vriendinnetje niet eerst een boterham met hartig beleg hoeft te eten voordat je aan de zoetigheid mag beginnen. In háár gezin worden andere regels gehanteerd.

Net zoals je kindje zijn gezin als een systeem gaat herkennen, zo gaat hij ook zijn familie onderscheiden van de familie van anderen. Met zijn vrienden gaat het al net zo. En met zijn huis en zijn buurt. Hij kan steeds beter de weg vinden in zijn bekende omgeving buiten zijn huis.
Hij wordt zich heel erg bewust van zijn kleren, hij kan heel ijdel zijn en is zeer bezitterig als het om zijn speelgoed gaat.
Je kunstenmaker gaat nu kunst met een grote K maken: hij krast niet meer bij het tekenen, maar tekent nu bijvoorbeeld 'paarden' en 'boten' en 'zichzelf'. En hij kan echt van muziek genieten – ook dát is een systeem.
Je kindje begint nu een tijdsbesef te ontwikkelen. Hij wordt veel beter in het zich herinneren van voorbije ervaringen en in het voorspellen van toekomstige gebeurtenissen.
Hij kan nu voor het eerst zinnetjes gaan zeggen. Dat wil niet zeggen dat iedere dreumes dat nu ook doet. Net als met de uitwerking van alle andere vaardigheden verschillen kinderen onderling heel sterk in de leeftijd waarop ze daarmee beginnen. Alle dreumesen begrijpen nu veel van wat je tegen ze zegt, maar sommige spreken nog maar weinig woorden. Andere spreken wel veel woorden en doen veel aan mime, maar spreken nog geen zinnetjes. En weer andere gaan ook zinnetjes spreken. Of jouw dreumes dat wel of niet doet, is afhankelijk van de manier waarop je met hem omgaat.
Om een idee te geven van wat je allemaal onder systemen kunt verstaan, zijn voorbeelden uit de wereld van de volwassenen verhelderend.

Neem bijvoorbeeld het beoefenen van wiskunde. Op het niveau van programma's denken we na, gebruiken we logica en hanteren we wiskundige symbolen. Op het niveau van principes denken we na over dat nadenken en dus ook over hoe we wiskunde bedrijven. En op het niveau van systemen beschouwen we wiskunde in haar totaliteit als een intellectueel systeem.
Op soortgelijke wijze is de wetenschap van de natuurkunde een groots systeem dat opgebouwd is uit zeer zorgvuldig ontdekte principes. En dat geldt ook voor de wetenschap van de biologie met z'n evolutietheorie en de daarbijbehorende principes van de natuurlijke selectie. En hetzelfde geldt voor andere wetenschappen.

Zaken als wereldbeeld of levensvisie horen thuis onder systemen. Er zijn ook voorbeelden te noemen uit het dagelijkse leven. Onze overtuiging wat betreft onze voeding leidt tot principes betreffende het verkrijgen van voedsel en die sturen op hun beurt weer eetprogramma's aan. Zo gaat het ook met onze overtuiging aangaande de functie van slaap. En onze opvatting over het economisch functioneren van onze maatschappij. Ook democratie is een begrip op het niveau van systemen. Net als bij andere menselijke organisaties zijn sommige aspecten tastbaar of aanwijsbaar terwijl andere heel vluchtig zijn. Tegen de tijd dat een ander in jouw positie is om hetzelfde waar te nemen, kan de situatie volkomen veranderd zijn. We kunnen de gebouwen van de Tweede Kamer aanwijzen, de jaarlijkse begroting die gepresenteerd wordt op prinsjesdag, of sommige ministers die op de fiets naar het Binnenhof komen. Maar wat je niet aan kunt wijzen, is autoriteit, samenwerking, achterkamertjespolitiek, compromis of organisatie in het algemeen. Je kunt aanwijzen wat volgens jou bewijs is van het bestaan ervan, maar je kunt het bestaan niet toetsen zoals je het bestaan van iets simpels en tastbaars als een steen toetst.

Andere voorbeelden van systemen als menselijke organisaties zijn het gezin, de school, de kerk, de bank, de fabriek, het leger, de regering, de voetbalclub en de bridgeclub.
Dergelijke sociale instituties hebben de belangrijke taak om hun leden aan te moedigen zich de doelstelling en de normen van de institutie eigen te maken. Soms stáán ze er zelfs op. In het gezin noemen we dat socialisatie. Het overnemen van waarden, normen en andere principes gaat daar bijna vanzelf, omdat dreumesen en peuters alles wat los- en

vastzit imiteren en omdat er dagelijks talloze momenten zijn waarop die dingen aan de orde komen. Vaak niet uitdrukkelijk, maar voorgeleefd zonder dat je erbij stilstaat.

Anders lijkt dat met een systeem als natuurkunde of wiskunde. 'Daar is zo'n hummeltje toch nog lang niet aan toe', zullen de meeste mensen zeggen. 'Dat komt pas als hij naar het voortgezet onderwijs gaat.' Maar als je zijn spel met dingen goed observeert, als je ziet hoe hij bijvoorbeeld steeds weer een bal onder water duwt die weerstand uitoefent, en als je ziet hoe hij eindeloos bezig kan zijn om van alles van een helling te laten rollen of zelf hellinkjes op en af te hollen, dan kun je je niet aan de indruk onttrekken dat hij bezig is te experimenteren met principes betreffende elementaire, natuurkundige verschijnselen om systeem aan te brengen in zijn waarnemingen. En dan is hij in goed gezelschap. Want zelfs de beroemde natuurkundige Newton hield zich ooit bezig met iets simpels als vallende appels. Misschien is het geen gek idee dat docenten natuurkunde te rade gaan bij spelende dreumesen om nog een paar leuke proefjes te bedenken voor in de klas.

Dat geldt natuurlijk voor meer systemen dan alleen natuur- of wiskunde. Zo is de dreumes bijvoorbeeld ook geïnteresseerd in elementaire bouwkunde. Hij kan uren naar bouwvakkers kijken of aapt zijn vader na bij het maken van cement. Hij is de hele dag water en zand aan het mengen en gaat dan 'stuken'. Ook worden zijn bouwsels met Lego nu ingewikkelder. Hij kan bijvoorbeeld de rails leggen tot een spoor en er met een trein overheen rijden.

HERSENWERK

Tussen 16 en 24 maanden stijgt het aantal zenuwverbindingen in de grote hersenen explosief, zowel binnen bepaalde gebiedjes in die grote hersenen als tussen verschillende gebiedjes. In de laatste helft van het tweede levensjaar rijpt een deel van de grote hersenen vlak achter het voorhoofd (het zogenaamde orbitofrontale deel) en dat gaat gepaard met een waterval van nieuwe vermogens. De rechter hersenhelft eindigt zijn eerste, spronggewijze groeiperiode met ongeveer anderhalf jaar, wanneer de later rijpende linker hersenhelft begint te groeien. Die heeft te maken met taalontwikkeling. Met de leeftijd van 20 maanden heeft er een beperking plaatsgevonden van de hele grote hersenen tot een paar gebiedjes in de linkerhelft wat het begrijpen van losse woorden betreft.

WAT HEEFT DE 'WINKEL VAN SYSTEMEN' IN DE AANBIEDING?

Dit zijn voorbeelden van vaardigheden die je dreumes vanaf dit moment zou kunnen gaan doen.

DE AFDELING 'HET GEWETEN'

- SCHRIKT EN ZEGT HARD 'NEE' BIJ BETRAPPEN.
- DAAGT JE UIT DOOR IETS TE DOEN WAT NIET MAG.
- KOPIEERT GEDRAG VAN TV.
- IS GEKWETST EN IN DE WAR BIJ EEN ONEERLIJK VERBOD.
- KAN NU 'LIEGEN'.

DE AFDELING 'ZELFBEGRIP'

- IK EN MIJN LICHAAM.
- IK HEB CONTROLE OVER MIJN LICHAAM.
- IK KAN IETS ZELF DOEN.
- IK HEB EEN EIGEN WIL.
- IK KAN ZELF BESLISSINGEN NEMEN.
- IK WIL MACHT.

DE AFDELING 'UIT HET OOG MAAR NIET UIT HET HART'

- VERSTOPT ZICH EN WIL GEVONDEN WORDEN.
- ZOEKT IEMAND NIET ALLEEN OP DE PLAATS WAAR DIE VOOR HET LAATST GEZIEN IS.

DE AFDELING 'IK EN JIJ'

- SNAPT DAT PAPA EN MAMA APARTE PERSONEN ZIJN.
- BRENGT DE OVEREENKOMSTEN EN VERSCHILLEN FEILLOOS IN KAART.
- WIL BEVESTIGD WORDEN IN HET 'IK-ZIJN'.
- KAN ZICH IN IEMAND ANDERS VERPLAATSEN.
- KAN BESEFFEN DAT EEN ANDER KINDJE IETS ANDERS WIL.
- KAN EEN ANDER TROOSTEN.
- PANTOMIME VIERT HOOGTIJ.
- FANTASIESPEL KOMT NU ECHT VAN DE GROND.
- GAAT SPEELTJES GEBRUIKEN ALSOF HET AUTONOOM HANDELENDE PERSONEN ZIJN DIE IETS KUNNEN BEWERKSTELLIGEN.

DE AFDELING 'ANDERE LEVENDE WEZENS'

- ZWAAIT NAAR VOGELS EN VLIEGTUIGEN.
- ONDERZOEKT HOE EEN PLANT RUIKT.

>>

- VOERT GRAAG DE KIPPEN.
- HEEFT INTERESSE VOOR BIJEN, MIEREN, LIEVEHEERSBEESTJES EN DERGELIJKE.
- LIGT DUBBEL VAN HET LACHEN ALS EEN SLANG EEN MUIS OPEET IN EEN NATUURFILM.
- WIL DE PLANTEN WATER GEVEN.

DE AFDELING 'GEZIN'

- SNAPT DAT GEZINSLEDEN APARTE PERSONEN ZIJN EN TOCH BIJ ELKAAR HOREN.
- IS DE HELE DAG MET POPPEN EN PLUCHEN DIEREN IN DE WEER: GEEFT ZE TE ETEN, LEGT ZE TE SLAPEN.
- SNAPT DAT ER ANDERE GEZINNEN ZIJN MET ANDERE PAPA'S, MAMA'S, BROERTJES EN ZUSJES.

DE AFDELING 'FAMILIE EN VRIENDEN'

- SNAPT HET VERSCHIL TUSSEN EIGEN FAMILIE EN DIE VAN VRIENDJES.
- WEET PRECIES WIE BIJ WIE HOORT.
- WIL MET OPA EN OMA BELLEN.
- WIL NAAR OPA EN OMA TOE.

DE AFDELING 'HUIS, BUURT EN DE WEG VINDEN'

- HEEFT EEN GOEDE PLATTEGROND VAN DE DIRECTE OMGEVING IN GEDACHTEN.
- WEET PRECIES WAAR IETS TE VINDEN IS, IN HUIS EN DAARBUITEN.
- HERKENT HET EIGEN HUIS EN DAT VAN OPA EN OMA.
- KAN PRECIES WIJZEN HOE JE NAAR DE SUPERMARKT MOET LOPEN.
- HERKENT DINGEN ZELFS IN EEN BETREKKELIJK VREEMDE OMGEVING.

DE AFDELING 'EIGENDOM'

- WEET FEILLOOS WELK KLEDINGSTUK BIJ WIE HOORT ALS JE DE WAS SORTEERT.
- WEET PRECIES WELKE TASSEN EN JASSEN BIJ WELKE KINDEREN HOREN.
- WEET PRECIES WELK SPEELGOED VAN WIE IS EN WAAR NIET AANGEKOMEN MAG WORDEN.
- WIL SPEELGOED NIET MEER DELEN MET ANDERE KINDJES.
- VERZAMELT DINGEN EN DIE MOGEN NIET WEGGEGOOID WORDEN.
- KAN NIET TEGEN ROMMEL. WIL ALLES SYSTEMATISCH OPGERUIMD ZIEN.

DE AFDELING 'PUZZELS EN FRUTSELTJES'

- KAN NU GOED PUZZELEN. PUZZELS VAN 7, 12 OF HOOGUIT 20 STUKJES.
- IS MOTORISCH STEEDS VERFIJNDER.
- VINDT KNOPENDOOS INTERESSANT, NET ALS ALLERLEI SOORTEN DOPJES.

- LET OP DE KLEINSTE DETAILS.

DE AFDELING 'EIGEN SPELLETJES BEDENKEN'

- VERZINT ZELF EEN SPELLETJE MET EIGEN REGELS.
- VERZINT ZELF EEN GOOCHELTRUC.

DE AFDELING 'KUNST'

- SNAPT DAT HET SPEELGOED IETS OF IEMAND UIT DE ECHTE WERELD SYMBOLISEERT.
- GAAT HEEL ANDERE TEKENINGEN MAKEN: GROTE KRASSEN ZIJN VERVANGEN DOOR RONDJES, VIERKANTEN EN DERGELIJKE.
- TEKENT 'PAARDEN', 'BOTEN', 'VLIEGTUIGEN', 'DE HOND', 'OPA', 'OMA' EN 'ZICHZELF'.
- VINDT HET OOK LEUK ALS JIJ TEKENT.
- MUZIEKLIEFHEBBERS KUNNEN BEST LANG NAAR MUZIEK LUISTEREN.
- SPEELT GRAAG OP ELEKTRONISCHE PIANO.
- BEGINT NU VAKER CONSTRUCTIES TE BOUWEN.

DE AFDELING 'TIJDSBESEF'

- HERINNERT ZICH VOORBIJE ERVARINGEN.
- VOORSPELT TOEKOMSTIGE GEBEURTENISSEN.
- HERINNERT JE DE HELE DAG AAN DE BELOFTE DAT JULLIE NAAR OPA EN OMA GAAN.
- GAAT DINGEN PLANNEN. ALS JE BELOOFD HEBT DAT ER NA HET ETEN GETEKEND MAG WORDEN EN JE VERGEET DAT, IS HIJ BOOS EN BELEDIGD.
- HERINNERT ZICH DINGEN 'S OCHTENDS BIJ HET ONTWAKEN DIE JULLIE VOOR HET INSLAPEN GEDAAN HEBBEN.

DE AFDELING 'ELEMENTAIRE NATUURKUNDE'

- GAAT DINGEN ONDER WATER DOMPELEN DIE WEERSTAND UITOEFENEN, ZOALS EEN BAL.
- IS EINDELOOS BEZIG MET HET OVERGIETEN VAN VLOEISTOF VAN HET ENE IN HET ANDERE VOORWERP.
- IS OP KLEUREN AAN HET LETTEN.
- VOND DE EERSTE KEER DAT HET SNEEUWDE ENG. IS BANG VOOR DE ELEKTRISCHE TANDENBORSTEL.
- IS IN HET ALGEMEEN BEZIG MET ELEMENTAIRE NATUURKUNDIGE VERSCHIJNSELEN.

DE AFDELING 'ELEMENTAIRE BOUWKUNDE'

- KAN UREN NAAR BOUWVAKKERS KIJKEN.
- AAPT HET MAKEN VAN CEMENT NA DOOR WATER EN ZAND TE MENGEN.
- AAPT HET STUKEN NA.

>>

- LEGT DE RAILS VAN EEN LEGO-TREIN.
- PROBEERT KLEINE LEGO-STEENTJES OP EN IN ELKAAR TE ZETTEN.

DE AFDELING 'TAAL'

- BEGRIJPT ERG VEEL VAN WAT ER GEZEGD WORDT.
- KAN TWEE VERSCHILLENDE TAALSYSTEMEN VAN ELKAAR ONDERSCHEIDEN EN ÉÉN VAN DE TWEE NEGEREN.
- GAAT STEEDS MEER WOORDJES ZEGGEN.
- KAN VROEG OF LAAT WOORDJES COMBINEREN TOT ZINNETJES.
- DOET GELUIDEN VAN DIEREN NA.
- MIMET ERG VEEL: WEET MET HANDEN EN VOETEN ALLES MEE TE DELEN.
- IS GEK OP BOEKJES. KORTE VERHAALTJES WORDEN 'UITGELUISTERD'.

HELP, MIJN DREUMES KAN NIET ALLES!

NEE, NATUURLIJK NIET, DAT KAN OOK NIET

De eerste fase (hangerigheid) van deze sprong is leeftijdsgebonden en voorspelbaar en begint zo rond de 71 weken. De meeste kinderen komen 75 weken na uitgerekende datum in de tweede fase van deze sprong terecht (zie kader *'Kwaliteitsuurtjes' zijn onnatuurlijk* op pagina 25). Het vermogen dat je kind krijgt bij de sprong van systemen zet een hele reeks vaardigheden en activiteiten in gang. De leeftijd waarop je kindje deze vaardigheden en activiteiten voor het eerst laat zien kan enorm verschillen per kind. Zo is het vermogen om systemen te herkennen noodzakelijk om de weg te kunnen wijzen naar de supermarkt of het park. Deze vaardigheid krijgt hij ergens tussen de 75 weken tot vele maanden later. Het verschil tussen het mentaal kunnen (vermogen) en het daadwerkelijke doen (vaardigheid) is afhankelijk van de voorkeuren van je kindje, zijn behoefte aan experimenteren en van zijn lichamelijke ontwikkeling. Vaardigheden en activiteiten komen in *Oei, ik groei!* aan bod op de vroegst mogelijke leeftijd waarop ze het vermogen krijgen, maar dus niet noodzakelijkerwijze gaan doen, zodat je erop kunt letten en ze kunt herkennen. (Ze kunnen aanvankelijk heel onopvallend zijn.) Zo kun je reageren op de ontwikkeling van je kindje en hem erbij helpen. Alle kindjes krijgen dus hetzelfde vermogen op dezelfde tijd, maar wat ze er wanneer mee gaan doen, daarin verschilt ieder kind en dat maakt ieder kindje uniek.

WAT KIEST JOUW DREUMES UIT DE 'WINKEL VAN SYSTEMEN'?

Alle dreumesen hebben het vermogen gekregen om zelf 'systemen' waar te nemen en ze te hanteren. Er zijn jaren nodig om zich dit helemaal eigen te maken, maar als dreumes krijgen ze al toegang tot de winkel. Ze zetten hierin de eerste, prille stapjes. Op deze leeftijd kiest een kindje er bijvoorbeeld voor om veel met zichzelf en de controle over zijn lichaam bezig te zijn en laat hij gesproken taal nog even voor wat het is: een paar woordjes en geen zinnetjes. Of hij is heel erg met zijn gezin, familie, vrienden, huis en buurt bezig. Of hij gaat op in zijn kunst en tekent eindeloos en luistert graag naar muziek. En zoals elke dreumes kiest hij als eerste dat, wat het best bij zijn aanleg, mobiliteit, voorkeur en omstandigheden past. Voor de winkel van 'systemen' begint hij daarmee als hij 75 weken ofwel ruim 17 maanden oud is. Vergelijk jouw kind niet met een andere dreumes. Ieder kind is uniek en zal andere dingen kiezen.

Kijk goed naar je dreumes. Stel vast waar zijn belangstelling naar uitgaat. Je kunt nu al heel goed zien welke talenten en capaciteiten hij heeft, wat zijn sterke kanten zijn. Als je kindje bijvoorbeeld een sterke muzikale intelligentie heeft, dan wordt dat nu zeker duidelijk. In het kader kun je zelf ook 'winkelen' om te zien of er systemen bij zijn waarvan je denkt dat je kind die ook zou kunnen gebruiken of leren. Stop hiermee als je dreumes aan het volgende sprongetje begint. Dat is meestal als hij zo'n 20-21 maanden oud is.

ZO ZIJN DREUMESEN

Alles wat nieuw is, vindt je dreumes het leukst. Reageer daarom altijd en vooral op nieuwe vaardigheden en interesses die je kindje toont. Hij leert dan prettiger, makkelijker, sneller en meer.

DE UITWERKING VAN DE SPRONG: **HELP JE DREUMES BIJ HET LEREN**

In de wereld van 'systemen' gaat je kindje ontdekken dat hij kan kiezen als het om 'principes' gaat. Hij gaat zichzelf ontdekken, en zijn gezin, zijn familie, zijn vrienden, zijn huis, zijn buurt, zijn kunst en ga zo maar door.

Geef je kind de gelegenheid om ervaring op te doen met allerlei systemen. Alleen door zijn vindingrijkheid, jouw reactie en heel veel oefening leert hij hoe de wereld van systemen in elkaar zit.

IK EN MIJN GEWETEN

Het geweten is een systeem van morele principes, van waarden, normen en regels. Gewetensvorming gaat niet vanzelf. Je dreumes moet al doende zijn geweten vormen aan de hand van de voorbeelden die hij tegenkomt en met de terugkoppeling die hij van jou krijgt. Jij moet aangeven wat hoort en wat niet hoort. Het kost tijd, veel tijd, totdat je kindje zoveel voorbeelden heeft meegemaakt dat daar conclusies uit te trekken zijn. En dan is het maar te hopen dat je consequent bent in je reacties. Als je de ene keer dit en de andere keer dat zegt, dan kost het je kindje nog veel meer tijd. Dat geldt ook als de signalen die hij krijgt zo verwarrend zijn, dat hij er helemaal niet meer uitkomt. Vanaf deze leeftijd probeert je regelneefje overal systeem in te ontdekken, ook in waarden, normen en regels. Hij hongert als het ware naar regels en test uit waar de grenzen liggen. Net zoals hij recht heeft op dagelijks eten, zo heeft hij ook recht op dagelijkse regels.

“*Ze heeft door dat de spullen die hoog in de kast staan alleen voor haar broer zijn. Nu klimt ze snel in de kast om het stiekem te pakken. Als je het ziet, laat ze het snel uit haar handen vallen en kijkt je aan met een blik van: “Hoe komt dat daar nou?*”
VICTORIA, WEEK 76, OFWEL 17 MAANDEN EN RUIM 1 WEEK

“*Hij daagt je uit door iets te doen wat hij niet mag.*” **HARRIE,** WEEK 77, OFWEL 17 ½ MAAND

“*Hij lacht als hij zijn vader of mij ertussen neemt door opeens heel onverwacht en nadrukkelijk iets verbodens te doen. Hij lacht ook als we hem ertussen nemen.*”
JAN, WEEK 79, OFWEL 18 MAANDEN

“*Hij doet alles na wat hij op de televisie ziet. Hij gaat bijvoorbeeld expres vallen. En in de film* Town Torn Apart *zag hij kinderen vechten. Hij observeerde dit en ging zichzelf slaan.*”
THOMAS, WEEK 80, OFWEL RUIM 18 MAANDEN

"Verder viel me zijn slechte luisteren op en zijn wat lompe gedrag. Ik kende hem zo niet. Hij timmerde zonder enige aanleiding op iemands hoofd of trok aan een T-shirt tot de ander omviel. Ik vind het hoogst irritant en ben een paar keer erg boos geweest. Telkens weer leg ik uit dat het pijn doet. Misschien praat ik te veel tegen hem, zodat hij Oost-Indisch doof is geworden. Het heeft absoluut geen effect als ik hem iets verbied of hem een opdracht geef. Ik heb zelf bedacht dat ik naar hem toe moet gaan, dan iets zeggen en met hem samen de opdracht moet uitvoeren. Bijvoorbeeld een flesje op een vaste plaats zetten in plaats van alsmaar wegsmijten." **JIM,** WEEK 81, OFWEL 18 ½ MAAND

"Ik heb gemerkt dat Ties als hij valt, minder snel huilt en goed tegen een stootje kan. Maar als hij vindt dat hij een verbod krijgt dat oneerlijk is, is hij erg gekwetst en in de war. Bijvoorbeeld toen hij zo huilde omdat hij niet met zijn laarsjes op bed mocht. Ik had het hem toegestaan omdat ze schoon waren, maar Ellen wist dat niet en begreep het niet. Ik kon aan zijn huilen merken dat hij het erg vond en het deed hem echt pijn, terwijl het toch niet zo dramatisch was. Ik hoor hem zelden zo. Wel hoor ik deze huil als hij bij zijn vader is geweest en als hij van mij iets niet mag wat hij van zijn vader wel mag." **TIES,** WEEK 81, OFWEL 18 ½ MAAND

"Het slapengaan 's avonds hebben we anders aangepakt. Ze ging pas om ongeveer tien uur naar bed en dan wilde ze eerst bij ons op schoot in slaap vallen, waarna wij haar in bed konden leggen. Nu hebben we haar zaterdag om ongeveer acht uur in bed gelegd, nadat ze stierlijk vervelend was geweest. Ze heeft toen drie kwartier haar longen uit haar lijf geschreeuwd, maar is toen uiteindelijk in slaap gevallen. Sinds die avond gaat ze tussen acht uur en halfnegen naar bed. Wij zingen liedjes met haar, haar vader praat nog wat met haar en dan gaat ze heel rustig slapen tot de volgende ochtend omstreeks zeven uur. Wel moet papa haar naar bed brengen." **JETTEKE,** WEEK 84, OFWEL 19 MAANDEN

"De laatste mode is "alles verzinnen". Zo kwam hij terug van een flight-simulatorspelletje op de computer met papa en maakte mama duidelijk dat papa aardig gefaald had. Hij was namelijk gecrasht bij de landing. Dit was echter niet waar, bleek later. Maar hij zegt dat expres. Hij vindt het leuk dat hij iets kan verzinnen. Hij lacht dan ook smakelijk als papa het zwaar tegenspreekt." **JIM,** WEEK 85, OFWEL 19 ½ MAAND

"Hij kan nu "liegen". Hij eet bijvoorbeeld een koekje en zijn hele mond zit vol chocola wanneer er weer koekjes worden uitgedeeld. Voordat hij aan de beurt is, stopt hij snel zijn handen met koek achter zijn rug en zegt dat hij nog niets heeft. Als hij er dan een mag pakken, lacht hij en laat zijn handen met koek zien." **THOMAS,** WEEK 87, OFWEL 20 MAANDEN

IK EN MIJN ZELFBEGRIP

Het systeem waar je dreumes het meest mee te maken heeft, is zichzelf. Dat leert hij dan ook het eerst kennen. Dat heeft allerlei gevolgen. Zo ontdekt je kindje dat hij de bezitter is van een eigen lichaam en dat hij controle heeft over zijn eigen lichaam. Ook ontdekt hij dat hij gebeurtenissen kan bewerkstelligen, dat hij een eigen wil heeft en zelf beslissingen kan nemen, en dat hij macht kan uitoefenen. Hij denkt helemaal in termen van ik, ik, ik.

Ik en mijn lichaam

“*Hij is enorm in zijn piemel geïnteresseerd. Hij plukt er vaak aan en wrijft ermee over allerlei voorwerpen. Ik laat hem dan ook vaak bloot lopen.*” **MARC,** WEEK 72, OFWEL 16 ½ MAAND

“*Het lijkt wel alsof ze haar tenen herontdekt heeft. Ze bestudeert ze stuk voor stuk, minuten lang.*” **VICTORIA,** WEEK 73, OFWEL RUIM 16 ½ MAAND

“*Ze noemt zichzelf Mita. Ze heeft deze nieuwe naam aan zichzelf toegekend.*” **VICTORIA,** WEEK 75, OFWEL 17 MAANDEN

“*Hij bonst, en vaak hard, met zijn hoofd tegen de muren. Dat geeft mij een rotgevoel. Ik wil dat hij dat laat. Ik denk dat hij dat doet om zijn zelfgevoel te ervaren.*” **RUDOLF,** WEEK 76, OFWEL 17 MAANDEN EN RUIM 1 WEEK

“*Ze moest lachen om een gekke pop in de supermarkt.*” **MARIJE,** WEEK 81, OFWEL 18 ½ MAAND

“*Ze is geobsedeerd door engeltjes. Ik vroeg: “Ben jij dat?” “Ja,” zei ze.*” **NINA,** WEEK 82, OFWEL RUIM 18 ½ MAAND

“*Niemand mag aan hem komen. De dokter niet bij het wegen en meten, de kapster ook niet, al was ze een vriendin, en zelfs zijn oma niet bij het aankleden.*” **THIJS,** WEEK 82, OFWEL RUIM 18 ½ MAAND

“*Ze zegt ook: “Is mij”.*” **ODINE,** WEEK 83, OFWEL 19 MAANDEN

“*Als iemand tegen hem zegt: “Wat een mooie krullen,” dan strijkt hij met zijn handen door zijn haar zoals de hoofdrolspeler in de film* Grease *dat doet.*” **THOMAS,** WEEK 86, OFWEL BIJNA 20 MAANDEN

"Ze is druk bezig zichzelf aan en uit te kleden. Ze trekt zelf haar pantoffels, haar sokken en haar broek aan. Ze is trouwens erg ijdel. Als ze nieuwe kleren aanheeft, gaat ze op ons bed voor de spiegel staan draaien. Verder wilde ze per se een rokje aan toen ik haar een keer een broek aan wou doen. Bij de kapper vond ze het prachtig dat haar haren geknipt werden." **VERA,** WEEK 74-87, OFWEL 17-20 MAANDEN

Ik heb controle over mijn lichaam

"Hij loopt nu rechtop de trap op met grote stappen. Dit wil zeggen: rechtervoet op de ene tree en linkervoet op de volgende, enzovoort." **BOB,** WEEK 72, OFWEL 16 ½ MAAND

"Ik heb me deze week echt boos gemaakt. Ze klom een gevaarlijke trap op terwijl ik het al een paar keer verboden had." **EEFJE,** WEEK 74, OFWEL 17 MAANDEN

"Hij trekt zich op aan een stang, zwaait een beetje heen en weer en ploft vervolgens lachend neer." **PAUL,** WEEK 74, OFWEL 17 MAANDEN

"Hij is een enorme klimgeit. Hij komt overal op. Maar hij doet wel voorzichtig. Hij is zich wel van gevaar bewust." **HEIN,** WEEK 76, OFWEL BIJNA 17 ½ MAAND

"Ze vindt allerlei manieren om toch ergens bij te kunnen waar ze niet bij mag komen. Ik heb bepaalde dingen weggelegd of beschermd. Dat heeft nu geen zin meer. Ze vindt toch wel een manier om erbij te kunnen. Al sleept ze er een stoel bij en moet ze op een ladder klimmen." **VICTORIA,** WEEK 76, OFWEL BIJNA 17 ½ MAAND

"Ze kan acrobatisch klimmen. Ze klimt tegen mij omhoog als ik haar handen vast heb. Ze zet zich dan af tegen mijn buik en duikelt achterwaarts." **LAURA,** WEEK 80, OFWEL 18 MAANDEN EN 1 WEEK

"Hij is voor het eerst alleen op zijn buik van de plastic glijbaan gegaan bij McDonald's." **STEVEN,** WEEK 81, OFWEL 18 ½ MAAND

"Ze leerde kopjeduikelen, glijdt alleen van de glijbaan en klimt er zelf op, en klimt zelf in en uit haar bed." **NOA,** WEEK 81-83, OFWEL 18 ½-19 MAANDEN

“ *Hij is veel van grotere hoogte aan het springen. Hij voelt dan goed of hij het denkt aan te kunnen. Zo niet, dan zegt hij "eng" en strekt zijn arm uit, wat zoveel wil zeggen als: "Ik durf niet alleen, laten we het samen doen." Hij loopt ook graag over smalle muurtjes. Evenwichtsoefeningen. Hij geniet als het hoge muurtjes zijn (1,50 meter). Ik doe uiterlijk heel kalm, maar houd vanbinnen mijn hart vast.* ” **LODEWIJK,** WEEK 83-86, OFWEL 19 TOT BIJNA 20 MAANDEN

“ *Sinds een maand is het erg ín om over het waterbed te lopen terwijl ik moet proberen om haar te laten vallen.* ” **EEFJE,** WEEK 82, OFWEL BIJNA 19 MAANDEN

“ *Ze vond het leuk om blokjes weg te schieten met haar mond en moest erom lachen. Van het duin af rennen en op het strand achter de hond aan rennen is het einde.* ” **ODINE,** WEEK 86-88, OFWEL ROND 20 MAANDEN

Ik kan iets zelf doen

“ *Ze pelt en eet zelf mandarijnen, opent de deuren en kan haar eigen naam zeggen. Ze windt zelf haar Fisher Price-radio op en loopt er dan mee aan haar oor.* ” **JULIETTE,** WEEK 72, OFWEL 16 ½ MAAND

“ *Ze snapt dat ze op het potje kan plassen en poepen. Twee keer ging ze erop zitten met haar luier aan en poepte.* ” **JOOSJE,** WEEK 73, OFWEL BIJNA 17 MAANDEN

“ *Ze wil minder in de kinderstoel en wil graag op een gewone stoel aan de eettafel zitten. Verder wil ze geen slab om en ze wil absoluut zelf eten.* ” **GIULIA,** WEEK 73-75, OFWEL ROND 17 MAANDEN

“ *Hij sjouwde deze week rond met doekjes. Die gebruikte hij vervolgens als een soort slab of schoonmaakdoekje, maar vooral als een soort handvat. Ik bedoel: als hij iets wil vastpakken, legt hij het doekje eroverheen en pakt het dan vast. Hij deed dit vooral bij handvatten van de keukenkasten.* ” **PAUL,** WEEK 74, OFWEL 17 MAANDEN

“*Hij is weer met ruimtelijke aspecten bezig. Dingen ergens in en onder is heel interessant. Het is nu niet zozeer interessant dat iets ergens in past of uitkomt, maar vooral dat hij het is die iets ergens instopt of uithaalt. Hij is meer bezig met het onderzoeken van zijn eigen mogelijkheden dan met de eigenschappen van de dingen. Zo wil hij ook met hernieuwde felheid in de pannen kijken. Nu staat niet meer centraal dat ik hem laat zien wat we eten en het benoem, maar dat hij kijkt en dat hij zegt wat het is. Ook met de vormenstoof spelen is opeens iets heel anders geworden. Het gaat hem erom dat hij de stukken er op zijn manier in doet. Vormen die hij allang kent, probeert hij met geweld door het verkeerde vakje te duwen. Als hij ze per ongeluk in het goede vakje doet, trekt hij snel terug. Hij wil de dingen er op zijn manier instoppen, niet volgens de regels van de stoof.*” **DIRK,** WEEK 76, OFWEL BIJNA 17 ½ MAAND

“*Deze week tekent hij graag. Ik denk omdat dit iets is wat hij zelf doet. Hij maakt zelf iets.*” **JAN,** WEEK 77, OFWEL 17 ½ MAAND

“*Ze maakt tekeningen en lacht er dan zelf om.*” **MARIJE,** WEEK 77, OFWEL 17 ½ MAAND

“*Hij wil tegenwoordig zelf zijn avondeten eten. Dat geeft soms wat problemen, maar over het algemeen doet hij het netjes. Hij gaat ook steeds meer imiteren. Met een sponsje gaat hij de grond schoonmaken, met een zakdoek snuit hij zijn neus, met een stang gaat hij stofzuigen. Hij weet nu precies waar iets toe dient.*” **HEIN,** WEEK 77, OFWEL 17 ½ MAAND

“*Als ik vraag: “Moet mama het doen?” zegt zij: “Nee, Anna.” Ook als ze iets stuk heeft gemaakt en wij vragen wie dat gedaan heeft, zegt ze “Anna”. Ze is zich dus heel erg bewust van zichzelf. Ze lacht ook zomaar als ze iets laat vallen of expres op de grond gooit.*” **ANNA,** WEEK 77, OFWEL 17 ½ MAAND

“*Hij kwam deze week heel trots met een po vol poep en pies aanlopen. Ik was net zo trots als hij. Als hij zonder luier loopt, geeft hij aan dat hij op de po wil of hij zit er al op voordat ik er erg in heb. Hij houdt zijn plas op tot hij de po heeft. Hij poept uit alle macht en ieder klein poepje moet naar de wc gebracht worden. Enig. Vervolgens zegt hij: “Meer.” Dat betekent dat hij er weer op wil. En tot slot zegt hij: “Klaar”.*” **MARC,** WEEK 78-79, OFWEL BIJNA 18 MAANDEN

“*Ze maakt nu haar eigen tuigje los en klimt zelf uit haar stoel.*” **ASHLEY,** WEEK 80, OFWEL 18 MAANDEN EN 1 WEEK

“*Hij kan nu gebruikt worden als “loopjongen”. Hij haalt meteen alles wat hem wordt opgedragen. Geeft de afstandsbediening aan. De televisiegids. De sokken. Hij doet de wasmachine aan: “Graag 40 graden.” Hij haalt de schoenen. Pakt schoonmaakmiddelen. En als hij met de flightsimulator speelt op de computer met papa, volgt hij papa’s bevelen op: “Gas!” “Landingsgear!” “Eject!” Ik ben trots op mijn kleine grote man. Hij slooft zich uit. Doet onmiddellijk alles wat hem wordt opgedragen. Maar ik heb ook medelijden met hem. Hij is een arme “misbruikte kerel”!*” **THOMAS,** WEEK 80, OFWEL 18 MAANDEN EN 1 WEEK

“*Ze weet ook precies wat ze met de Fisher Price-doktersinstrumenten moet doen.*” **ELISABETH,** WEEK 81, OFWEL 18 ½ MAAND

“*Ze heeft op het potje gepoept en geplast. Zij zegt “poepoe” als ze in haar luier gepoept heeft, waarmee ze bedoelt dat ze een schone luier aan wil. Ze doet af en toe een plas of een poep op de wc.*” **NINA,** WEEK 80-83, OFWEL RUIM 18 TOT 19 MAANDEN

“*Hij loopt graag naakt rond na zijn bad en gaat dan op zijn hurken zitten persen om te plassen. Hij heeft een keer in zijn kast geplast.*” **ROBIN,** WEEK 82, OFWEL BIJNA 19 MAANDEN

“*Het verbaast me telkens weer hoeveel ze begrijpt en door heeft. Af en toe weet ze bepaalde problemen heel goed op te lossen. Als ze bijvoorbeeld ergens niet bij kan, loopt ze naar de badkamer, pakt een krukje en zet het op de plaats waar zij het hebben moet. Zo zijn er nog meer momenten waarop ik zie dat ze er een oplossing voor bedenkt.*” **VERA,** WEEK 82, OFWEL BIJNA 19 MAANDEN

“*Ze kleurt nu met kleurpotloden.*” **LAURA,** WEEK 83, OFWEL 19 MAANDEN

“*Ze kan nu kleuren sorteren, ze zag dat op een kleurstift de verkeerde dop zat.*” **VICTORIA,** WEEK 84, OFWEL RUIM 19 MAANDEN

“*Hij zegt keurig op tijd dat hij moet plassen.*” **TIES,** WEEK 84, OFWEL RUIM 19 MAANDEN

“*Ze wil nu af en toe op de po zitten. Ze zit dan een seconde en gaat dan heel overdreven haar billen afvegen, maar heeft dan nog niets op de po gedaan.*” **EEFJE,** WEEK 85, OFWEL 19 ½ MAAND

"*Hij gaat steeds meer helpen en nadoen. Hij brengt zijn kopje naar de keuken en zet het op de aanrecht of pakt alvast zijn bordje, en timmeren doet hij ook na. Hij wil ook uit een gewone beker drinken en niet uit een flesje of tuimelbeker.*" **BOB,** WEEK 86, OFWEL BIJNA 20 MAANDEN

"*Ze heeft één keer een beetje bah gedaan op de wc.'*" **ANNA,** WEEK 87, OFWEL 20 MAANDEN

"*Ze gaat zelf op de pot zitten als ze in haar blote billen loopt. Als ze een broekje aan heeft, plast ze wel in haar broek, maar zegt het wel meteen.*" **ODINE,** WEEK 87, OFWEL 20 MAANDEN

"*Helemaal zindelijk. Na drie nachten ook helemaal 's nachts zindelijk.*" **XARA,** WEEK 87, OFWEL 20 MAANDEN

"*Hij kan zijn neus snuiten. Hij probeert nu overal zijn neus in te snuiten, zelfs in de onderzettertjes.*" **GREGOOR,** wEEK 88, OFWEL 20 MAANDEN

Ik heb een eigen wil

"*Hij was de laatste maanden de hele tijd ondeugend om de grenzen te ontdekken, om te kijken wat wel mag en wat niet en wat de gevolgen zijn. Momenteel weet hij donders goed wat niet mag. Nu is hij vooral ondeugend om te laten zien: "Ik doe toch wat ik wil. Kijk maar! En wat doen jullie daaraan?"*" **HARRIE,** WEEK 76, OFWEL BIJNA 17 ½ MAAND

"*Hij wil niet veel meer aannemen wat gevaren betreft. Hij lijkt te beweren dat hij weet wat hij aankan. Proefondervindelijk leren staat nu dus centraal: vallen, hitte, scherpe spijzen, enzovoort. Hij bepaalt wat hij eet, wanneer en op welke manier.*" **THIJS,** WEEK 76, OFWEL BIJNA 17 ½ MAAND

"*Hij gaat echt zo z'n eigen gangetje. Het liefst op kattenkwaad uit.*" **HEIN,** WEEK 77, OFWEL 17 ½ MAAND

"*Ze wilde veel aandacht als ze iets niet mocht of iets niet snel genoeg kreeg. Ze stond dan steeds aan me te trekken, was opvallend dwars, dreinerig, eigenwijs, ondeugend, driftig en onhandelbaar.*" **JOOSJE,** WEEK 77, OFWEL 17 ½ MAAND

“*Hij vermaakt zich wel met van alles, maar ik moet toch voortdurend dichtbij zijn omdat het te gevaarlijk is of omdat hij de grenzen tart van wat mag. O, wat was ik boos toen hij probeerde het gas aan te steken terwijl er een hete pan opstond. Ik schrok me rot. Gelukkig had hij zijn hand slechts heel licht verbrand, waardoor de schade miniem was en hij toch een echte, fysieke waarschuwing kreeg. Ik hoop dat het er nu in zit gebakken dat hij niet aan het gas mag komen. Het is zo gezellig om samen te koken en anders kan het niet meer.*” **STEVEN,** WEEK 78, OFWEL BIJNA 18 MAANDEN

“*Ze speelt op het moment niet zoveel met speelgoed, meer met dingen waar ze niet aan mag zitten, zoals de tablet.*” **LAURA,** WEEK 78, OFWEL BIJNA 18 MAANDEN

“*Ik moet overal mee naartoe met hem. Hij is zeer ondernemend en onderzoekend. Alles moet ondersteboven en binnenstebuiten en ik moet daarbij zijn. Ik heb ruzie met hem gehad omdat hij sneller de boel vies maakt dan ik het op kan ruimen.*” **LODEWIJK,** WEEK 79, OFWEL 18 MAANDEN

“*Hij is een echte clown. Hij heeft lak aan alles, gaat gewoon zijn eigen gang. Hij houdt wel van een lolletje. Hij wordt “kleine tuinkabouter” genoemd.*” **HEIN,** WEEK 80, OFWEL RUIM 18 MAANDEN

“*Ze wordt steeds zelfstandiger. Ze gaat alleen op pad of met anderen mee. Even zwaaien en vertrekken.*” **ELISABETH,** WEEK 80-81, OFWEL RUIM 18 TOT 18 ½ MAAND

“*Hij speelt de laatste dagen wat meer met auto’s. Woensdag had ik zomaar een halfuur voor mezelf. Hij speelde heerlijk met Duplo en auto’s en ik heb hem een halfuur niet gehoord.*” **HEIN,** WEEK 81, OFWEL 18 ½ MAAND

“*Ze stopt haar vinger in de hete thee. Au!*” **GIULIA,** WEEK 84, OFWEL RUIM 19 MAANDEN

“*Ze kan zichzelf zo nu en dan echt alléén vermaken. Ze speelt wel zelf als ik erbij ben, maar dan mag ik niet gaan lezen. Ik lees soms wel wat. Dat is meer dan enige tijd geleden.*” **NINA,** WEEK 83-86, OFWEL 19 TOT BIJNA 20 MAANDEN

“*Haar zelfbewustzijn groeit dagelijks. Ze geeft aan wat ze wil en wat ze niet wil. Ze zoent van een afstand om afscheid te nemen en als ze iets aan je geeft, ziet ze echt dat je een ander mens bent.*” **ASHLEY,** WEEK 83-86, OFWEL 19 TOT BIJNA 20 MAANDEN

“Ze wil niet dat ik haar tanden poets, maar als ze het zelf doet, begint en eindigt ze met het eten van de pasta en dan is ze klaar. Toen ik een keer gedwongen haar tanden had gepoetst, was ze een halfuur boos op me.” **ANNA,** WEEK 86, OFWEL BIJNA 20 MAANDEN

Ik kan zelf beslissingen nemen

“Ze begint zelf al te lachen als ze iets ondeugends van plan is.” **EEFJE,** WEEK 76, OFWEL BIJNA 17 ½ MAAND

“Hij deelt alles mee wat hij doet. Hij wijst steeds naar zichzelf.” **RUDOLF,** WEEK 76, OFWEL BIJNA 17 ½ MAAND

“Ze heeft nu duidelijk door dat het “bah” is als ze een vieze broek heeft. Ze komt dan en zegt: “Beh.” Als ze mag kiezen waar ze verschoond wordt, kan ze zonder scène verschoond worden. Dan laat ze het dus toe. Ze zoekt de raarste plaatsen uit voor dit gebeuren. Het verkleden gaat tegenwoordig ook zo: “Zoek je plaatsje,” en daar gaat ze.” **NOA,** WEEK 86, OFWEL BIJNA 20 MAANDEN

“Hij wil tegenwoordig zijn eigen kleren uitzoeken. Hij heeft echt voorkeuren. Zijn lekkere broek van joggingstof met muizen erop is “uit”. Soms heeft hij papa’s colbert aan en zijn stropdas en maakt hij mama zo wakker.” **THOMAS,** WEEK 86, OFWEL BIJNA 20 MAANDEN

Ik wil macht

“De drambuien zijn nu echt begonnen. Ze kan echt heel hard schreeuwen. Kort maar krachtig. Ook let ze heel aandachtig op als haar broer dramt. Het lijkt wel alsof ze in haar hersenen notities maakt.” **VICTORIA,** WEEK 72, OFWEL 16 ½ MAAND

“Als ze iets niet wil, begint ze te gillen. Het op de grond gaan liggen wordt iets minder. Door te krijsen probeert ze haar zin te krijgen.” **JETTEKE,** WEEK 72, OFWEL 16 ½ MAAND

“Hij maakt me bang met slangen en muizen, en zijn buurmeisje ook.” **DIRK,** WEEK 74, OFWEL 17 MAANDEN

“Hij probeert in de speelgoedgarage ook te grote auto’s naar binnen te krijgen. Iets wat hij daarvoor niet probeerde.” **ROBIN,** WEEK 76, OFWEL BIJNA 17 ½ MAAND

"Hij slaat steeds en soms knijpt hij als hij zijn zin niet krijgt. Als hij boos is, mept hij hard, voor een grapje wat zachter. De algemene lijn is dat ik het hem probeer af te leren door het rustig te verbieden, een kussen aan te bieden om op te slaan of tot zachtheid te manen. Soms word ik boos als het echt pijn doet. Hij is dan heel ongelukkig en gaat kusjes geven." **LODEWIJK,** WEEK 76, OFWEL BIJNA 17 ½ MAAND

"Hij wil per se steeds eten en drinken wat ik heb, ook al heeft hij hetzelfde. Hij wil datgene wat ik heb. Hij pikt mijn eten en drinken af. Dat vechten we soms uit als twee kinderen." **GREGOOR,** WEEK 76, OFWEL BIJNA 17 ½ MAAND

"Ze gilt zo vreselijk hoog en hard als ze haar zin niet krijgt of als iets niet lukt. Ik vind dat vreselijk vervelend en wil haar dat snel afleren. Ik heb daarover deze week veel ruzie met haar gehad." **JULIETTE,** WEEK 77, OFWEL 17 ½ MAAND

"Ze krijgt zo'n paar keer per dag een driftaanval, vooral als ze haar zin niet krijgt. Meestal gaat dat vanzelf over. Soms moet ik haar aanpakken om haar tot bedaren te brengen. Ze is enorm fel." **MARIJE,** WEEK 77, OFWEL 17 ½ MAAND

"Opvallend is dat hij over het algemeen ruwer is geworden. Ook smijt hij met kracht dingen weg en heeft er een hekel aan als hij zijn zin niet krijgt. Hij gooit soms dingen naar de poes, bijvoorbeeld de wekker." **THIJS,** WEEK 77, OFWEL 17 ½ MAAND

"Hij is zeer goed gehumeurd en uitermate energiek. Hij is ook zo bezig met wat hij schijnt te moeten doen, dat hij niet eens onder de indruk is van mijn boosheid over sommige dingen. Hij gooit en slaat met van alles en nog wat. Uit alle macht. Ik denk dat hij zo smijt met de dingen vanwege het gevoel van "macht" over de dingen dat hij zo heeft. Datzelfde geldt voor slaan. Ik probeer heel duidelijk op te treden met waarschuwen en sancties. Als hij doorgaat met smijten en slaan, zet ik hem in de box. Daar zit hij dan rustig zijn tijd uit, om vervolgens door te gaan met waar hij mee bezig was: smijten en slaan. Het enige wat helpt is hem afleiden. Dit geeft mij de indruk dat het om een nieuw leergedrag gaat." **RUDOLF,** WEEK 78, OFWEL BIJNA 18 MAANDEN

"Als hij zijn zin niet krijgt, wordt hij kwaad. Als hij bijvoorbeeld naar buiten wil, wijst hij op zijn jas en als ik nee zeg, wordt hij kwaad. Ook wordt hij kwaad als hij geen snoepje meer krijgt of als zijn vriend niet thuis is." **ROBIN,** WEEK 77, OFWEL 17 ½ MAAND

"Als ze van mij naar binnen moet komen uit de tuin, dan huilt en dramt ze. Vaak krijgt ze dan een time-out." **VERA,** WEEK 79, OFWEL 18 MAANDEN

"*Soms twijfel ik of ik zijn eigenwijze, dynamieke activiteiten wel in toom kan houden.*" **HARRIE,** WEEK 79, OFWEL 18 MAANDEN

"*Hij gooit en smijt alles op de grond, ver van zich af. Hij bijt en slaat. Echt boos was ik deze week toen hij zijn eten en drinken ver over de grond uitspreidde.*" **JAN,** WEEK 79, OFWEL 18 MAANDEN

"*Ik probeer boosheid, gehoorzaamheid, hem dwingen te zeggen dat het niet meer mag, maar niets helpt. Hij is geenszins onder de indruk. Het is een zeer sterke drang om zo te handelen. Als hij moe is, is het op zijn ergst. Dan groeit het me soms boven het hoofd.*" **PAUL,** WEEK 79, OFWEL 18 MAANDEN

"*Als ik éven de kamer uitga of niet metéén aandacht geef, zit ze steeds weer in de aarde van mijn plant.*" **LAURA,** WEEK 80, OFWEL RUIM 18 MAANDEN

"*Ze is deze week wel vervelend geweest. Steeds haar zin willen hebben. Als ze die niet krijgt, dan begint ze te gillen en gooit zich op de grond. Als wij haar dan laten gaan, draait ze vanzelf wel weer bij.*" **XARA,** WEEK 81, OFWEL 18 ½ MAAND

"*Als iets niet lukt, als ze naar bed moet of als ze haar zin niet krijgt, moet ze echt huilen en dramt ze.*" **ASHLEY,** WEEK 84, OFWEL RUIM 19 MAANDEN

"*Het gooien lijkt minder te worden en het slaan ook. Maar het bijten kan soms hevige vormen aannemen. Kwaad worden, uitleggen, een tik geven: niets lijkt te helpen.*" **JAN,** WEEK 83-86, OFWEL 19 TOT BIJNA 20 MAANDEN

"*De poezen pest hij genadeloos. Hij is steeds aan het controleren waar ze allebei zijn. En dan moet en zal hij ze aaien.*" **JIM,** WEEK 83-86, OFWEL 19 TOT BIJNA 20 MAANDEN

"*Ze wil niet gezien worden als "klein". We gingen ijsjes kopen in een dure zaak, waar een bolletje 2 euro kost. Papa zei: "Elisabeth eet wel met ons mee." Toen het ijsje kwam, mocht zij likken maar het niet vasthouden. Dat leverde een driftbui op. Ze wilde weg. Ze was beledigd omdat ze te klein gevonden werd. Papa is toen naar een goedkope zaak gehold voor een softijsje. Ze heeft dat vastgehouden maar er niet van gegeten. Haar driftbui ging ondertussen door. Ze was zwaar beledigd. Een halfuur tot drie kwartier was ze niet te genieten. Ze sloeg papa ook.*" **ELISABETH,** WEEK 86, OFWEL BIJNA 20 MAANDEN

"Ze heeft een zeer sterke eigen wil en dat is best wel eens lastig. Ze gaat zogenaamd huilen als ze iets niet mag of haar zin niet krijgt. Echt huilen moet ze als ze valt en zich bezeerd heeft." **GIULIA,** WEEK 87, OFWEL 20 MAANDEN

IK UIT HET OOG MAAR NIET UIT HET HART

Omdat je dreumes nu snapt dat hij een afzonderlijk systeem is, begrijpt hij ook dat voor hem hetzelfde geldt als voor andere personen en voorwerpen in zijn omgeving. Hij snapt nu dat die niet ophouden te bestaan als ze uit het zicht verdwenen zijn. Ook snapt hij nu dat ook hij voor papa en mama blijft bestaan, ook als hij uit hun zicht is verdwenen. Verder snapt hij ook dat andere personen niet per se blijven zitten waar ze zitten als die uit het oog verdwenen zijn. Het begint hem te dagen dat ze zich kunnen verroeren als ze weg zijn en van plaats kunnen veranderen. Als hij papa zoekt, snapt hij nu dat hij niet alleen op het plekje moet kijken waar hij papa voor het laatst zag.

"Hij kroop graag in kasten en wilde dan alle deuren dicht." **STEVEN,** WEEK 81, OFWEL 18 ½ MAAND

"Ze verstopt zich in de kast, schuift de deuren dicht en roept dan "mama". Ze moet erg lachen als we haar zoeken als zij zich verstopt heeft en wij haar vinden." **JOOSJE,** WEEK 85, OFWEL 19 ½ MAAND

IK EN JIJ

Nu je kindje zichzelf als een aparte persoon is gaan zien, gaat hij begrippen als 'ik' en 'jij' hanteren. Hij snapt dat ook papa en mama aparte personen zijn die hun eigen leven leiden. Hij gaat zichzelf met hen vergelijken en brengt de verschillen en overeenkomsten feilloos in kaart.

"Ze heeft ontdekt dat haar vader een piemel heeft. Die noemt ze "Pino"." **VICTORIA,** WEEK 72, OFWEL 16 ½ MAAND

"Zijn eigen pikkie is erg in trek. Ook de piemel van zijn vader en de afwezigheid van de mijne." **BOB,** WEEK 73, OFWEL BIJNA 17 MAANDEN

"Momenteel wijst hij eerst naar zichzelf en dan naar mij, alsof hij het verschil tussen ons wil aangeven." **MARC,** WEEK 75, OFWEL RUIM 17 MAANDEN

"Als ik voorstel: "Zullen we samen uitgaan?" wijst ze op zichzelf alsof ze wil zeggen: "Bedoel je mij?" en alsof er nog andere mensen in de kamer zijn." **NINA,** WEEK 75, OFWEL RUIM 17 MAANDEN

"Hij vindt het heerlijk als ik hem met woorden benadruk in zijn "Loodje" zijn. Hij wijst naar zichzelf ter onderscheiding van mij en als bevestiging dat hij het is." **LODEWIJK,** WEEK 77, OFWEL 17 ½ MAAND

"Als ik bepaalde stereotiepe uitspraken of gedragingen van haar nadoe, moet ze heel erg lachen." **ODINE,** WEEK 78, OFWEL BIJNA 18 MAANDEN

"Hij is zeer geïnteresseerd in zijn vader: onder de douche, in bed, op de wc: hij volgt hem overal en heeft het steeds over hem." **DIRK,** WEEK 79-86, OFWEL 18 TOT BIJNA 20 MAANDEN

"Ze leerde deze week de termen "ikke" en "jij" en "jou"." **JULIETTE,** WEEK 86, OFWEL BIJNA 20 MAANDEN

Nu je kindje onderscheid kan maken tussen zichzelf en anderen, kan hij zich ook gaan verplaatsen in die ander. In een simpel proefje is aangetoond dat een dreumes van 13-15 maanden nog niet kan bedenken dat een andere persoon een andere keus zou kunnen maken dan hijzelf. Met anderhalf jaar kan hij dat voor het eerst in zijn leven wel. Dat heeft allerlei gevolgen.

Een wortel voor de neus houden

"We kwamen de winkel uit en daar stond zo'n speelgoedhelikopter waar kinderen in kunnen zitten. Als je er dan geld ingooit, gaat hij een tijdje bewegen en de lichtjes gaan knipperen. Noa is daar gek op en mocht een keertje. Maar er zat al een kindje in, dat er na haar beurt niet uit wilde gaan. Noa keek rond en rende op een miniwinkelwagentje af en ging ermee rijden. Het kindje kwam meteen de helikopter uit en wilde ook met dat wagentje rijden. Noa schoot naar de helikopter toe en zat erin." **NOA,** WEEK 87, OFWEL 20 MAANDEN

Ik kan troosten

"Ze zegt tegen ons dat wij moeten huilen en dan geeft ze ons een kusje en aait over ons gezicht." **JETTEKE,** WEEK 79-80, OFWEL 18 MAANDEN

Ik en mijn pantomime

"Hij bootst stemmingen na. Hij zegt bijvoorbeeld "nou!" op een manier waarop meisjes dat doen, een beetje kittig. Hij imiteert bepaalde gebaren, zoals het hoofd en bovenlichaam wegdraaien terwijl hij met een handje een wegduwende beweging maakt." **TIES,** WEEK 80, OFWEL RUIM 18 MAANDEN

"Het imiteren van lichaamshoudingen en handelingen is een voortdurende bezigheid. Zelfs de katten probeert ze te imiteren." **MARIJE,** WEEK 83-86, OFWEL 19 TOT BIJNA 20 MAANDEN

"Hij had van de apen afgekeken hoe deze noten openmaken. Op straat verzamelen we hazelnoten en thuis pelt hij ze zelf, heel bedreven." **BOB,** WEEK 83-86, OFWEL 19 TOT BIJNA 20 MAANDEN

"Ze doet de andere kinderen erg veel na. Als ze op een hekje klimmen, probeert zij het ook. Als ze op een ruit tikken, doet zij dat ook. Elk kuchje en zuchtje doet zij na." **VERA,** WEEK 87, OFWEL 20 MAANDEN

Ik en mijn fantasiespel

In zijn 'net doen alsof'-spel gaat hij zijn speeltjes nu gebruiken alsof het autonoom handelende personen zijn die iets kunnen bewerkstelligen.

"Ze pakte een denkbeeldig iets uit haar hand en stopte het in haar mond. Dat deed ze een paar keer. Heel opvallend. Het leek wel het eerste fantasiespel." **JOOSJE,** WEEK 71, OFWEL RUIM 16 MAANDEN

"Ze is opeens veel zelfstandiger. Ze vermaakt zich uitstekend alleen. Af en toe lijkt ze zelfs in een droomwereldje te zitten. Ze fantaseert. Dat heb ik nog niet eerder gemerkt. Ze speelt een spel met poppen. Soms vertelt ze me haar fantasieën." **VICTORIA,** WEEK 75, OFWEL RUIM 17 MAANDEN

"Hij maakt een tekening van "ábah, bah" en stampt er dan op. Iets wat op straat niet mag." **PAUL,** WEEK 77, OFWEL 17 ½ MAAND

"Nadat hij op een middag zijn eigen babyfoto's had gezien, waren al zijn kroeltjes (dieren) baby's en speelde hij er 's middags in zijn bedje mee." **GREGOOR,** WEEK 84, OFWEL RUIM 19 MAANDEN

"Ze geeft nu veel duidelijker aan wát zij wil en ze is duidelijk gefrustreerd als ik niet snap wat ze bedoelt. Dat heeft ook vooral te maken met fantasiespel. Ze geeft dan een hond en dan moet ik maar begrijpen dat zij wil dat de hond aan de borst gaat." **XARA,** WEEK 86, OFWEL BIJNA 20 MAANDEN

"Hij speelt trouwens veel fantasiespelletjes. Kopje thee drinken met een serviesje. Samen ergens gaan zitten: in zijn Lego-kar, op het trapje. Hij klopt dan uitnodigend naast zich en vindt het vreselijk gezellig als wij daar samen zitten." **THOMAS,** WEEK 86, OFWEL BIJNA 20 MAANDEN

ANDERE LEVENDE WEZENS

Andere levende wezens zijn allemaal afzonderlijke systemen met hun eigen gedragsregels en programma's. Je kindje is erdoor gefascineerd.

"Ze had deze week veel interesse voor vogels. Ze lachte als een vogel weer terugkwam die zij met haar ogen had gevolgd en had zien verdwijnen. Ze lachte ook toen ze zag waar het geluid vandaan kwam van een vogel, dat ze al hoorde voordat ze die vogel zag. Datzelfde gold voor vliegtuigen. Ook vindt ze het leuk om te onderzoeken hoe een plant ruikt." **EEFJE,** WEEK 73, OFWEL BIJNA 17 MAANDEN

"Ze zwaait naar vliegtuigen en vogels en soms zomaar naar mensen." **EEFJE,** WEEK 74, OFWEL 17 MAANDEN

"Deze week vond hij kippen voeren erg interessant. Hij logeerde bij opa op de boerderij." **JIM,** WEEK 77, OFWEL 17 ½ MAAND

"Hij zag een slak op de weg en zei dat ook, en nog voordat ik het zelf in de gaten had, wist hij me te vertellen dat de slak dood was. Bij navraag bleek dat dat thema bij zijn vader een paar keer aan de orde was geweest." **HARRIE,** WEEK 79, OFWEL 18 MAANDEN

"Hij vond de bijen interessant bij zijn grootvader, die imkert." **STEVEN,** WEEK 83, OFWEL 19 MAANDEN

"Ze lag dubbel van het lachen toen een slang een muis opat in een natuurfilm." **LAURA,** WEEK 84, OFWEL RUIM 19 MAANDEN

"Hij had deze week opvallend veel interesse voor een mier buiten in de tuin." **THIJS,** WEEK 84, OFWEL RUIM 19 MAANDEN

"Ze heeft deze week extra interesse voor lieveheersbeestjes en mieren." **ANNA,** WEEK 85, OFWEL 19 ½ MAAND

"Tegenwoordig wil zij de planten water geven. Ze maakt dat duidelijk door smakgeluiden te maken, zo van: "De planten willen eten." Ze geeft ze dan ook liefst een paar keer per dag eten. Voor Ashley is het "inschenken" en "uitschenken" van de gieter het plezier dat zij beleeft aan haar goede daad." **ASHLEY,** WEEK 85, OFWEL 19½ MAAND

"Aan zee kon hij eindeloos lopen en schelpen in het zand duwen en dan zeggen: "Dood"." **RUDOLF,** WEEK 87, OFWEL 20 MAANDEN

IK LEEF IN EEN GEZIN

Het gezin is een systeem zoals andere menselijke organisaties. Het gezin is de eerste menselijke organisatie waar je kindje van binnenuit ervaring mee heeft. Al van jongs af. Maar nu krijgt hij er oog voor dat het gezin een eenheid is, een systeem.

"Ze houdt tegenwoordig een strikte functiescheiding aan. Papa moet het drinken aangeven, en mama moet het glas neerzetten." **VICTORIA,** WEEK 73, OFWEL BIJNA 17 MAANDEN

"Ze snapt nu dat we een gezin zijn, een groep. Als ik in één zin alleen de namen Xaviera, Marco en Thomas noem, vult zij dat bijna dwangmatig aan met Mita (Victoria) en Kitan (Christian)." **VICTORIA,** WEEK 74, OFWEL 17 MAANDEN

"Ze is de hele dag in de weer met haar poppen en pluchen dieren. Die zet ze in de kinderstoel. Als ze dan iets te eten krijgt, geeft ze het eerst aan haar speelgoed. Ook legt ze al haar beesten en poppen te slapen in haar poppenwagentje en gaat dan zelf in het grote bed zogenaamd liggen slapen." **ELISABETH,** WEEK 74-75, OFWEL 17 MAANDEN

“*Ze weet precies wie bij wie hoort of wat ze van wie gekregen heeft.*” **VERA,** WEEK 75, OFWEL 17 MAANDEN

“*Ze moet erg lachen als we met de katten spelen of als de katten gek doen.*” **JETTEKE,** WEEK 71-76, OFWEL RUIM 16 TOT BIJNA 17 ½ MAAND

“*Hij wijst naar zijn vader, naar mij en naar zichzelf. En dan moet ik zeggen dat we alle drie iemand anders zijn en toch bij elkaar horen. En dan knikt hij vol overgave "ja" en zucht van tevredenheid.*” **DIRK,** WEEK 76, OFWEL BIJNA 17 ½ MAAND

“*Hij is op het ogenblik een echt "vriendje". Hij vraagt bijvoorbeeld of ik in de Lego-kar kom. Hij wil samen lezen. Hij wil samen kleuren.*” **THOMAS,** WEEK 78, OFWEL BIJNA 18 MAANDEN

“*Als we haar broer naar school toe brachten of van school ophaalden, had ze er eerst moeite mee dat ik andere vrouwen "de mama van die" noemde. Er was maar één mama en dat was ik. Nu snapt ze dat er nog meer gezinnen zijn en dat die vrouwen de mama zijn van andere kindjes. Maar ze protesteert nog steeds als die zonder meer "mama" genoemd worden. Dat ben ik nog steeds. Het moet zijn "de mama van die".*” **VICTORIA,** WEEK 79, OFWEL 18 MAANDEN

“*Als zijn oudere broer of zus bij mij op schoot zit, wordt hij vreselijk kwaad. Hij houdt dan stug vol tot ze van mijn schoot afgaan.*” **HEIN,** WEEK 82, OFWEL BIJNA 19 MAANDEN

“*Hij vond het deze week interessant om met papa en mama in bed te kroelen.*” **GREGOOR,** WEEK 83, OFWEL 19 MAANDEN

“*Hij is erg fel en kan nu al zijn broer en zus plagen, die af en toe de zenuwen van hem krijgen.*” **HEIN,** WEEK 83, OFWEL 19 MAANDEN

“*Ze snapt nu dat er naast ons gezin nog andere gezinnen zijn. Laatst gingen we haar broer ophalen, die bij een vriendje gespeeld had. We bleven een kop koffie drinken. Ze was duidelijk ontdaan en noemde steeds de naam van de zus van het vriendje en vroeg waar die was. Maar die zus was bij een vriendinnetje spelen. Het gezin was onvolledig zonder die zus en dat zat haar duidelijk dwars. Dat klopte niet in haar ogen.*” **VICTORIA,** WEEK 84, OFWEL RUIM 19 MAANDEN

"Hein wordt door zijn broer en zus nogal eens afgezonderd als zij een spelletje willen doen. Ze zetten hem dan op de gang en doen de deur voor zijn neus dicht. Hij komt dan zeer verontwaardigd bij mij om getroost te worden." **HEIN,** WEEK 87, OFWEL 20 MAANDEN

"Ze weet dat haar vader Henk heet en haar moeder Mieke." **GIULIA,** WEEK 87, OFWEL 20 MAANDEN

IK EN MIJN FAMILIE OF VRIENDEN

Net zoals het gezin een systeem is, zo zijn ook de familie en de vriendenkring systemen. Je dreumes gaat dat nu ook herkennen. En hij leert het verschil kennen tussen zijn eigen familie en die van vriendjes..

"Ze kwam met de telefoon en een foto van de opa's en oma's naar me toe en gebaarde dat zij ze wilde bellen." **JULIETTE,** WEEK 78, OFWEL BIJNA 18 MAANDEN

"Als ik over zijn vriend praat, dan weet hij wie dat is en roept verheugd zijn naam. Hij heeft daar een duidelijk beeld bij." **STEVEN,** WEEK 78, OFWEL BIJNA 18 MAANDEN

"We leven echt samen. Hij volgt mijn gesprekken en mijn interactie met anderen. Hij reageert op uitspraken, ook als ze niet tot hem gericht zijn. Toen mijn vriendin bijvoorbeeld haar zoontje riep, die een eind was weggelopen, en tegen mij zei dat haar zoon niet naar haar luistert, ging mijn zoon razendsnel op pad om zijn vriendje op te halen. Hij probeerde hem mee te sleuren, maar zijn vriend nam hem in een judogreep en dat leverde een schreeuwpartij op, omdat mijn zoon er niet tegen kan vastgehouden te worden." **LODEWIJK,** WEEK 79, OFWEL 18 MAANDEN

"Toen de buurvrouw naar huis ging om te koken, wilde hij met haar mee naar haar huis. Hij mocht, en ik zwaaide hem uit. Ik had verwacht dat mijn zoon wel weer snel terug zou willen. Maar dat was niet zo. Na anderhalf uur kreeg ik het benauwd en ging dus maar even poolshoogte nemen. Maar zoon Thomas wilde niet mee naar huis. Hij wilde wel dat ik ook bleef. Vervolgens liet hij alles zien wat hij daar bekeken had, zoals de koelkast, de druiven enzovoort. Hij heeft het geweldig bij haar want hij mag daar alles, meer dan thuis. Toen zij kookte, zat hij bijvoorbeeld op het aanrecht met zijn voeten in de gootsteen in het water te spelen." **THOMAS,** WEEK 80, OFWEL RUIM 18 MAANDEN

"Oma en opa wonen om de hoek. Daar komen we vaak langs en we gaan natuurlijk niet altijd naar binnen. Steevast roept ze "ama" of "apa" als we voor het huis van oma en opa zijn." **VICTORIA,** WEEK 82, OFWEL BIJNA 19 MAANDEN

MIJN HUIS, MIJN BUURT EN HOE IK DE WEG KAN VINDEN

Het eigen huis is ook een systeem en de buurt eromheen ook. Je dreumes leert dat nu herkennen en hij leert hoe hij de weg kan vinden. Hij bouwt in zijn hoofd een kaart op van zijn omgeving. Zo'n mentale kaart is eigenlijk ook een systeem.

"Hij oriënteert zich. Zelfs in een betrekkelijk vreemde omgeving herkent hij punten, zoekt hij naar andere herkenningspunten en is hij heel blij als hij ze ziet. Dat wil hij meedelen en hij wil ook al aankondigen wat komen gaat." **HARRIE,** WEEK 74, OFWEL 17 MAANDEN

"Een maand geleden zag hij de zee niet terwijl hij op het strand was. Nu gaf hij heel klassiek een vreugdegil op de duintop toen hij de zee zag liggen. Bijna overspannen van vreugde heeft hij de zee "genomen". Elke dag weer onder constant gebrul." **BOB,** WEEK 74, OFWEL 17 MAANDEN

"Hij onthoudt waar we naar op weg zijn. Als ik hem ernaar vraag, zegt hij het." **JAN,** WEEK 79, OFWEL 18 MAANDEN

"Hij kent de weg van de camping naar de zee toe." **JIM,** WEEK 80-81, OFWEL BIJNA 18 ½ MAAND

"Ties en ik zijn verhuisd naar een andere verdieping in hetzelfde hofje. Ties vond het nieuwe huis fijn en liep gelijk na de eerste verbazing met zijn karretje rond. Hij kent het huis nog van de vorige bewoners. Die hadden twee kinderen. Het leek of hij meteen gewend was." **TIES,** WEEK 82, OFWEL BIJNA 19 MAANDEN

"Zij wilde een paar keer niet mee naar binnen bij mensen, of het nou vreemden waren of opa en oma. Erg vreemd, want dat heeft zij nog nooit gehad. Toen ze eenmaal binnen was, ging het goed." **MARIJE,** WEEK 82, OFWEL BIJNA 19 MAANDEN

"Hij heeft een goede plattegrond van zijn directe omgeving in zijn hoofd. Hij weet precies waar hij iets kan vinden, in huis, buiten, of op papa's werk. Hij kan bijvoorbeeld precies wijzen hoe ik moet lopen om naar de supermarkt te gaan of naar papa's werk en vervolgens hoe je in het gebouw wáár moet lopen om papa's kamer te vinden. Hij kent ook het huis van de buurvrouw erg goed. Weet precies waar alles is. De druiven en zo. Meestal heeft ze die ook in huis. Hij is dan ook erg teleurgesteld als ze niet op de juiste plaats liggen." **THOMAS,** WEEK 83, OFWEL 19 MAANDEN

"Ze vraagt "ama" of "apa" als we in de buurt de hond uitlaten en wijst in de goede richting, ook al ligt het huis van oma en opa nog om de hoek. Ze wil er duidelijk naartoe."
VICTORIA, WEEK 86, OFWEL BIJNA 20 MAANDEN

"Mijn vriendin en ik gingen die zomer regelmatig een dagje naar het strand. Onze zonen konden het heel goed met elkaar vinden. Ze zijn nog steeds dol op elkaar. Jim had verwacht zijn vriendje op het centraal station te zien. Hij vroeg alsmaar naar hem. Dat was normaal ook onze ontmoetingsplaats. Nu stonden ze in Castricum op ons te wachten."
JIM, WEEK 87, OFWEL 20 MAANDEN

IK EN MIJN EIGENDOM

Bij een gezinssysteem horen allerlei principes, waaronder ook waarden, normen en regels. Denk bijvoorbeeld aan 'eerlijk zullen we alles delen', of 'gij zult niet stelen'. Er zijn regels voor wat van wie is en wat iedereen toebehoort. Je kindje leert die regels in de praktijk. Dat gaat soms vanzelf totdat je het blij verrast merkt. Andere keren is er wat meer overredingskracht voor nodig.

Ieder mens heeft zijn eigen spullen, gebruikt deze en is hier de baas over. Ook dat is een systeem. Waar mag je wel aankomen? En waaraan niet?

layar

Ik en mijn kleren

"Ze weet precies welke tassen, jassen en dergelijke bij welke kinderen horen en als we weggaan, komt ze netjes alles brengen." **NINA,** WEEK 82, OFWEL BIJNA 19 MAANDEN

"Als ik de was uit de wasmachine haal, leg ik elk stuk eerst op de wasmachine en trek het recht voordat ik het in de droger doe. Zij staat met haar neus overal bovenop en zegt feilloos bij elk kledingstuk van wie het is: "Is papa, is Thomas, is mama, is Mita"."
VICTORIA (= MITA), WEEK 83, OFWEL 19 MAANDEN

"Hij lijkt zich bewust van nieuwe kleren: ondergoed en hemd in plaats van rompertje vindt hij zeer interessant. Zijn nieuwe schoenen zijn het helemaal." **PAUL,** WEEK 83-86, OFWEL 19 TOT BIJNA 20 MAANDEN

Ik en mijn spullen

"Op visite bij zijn vriendje had hij ook met een autootje van dat vriendje gespeeld, dat niet mee mocht toen we weggingen. Hij heeft de hele terugweg gehuild en gooide thuis zijn eigen auto's weg." **ROBIN,** WEEK 76, OFWEL BIJNA 17 ½ MAAND

“Ze weet waar ze dingen gelaten heeft. Als ik vraag waar iets is, herinnert ze zich dat.” **XARA,** WEEK 78, OFWEL BIJNA 18 MAANDEN

“Zij vindt de ene “diramant” na de andere. Haar broer verzamelt mooie stenen en spreidt die tentoon op zijn kamer. Dus zij moet ook mooie stenen zoeken. Het ene na het andere kiezelsteentje verdwijnt in haar zak en die mogen absoluut niet weggegooid worden.” **VICTORIA,** WEEK 78, OFWEL BIJNA 18 MAANDEN

“Op een dag kwam ze naar me toe, pakte mijn hand en trok me mee naar de serre waar al het speelgoed van de kinderen ligt. En ze wees aan: “Isse Thomas, isse Thomas, isse Thomas... en Mita?” Dit was een zwaar protest. De laatste tijd mocht ze van Thomas niet meer aan zijn speelgoed komen, omdat ze het soms kapotmaakte. En dan bleef er voor haar inderdaad niet veel meer over!” **VICTORIA (= MITA),** WEEK 83, OFWEL 19 MAANDEN

“Als haar nichtje Lia (nu 25 maanden) op visite komt, is het vreselijk. Lia mag nergens mee spelen. Als Lia iets in haar handen heeft, pakt Odine het gauw af.” **ODINE,** WEEK 87, OFWEL 20 MAANDEN

“Hij wil zijn speelgoed niet meer delen met andere kindjes. Hij wordt kwaad en driftig als ze zijn speelgoed pakken.” **ROBIN,** WEEK 88, OFWEL RUIM 20 MAANDEN

OPGERUIMD STAAT NETJES

Je weet niet wat je overkomt. Hij kan niet tegen rommel. Geniet er maar van, want het duurt maar kort. Tot de volgende sprong om precies te zijn. En dan duurt het vele jaren tot het weer terugkomt – áls het nog ooit terugkomt. Hij wil alles systematisch opgeruimd zien.

“Hij kan geen rommel zien. Hij wordt dan kwaad. Dus ik zei tegen mijn ouders: “Wat jullie niet klaar kregen, krijgt mijn zoon wel klaar. Ik ruim nu altijd op.” ’s Avonds ruimen we altijd de Lego op. En elke keer als er een boekje uit is, legt hij dat eerst terug voor hij een ander uitzoekt.” **THOMAS,** WEEK 86, OFWEL BIJNA 20 MAANDEN

PUZZELS LEGGEN EN FRUTSELTJES

Een puzzel is ook een systeem: een georganiseerde eenheid die een geheel is dankzij de onderlinge afhankelijkheid van de onderdelen waaruit het is opgebouwd.

"Wat hij graag deed was dierenpuzzelstukjes leggen. Een van twaalf en een van zeven. Hij weet feilloos waar ze horen, doet het razendsnel en heeft niet het geduld de stukjes er goed in te passen. Hij herkent de stukken ook aan de achterkant." **RUDOLF,** WEEK 72, OFWEL 16 ½ MAAND

"Ze is motorisch steeds verfijnder. Ze is deze week extra geïnteresseerd in kralen op stokjes doen en de stokjes weer in gaatjes steken. Ook wil ze graag het geld uit de portemonnee halen en uitgeven." **ANNA,** WEEK 73, OFWEL BIJNA 17 MAANDEN

"Ze maakt zelf haar inlegpuzzels." **LAURA,** WEEK 75, OFWEL RUIM 17 MAANDEN

"Hij kan ook goed puzzelen met een beetje hulp. Ook puzzels die hij nog nooit gezien heeft." **THIJS,** WEEK 76, OFWEL BIJNA 17 ½ MAAND

"Ik deed alsof ik een puzzel niet kon leggen. Elke keer als ik boven het verkeerde gat hing, zei hij: "Nee, nee," en zei dan waar het in moest. Nadat ik die hele show diverse keren had herhaald, kreeg ik er genoeg van. Ik haalde heel de puzzel (een zachte) leeg en legde alles razendsnel. Ik speelde dat ik heel trots was en zei: "Zie je, ik kan het ook." Waarop hij onmiddellijk zei: "Nee." Wat bleek? Eén superklein hoekje van één puzzelstukje stak een beetje omhoog. Hij klapte het erin. Toen was het goed!" **THOMAS,** WEEK 80, OFWEL RUIM 18 MAANDEN

"Hij legt opeens de puzzelstukjes goed in de puzzel. Hij draait ze op het zicht zo dat ze goed passen. Niet altijd, maar wel geregeld." **DIRK,** WEEK 82, OFWEL BIJNA 19 MAANDEN

"Interessant vindt ze de knopendoos en allerlei soorten dopjes." **JETTEKE,** WEEK 82, OFWEL BIJNA 19 MAANDEN

"Ze puzzelt nu heel veel. Haar vorige, eenvoudiger puzzels zijn niet leuk meer. Ze heeft nu een heel moeilijke van zo'n 13 stukjes." **GIULIA,** WEEK 86, OFWEL BIJNA 20 MAANDEN

"Hij let erg op de kleinste details. Zoals de kleinste stukjes van een puzzel die niet helemaal gelijk zitten. Ik vind hem muggenzifterig. Bijvoorbeeld in het sprookje van Sneeuwwitje zegt de aanstaande mama dat ze zo graag een dochtertje zou krijgen. Eentje met een huidje zo blank als sneeuw en lipjes zo rood als bloed. De mama had net met een speld in haar vinger geprikt en er was een minuscuul druppeltje op het plaatje te zien. Hem was dat opgevallen terwijl hij nog nooit iets gezien kan hebben van "in de vinger prikken". Hij wees naar het plaatje waar dat mooie rood te zien was." **THOMAS,** WEEK 86, OFWEL BIJNA 20 MAANDEN

"Ineens legde ze een hele puzzel van twintig stukjes zonder aarzelen. Ze had daar nog nooit mee gespeeld. Daarna had ze geen interesse meer in puzzels." **XAVIERA,** WEEK 87, OFWEL 20 MAANDEN

ZELF EEN SPELLETJE BEDENKEN

Een puzzel is een systeem dat een ander bedacht heeft. Je dreumes kan nu ook zelf een systeem gaan bedenken, bijvoorbeeld een spelletje waarbij hij zelf de regels bedacht heeft. Of een goocheltruc.

"Hij heeft ook zelf een spelletje verzonnen. Om de beurt een grote dobbelsteen gooien. De een gooit, de ander moet hem dan oprapen. Hij is erg streng op de volgorde. Hij zoekt steeds moeilijke hoekjes om de steen neer te leggen." **MARC,** WEEK 83-86, OFWEL 19 TOT BIJNA 20 MAANDEN

"Vandaag deed ze een goocheltruc die ze zelf verzonnen had. Ze ziet haar broer vaak goochelen. Ze deed een knikker in een fles en zei: "O, oh." Ze schudde de fles op en neer en zei: "Nee." Ze bedoelde daarmee dat de knikker er niet uit kon. Vervolgens draaide ze een rondje (zoals een goochelaar ook doet) en hield de fles op z'n kop. Tatataaaa!"
VICTORIA, WEEK 83, OFWEL 19 MAANDEN

IK EN MIJN KUNST

Na anderhalf jaar gaat je dreumes speelgoed gebruiken op een manier waaruit blijkt dat hij snapt waar het speelgoed voor staat, wat of wie het vertegenwoordigt. Uit zijn spel blijkt dat hij de uit het leven gegrepen mensen, dingen en situaties kent die het speelgoed representeert. Het speelgoed symboliseert iets of iemand uit de echte wereld. Met die symbolen kan je kindje zijn fantasiespel spelen.

Zijn vermogen tot symboliseren stelt hem nu ook in staat om heel andere tekeningen te gaan maken die iets uit die echte wereld weergeven, bijvoorbeeld een auto, een hond of... zichzelf. Dit nieuwe vermogen is niet geleidelijk aan ontstaan. Het is er ineens met een sprong en is kwalitatief iets nieuws. Kunst is geboren. Als je kleine artiest er zin in heeft, krijg je de tekenvellen amper op tijd aangeleverd. Het begin van een gigantische verzameling kondigt zich aan. Als hij iets opwindends heeft meegemaakt, zoals het vuurwerk met oudjaar, heb je kans dat hij een tekening gaat maken en zijn indrukken vastlegt. Hij gaat niet alleen tekenen, maar ook hele constructies bouwen. En als je toevallig een kleine muziekliefhebber hebt, dan gaat hij op zijn elektronische piano 'spelen' en kan hij best lang naar muziek luisteren en ervan genieten.

"Haar tekeningen zijn tegenwoordig heel anders. De grootse krassen zijn vervangen door kleine rondjes, minuscuul klein. Ze is echt bezig met details." **VICTORIA,** WEEK 78, OFWEL BIJNA 18 MAANDEN

"Ze begint met tekeningen in te kleuren. Ze krast precies over een vakje heen en gaat nauwelijks buiten de lijntjes." **VICTORIA,** WEEK 79, OFWEL 18 MAANDEN

"Hij tekent nu ook "paarden" en "boten" en vanmorgen tekende hij opeens heel geconcentreerd een cirkel in een vierkant en vervolgens wees hij op zichzelf. Hij had zichzelf getekend." **LODEWIJK,** WEEK 79, OFWEL 18 MAANDEN

"Hij begint nu vaker te bouwen, terwijl hij tot nu toe meestal afbrak." **TIES,** WEEK 83, OFWEL 19 MAANDEN

"Hij heeft een auto getekend. Het was een goede tekening van een auto. Hij kan alleen zo'n goede tekening maken als hij dat op zijn zij op de grond liggend kan doen met zijn hoofd rustend op zijn gestrekte arm. Hoe zijn auto eruitziet? Het zijn twee rondjes, de wielen, met een streep ertussen. Rondjes zijn "broembroem". Hij tekent ook "vliegtuigen" en sinds kort "benen". Een "spiraal" is een stuur, een stuur draait immers." **THOMAS,** WEEK 83, OFWEL 19 MAANDEN

"Tekenen vindt ze erg leuk, vooral als ik een beer, konijn of pot teken." **JULIETTE,** WEEK 84, OFWEL RUIM 19 MAANDEN

"Ze heeft een Bambi-boek. Hierin staat een plaat met buidelratten die aan hun staart aan een boomtak ondersteboven hangen. "Hé," dacht Elisabeth, "dat is niet goed." Dus draaide ze het boek om, zodat ze het "goed" kon zien." **ELISABETH,** WEEK 85, OFWEL 19 ½ MAAND

"Hij is erg dol op muziek. Hij speelt graag op zijn elektronische piano en zet dan een "ritme naar keuze" op ter begeleiding van zijn spel. In de winkel heeft hij bijna een hele cd van Wibi Soerjadi afgeluisterd, zittend in zijn buggy. Bijna een uur lang. Hij was boos toen ik hem halverwege wilde onderbreken om verder te gaan winkelen. De muziek moest terug op zijn hoofd." **THOMAS,** WEEK 86, OFWEL BIJNA 20 MAANDEN

Het is niet voor niets dat kindjes in Japan al met twee jaar viool kunnen spelen. En heel verdienstelijk! Natuurlijk gebruiken zij speciale, kleine viooltjes. In onze westerse cultuur wordt het niet altijd zo op prijs gesteld als kindjes gedrild worden om al zo vroeg een dergelijke vaardigheid onder de knie te krijgen. Vrijheid, blijheid zeggen we hier. Maar om dergelijke culturele verschillen gaat het hier nu niet. Feit is dat kindjes van deze leeftijd in principe het vermogen hebben om zoiets te leren.

“*Hij zei dat hij opa ging tekenen, maar hij was steeds niet tevreden. Tot vier keer toe tekende hij een hoofd en zei dan: “Fout.” De vijfde keer, toen het sikje op de goede plaats zat, was hij tevreden en zei: “Opa!*” **THOMAS,** WEEK 101, OFWEL 23 MAANDEN

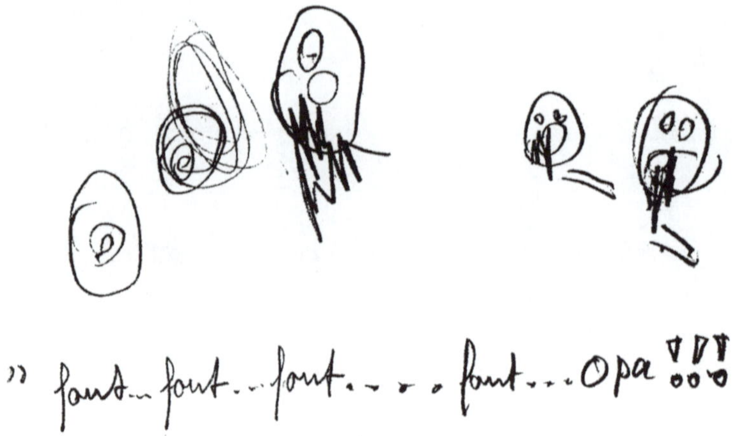

DE EVOLUTIE VAN KUNST

Kunst verscheen pas heel laat in de evolutie van onze soort. Terwijl men al gauw over miljoenen jaren spreekt als het om evolutie gaat, zijn de meeste oude bewijzen voor kunst ‘slechts’ ongeveer 35.000 jaar oud. Rond die tijd werd er ineens zoveel gevonden dat men wel spreekt van de kunstexplosie. Ineens was het er in overvloed. Het gaat hier om grotschilderingen, kleine stenen beeldjes en muziekinstrumenten. Een zeer zeldzame vondst van restanten van een fluit is zelfs ongeveer 90.000 jaar oud. Kunst in die zin is typisch menselijk. Het ontstaan van kunst werd voorafgegaan door een geweldige toename van onze herseninhoud. Men tast nog in het duister over hoe dit allemaal zo gekomen is. Maar zelfbegrip, fantasie en taal hebben er zeker veel mee te maken, net als het groter worden van het deel van onze grote hersenen dat achter het voorhoofd ligt.

IK EN MIJN TIJDBESEF: VERLEDEN, HEDEN EN TOEKOMST

Je dreumes begint nu tijdbesef te ontwikkelen. Hij wordt nu veel beter in het zich herinneren van voorbije ervaringen en in het voorspellen van toekomstige gebeurtenissen.

“*Ik kan haar niet meer ’s ochtends vertellen dat we ’s middags iets leuks gaan doen. Ze herinnert me er dan de hele dag aan: “Nu apa ama toe?”*” **VICTORIA,** WEEK 78, OFWEL BIJNA 18 MAANDEN

“*Ze gaat dingen plannen. Als we aan tafel gaan, vraagt ze of ze kan tekenen. Ik zeg haar dan dat we eerst gaan eten. Vervolgens zegt ze tegen mij waar straks haar papier en pen moeten komen te liggen. Ik moet dan zeggen dat ik het begrijp en dat ik dat ga doen. Als ik het vergeet na het eten, wordt ze heel erg boos. Ze is beledigd.*” **VICTORIA,** WEEK 80, OFWEL RUIM 18 MAANDEN

“*Hij onthoudt afspraken. Als ik beloof dat we na het badje iets gaan doen, dan helpt hij me daaraan herinneren. Als hij ’s morgens wakker wordt, refereert hij aan wat we voor het inslapen hebben gedaan.*” **GREGOOR,** WEEK 82, OFWEL BIJNA 19 MAANDEN

ELEMENTAIRE NATUURKUNDE

Als je zijn spel goed observeert, kun je je niet aan de indruk onttrekken dat hij soms bezig is met elementaire, natuurkundige verschijnselen.

“*Hij gaat dingen onder water dompelen die weerstand uitoefenen, zoals een bal. Hij haalt ook een klein elektronisch telefoontje uit elkaar en kijkt er anders naar dan eerst, toen het alleen geluid maakte. Het is nu wel stuk door zijn experiment. Extra interessant vond hij smijten en uit elkaar frummelen. Hij probeert dingen uit.*” **HARRIE,** WEEK 77, OFWEL 17 ½ MAAND

“*Ze kan ook erg bezig zijn met het overgieten van vloeistof van het ene in het andere gebruiksvoorwerp, zoals flesjes, glazen, borden of kopjes. Ze kan er uren mee zoet zijn en praat er dan druk bij.*” **ASHLEY,** WEEK 78, OFWEL BIJNA 18 MAANDEN

"Ze is op kleuren aan het letten: groen, rood, geel. Rood en geel bij elkaar. Was duidelijk aan het grappen toen ik zei dat het bij elkaar hoorde." **JOOSJE,** WEEK 78, OFWEL BIJNA 18 MAANDEN

"Met Pasen sneeuwde het. Het was de eerste sneeuw die hij zag. Hij vond het eng. Hij was helemaal van de kaart. Snapte er niets van. Wilde alléén zijn toen hij die nieuwe indrukken opdeed." **THOMAS,** WEEK 80, OFWEL RUIM 18 MAANDEN

Bij principes hebben we gezien hoe de dreumes begint te 'denken over het denken'. Als hij de wereld van de systemen is binnengegaan, kan hij voor het eerst de uit zijn ervaringen opgebouwde principes gaan samenvoegen tot een systeem. Het zou goed kunnen dat je kindje dat zit te doen als hij een 'denkpauze' neemt.

"Soms wil hij even alleen zijn. Hij zegt dan: "Dag," en gaat in zijn kamertje alleen zitten. Hij denkt dan na over het leven. Soms doet hij dat een halfuur mét een speeltje. Andere keren gaat hij tien minuten zitten staren en denken als een man van vijftig. Hij wil dan even rust na heel leuk gespeeld te hebben. Als hij zijn denkpauze gehad heeft, komt hij terug en is dan heel vrolijk, begroet mij, wil even aan de borst en gaat daarna slapen. Of leuk spelen. Hij heeft die privacy dus echt even nodig." **THOMAS,** WEEK 80, OFWEL RUIM 18 MAANDEN

"In het begin was hij bang voor de elektrische tandenborstel, maar nu ik hem eraan heb laten wennen gaat het goed en zegt hij: "Aan"." **JAN,** WEEK 83, OFWEL 19 MAANDEN

"Ze snapt dat de trein batterijen heeft. En dat ze leeg waren. Ze kwam toen zelf met nieuwe." **ODINE,** WEEK 86, OFWEL BIJNA 20 MAANDEN

"Bij de flightsimulator op de computer gaat hij nu niet meer roekeloos met de joystick om, maar hij doet dat nu heel bewust. Hij "doet" de landingsgear nu keurig. Hij wil er wel zeker van zijn dat er ook gebeurd is wat hij wil, dus daarom gaat hij even op en neer om te checken: "in, uit, in, uit", enzovoort." **JIM,** WEEK 86, OFWEL BIJNA 20 MAANDEN

ELEMENTAIRE BOUWKUNDE

Zijn interesse in natuurkundige verschijnselen geldt natuurlijk voor meer systemen dan alleen natuurkunde. Zo is hij bijvoorbeeld ook geinteresseerd in elementaire bouwkunde. Hij kan uren naar bouwvakkers kijken. En in zijn spel zie je vanaf deze laatste sprong dat hij meer constructies gaat bouwen, zoals torens of series van in elkaar geschoven kopjes, en dat hij meer dingen kan samenvoegen.

"Mijn man heeft deze week de vijver gestuukt met cement. Hij heeft aan mijn oudste zoon uitgelegd hoe je cement moet maken. Die heeft dat vervolgens weer uitgelegd aan Victoria. Nu zijn ze samen de hele dag bezig zand en water te mengen en dan te stuken. Ze doet alles na. Thomas is haar grote voorbeeld." **VICTORIA,** WEEK 79, OFWEL 18 MAANDEN

"Auto's zijn niet meer zo erg in trek. Het zijn nu meer de gekke vervoermiddelen zoals motoren, vrachtwagens, heftrucs, trams. Hij kan ook uren naar bouwvakkers kijken." **MARC,** WEEK 80, OFWEL RUIM 18 MAANDEN

"Ze heeft meegedaan als proefpersoon bij het testen van nieuw Lego-speelgoed voor dreumesen. Ze werd voor haar werk beloond met een elektrische Duplo-trein voor driejarigen. Maar tot ieders verbazing legde ze vlot de rails. Ze ziet het als een puzzel. De rechte stukken gaan perfect. Met de ronde heeft ze wat meer moeite. Ze maakt de baan niet rond. Het is dus gewoon een stuk rails met een begin en een eind. Als ze de baan klaar heeft, zet ze de spoorboom óp de trein en rijdt ermee rond. Ik vond dat raar en zei dat ook tegen haar. Maar ze bleef het toch doen. Dat verbaasde me. Totdat ik ontdekte dat ze dit moest hebben afgekeken van de doos! Hierop stond een plaatje met de spoorboom óp de trein, net zoals zij dat deed. Trouwens, het gaat haar met de trein eigenlijk niet zo om het rijden, maar meer om het leggen van de rails. Ze haalt de baan steeds weer uit elkaar en begint dan weer opnieuw." **XARA,** WEEK 82, OFWEL BIJNA 19 MAANDEN

"Hij probeert tegenwoordig de hele kleine Lego-steentjes op en in elkaar te zetten. Het lukt hem nog niet want je moet hard duwen. Maar hij probeert het wel. Hij bouwt niet met de grote stenen." **THIJS,** WEEK 86, OFWEL BIJNA 20 MAANDEN

IK EN MIJN PRAATJES

Tussen 17 en 22 maanden gaan kindjes het volwassen taalsysteem gebruiken met een explosieve stijging van de gesproken woordenschat en de gemiddelde duur van een uiting, en ze gaan ook woorden tot zinnetjes combineren. Ze kunnen nu ook twee verschillende taalsystemen van elkaar onderscheiden en een van de twee negeren. En verder is er een indrukwekkende toename in het begrijpen van gesproken taal rond 18 maanden.

Er is grote individuele variatie in de ontluikende spraakontwikkeling.

Sommige dreumesen zeggen rond deze sprong maar heel weinig woorden (een stuk of zes). De ouders weten dat ze eigenlijk veel meer woorden begrijpen en ergeren zich er daarom aan. Andere kinderen zeggen heel veel woorden, nagezegd (soms alleen de eerste lettergreep) of zelf begonnen, maar nog geen zinnen. Zij kunnen wel alles duidelijk maken, letterlijk met handen en voeten. Zij mimen hun aandeel. Een derde groep zegt al zinnen, maar mimet ook nog.

Veel begrijpen, weinig woorden

“*De woordjes die hij nu zegt zijn beperkt: “koek”, “fles”, “au”, “dàààànk”, “mama”, “papa”, “brood” en “pel” (= appel; hij spreekt alleen de laatste lettergreep uit). Hij begrijpt wel alles en voert ook opdrachten uit.*” **HEIN,** WEEK 76, OFWEL BIJNA 17 ½ MAAND

“*Hij doet zijn armpjes omhoog bij “hiep, hiep, hoera” en schreeuwt zelf ook iets van “oera!”. Hij kent nu ook alle gebaren van “Klap eens in je handjes”. En als iets niet lukt zegt hij “Damme” (gadverdamme).*” **ROBIN,** WEEK 76, OFWEL BIJNA 17 ½ MAAND

“*Ze gaat steeds meer woordjes zeggen. Nog niet heel duidelijk uitgesproken, meer de kernklanken zitten erin.*” **ANNA,** WEEK 79, OFWEL 18 MAANDEN

“*Hij zegt drie woorden: “die dah” is tiktak, “maa” is maan en “hi hi” is paard.*” **ROBIN,** WEEK 80, OFWEL RUIM 18 MAANDEN

“*Ze gaat steeds meer nazeggen. Als ze de telefoon pakt, zegt ze “hallo”. De woordjes die ze nu zegt, zijn “papa”, “mama”, “op”, “dag”, “fles”, “brood”, “koek”, “appel” en “uit”. Ze schudt “nee” als ze iets niet wil, en ze knikt “ja” als ze drinken wil.*” **LAURA,** WEEK 80, OFWEL RUIM 18 MAANDEN

“*Hij praat nog niet veel, maar begrijpen doet hij alles! En hij laat ook precies merken wat hij wil.*” **HEIN,** WEEK 81, OFWEL 18 ½ MAAND

“*Ze zegt nu ook “kaas”, “boem”, “pappie” en “mammie”.*” **ANNA,** WEEK 82, OFWEL BIJNA 19 MAANDEN

“*Hij begrijpt heel veel, duidelijk alles wat je zegt en vraagt. Hij is zeer ondernemend, altijd in de weer, loopt het hele huis zingend door en brabbelt de hele dag.*” **HEIN,** WEEK 83, OFWEL 19 MAANDEN

“Ze gebruikt weer een paar nieuwe woordjes.” **LAURA,** WEEK 83, OFWEL 19 MAANDEN

“Hij gaat steeds meer woordjes zeggen, hoewel zijn vocabulaire gering is. Hij brabbelt enorm veel. Van de week zei hij heel duidelijk “oma” om haar aandacht te trekken. De woordjes die hij nu af en toe zegt zijn “opa”, “oma”, “au”, “op”, “dag”, “fles”, “hap”, “hop”, “zitten”, “ikke” en “kijken”.” **HEIN,** WEEK 84, OFWEL RUIM 19 MAANDEN

“Hij pikt steeds meer woordjes op, bijvoorbeeld mier en meer. Hij kent nu “papa”, “pappie”, “mama”, “mammie”, “kaas”, “au”, “boem”, “mier”, “meer”, “tiktak”, “da”, “die”, “maan” en “sars” (= zon).” **ROBIN,** WEEK 84, OFWEL RUIM 19 MAANDEN

“Ze doet geluiden van dieren na.” **LAURA,** WEEK 85, OFWEL 19 ½ MAAND

“Hij gaat nu duidelijk wat meer woordjes zeggen. Hij antwoordt nu soms met “ja”. “Kaa” (= kaas) en “eten” horen nu ook tot zijn repertoire. Over het algemeen is het nog geen prater. Met wijzen en “eh, eh” begrijpt men hem ook wel. Hij krijgt voor elkaar wat hij wil.” **HEIN,** WEEK 86, OFWEL 19 ½ MAAND

“Ze praat veel en zegt veel na.” **ANNA,** WEEK 86, OFWEL BIJNA 20 MAANDEN

Veel begrijpen, veel woorden, veel mime, geen zinnen

“Het duidelijkste woord op dit moment is “kaas”. “Tuftuf” (= vliegtuig) is ook heel duidelijk. “Pápà” zegt hij een beetje op z’n Italiaans. Erg charmant.” **TIES,** WEEK 72, OFWEL 16 ½ MAAND

“Hij praat steeds meer. Op het ogenblik maakt hij graag geluiden met zijn tong: “lllll”. We doen veel taalspelletjes. Dat vindt hij heerlijk.” **LODEWIJK,** WEEK 72, OFWEL 16 ½ MAAND

“Een heerlijk moment deze week was wel het intense contact dat we hadden toen we een spelletje met “geluiden maken” deden. Het was tegelijkertijd een grap. Het ging om de tong in en uit de mond met geluid en later de “lll” in de mond: “Lala.” Zij vond het spannend en uitdagend en wilde hetzelfde doen als ik. Tegelijk was er zoiets als “ik zal je pakken”. Ik zag zoveel verschillende gevoelsuitdrukkingen op haar gezicht. Zij en ook ik vonden het steeds leuker en lachten steeds uitbundiger, zeker toen ze eenmaal “lala” zei spontaan met kus.” **ASHLEY,** WEEK 73, OFWEL BIJNA 17 MAANDEN

"Zijn manier van praten is weer veranderd. Ook al praat hij grotendeels onverstaanbaar, toch lijkt het of hij meer zinnen vormt, zodat ik denk: "Verrek, ik versta het!" Hij legt duidelijk met gebaren en "woorden" uit wat hem overkomen is terwijl ik er niet bij was. Bijvoorbeeld toen hij bij zijn omi in de keuken was en naar de slaapkamer kwam en ik vroeg wat hij gedaan had. Hij zei een onverstaanbare zin en voegde er wel het woord "kaas" in, waardoor ik begreep dat hij een stukje kaas van oma had gekregen. Desgevraagd knikte Ties van ja." **TIES,** WEEK 74-77, OFWEL 17 TOT BIJNA 18 MAANDEN

"Het ziet ernaar uit dat ze is gaan praten. Ze wil al sinds lange tijd weten hoe alles heet, maar er lijkt nu een kwaliteit bijgekomen te zijn: ze vraagt nu de naam met de bedoeling het zelf na te zeggen. Sommige feilloos qua klank. De meeste echter vooral met de eerste klank: bal is ba, boom is boo, en borst is bo. Het is schitterend om haar stem te horen. Ze is er zelf erg trots op en herhaalt op verzoek. We lachen er samen om." **ELISABETH,** WEEK 74, OFWEL 17 MAANDEN

"Zijn manier van communiceren vond ik erg interessant deze week. Hij lijkt zinnen te zeggen zonder taal. Hij houdt vol tot ik hem versta. Een voorbeeld: we lopen voor de tweede keer over de duinweg naar zee, Loodje bij zijn vader op de rug, ik de tas met strandspullen waar de schep zichtbaar uitsteekt. Opeens gilt hij: "Da da, da." Het duurt even voor ik doorheb dat het om de schep gaat. Als ik zeg: "Ja, de schep hè?" zegt hij "ja" en wijst vervolgens van de schep naar de zee. Ik herhaal in woorden: "Ja we gaan met de schep naar het strand." Tevreden zucht hij en leunt opgelucht achterover in zijn rugzitje. Dit soort dialogen voeren we legio." **LODEWIJK,** WEEK 74, OFWEL 17 MAANDEN

"Ik kan nu echt een dialoog met haar hebben. We communiceren uitgebreid. Wat zij het liefst lijkt te doen, is haar ordening van de wereld naar mij toe communiceren. Bijvoorbeeld viezigheid opsporen en dan "bah, bah" zeggen, laten zien dat ze vuil kan vinden, dat ze weet wat het is en dat ze weet wat ze ermee moet doen." **ELISABETH,** WEEK 75, OFWEL RUIM 17 MAANDEN

"Ze maakt zinnen die lijken op een lang woord waar ook nog letters in weggelaten zijn. Toch is ze te verstaan als ik niet goed oplet. Ze zag bijvoorbeeld dat het stoplicht rood was en wees ernaar. Ik had dat nog niet gezien maar hoorde haar dat zeggen en keek. En het klopte inderdaad. Toch weet ik nog niet wat ze precies zei. Een vreemde gewaarwording! Het was alsof ze zelf niet wist wat ze zei, maar wel iets van klanken zei die bij dat beeld pasten." **ASHLEY,** WEEK 76, OFWEL BIJNA 17 ½ MAAND

“*Met verhaaltjes kan ik hem stilhouden om zijn luier om te doen.*” **LODEWIJK,** WEEK 76, OFWEL BIJNA 17 ½ MAAND

“*Hij zegt heel veel woorden. Hij zegt ze na of begint ze zelf. Hij zegt de eerste lettergreep en die is meestal goed. Hij probeert nog geen zinnen. Wel brabbelt hij soms reeksen geluiden.*” **BOB,** WEEK 76, OFWEL BIJNA 17 ½ MAAND

“*Interessant vond ik deze week zijn behoefte om de wereld “talig” te benoemen. Wat een eindeloos verlangen om zo’n taal te leren schuilt er in zo’n mannetje! Wat ook heel sterk is, is hoe hij alles duidelijk kan maken, letterlijk met handen en voeten weet hij alles mee te delen wat hij wil zeggen. Hij heeft een soort pantomime. Ook als ik met andere mensen praat, doet hij vaak mee. Hij “mimet” zijn aandeel.*” **LODEWIJK,** WEEK 76, OFWEL BIJNA 17 ½ MAAND

“*Ze is geïnteresseerd in woorden nazeggen en oefent met mij vaker dan eerst.*” **ASHLEY,** WEEK 77, OFWEL 17 ½ MAAND

“*Hij zegt veel woorden, nog steeds vooral de eerste lettergreep. Steeds meer woorden die ik niet vóór hoef te zeggen. De vreugde die hij schept in het spreken is ontroerend.*” **BOB,** WEEK 77, OFWEL 17 ½ MAAND

“*Communiceren over wat hij doet en wil doen en over wat hij heeft meegemaakt staat centraal. Hij is heel creatief om met lichaamstaal te zeggen wat hij niet met woorden kan zeggen. Hij spreekt veel duidelijker. Woorden worden “af” uitgesproken. Hij gaat nu ook woorden uitspreken die ik niet net heb voorgezegd. Dus op zijn geheugen.*” **RUDOLF,** WEEK 78, OFWEL BIJNA 18 MAANDEN

“*Ze kent nieuwe woorden: “paard”, “koe” en “meloen”. Ze kent ook de namen van de kinderen met wie ze gespeeld heeft. “Nina” kan ze het best zeggen.*” **ASHLEY,** WEEK 80, OFWEL RUIM 18 MAANDEN

“*Ik heb het idee dat hij in principe alles kan nazeggen wat ik voorzeg. Het hangt van zijn bui af of hij dat ook doet.*” **TIES,** WEEK 81, OFWEL 18 ½ MAAND

“*Ze zegt nu veel woorden. Ze begint nu met de juiste letters maar zet ze dan in de verkeerde volgorde, bijvoorbeeld “bloem” wordt “boelm”. Elke dag komen er nieuwe woorden bij. Ze oefent ze een hele poos totdat ze de juiste letters achter elkaar heeft. Bij sommige woorden is dat erg moeilijk, bijvoorbeeld de “h” en de “r”.*” **ASHLEY,** WEEK 82, OFWEL BIJNA 19 MAANDEN

“*De manier waarop hij zich verstaanbaar maakt, is heel creatief. Hij wijst bijvoorbeeld op zijn ogen als hij nog even in de luier wil kijken die ik te snel weghaal.*” **RUDOLF,** WEEK 82, OFWEL BIJNA 19 MAANDEN

“*Als ik hem niet begrijp en hij een woord niet weet, refereert hij aan woorden die wel eens gebruikt zijn in die context. Meestal komen we er daardoor toch samen uit.*” **LODEWIJK,** WEEK 82, *ofwel bijna 19 maanden*

“*Hij gebruikt nu ook het woord “mooi”. Hij komt met een boek aandragen, wijst naar de voorplaat en zegt: “Mooi”.*” **TIES,** WEEK 83, OFWEL 19 MAANDEN

“*Hij komt met samengeknepen duim en wijsvinger op me af en dat wil ‘geld’ zeggen.*” **TIES,** WEEK 84, OFWEL RUIM 19 MAANDEN

“*Opeens krijgt hij de geest en zegt woorden dan heel af. Als ik hem prijs, is hij apetrots. Voor zinnen doet hij nog steeds geen enkele moeite. Hij heeft een voorkeur voor lichaamstaal. Zo gebeurt het honderd keer per dag dat hij iets wil zien wat ik doe of wat ik hem afneem. Hij wijst dan geconcentreerd op zijn ogen. Hetgeen zoveel wil zeggen als: “Ik wil alleen maar even kijken”.*” **RUDOLF,** WEEK 83-86, OFWEL 19 TOT BIJNA 20 MAANDEN

“*Ook zijn behoefte aan de andere zintuiglijke activiteiten maakt hij kenbaar door naar het betreffende zintuig te wijzen.*” **RUDOLF,** WEEK 83-86, OFWEL 19 TOT BIJNA 20 MAANDEN

“*Hij zegt het als hij iets eng vindt. Of hij het woord “eng” helemaal begrijpt, weet ik niet, maar dingen die hij naar vindt en die overweldigend zijn in geluid of fysiek vasthouden noemt hij allemaal eng. Sommige dieren vindt hij eng. En sommige gevaarlijke situaties, als hij bijna valt bijvoorbeeld. “Eng” betekent lang niet altijd “wegwezen”. Hij probeert zijn angst vaak te overwinnen door op het enge af te gaan.*” **LODEWIJK,** WEEK 83-86, OFWEL 19 TOT BIJNA 20 MAANDEN

“*Hij heeft niet veel plezier meer in het nazeggen van woorden. Toch maakt hij wel vooruitgang. Er zijn steeds meer woorden die hij nazegt en ook steeds meer woorden die uit meer dan één lettergreep bestaan.*” **LODEWIJK,** WEEK 83-86, OFWEL 19 TOT BIJNA 20 MAANDEN

Veel begrijpen, veel woorden en ook zinnen

"Ze begint te zingen. Bijvoorbeeld, als ik "Poesje maauw" zing, dan zing ik "Poesje" en zij zingt "maauw"." **JETTEKE,** WEEK 73, OFWEL BIJNA 17 MAANDEN

"Ze "leest" nu echt boekjes. Ze vertelt een verhaal terwijl ze naar de plaatjes kijkt. Totaal onverstaanbaar, maar wel heel aandoenlijk. Ze kan overigens ook verstaanbare zinnetjes zeggen." **VICTORIA,** WEEK 75, OFWEL 17 MAANDEN

"Als ze de kat wil hebben, roept ze: "Wittie, kom maar"." **JETTEKE,** WEEK 75, OFWEL 17 MAANDEN

"Ze zegt alles na wat wij zeggen en ze weet ook precies wat wat is. Dus ze zegt het niet na zonder te weten wat het is." **XARA,** WEEK 76, OFWEL BIJNA 17½ MAAND

"De laatste tijd droomde hij heel erg. Aan het einde van die droomtijd zei hij veel nieuwe woorden. Ik denk dat het puur frustratie is omdat hij eigenlijk wil praten. Hij droomt nu ook hardop. Nadat hij een bezoek gebracht had aan de kinderboerderij, deed hij alle beesten na." **THOMAS,** WEEK 80, OFWEL RUIM 18 MAANDEN

"Ze zegt meerdere dingen achter elkaar, bijvoorbeeld "kan niet", "niet doen" of "papa en mama"." **XARA,** WEEK 81, OFWEL 18 ½ MAAND

"Hij wilde badgel. Maar ik had geen zin om in te gaan op "eh, eh" en zei: "Zeg het dan?" Toen zei hij: "Ja, die die, ik"." **THOMAS,** WEEK 82, OFWEL BIJNA 19 MAANDEN

"Ook in het tuincentrum zei hij een mooie zin: "Die... mooi"." **THOMAS,** WEEK 82, OFWEL BIJNA 19 MAANDEN

"Als ik vraag: "Hoe is het met je oog?" zegt ze "goed". Alles waar ze eerder "-ie" op het eind zei, zegt ze nu "-je". Bijvoorbeeld "fiepie" werd "fiepje", "pappie" werd "papje", "kakkie" werd "kakje" en "noemie" werd "noepje". Ook zegt ze bijvoorbeeld "waar is ie?"." **JETTEKE,** WEEK 82, OFWEL BIJNA 19 MAANDEN

"Ze praat nu twee of drie woorden aaneen." **XARA,** WEEK 83, OFWEL 19 MAANDEN

"Met praten maakt ze steeds meer vorderingen. Ze zegt soms drie woorden achter elkaar. Bijvoorbeeld: "Papa bij zitten"." **JETTEKE,** WEEK 84, OFWEL RUIM 19 MAANDEN

“Hij is gek op boekjes. Tegenwoordig beluistert en leest hij ook sprookjesboekjes. Dat zijn nog boekjes met heel korte verhaaltjes die hij heeft gekregen toen hij in de Efteling was. Als ik voorlees, laat ik prins Thomas altijd de hoofdrol spelen. Hij luistert het hele sprookje uit.” **THOMAS,** WEEK 86, OFWEL BIJNA 20 MAANDEN

“Ze praat echt al hele zinnen achter elkaar.” **XARA,** WEEK 87, OFWEL 20 MAANDEN

TOON BEGRIP VOOR 'RARE' ANGSTEN

Als je dreumes bezig is zijn nieuwe vermogen uit te werken, zal hij ook dingen of situaties tegenkomen die nieuw zijn en die hij maar half begrijpt. Eigenlijk ontdekt hij nieuwe gevaren, gevaren die tot nu toe voor hem niet bestonden. Pas als hij alles beter begrijpt, zal ook zijn angst verdwijnen. Leef met hem mee.

“Ze is bang voor onweer, zegt ook “bang, boem”.” **MARIJE,** WEEK 71, OFWEL RUIM 16 MAANDEN

“Hij ergerde zich mateloos aan de stofzuiger en aan een lopende waterkraan. Die moest per se uit.” **PAUL,** WEEK 72, OFWEL 16 ½ MAAND

“Hij is bang voor ballonnen. Ook durft hij op de kinderboerderij niet tussen de schapen en de geiten te lopen. Hij wil dan gedragen worden. In de draaimolen op een beest zitten vindt hij ook eng. Ernaar kijken vindt hij prima.” **THIJS,** WEEK 73, OFWEL BIJNA 17 MAANDEN

“Ze is bang voor harde geluiden (trein, vliegtuig, boormachines) en in het donker.” **NINA,** WEEK 75-76, OFWEL RUIM 17 MAANDEN

“Hij vond overgeven heel akelig. Hij had overgegeven in zijn bedje en riep nog steeds “bah”, ook toen het al opgeruimd was.” **JIM,** WEEK 80, OFWEL RUIM 18 MAANDEN

“De roep van de fazant, spinnen, paarden, honden. Dit was nieuw. Ik denk dat het bij zijn nieuw verworven autonomie hoort.” **GREGOOR,** WEEK 80-81, OFWEL BIJNA 18 ½ MAAND

“Hij gaat altijd na zijn bad ernaast zitten persen om te plassen, maar deze keer kwam er een drolletje. Dat vond hij heel raar.” **ROBIN,** WEEK 82, OFWEL BIJNA 19 MAANDEN

“*Het maakt erg veel indruk als meneer de Uil (van het tv-programma* De Fabeltjeskrant) *zijn ogen dichtdoet en gaat slapen. Zij heeft een opwind-Bert (van Ernie) voor in bad, maar Bert z'n neus zit los en als die in het water ligt of Bert ligt er zonder neus, dan is ze echt bang, dan kruipt ze helemaal in een hoekje.*” **JOOSJE,** WEEK 83, OFWEL 19 MAANDEN

“*Hij is al een tijdje bang voor de stofzuiger. Vroeger kroop hij erop als ik begon te zuigen. Nu gaat hij mooi in een hoekje staan wachten tot de poetserij klaar is.*”
STEVEN, WEEK 85, OFWEL 19 ½ MAAND

“*Hij laat steeds aan papa de trollenkoning uit de Efteling zien. Papa moet er dan over vertellen. In de Efteling was hij juist een beetje bang voor deze figuur:* "on the edge of terror" *dus.*” **THOMAS,** WEEK 86, OFWEL BIJNA 20 MAANDEN

“*Hij was bang voor een geit die op hem afkwam in de kinderboerderij.*”
DIRK, WEEK 87, OFWEL 20 MAANDEN

“*Vliegjes, muggen en wespen vindt zij eng.*” **EEFJE,** WEEK 87, OFWEL 20 MAANDEN

“*Hij was bang voor een spin in de tuin en voor vliegen.*”
HARRIE, WEEK 88, OFWEL RUIM 20 MAANDEN

SPELTOPPERS VAN SYSTEMEN

Dit zijn spelletjes en oefeningen die inspelen op het nieuwe vermogen en die bij bijna alle dreumesen tussen 17-20 maanden oud favoriet zijn:

- SAMEN GEK DOEN: WOORDEN RAAR UITSPREKEN EN VREEMDE LICHAAMSBEWEGINGEN MAKEN.
- STOEIEN.
- HERKENNING VAN SOMMIGE MENSEN.
- OP ZIJN HOOFD STAAN, INGEWIKKELD KLAUTEREN, EVENWICHTSOEFENINGEN.
- TEKENEN.
- BELLEN BLAZEN.
- SPRINGEN EN EVENWICHTSOEFENINGEN OP 1,5 METER HOGE MUURTJES.
- GEWOON GEK DOEN.
- KIETELEN EN WILDE SPELLETJES.
- VADER DIE STOEIT EN GEINTJES UITHAALT.

>>

- BUITEN SPELEN.
- ANDERE KINDJES, SPELLETJES EN STOEIEN.
- BALLEN.
- DE HOND KRENTJES VOEREN.
- SPOOKSPELLETJES.
- IN DE RONDTE ZWIEREN, 'DRONKEN' WORDEN EN OP BED GEGOOID WORDEN.
- CIRCUS SPELEN.
- HOP, HOP, PAARDJE.
- PAARDJE RIJDEN OP DE RUG.
- IK KOM JE PAKKEN.
- VERSTOPPERTJE SPELEN.
- VOORLEZEN.
- TONGSPELLETJE: VADER OF MOEDER DUWT DE TONG TEGEN DE BINNENKANT VAN ZIJN OF HAAR WANG; LAAT DE DREUMES ERTEGENAAN DUWEN EN LAAT DAN DE TONG NAAR BUITEN KOMEN.

SPEELGOED EN HUISRAAD DAT HET MEEST BOEIT

Dit zijn speeltjes en spulletjes die inspelen op het nieuwe vermogen en die bij bijna alle dreumesen tussen 17-20 maanden oud favoriet zijn:

- AUTO'S.
- KLEI (WAAR HIJ HET LIEFST OP KAUWT).
- KINDER-TV-PROGRAMMA'S (*MIJNHEER KAKTUS, PINOKKIO, PIPO, SEABERT, DE FABELTJESKRANT*).
- BOEKJES (ONDER ANDERE *DONALD DUCK*).
- KLEINE FRUTSELTJES, POTJES EN FLESJES (DIE TEZAMEN EEN GEHEEL VORMEN).
- GARAGE MET AUTO'S.
- VLIEGVELD VAN FISHER PRICE.
- TEKENEN EN PAPIER.
- EMMER, ZAND EN WATER.
- DUW-/ZITAUTO.
- PLASTIC STOELTJE.
- TAKKEN (PAU PAU).
- BAL.
- FIETSJE.

- BEESTEN (PLUCHEN), BEREN EN POPPEN.
- PLAKPLAATJES.
- ZANDBAK.
- IN DE TUIN GRAVEN.
- KINDERLIEDJES.
- GLIJBAAN.
- KLEURPOTLODEN.
- TRUCK MET AANHANGERS.
- BELLEN BLAZEN.
- PINOKKIO.
- TREINEN.
- SCHOMMELSTOEL EN ALLES OM MEE TE SCHOMMELEN ZOALS GEWONE STOEL.
- HOBBELPAARD.
- PUZZELS TOT 20 STUKJES.
- MOLENTJE VOOR OP DE FIETS.

LET OP! ZET WEG OF BEVEILIG:

- WC.
- VUILNISBAK.

DE SPRONG IS GENOMEN

Na 79 weken ofwel ruim 18 maanden zijn de meeste dreumesen weer wat makkelijker dan ze waren. Alhoewel hun ontluikende zelfbegrip met de hang naar eigen wil doordrijven en macht het er niet erg veel makkelijker op maakt. Maar dat is een ander soort lastig zijn. Het is niet lastig in de zin van de drie H's: **HUILERIGHEID, HANGERIGHEID** en **HUMEURIGHEID**. Het is bij tijd en wijle gewoon knap irritant. Het is de kunst om erboven te staan. Gewoon tot tien tellen, bedenken dat je schatje toch fijn vooruitgang boekt en de zaak in goede banen leiden. Per slot van rekening is het nu heel goed mogelijk om (gedrags)regels bij te brengen en je dreumes te leren dat de hele wereld niet per se om hem draait, dat hij ook rekening moet houden met anderen.

Het is goed om je te realiseren dat voor volwassenen denken en redeneren, ofwel logica, niet de hoogst bereikbare zaken zijn, zoals sommige mensen graag denken. Logica hoort thuis in de wereld van programma's en is ondergeschikt aan de werelden van principes en systemen. Wil je echt iets veranderen, dan moet je eerst je principes veranderen. En om je principes te veranderen, moet je eerst het betreffende systeem veranderen.
Het probleem is dat begrippen op het niveau van systemen bij volwassenen niet makkelijk te veranderen zijn. Dat komt deels doordat elke verandering op het niveau van systemen verreikende gevolgen heeft voor alle niveaus onder de wereld van systemen. En dat gaat niet zomaar zonder slag of stoot. De geschiedenis heeft geleerd dat er vaak revoluties of oorlogen mee gepaard gaan, met woorden of met wapens. Een wetenschapper wordt niet gauw een mysticus en een moslim wordt niet vlug een christen.
Begrippen op het niveau van systemen en principes worden makkelijker gevormd dan ze later veranderd kunnen worden. Kinderen pikken ze op uit hun omgeving en nemen ze over. Soms leggen volwassenen de nadruk op bepaalde principes en systeembegrippen. Dan is er uitdrukkelijk sprake van socialisatie en opvoeding.

Natuurlijk komt jouw dreumes nog maar net kijken. Zijn wereldje is nog heel klein en dicht bij huis. Het duurt nog vele jaren, tot na de kindertijd, voordat hij iets heeft ontwikkeld wat wij volwassenen een wereldbeeld noemen, of een levensvisie. Maar het prille begin is er.
Hoe pril dit begin ook is, het is wel belangrijk en heeft verstrekkende

gevolgen. Hier wordt onder andere een begin gemaakt met de gewetensvorming en het aanleren van waarden en normen. Als dat vanaf hier niet goed gaat, is het een paar jaar later al goed te merken. Als je het al je aandacht geeft, is dat een goede diepte-investering en bespaar je je kind, jezelf en iedereen om je kind heen een hoop ellende. Het belang van dit prille begin geldt natuurlijk ook voor al die andere afdelingen uit de winkel van systemen. Of je uk nou dol is op muziek, graag bouwt, kletst, speelt met natuurkundige verschijnselen of controle uitoefent over zijn eigen lichaam, geef zijn aanstormende talenten een kans. Je zult versteld staan van het plezier dat je samen kunt beleven.

NAWOORD

Alle ouders zitten regelmatig met een baby die 'papa of mama tankt', die huilerig, chagrijnig, hangerig, kortom lastig is. Ouders die met zo'n kleintje zitten, zijn dus geen uitzondering. Ze staan niet alleen met hun probleem. Al hun 'collega's' zaten en zitten op dezelfde tijden ook in de zorgen en de ergernis. En iedereen vergat en vergeet dit snel en graag als zo'n periode over is. Iedereen bagatelliseert de ellende die hij meemaakte nadat de zon weer is doorgebroken.

Als ouders beseffen dat lastig zijn, zorgen en ergernis bij tijd en wijle een normaal, gezond onderdeel zijn van zelfstandig worden, maakt hen dat sterker, zekerder.
Ze weten wat ze doen. Ze weten dat bij een baby geen gebruiksaanwijzing voor zijn opvoeding wordt geleverd. Iedere baby 'winkelt' na iedere sprong en maakt zijn eigen keus, en het enige wat je kunt doen, is hem daarbij helpen. Ze weten ook dat alleen degene die hem het best kent, hem het best kan helpen. Zijzelf dus. Zij zijn de experts bij uitstek. Wat zij daarbij goed kunnen gebruiken is informatie over wat zich bij iedere sprong in het hoofd van hun baby afspeelt. Die hebben wij hier gegeven. Daarmee is het makkelijker begrip op te brengen voor de baby en hem te steunen. In het project 'Hordenlopen' en het gelijknamige boek hebben we aangetoond dat dit erg veel uitmaakt voor de ouders en voor de latere ontwikkeling van een baby. Die heb je dus gedeeltelijk zelf in de hand. Degene die voor een baby zorgt, weet het best wat die baby nodig heeft. En niet de familie, buren en vrienden. Hun kind kan immers totaal anders (geweest) zijn. Wij hebben dat in dit boek duidelijk gemaakt, en hopen dat ouders zelfbewust en weerbaar durven zijn en immuun voor tegenstrijdige en ongevraagde adviezen.

We hebben laten zien dat in zijn eerste twintig maanden, het zogenaamde sensorimotorische stadium, iedere baby tien keer opnieuw 'geboren' werd. Tien keer stond zijn bekende wereld op zijn kop. Tien keer was hij van slag en deed hij alles wat in zijn vermogen lag om aan 'papa of mama te hangen'. Tien keer keerde hij terug naar zijn veilige basis. En tien keer laadde hij zich daar als het ware op ('hij tankte papa of mama') voor hij de volgende sprong in zijn ontwikkeling ging maken. Natuurlijk is hij daarmee nu niet klaar. Onderzoek naar de ontwikkeling van hersengolven (eeg) bij kinderen van anderhalf tot zestien jaar heeft bijvoorbeeld uitgewezen dat plotseling belangrijke veranderingen optreden in die hersengolven op de overgang tussen welbekende vervolgperioden in de mentale ontwikkeling.

Het begin van de puberteit is zo'n sprong op latere leeftijd. Lang heeft men gedacht dat de puberteit in gang gezet werd door het opspelen van de hormonen. Maar nog niet zo lang geleden heeft men ontdekt dat ook bij het begin van de puberteit plotselinge, drastische hersenveranderingen een rol spelen. Niet alleen veranderingen in hersengolven, maar ook een plotselinge toename in de omvang van bepaalde onderdelen van de hersenen. Ook dan betreden jongeren een nieuwe ervaringswereld en krijgen ze een nieuw waarnemingsvermogen en inzicht die ze zich met geen mogelijkheid eerder eigen konden maken. Pubers geven dat natuurlijk niet graag toe, want ze voelen zich al heel wat. Net als dat voor de baby's gold. Voordat een kind op eigen benen staat, zal zich dit nog een aantal keren herhalen. Er zijn zelfs aanwijzingen dat volwassenen hier ook nog mee te maken krijgen.

“*Mensen worden niet eens en voor altijd geboren op de dag dat hun moeder ze op de wereld zet, maar (...) het leven dwingt ze om zelf keer op keer een nieuwe wereld te betreden. (Vrij vertaald uit:* Love in the Time of Cholera *van Gabriel García Márquez, 1988, Penguin, blz. 165.)*”

OVER DE AUTEURS

Dr. Hetty van de Rijt en dr. Frans X. Plooij hebben ruim vijfendertig jaar onderzoek gedaan naar ouder-babyrelaties.

Oei, ik groei! is al voor meer dan 600.000 ouders in Nederland en België, en voor meer dan twee miljoen ouders wereldwijd in vijftien andere talen, van Amerika tot Japan, een grote hulp en steun geweest bij het omgaan met hun baby van 0 tot ruim 17 maanden.

NUTTIGE ADRESSEN

VERENIGING BORSTVOEDING NATUURLIJK
Postbus 119
3960 BC Wijk bij Duurstede
0343 57 66 26
www.borstvoedingnatuurlijk.nl

BORSTVOEDINGORGANISATIE LA LECHE LEAGUE
Postbus 212
4300 AE Zierikzee
0111 41 31 89
www.lalecheleague.nl

VERENIGING OUDERS VAN COUVEUSEKINDEREN
Postbus 1024
2260 BA Leidschendam
070 38 62 535
www.couveuseouders.nl

STICHTING LICHAAMSTAAL
Scheyvenhofweg 12
6093 PR Heythuysen
0495 651735

STICHTING STEUNPUNT HUILBABY'S
Dokter van Dalelaan 12
3851 JB Ermelo
06 12 213 213 (10.00-12.00)
www.steunpunthuilbabys.nl

BELANGENVERENIGING VAN OUDERS IN DE KINDEROPVANG (BOINK)
Maliebaan 80
3581 CW Utrecht
030 23 17 914/233 14 00
www.boink.info

NEDERLANDSE VOEDSELALLERGIE STICHTING
Stationsweg 6b
3862 CG Nijkerk
033 46 55 098
www.voedselallergie.nl

REGISTER OEI, IK GROEI!

aaien 31, 40, 47, 50, 61, 88
aandacht 33, 34, 37, 42, 47, 49, 50, 70, 78-79, 90, 99, 101, 128, 132, 134, 227, 258
aanhankelijkheid 45
aankleden 171, 201, 211, 220, 235, 240-241, 267
aanleg 64
aanmoediging 33, 69, 90
aanpassing 53, 105
aanraken 35, 48, 52
aanwijzen 208, 209, 218
spelletje 221, 284, 304
aardig zijn 294-301
activity center 108
ademhaling 38, 39
afkijken 277
afleiden 217
afleren 93, 119, 155, 186, 217, 247
afstand moeder-baby 127-128, 135, 137, 139, 152, 153-154, 155, 166-167, 335
aftasten 295-296
agressie 103, 293-294
angst 44, 152, 186, 216, 246, 361

babygedrag 171, 201-202, 231
babygepraat 34, 70, 89, 90
babyzwemmen 162
baden 74
begrijpen 118, 150, 356, 357, 358
begrip voor de baby 16, 23, 358
behendigheid 280-284
benoemen 159, 189, 190
spelletjes 189, 190, 218, 221
beslissingen nemen 332
beweging 63, 81, 84, 92, 106
spelletjes 159-160, 191, 221-222
bezitsdrang 294
bezorgdheid 59, 81, 132
bijten 108, 120-121
boekjes 109, 118, 138, 147-148, 159, 162
borstvoeding 30, 43, 44, 60, 100, 174, 201, 206, 230, 235
bouwen 282, 316, 350-351
bouwkunde, elementaire 316, 320, 350-351
box 72, 75, 136
brabbelen 89, 105, 109
broertjes en zusjes 318
buikligging 36, 65
buitenwereld 35, 56, 176

capaciteiten 322
capriolen 277, 280-281, 303
categorieën 176-193
speelgoed 191-192
speltoppers 189-191
concentratie 53
conflicten 24-25, 119
consequentheid 188
consultatiebureau 60
contact maken 198
contrasten 34
conversaties 245

dagboek 14
dansen 148
darmkrampjes 60
details, oog voor 108, 115
diarree 133
dieren 176, 178, 209, 242, 251, 252, 305, 318
doen alsof 244, 337
draagdoek/draagzak 40

draaien 65, 85, 112
drammen 289-290
driftbuien 236, 253, 266-267, 287, 289-290, 310
dromerigheid 264
duimzuigen 58, 80
dwingen 219

één/meer dan één 182
eenkennigheid 57, 79, 198, 204, 228, 233, 259, 267, 310
eigen wil 119, 313, 317, 325, 330-332
eigendom 294, 318, 343-344
eisen stellen 155
emoties 179, 186, 287-288, 305
enthousiasme 115
ergernis 60-61, 81-82, 155, 174, 205, 233-234, 266, 311-312
eten 116, 172, 209, 221, 241-242
  problemen 156-157, 172, 201, 230, 233
evenwicht 140, 148-149, 150
  spelletjes 159-160

familie 314, 318, 341
fantasie 244, 312, 314, 317, 346, 348
fietsen 189
flesvoeding 30, 43, 79, 103
fluisterspelletjes 159
fopspeen 46, 67
frustraties 216, 217, 289
futloosheid 101

gebaren 139, 145-146, 146-147
gebeurtenissen 100-124
  speelgoed 122-123
  speltoppers 121-122
geborgenheid 39
gedrag, fout/goed 217

geduld 119, 120
geef-en-krijgspelletje 187
geheugen 32
gehoor (zie ook: geluid) 34-35
'gek' doen 304
geluid 34, 46, 51-52, 66, 70, 75, 80, 86, 89, 90, 101
geur 34
geven 187
geweten 313, 317, 323-324, 363
gewicht 181
gezichtsbewegingen 33, 63
gezichtsspieren 63
gezin 314, 318, 339-341
glimlachen 48, 50, 86
grapjes 278, 294-295, 296
grenzen stellen 302
grijpen 69-70, 86, 91, 108
grijpreflex 37
groeiboek 14, 16
groeischokken 14-16, 20-25
groot/klein 183
hangerigheid 16, 21, 23, 44, 49, 56, 59, 61, 62-63, 78, 79, 83-84, 98, 102, 103, 126, 127, 132, 134, 166, 196, 226, 227, 257, 265, 268, 270, 310
hanteren van spullen 138
hardhandigheid 83, 183
helpen 215, 246, 297
herkenning 179
hersenen 20, 47, 316, 367
honger 43, 62
hoofdomvang 47, 63, 107, 166, 367
hoogbegaafdheid 71, 249
horen 33, 34
huidcontact 35
huilbaby's 56, 59, 72, 124
huilen 12, 29, 30, 31, 33, 34, 35, 38, 42, 49, 56, 59, 60, 62, 78, 86, 166, 197, 227, 257
huis 318, 342-343
huishoudelijke spelletjes 305
hulp vragen 297
humor 312
humeur 100-101, 199, 229, 262
humeurigheid 21, 23, 31, 311

ik/jij 317, 335-336
imiteren 190, 191, 284-285, 337
spelletjes 190-191, 211
inspraak 277, 291
intelligentie 177

jaloezie 179, 199, 204, 229, 233, 261, 267, 310
jengelen 42
jongens/meisjes 89, 129, 154-155, 290

karweitje opknappen 250
kiekeboe-spelletjes 117, 122, 152, 153, 158
kietelen 52, 122
kijken 33, 50, 68-69, 73, 86, 108-109, 115, 138
kinderliedjes 121-122, 148, 221-222, 223, 304
klappen (in handen) 151, 180, 191
kleding 159, 318
kletsen, zie babygepraat
klimmen 185, 211, 215, 277
knijpen 79, 120
knuffelen 29, 31, 38, 231
knuffels 138, 144, 231, 238
koorts 132
koppelen 207, 209
kou 35
kraaien 85, 86
kraambezoek 30
kraamtijd 29-31
kraamvrouwentranen 29
krampjes 43, 60
kruipen 88, 112, 113, 185, 191
kunst 314, 319, 321, 346-348
kwaliteitsuurtjes 25

lachen 39, 52, 86
lichaam
controle over 317, 321, 325-327
interesse in 326-327
lichaamscontact 39-40, 129, 131, 168-169, 172, 198, 204, 228, 233, 260, 267, 310
lichaamstaal 318
lichaamstemperatuur 35
liedjes 121-122, 148, 221-222, 223, 304
lopen 150, 162, 210, 215, 234
luisteren 32, 53, 66, 73, 75, 139, 157
lusteloosheid 78

maaltijden, irritaties rond 156-157
macht 317, 332-335
manipuleren 186
meisjes/jongens 89, 129, 154-155, 290
Moro-reflex 37
muziek 34, 37, 75, 106, 115, 223, 245-246

nachtmerries 128, 170, 172, 200, 204, 230, 233, 263-264
nadoen 139, 190, 211, 277
natuurkunde, elementaire 320
normen en waarden 274, 313, 343

oefenen 67, 68, 88, 113-114
ogen 33
omrollen 105, 112
onafhankelijkheid 119
onderdelen ontdekken 183
onderhandelen 295-297
onderkoeling 35
onderzoeken 248
ondeugendheid 232, 233, 234, 266
ontdekken 114-117, 182, 183, 185, 189
onzekerheid 261, 299
opdrachtjes 190, 283, 298
optrekken 65, 93

spelletjes 71, 93
overgangen
speelgoed 95
speltoppers 95-96

pijn 43, 120
plaatjes kijken 121, 147, 209
praten 86, 89, 90, 111, 118, 139, 146-147, 159, 190
spelletjes 121
proeven 33, 63, 84, 104, 116
programma's 226-252
speelgoed 251-252
speltoppers 250-251
puberende peuter 311-312, 314

rammelaars 69-70, 38, 63
reflexen 36-37
regels 155, 186, 207, 217, 247, 302-306
roekeloosheid 280, 300
roepspelletjes 284, 304
rommel maken 196
ruiken 31, 34, 37
rust 67, 170
ruzies 174-175, 204-205, 311-312

sabbelen op vingers 58
samenwerken 273, 275
schrikken 37, 48
schudden 82, 86, 104
slaan 83
slapen 45
problemen 58, 79-80, 99, 127, 169, 199-200, 230, 262
tips 46
slikken 84-85
smaak 35
speelgoed 33, 35, 75, 95, 115, 116, 122, 136, 137, 138, 143, 144, 159, 161, 162-163, 191-192, 238-239, 242-243, 246, 251-252, 277, 305, 306, 346, 360
spelletjes
aanwijsspelletjes 190, 221, 284
benoemspelletjes 189, 190, 221
bewegingsspelletjes 159-160, 191, 221-222
evenwichtsspelletjes 159-160
geef-en-krijg-spelletje 187
huishoudelijke 305
imitatiespelletjes 190
kiekeboe-spelletjes 117, 122, 152, 153, 158
optrekspelletjes 71, 93
roepspelletjes 284, 304
taalspelletjes 189-190
verstopspelletjes 222, 158-159, 222, 251, 305
zangspelletjes 146, 159, 160
speltoppers 73, 94-95, 121-122, 158-162, 189-191, 220-222, 250-251, 303-305, 359-360
spijsvertering 39, 46
spraakontwikkeling 351-358
sprongenwekker 17
spugen 48
staan 93, 137, 139
stemmingen, zie humeur
stofwisseling 47
strategieën 272-273, 275, 277-278
strelen, zie aaien
stress 49
systemen 309-363
speelgoed 360-361
speltoppers 359-360

taal
ontwikkeling 316, 320, 352-358
spelletjes 189-190

tanden 20, 132, 133, 173
tekenen 314, 346-348
temperatuurverandering 34
tepels 34
tijdbesef 349
tikspelletje 191
troosten 31, 42, 44, 49, 56, 317, 337
tips 45

uitdagen 216
uitkleden 207-208
uitproberen 241, 249, 279
uitputting 102, 132, 173, 204
uitstapjes 162

vastklampen 37, 58, 79, 168, 197, 227
veiligheid 44, 145, 163, 185, 223, 252, 306, 361
verbieden 106, 157
verjaardag, eerste 226
verschonen 130, 171, 201
versjes, zie liedjes
verstoppen 211, 238, 277, 282
spelletjes 222, 158-159, 222, 251, 305
verwennen 49, 103
verzorgen 211, 220, 240-241
vindingrijkheid 247
voedingsschema 45
voelen 31, 33, 34-35, 37, 63, 74
vriendjes 318, 341

waarnemen 33-35, 68-69, 83, 104, 111
warmte 34-35
weggaan 152-153
wiegen 31, 40, 45
wil, eigen 119, 156, 270, 273, 277, 289, 313, 317, 330-332
woordjes 109, 118, 139, 147, 179, 284, 320, 351-358

zangspelletjes 146, 159, 160
zelf doen 140, 214-215, 216, 271, 312, 317, 327-330
zelfbegrip 313, 317, 325-335
zelfstandigheid 238, 250, 253, 258, 271
zien 33, 50-51, 63, 67-69, 73, 85
zin doordrijven 289-290
zingen 148
spelletjes 146, 159, 160
zintuigen 33-35, 42, 46, 47, 49-52
zitten 57, 65, 75, 107, 117, 140, 148-149
zoeken 118, 211, 317
zorgvuldigheid 300-301
zuigen 36, 67-68
zuigreflex 36
zusjes en broertjes 318
zwemmen 162